新安文化丛书一

XINAN WENHUA CONGSHU

新安戏曲

倪国华 著

文物出版社

中共淳安县委宣传部
中共淳安县委党史研究室
淳安县人民政府地方志办公室
淳安县政协文史和教文卫体委员会
编

图书在版编目(CIP)数据

新安戏曲 / 倪国华著. -- 北京 : 文物出版社，2024.7
(新安文化丛书. 一)
ISBN 978-7-5010-8399-2

Ⅰ. ①新… Ⅱ. ①倪… Ⅲ. ①地方戏－介绍－淳安县 Ⅳ. ①J825.554

中国国家版本馆CIP数据核字(2024)第068715号

新安戏曲

新安文化丛书一

编　　者：中共淳安县委宣传部
　　　　　中共淳安县委党史研究室
　　　　　淳安县人民政府地方志办公室
　　　　　淳安县政协文史和教文卫体委员会
著　　者：倪国华
责任编辑：孙　霞
封面设计：方　卓
责任印制：张道奇

出版发行：文物出版社
地　　址：北京市东城区东直门内北小街2号楼
邮　　编：100007
网　　址：http://www.wenwu.com
邮　　箱：wenwu1957@126.com
经　　销：新华书店
印　　刷：杭州富春印务有限公司
开　　本：787mm×1092mm　1/16
印　　张：417.25
版　　次：2024年7月第一版
印　　次：2024年7月第一次印刷
书　　号：ISBN 978-7-5010-8399-2
定　　价：2880.00元(全18册)

总　序

新安文化是指新安江流域文化。

新安江是钱塘江的正源，源头分为两大支流。南支称率水，为新安江主源，发源于安徽省休宁县五龙山脉的六股尖；北支叫横江，源于黟县五溪山主峰白顶山。两支源流在屯溪汇合，流至歙县浦口一段称渐江，歙县浦口以下至浙江省建德县与兰溪相汇处称新安江。新安江与兰溪汇合后称富春江，到萧山闻家堰称钱塘江，流至杭州湾入海。

新安江流域地处闽浙山地的北缘，黄山、天目山、白际山、五龙山、千里岗、龙门山六大山脉盘桓其间，山地及丘陵占十分之八九。新安江水呈树叶网络状，由西向东辐射，地势也是由高及低逐步下降。流域平均海拔 800 ~ 1000 米，处在山岭川谷之中。俯视江南，附近的江西、浙江、江苏、安徽，均在其下。地处新安江源头的徽州，有“吴头楚尾”之说。杜牧诗云：“溪山侵越角，风壤尽吴根。”非常准确地描写出新安江流域的地理位置。

新安江流域以黄山山脉为界，南坡有流向东南钱塘江的新安江水系，直达杭州，是前往江南的捷径；流向西南鄱阳湖的阊江水系、乐安江水系，直达饶州、九江；北坡有直接流入长江的青弋江、秋浦河水系，直达池州、安庆、芜湖长江沿线。新安江下游严州府与兰江相接，向南直达金华、衢州，是前往江西、福建的捷径。陆路虽地势高耸，山路崎岖，但由于地处皖、浙、赣三省交界，成为全国的交通网络中重要的一环。

魏晋时期，由杭州经新安江前往江西、福建的通道，是全国交通枢纽上的重点线路。宋永初三年（422）秋，谢灵运离开建康（今南京）赴任永嘉郡太守。他沿钱塘江、富春江溯流而上，经桐庐、建德、兰溪，转由婺江到永嘉，途经桐庐写下《初往新安至桐庐口》诗。唐代以前，北方通往南方的三大干线，其中两条干线经过新安江流域。一条由洛阳东行至汴州，循运河东南而下，经杭州，沿钱塘江溯流而上，经睦州、婺州、衢州、信州至江西、福建和岭南道。另一条由洛阳走陆路，经汝州、许州至陈州，过寿州、庐州，渡江至采石，经宣州、歙州到睦州，经婺州、衢州，再选择西行或南行通往福建、江西和岭南各地。宋以后，新安江流域交通线路更是呈放射状，四面通达。虽然山道崎岖，水路湍急，路途稍显艰难，但无论水路、陆路，前往江西、湖北、福建、南京、杭州都是必经的捷径。

人类逐水而居，河流是人类文明的摇篮。先秦时期，新安江流域先属吴，吴亡属越，越灭属楚。秦末，在新安江中游和上游设黟、歙二县，下游则归富春县管辖。东汉建安十三年（208），分歙地置始新、新定、黎阳、休阳四个县，加上原来的黟、歙二县，就有了六个县，以这六个县新设新都郡，郡治设在始新县治新定里（今淳安县威坪镇）。黄武四年（225），析吴郡富春县地置建德、新昌、桐庐、新城四县，建德县、新昌县（后改寿昌）地处新安江下游。其后新安江流域郡、州、府级机构，先后更名或改设为新宁郡、新安郡、东阳郡、遂安郡、婺州、睦州、歙州，最后定名为徽州和严州；县级机构先后更名或改设为新安江上游的歙县、黟县、休宁县、祁门县、绩溪县、婺源县，新安江中游的淳安县、遂安县，下游的建德县、寿昌县。

新安文化的地域范围，以新安江上游古徽州一府六县，即歙县、黟县、休宁县、祁门县、绩溪县、婺源县，以及新安江中下游古严州的淳安县、遂安县、寿昌县、建德县为核心区域。新安文化的时空概念起自史前文明，迄于 1949 年，根据研究需要适当后延。其内容涉及哲学、经济、社会、教育、学术、文学、艺术、工艺、建筑、医学等诸多学科，凡与新安江流域社会历史发展有关的内容，均是新安文化的范畴。

新安江流域是我国原始文化的一个独立发展单元，一步步走来，没有停留，没有断代。历经早期文明、晋唐兴起、五代至元崛起、明清鼎盛和近代转型五个发展阶段，形成新安文化的完整体系。

1974 年 11 月，在建德县上新桥村乌龟洞发现一枚人的犬齿化石，被命名为“建德人”，属于晚期智人类型，距今约五万年。同时，新安江流域分布着大量的旧、新石器时代遗址，承继“建德人”的文化发展。1959 ～ 1975 年，新安江上游的屯溪西郊奕棋村先后发现 8 座西周至战国早期的墓葬。出土的青铜器、原始青瓷和几何印纹硬陶，在形制、纹饰和构图风格上，具有浓厚的越文化特色。史称当地人为越族，人民性格强悍，尚武好斗，文化礼仪相对薄弱。通过地方行政治理过程中的教化，当地越人在了解和接受中原人的生产、生活方式后，道德观、价值观、文化崇尚等方面均发生变化。

晋唐时期，新安文化兴起。晋代的“永嘉之乱”和唐代的黄巢起义是中国历史上的两件大事。它不仅造成西晋和唐朝的灭亡，导致中国社会的分裂，而且对我国南方的发展产生深远的影响。“永嘉之乱”和黄巢起义期间，中原士族比较集中地迁入新安江流域，现存的徽、严二州不少姓氏族谱中，对始迁祖的追溯都上溯到这一阶段。中原士族大量迁入以后，以其自身的文化素养和生活习惯渗透民间，改变了新安江流域越族的风俗习惯，越族尚武习俗与中原儒雅之风融合，儒家思想的仁义忠孝和修身齐家理念，开始在新安江流域流行。休宁吴少微的“吴富体”在文坛崭露头角，新安江下游的“睦州诗派”更是享誉诗坛。

五代至元，新安文化崛起。这一阶段新安江流域的教育与科举得到长足发展，仅南宋时期徽州、严州二府进士就有806名。南宋理学大儒朱熹祖籍徽州，曾两次回徽州省墓、探亲、授课，并在严州丽泽书院、遂安瀛山书院讲学论道。新安人读朱子之书，秉朱子之教，以邹鲁之风自恃，形成新安理学学派，使得朱熹理学在新安江流域广为流传，对整个流域的文化形成和演变起到关键作用。文风郁起，留下很多脍炙人口的作品，如胡仔的《苕溪渔隐丛话》和方岳、方逢辰的诗歌，在全国诗坛都占有一席之地。徽州刻书和严州刻书，在中国刻书史上贡献卓著。制瓷技术、医学、植物学、光学、生物学等科学技术都取得一定成就，其中歙县张杲淳熙十六年（1189）写成的《医说》一书，是中国医学史上第一部医史传记。

明清时期，新安文化进入鼎盛。私学、官学和书院教育同步发展，推动新安江流域科举繁荣兴盛。淳安人商辂“三元及第”，于明宣德十年（1435）乡试、正统十年(1445)会试及殿试均为第一名。理学、心学与朴学相互融合发展,理学家们提倡“和会朱陆”,阳明心学受到欢迎。清康熙、乾隆时期,新安学者提倡实事求是的治学精神,开创朴实的学风，成为清代学术的主流，朴学领袖戴震更是中国哲学史上的唯物主义启蒙思想家。文学艺术百花齐放，新安画派是明清文人画的正统继承者，徽派版画代表了中国传统版画的最高成就，徽派篆刻成为中国文人篆刻的主流，徽剧乃京剧之母。科学技术成就斐然，新安医学所主张的“固本培元”理论，是中国传统医学中的精华；程大位是中国历史上珠算集大成者；郑复光《镜镜詅痴》集当时中西光学知识大成。

近代，新安文化开始转型。光绪二十六年（1900），歙县基督教堂在城内创办崇一学堂，迈开新安江流域兴办新式学堂的第一步。在西方近代科技和工业革命的影响下，实业救国成为潮流，培养近代农林、商业、工业人才，是教育转型过程中的重要一环。光绪三十四年（1908），戴英在休宁县隆阜珠里创办新安江流域近代第一所职业学校——休宁初等农业学堂。随后，徽州乙种商业学校、淳安县初级实业小学、建德县浙江省立甲种森林学校等相继开办。新安学术也开始向近代学术思潮转型，胡适成为近代文化转型中承上启下的关键人物。文学艺术在转型中得到提振，其中由汪渊集句成词、其夫人程淑笺注的《麝尘莲寸集》，以词集词，前无古人。黄宾虹成为近代中国绘画领域中的一座高峰；黄士陵的篆刻形成自己的艺术风格，被称为“黟山派”。“徽路徽戏”和睦剧得到全面发展。

新安江流域自古为越族领地，随着中原士族的迁入，中华儒家文化的价值观“修身齐家治国平天下”，在这里不断积淀，形成尚武自强、重教崇文、俗尚文雅、治生重商的区域特征。

新安江流域早期越人以尚武著称。明清时期，新安江流域百姓依然习武自强为常。至今民间仍留存不少延请拳师的“拳关”文书。明万历休宁程冲斗所著《耕余剩技》，是中国武术史上的名著。绩溪县张横秋更是以武术名世，在武术史上形成“豫徽武术”流派，其拳术至今仍在新安江流域流传。很多文人在习文的同时练武，明末休宁县抗清义士金声不仅文章出彩，而且武艺高强。休宁画家汪肇，喜好持矛舞剑。新安朴学后期的重要学者汪宗沂，通拳术、剑术、马术，喜谈兵。他的学生许承尧、黄宾虹，一个是著名诗人，一个是著名画家，跟着汪宗沂学习时，练剑、骑马也是必备的功课。

中原士族迁居新安江流域以后，注重文化传承。这种传承使得新安江流域重视教育，崇尚文雅。朱熹提倡读书，研究学问，从事著述，强调“穷理之要，必在于读书”。新安理学的兴起，增强了新安江流域的读书氛围。儒家思想被塾师细化在自己教学实践中，塾师编写的大量蒙学教材中，将儒家的道德观念灌输给学童。在新安理学的影响下，新安江流域读书著述之风盛行，形成“十家之村，无废诵读”的景象。宋元以来，被称为“东南邹鲁”。

随着儒家思想向民间基层渗透，礼教在老百姓中扎根。民间礼仪以朱熹《家礼》作为依据，渗透于各个家庭。休宁《茗洲吴氏家典》根据《家礼》，结合本宗族的情况，规定冠婚丧祭的礼仪，作为子孙后代遵行的法典。民国遂安《高峰朱氏宗谱》卷三《家训》对子弟的礼仪教育写得非常具体，结合家族特点，将礼教具体化，教育族人如何做人、做事，各项规范要求明确，可操作、能监督，俗向文雅，成为“礼下庶人”的典范。

新安江流域有一个异于全国其他地区的现象，就是人们以经商致富为荣，从商成为风气。新安学者提倡职业不分卑贱，引导民众经商，鼓励商人创业，提倡“廉贾”价值观。地方士绅还通过各种方式为商人代言，创造良好的经商环境。学者的倡导、士绅的鼓励，对不轻视商业、不以经商为耻社会风气的形成，起到极大的促进作用，使新安人在观念上获得解放，理直气壮去经商，造就了雄飞于中国商界三百年的新安商人集团。

新安文化不断兼收并蓄，坚持实事求是，遵循儒雅中庸的发展过程，构成以“包容、探索、和谐”为核心的人文精神。

在沉淀中原汉文化和践行儒家思想的过程中，新安江流域不断地塑造自身的人文精神，推进新安文化的发展。新安文化的形成，是中原汉文化与当地土著越文化进行融合的过程。在两种文化的融合过程中，汉文化虽然是强势文化，但具有很强的包容性，促进了越文化的自然融合，从而产生出新质的新安文化。这种包容性，在新安文化发展过程中，贯穿始终，成为新安文化特色。兼收并蓄的包容精神，体现了新安文化的博大气象，是新安文化得以发展的源泉。

在新安文化发展过程中，新安人一直遵循实事求是的原则，博学求知，努力探索规律，追求真理，勇得时代风气之先。朱熹提出“濯去旧见，以来新意”；戴震主张“不以人蔽己，不以己自蔽”；胡适要求“重新估定一切价值”，都是不懈求索、勇得时代风气的典范。实事求是的探索精神，体现了新安人的思辨能力，是新安文化得以不断创新发展的动力。

新安文化是宋以后中国儒家文化在民间社会最完整的体现和典型范例，其儒雅中庸的内质得到很好的体现。“薄利多销”成为新安商人的经营手段，自己少赚些，让消费者不吃亏，成为“中庸”思想在商业领域的一种表现，即双赢。新安宗族在“中庸”思想的指导下，和睦相处，很少发生械斗。就是宗族间有了矛盾，也是协调处理，互相谦让。在艺术上，也非常讲究中庸平和。新安篆刻中的雅逸隽秀、平和光洁；新安版画内蕴的恬静和安乐，也是儒雅中庸的一种表现。儒雅中庸的和谐精神，使得新安江流域社会平稳安定，是新安文化不断发展的基础。

新安江流域靠近越文化核心区，其文化既具有新安文化特点，又带有钱塘江流域良渚文化特色，体现出新安文化与良渚文化融合的趋势。对河系流域上下游文化碰撞、交融的研究，具有重要价值。

新安江流域至今保存下来的地面文物遗存10000多处、8000余种文献、100余万件文书，跨越千年历史，涵盖政治、经济、文化各个领域。尤其地面文物遗存、非物质文化遗产和文书档案，均为第一手资料，是人们了解中国封建社会后期农村社会实态不可多得的资料，为按历史本来面貌做综合实态研究创造了前所未有的有利条件。中国社会科学院历史研究所周绍泉先生指出："以徽州文书为代表的历史文书档案为主要资料，综合研究历史社会实态，将是我们这个时代的学术潮流。"

新安文化是中国封建社会后期传统文化的典范，独树一帜，在各自领域都处于领先位置。从新安文化中提炼出来，形成新安宗族、新安学术、新安商人、新安教育、新安建筑、新安书画、新安工艺、新安科技、新安文学、新安戏曲、新安饮食、新安民俗等文化现象，是新安文化中的精华，学术界在研究专业史时无法绕开这些课题。对新安文化展开研究，实际也就是对中国封建后期传统文化展开研究，窥一斑而见全豹，具有普遍的学术意义。

新安江流域四面环山，作为一个独立的自然地理单元，风景秀丽，人们的审美观受到山水环境的影响。新安四雕艺术、文房四宝艺术、盆景艺术、新安书画、新安文学等，都是新安江流域自然环境同新安人审美观相结合的产物。而新安饮食、方言的形成，同新安江流域独特的自然地理环境及资源有关；新安宗族社会构成和村落结构，同新安地理环境也是密切相关，具有地理文化单元的人类文化学研究价值。

新安文化是移民文化，中原士族的内迁，决定了其社会与文化的诸多现象和特点，受到中原文化的影响。同时，新安文化的昌盛与发展，还存在着一个由新安江流域再向外移民的过程，并对侨寓地的文化产生影响。如新安学术、徽剧、新安艺术、新安刻书、新安篆刻等对扬州学派、京剧、江南园林、江南版画、浙派篆刻都有渗透和影响。研究新安文化，可以获得中华大文化融合各民族文化、各地方文化的一般与个别规律，为繁荣中华大文化作出贡献。

新安江流域是宗族社会。明清时期，农村基层依靠宗族自治管理，有不少好的做法。现存不少宗族公约中有值得学习和借鉴的条文，如禁止乱砍滥伐和禁止赌博等。从内容上看，它们符合当今所提倡的环境保护和社会文明的主旨。从实施机制上看，它不是依赖于行政系统，而是靠"公约"的形式自我约束，这给建设社会主义新农村带来启示，村民自治要以农民为主体，增强农民的自觉意识，而不是靠行政手段。新安文书中的商业合同，反映了新安人市场观念的成熟；分家契约反映了新安人既遵从中国传统的伦理观，又理性地处理家庭财产等经济问题；诉讼文书，反映了古代新安江流域民间已经有较强的法治观念。新安江流域古村落人与自然和谐，以人为本的思想贯穿村落建设，村落中的防火措施、水系设计都十分讲究，科学性很强，给当代环境规划设计带来启示。

新安文化博大精深，对新安江流域上游的徽州文化研究，已经成为一门专门的学问——徽学。但对整个流域的整体研究还是一个空白，编撰《新安文化》丛书，可以填补全面涵盖新安江全流域文化的研究空白，力求科学、全面、准确、系统地展示新安文化的各个方面，对于新安文化学术研究及开发利用，是一件十分有意义的事情。

《新安文化》丛书编撰委员会

2023 年 4 月

目　录

绪 论

新安戏曲，说的是新安江流域的戏曲情况。它与徽州戏曲、浙江戏曲有所不同，后者多按行政区划以言其事，而新安戏曲却跨越行政区划，以一条河流作为叙事依凭，视角触及整个流域，它包括上游安徽的徽州、下游浙江的淳安、建德、杭州，以及支流兰江的衢州、金华，甚至运河上的扬州。这是祖国的一片秀美山川，也是一条流动的戏曲之河。君不见远古傩徽识在这里出土，宋元南戏在这里发祥，明清传奇在这里演绎，徽班进京从这里出发，婺剧、睦剧、越剧和黄梅戏在这里四处飘香。这是新安戏曲的魅力所在，也是它在中国戏曲史上占有的地位。

第一节　新安戏曲概况

新安戏曲的最早源头可以追溯到新石器时代的良渚文化。良渚人在其独有的礼器玉琮上绘制的神人兽面纹图案，正是人类早期娱神活动巫傩仪式的实证，也是人们追溯的遍布于商周青铜器表面的著名“饕餮纹”的源头，傩学界认为“真正找到了傩面具图案的远古的而且是唯一的源头”。[①]所以,我们称之为“良渚傩徽识”。[②]1959年，安徽省屯溪奕棋西周土墩墓出土青铜钟形五柱器，其饕餮纹与良渚傩文化风格十分相近。这表明，新安江流域巫傩文化是中国戏曲的最远源头。尤为可喜的是，这种古傩遗风至今还较多存留于新安江流域的祭祀、庙会和古老剧种之中，成为今人可资利用的宝贵财富。

新安戏曲受宋元南戏影响至深。绍兴八年（1138）三月，宋高宗赵构定都临安，

---

① 冯其庸：《试释良渚玉器上神人兽面图形及其演变》,《中国傩戏·傩文化研究通讯》1992年第1期，第54页。

② 杨泓、李力：《美源中国古代艺术之旅》,称“神人兽面徽识”。生活·读书·新知三联书店，2008年，第36页。

宋杂剧随北人南寓来到杭州，为流域戏曲的勃兴做了铺垫。此时间产于温州的南戏，很快传到杭州，并在杭州成熟与发展。南戏是“南曲戏文”的简称，它在古剧的基础上，熔歌唱、舞蹈、说白、科范、音乐于一炉，以表演一个完整的长篇故事。简言之，就是“以歌舞演故事”。① 严格地说，在此之前的汉唐歌舞百戏等都还不是完全意义的戏曲，南戏才是中国最早成熟的戏曲形式，是百戏之母。南戏的中心移至杭州，继而传遍江南数省，并派生出海盐、余姚、弋阳、昆山诸腔，代表着早期流域戏曲的成熟。

杭州、徽州，山水相连，新安一脉。南戏溯水而上，顺理成章。从与浙江毗邻的徽州街源地区出土的元代墓葬浮雕装饰石上，已清晰地看到南戏的影子。淳安人徐畛早在明初即写有四大南戏“荆、刘、拜、杀”之一的《杀狗记》。明正德元年（1436），徽州家谱中已有歙县人毕尚忠编写“戏文”的记录。除地理因素外，徽州籍官员将南戏带入徽州，也有据可查。明成化进士程敏政，在其《篁墩文集》卷 7《饮张挥使家观戏》诗中即有“锦棚曲奏温州调”句，“温州调”说的就是南戏。潘之恒《鸾啸小品》卷 3 记载，明嘉靖三十九年（1560），汪道昆在襄阳知府任上返乡省亲，从越中邀请了一个海盐班到徽州演出。或许可以说，新安一带的戏曲勃兴源于南戏。

明中叶后，随着徽州商人商业上的成功，徽州人观戏听曲之风日趋浓厚。据潘之恒《亘史》记，徽州万历二十八年（1600）歙县东郊迎春戏会，就有“平台三十六座，马戏四十八骑，皆选倡优韶秀者充之”。清赵吉士《寄园寄所寄》载：“万历二十七年，休宁迎春，共台戏一百零九座。台戏用童子扮故事，饰以金珠缯彩，竞斗靡丽美观也。……邑东隆阜戴姓更甚。戏场奇巧壮丽，人马斗舞亦然。”“徽俗最喜搭台观戏”②，可见一斑。另一方面，徽州富裕商人群体多好蓄养家班、家乐。如潘之恒家世居岩镇，经商致富，自祖父辈起，代好戏曲。他的祖父潘侃，“宾从诸倡乐有至者，辄留为汀州公（曾谒选为汀州判）欢噱，其父潘君南亦复好广宾客，诸博徒鞠蹴技击倡优杂戏，如汀州公”。③ 汪道昆那位号为盐策祭酒的祖父，年八十余，每日三餐尚需

① “后代之戏剧，必合言语、动作、歌唱，以演一故事，而后戏剧之意义始全。”王国维：《宋元戏曲史》，上海古籍出版社，1998年，第32页。

② 傅岩：《歙纪》卷9《禁夜戏》。

③《汤显祖诗文集》第40卷《有明处士潘仲公暨配吴孺人合葬墓志铭》。

“有苍头一人，能秦声，使佐酒”，父亲则“少工短长”（即戏曲）。[1]西溪南商人吴正中也“雅好声歌”，他的长子为孝敬自己父亲，经常“陈部乐优施，递上寿”[2]。在流传下来有关商人传记文字中，可以看到许多在外埠经商的徽州富商大贾，他们每以声伎相随，“置高会，列歌舞”，举办曲宴，演出十分频繁热闹。特别是扬州、南京、苏州、杭州这些徽州商贾聚居之地，更是选伎征歌，殆无虚日。这些都为南戏登陆徽州后，提供了有利于戏曲发育、演变的土壤，为未来“徽州腔”的问世创造了条件。

昆曲诞生，从梁辰鱼教习第一部大戏《浣纱记》开始，新安人即参与其中。明人张大复《梅花草堂集·皇明昆山人物传·梁辰鱼》记，汪道昆曾携戚继光访王世贞，并一同往苏州观看根据《吴越春秋》改编的《浣纱记》。汪道昆《席上观吴越春秋有作凡四首》诗，可为互证。明中叶后，昆曲流淌新安，成为士大夫和富商阶层的主旋律。如，冯梦祯在其杭州西溪草堂，置办家乐昆班；歙人汪然明，在西湖置不系园，每四方名流至，必选妓征歌，连宵达旦。潘之恒在其《鸾啸小品》中记载：“十年以来，新安好事家多习之，如吾友汪季玄、吴越石，颇知遴选，奏技渐入佳境。”徽商汪季玄、吴越石家班，不仅“招曲师，教吴儿十几辈，自为按拍协调，举步发音，一钗横，一带扬，无不曲尽其致”，而且能搬演汤显祖《牡丹亭》这样的整本大戏。徽商吴天行的百姬园、汪宗孝的百琲楼更是“翠屏绛帐中香气与人声俱发，若鸾凤鸣烟云间”。[3]这期间，汪道昆、潘之恒、汪廷讷、汪宗姬等一批杂剧、传奇作家的涌现，以及戏曲理论的生成，则进一步推进了昆曲在新安江流域的繁荣。此一现象，戏曲史称为“新安曲派”。[4]文人著传奇，清代仍有余绪。

最难言说徽州腔。一般认为徽州腔源于弋阳腔，也有说它是余姚腔吸收弋阳腔后所产生的新声腔，一说徽州腔本来就是南戏的一支。关于它的原产地，也说法不一。笔者认为，既然称作徽州腔，徽州必然是绕不开的概念。徽州及与徽州毗邻的石台、太平、青阳、石牌一带是一个“大戏窝”，这里职业班社活跃，“石台、太平梨园几遍天下”。[5]约在明嘉靖末期，徽州腔和青阳腔，在传承弋阳腔、余姚腔的基

① 汪道昆：《太函集》卷43、44《先大父状》、《先府君状》。

② 汪道昆：《太函集》卷57《吴太公暨太母合葬墓志铭》。

③ 李维桢：《大泌山房集》卷71《汪景纯家传》。

④ 中国戏曲志编辑委员会：《中国戏曲志·安徽卷》，中国ISBN中心出版，1993年，第90页。

⑤ 王骥德：《曲律》。

础上，结合徽州及池州青阳县一带的土语音调，形成了“天下时尚徽池雅调”。[①] 同时，徽州腔受昆曲的影响，逐渐衍化为“徽昆”“四平腔”和“昆弋腔”，为“二黄”时代的到来铺平了道路。

至清代乾隆间，徽班徽戏开始走向全国。从流域角度看，大致有三个走向：一是由徽州及其周边地区走向本省其他地方，二是沿新安江流入浙江，三是进入运河抵达扬州。其中进入扬州的一支，在徽商的扶持和推动下发展最快，最终成就“四大徽班进京”，成为“京剧之父”。[②] 流入浙江的徽班，扎根金华一带，为徽戏保留下了许多古老绝技，20世纪50年代，演变为婺剧。安徽徽班则在本土扛起“徽剧”的大旗，由原产地徽州移师省城合肥，成为“天下第一团”，即全国唯一一个徽剧团，现被列为国家非物质文化遗产名录。

新安江流域戏曲，最富特色的是突破了地域剧种的局限，形成繁花似锦的百花园。徽剧、婺剧、睦剧、越剧、黄梅戏，在清代及其之后的戏曲舞台上演绎着各自的传奇，为流域文化增添了斑斓的色彩。

第二节　新安戏曲的影响

相对于波澜壮阔的中国戏曲之河，新安戏曲只是它的一个分支。然而在几个特殊节点上，新安戏曲也曾扮演过重要的角色，从而在中国戏曲史上占有一席之地。

第一，新安曲派独树一帜。如果说明中叶前，徽商和新安达官贵人蓄养家乐家班还只是个别现象。那么，明中叶后，随着汪道昆、潘之恒、汪廷讷、汪宗姬等一批杂剧、传奇作家的涌现，以及戏曲理论的生成，则已经是蔚然气象，形成了苏州“吴门曲派”之外的重要一支，后世称为“新安曲派”。[③]

---

① 流沙：《明代南戏声腔源流考辨》第7章“徽池雅调浅谈”。当时的剧本选集正式取名“徽池雅调”，现有《新锓天下时尚南北徽池雅调》《鼎锲徽池雅调南北官腔乐府点板曲响大明春》两种，后者原本现藏日本尊经阁文库。把徽州腔和青阳腔兼收并蓄，成为徽池雅调。

② 金芝：《中国徽班》序《一支红烛照千秋》语。

③ 中国戏曲志编辑委员会：《中国戏曲志·安徽卷》，中国ISBN中心出版，1993年，第90页。

新安曲派的特点，一是以汪道昆领衔的一批剧作家及其作品的出现，将新安戏曲推向了高峰。汪道昆的《大雅堂乐府》，虽称乐府，实为杂剧，时人评为“上品”“雅品”。他的戏曲创作采用并丰富了“南杂剧”的形式，对杂剧的改革和南杂剧的形成有积极贡献。潘之恒几十年观摩昆曲形成的一整套戏曲表演理论，主要见诸《鸾啸小品》《亘史》等戏曲理论著作，弥补了时人多重视剧本文论，而忽略表演艺术理论的不足。汪廷讷，以度曲刻书自娱，其戏曲创作是新安曲派中创作数量最多的，有传奇16种，总称《环翠堂乐府》和杂剧9种。他除了致力于撰著外，尚有志于刊刻，除校刻他自己所编写的传奇，还校刻了吴江人袁了凡释义的《西厢记》等。书中精美插图，代表了徽派版画艺术的最高水平。二是商人著传奇。汪宗姬、汪景旦、吴大震等众多“贾而好儒”的商人参与传奇的创作与改编，拓宽了新安曲派的文人圈子。虽然后世对他们的剧作评价不是很高，但他们的创作热情对于新安流域的戏曲繁荣所起的积极作用，应予以肯定。

新安曲派的影响是多方面的，一是直接推动了流域戏曲的繁盛。如明万历间歙县迎春“平台三十六座，马戏四十八骑”[①]这样的戏曲盛会，曲派成员潘之恒就是参与者和组织者。二是其余绪持续到清代。新安文人著传奇不乏精品，如方培成将白蛇故事写为《雷峰塔》，虽然当时是作为乾隆南巡献演的剧目，但其故事结构和思想内涵为后世《白蛇传》的改编奠定了基础。三是对戏曲班社和艺人的影响。如程长庚家族及其本人，都直接或间接地受到过新安曲派的熏陶，从而种下了“雅文化”之根。可惜有关新安曲派的研究尚不尽如人意，不像新安画派、新安医学等学术流派那样光芒四射，这可能与戏曲自身的地位和戏曲研究人才的匮乏不无关系。

第二，目连戏木秀于林。明万历以降，徽州人郑之珍“屡蹶科场，抱道自娱”，[②]于万历十年（1582）前后编成《新编目连救母劝善戏文》。所谓新编，即在当时流传的各种版本的基础上，加注作者的观点编撰而成。明高石山房黄铤刻本亦称郑本问世后，标志着全国目连戏演出纷繁杂乱时代的结束，成为集大成者。一时洛阳纸贵，“好事者不惮千里求其稿”。[③]尽管各地的实际演出仍各有不同，但大框架一百出及

① 潘之恒：《亘史》。

② 倪国华：《郑之珍籍贯及生卒年考》，见王秋桂：台北《民俗曲艺》第77期，1992年，第241页。

③ 郑之珍：《新编目连救母劝善戏文》，胡天禄跋。

连演三天三夜的形制基本依照郑本，郑之珍功莫大焉。目连戏的演出，新安是重镇。郑之珍家乡祁门县的目连戏班先后组建，其中栗木班、清溪班、胡村班及邻县石台的几个班社均组建于郑本刊行之后。明张岱《陶庵梦忆》中记载了当时徽州目连戏在浙江演出的盛况："余蕴叔选徽州、旌阳戏子，剽轻精悍、能相扑跌打者三四十人，搬演《目连》，凡三日三夜。"演到《招五方恶鬼》《刘氏逃棚》等出时，万余人齐声呐喊，以至于太守以为"海寇卒至"。[①] 徽州、旌阳戏子由此得名。

有清以降，目连戏班的活动愈加频繁。歙县、淳安、开化、建德都有职业或半职业的目连戏班社。徽班流寓全国，目连戏中的一些著名折段，如《双下山》《哑背疯》等成为保留剧目。后世徽剧、婺剧以武戏见长，不能不说受到过目连戏的影响。1949 年后，目连戏停演了三十余年。20 世纪 80 年代，作为学术研究的目连戏在徽州开始复演折子戏。1986 年冬，中国戏曲研究院录音录像中心到韶坑录制该村演出的三十出目连戏音像档案。1988 年 4 月，中国艺术研究院戏曲研究所在祁门县召开郑之珍目连戏学术讨论会，十二个省市及日本的专家学者 60 余人与会，掀起一股目连热。目连戏再次进入公共视野。

第三，徽班徽戏树大根深。徽班、徽戏、徽剧是一个相对复杂的概念，早期徽班是指明代徽州商人蓄养的家班，以唱昆曲为主；清代徽班，主要指唱徽戏的戏曲班社，也有非唱徽戏的班社，因其为徽州人所蓄养，也叫作徽班。徽戏主要指形成于徽州及其周边青阳、石牌一带、以唱"二簧"为主的戏曲。徽班徽戏走向全国后，外地凡以唱"二簧"为主的戏曲演出都统称为徽戏。徽剧则是中华人民共和国成立后，安徽省确立的戏曲剧种。明代徽班的意义，首先因其主要结交上流社会，明清文人笔记中记载的有关徽州班的戏曲活动，[②] 为后世戏曲研究留下了宝贵的历史资料。其次在声腔方面，明代徽班不仅对昆曲的流传、发展有一定的贡献，在弋阳腔向徽州腔的演变发展并使其迅速流传全国的过程中也起到了重要作用。[③] 再次是戏曲理论的形成，如潘之恒几十年听曲观戏，尤其是对明代徽班的深度考量中，总结出一套戏曲理论，诸如戏曲表演论、导演论、鉴赏论等，弥足珍贵。

清代徽班的贡献，主要体现在四大徽班进京及其对京剧的影响上。乾隆五十五

① 张岱：《陶庵梦忆》卷6。
② 冯梦祯：《快雪堂集》。
③ 韩结根：《明代徽州文学研究》，复旦大学出版社，2006年，第517页。

年(1790),清高宗弘历皇帝八十圣诞,按清廷康熙例,要举行万寿庆典。徽班扬州一支,在淮扬徽商的大力扶持和精心打磨下,其形制与艺术均日趋成熟,又经过康、乾二帝几次南巡接驾娱宸的历练,徽班进京条件已十分充裕。三庆、四喜、春台、和春四大徽班相继进京,成为中国戏曲史上的重大事件。四大徽班在完成祝寿演出后都留在了京城,进而显现出各自艺术和商业的特点:"四喜的曲子、三庆的轴子、和春的把子、春台的孩子",为京城观众津津乐道。在长时间的融合与创新中,进京徽班逐渐发生嬗变,诸如从小戏到大戏,由重旦而重生,从方言到京语,由徽班到京剧。徽班进京孕育京剧,演绎了前无古人、后无来者的大事变,创造了流域戏曲的高峰,在中国戏曲史上留下了千古佳话。

徽剧复苏后,徽剧团由屯溪移师合肥,徽剧团抢救、整理、保留下上千部剧目和系列音像资料,培养了几代徽剧人才,为徽剧培植了传续和创新发展的深厚土壤。20世纪50年代末,其在北京、上海、杭州一带的演出,被称为"第二次徽班进京",誉为"满台新人","近于绝响",[①] 还受到多位党和国家领导人的接见,标志着徽剧新生期的到来。

第四,婺剧戏改曾创新高。1951年5月,中央人民政府政务院颁发了《关于戏曲改革工作的指示》,我国的戏曲改革工作拉开序幕,浙江婺剧在此一轮戏改中成绩显著。婺剧是一个多声腔剧种,1949年之前已成濒危。他们请婺剧老艺人讲述高腔传统剧目,使婺剧从剧目到音乐、表演等均得到继承与保存。配备由新文艺工作者为主的专职戏曲创作人员,对一批传统剧目进行改革,排演了多个经过"戏改"的传统剧目,如《三姐下凡》(乱弹)、《雪里梅》(西安高腔)、《水擒庞德》(徽调)等。1962年,婺剧《对课》《断桥》《米栏敲窗》《僧尼会》等再创"戏改"新高。其主要成就:一是对主题的推陈出新。毛泽东主席在杭州观看了《对课》演出之后,《对课》成为婺剧脍炙人口、久演不衰的剧目。又如《僧尼会》,原先这出小戏极力渲染一对私逃的僧尼,在途中调情戏谑的情景。经过整理,去芜存菁,表现了反封建的主题。周恩来总理看过《僧尼会》后说,吴光煜把小和尚演活了。二是特技的充分利用。如《断桥》"蛇步蛇行"的运用。梅兰芳在看陈美娟的《断桥》后说:"你演的《断桥》比我演得好,这(蛇)步子我不会走。"此后,婺剧

① 周信芳:《周信芳全集》,上海文化出版社,2014年,第325页。

《断桥》被誉为“天下第一桥”。又如《米栏敲窗》中高文举乌纱帽飞离头顶“怒发冲冠”这一特技增设，也彰显了婺剧强烈粗犷的表演风格。婺剧小戏进京，被京城戏曲评论界称为“精品”。

第一章　新安戏曲溯源

第一节　新安巫傩

中国戏曲源远流长，是世界上最古老、最富民族特色的艺术形式之一。先秦歌舞，汉代百戏，唐代参军戏、大面戏等，都是中国戏曲的源头活水。王国维先生在《宋元戏曲史》开宗明义“歌舞之兴，其始于古之巫乎？巫之兴也，盖在上古之世”[①]。他认为后世戏曲之萌芽已存于“古之巫”中。巫，指巫师，女的叫巫，男的叫觋，为能歌善舞之辈。傩，指巫师套戴面具表演的驱鬼舞蹈，他们掌蒙熊皮，手执矛、盾或火炬，化装成各种神兽载歌载舞，是一种有着明确扮演对象的模拟歌舞演出，后世称为傩祭、傩舞或傩戏。巫傩是新安江流域戏曲史上的一个重要的源头。上游安徽徽州，下游浙江严州、杭州都留有大量傩的遗存。

一、新安傩的源头

良渚文化，距今 5300 ~ 4000 年，以首次发掘地良渚命名。良渚，位于今浙江省杭州市余杭县境内。1930 年，这一带因村民破土而发现大批玉器，其中有琮、璧、钺等大件礼器。1936 年底至 1937 年 3 月，西湖博物馆先后在这一带进行过三次小规模试掘，也发现大批同类玉器。当时只预测它们为汉代的作品。中华人民共和国成立后，对良渚遗址曾进行过多次发掘，最大的一次是 1986 年 5 ~ 10 月，浙江省文物考古所在余杭县长命乡雉山村的反山发掘了良渚文化的大型墓地，出土随葬品 1200 件，其中玉器 1100 余件，占随葬品总数的 90% 以上，作为礼器的玉琮 21 件。这些玉器的主要器种，以与原始巫术和兵器崇拜有关的礼器琮、璧、钺为大宗。发掘者指出：它们在墓葬中的组合，往往或有琮无钺，或有钺无琮，或琮、钺共见一墓。这种组合关系的差异，很可能反映了墓主人的身份，或是军事首领（王），或是巫师，或是军事首领兼巫师。

良渚玉器在原始美学方面显示的突出成就，首先表现在器型方面，这些与巫术

① 王国维：《宋元戏曲史》，上海古籍出版社，1998年，第1页。

“神人兽面纹”图案

祭神有关的礼器大都表现为抽象而概括的规矩、对称、稳定的几何形。如良渚玉器中数量最多、形体最大的玉琮，基本呈现为外方内圆，中心对钻柱形孔；其次是器身外表的装饰纹饰，最突出的代表便是“神人兽面纹”图案①。这种图案正是人们追溯的遍布于商周青铜器表面的著名“饕餮纹”的源头。

1986年，反山良渚文化墓地出土的一件大玉琮，高8.8厘米，射径17.6厘米，重达6.5公斤，被称为“琮王”。此器表兽面纹饰复杂繁缛，每组兽面由上下两部分组成：上部是一个倒梯形人面，环眼、扁鼻、阔脸，头戴放射状羽冠；人面下方左右两臂平端下折，两手扶下部兽面眼睛；下部为一巨型兽面，环形重圈眼，两眼间以短桥相连，阔鼻、扁嘴，嘴中左右两边有上下两对獠牙。兽面下部以阴线刻旋团样羽毛表示兽身，一对带长毛的兽足蜷伏在正前方。整体来看，是一个戴着羽毛高冠的神人（巫师）骑在一只猛兽身上，造成一种震撼人心的狞厉之美。学者认为，这一图像是表现威力无比的神人（巫师）降服了凶猛的怪兽，利用猛兽的脚力，上天入地，与鬼神来往。所以也可以称为“人兽复合”或“神人兽面”图案。这一特定的图案作为一种主题或“母题”，在良渚文化反山、瑶山各种形态的玉器中反复出现，虽然有时会有所简化和变形，但与这一原始母题的联系是明白无误的。这种特定的图案被学者认为很可能是当时良渚文化地域人群尊崇的神圣“徽识”。这一徽识的外部图案特征与神人复合的内涵，不正揭示了后世傩的本质吗？所以，我们或可说良渚文化“神人兽面”徽识，就是中国古傩的徽识。

再说傩。方相氏，甲骨文及《周礼》《礼记》有记载。《周礼·夏官·方相氏》：“方

① 杨泓、李力：《美源中国古代艺术之旅》，生活·读书·新知三联书店，2008年，第36页。

相氏，掌蒙熊皮，黄金四目，玄衣朱裳，执戈扬盾，帅百隶而时难（傩），以索室驱疫。大丧，先柩，及墓，入圹，以戈击四隅，驱方良。”《礼记·月令》曰：“季春之月，命国难（即傩，下同），九门磔攘以毕春气。仲秋之月，天子乃难，以达秋气。季冬之月，命有司大难旁磔。”这大致是商周宫廷傩祭的情况。后方相氏成为民间普遍信仰的神祇，并逐渐演变为傩舞、傩戏。过去傩学界一直认为傩是从黄河流域流传到长江流域的，良渚文化中玉琮上“神人兽面”徽识的出土，改写了傩文化的源头。

学界认为，“中国古傩首先是由它的发源地浙江良渚一带流向中原及其他各地的，是由南方流向北方的，”① 时间约在公元前2200年。其重要依据还是良渚玉琮及其饕餮图案，“因为这种玉琮只有良渚文化才有，并非其他地区共有”。② 在考察近年多地出土的玉器与良渚玉器相似的因素后，得出“良渚傩文化是随着整个吴越文化流向黄河流域中原一带的”。这也就是说，早在距今5000年前的新石器时期巫傩就已在良渚诞生，是它影响了后世有文字记载的中原傩文化。良渚文化发源地余杭今属杭州市，放到“大新安”流域考察，“良渚傩徽识”无疑是整个流域戏曲文化的最早成因，也是流域文明乃至中国戏曲的生成点之一。

二、新安傩遗踪

良渚傩文化一方面随上层社会逐鹿中原而北移，另一面则植根整个吴越大地，历经数千年，影响至今。王国维曰：“周礼既废，巫风大兴，楚越之间，其风尤盛。”③《史记·孝武本纪》称：“越人俗信鬼，而其祠皆见鬼。”新安江流域古属越治，上游的徽州古称山越，都是好鬼喜巫的地方。

1959年，安徽省屯溪奕棋西周土墩墓出土一批西周青铜器，其中西周1号墓出土2件青铜钟形五柱器，器身铸有饕餮纹饰，器型特异，未见于北宋以来著录。击之，五柱之音各不相同，且每柱不同部位的声音也各异。此两器中左端第一柱干内沟槽深宽者音较高，浅窄者音较低；其他各柱音之高低，两器也不相同。其用途不明，有人认为是插置管器的用具，有人认为是用来校正音律和音高的定音器。④ 另一只铜鼎上浑身绘满饕餮纹。从五柱器和铜鼎上的饕餮纹看，虽不能说它就是徽州的古

---

① 徐宏图：《浙江戏曲史》，杭州出版社，2010年，第9～10页。
② 徐宏图：《浙江戏曲史》，杭州出版社，2010年，第9～10页。
③ 王国维：《宋元戏曲史》，上海古籍出版社，1998年，第3页。
④ 安徽文化局文物工作队：《安徽屯溪西周墓葬发掘报告》，《考古学报》1959年第4期，第62～93、115～133页。

傩，但一定与祭祀歌舞有关，已有了某些傩文化的特征，其饕餮纹与良渚傩文化风格十分相近。

西周土墩墓出土青铜器（徽州文化博物馆藏）

陆游《老学庵笔记》载，南宋临安宫廷大傩演出，向全国征用面具，以800枚为一副，老少妍陋，无一相似者，天下及外夷皆不能及。由此，可以窥见当时宫廷大傩的演出规模。宋代杭州民间称傩戏为“打夜胡”，以扮演人物见长。《梦粱录》卷12“十二月”：“自此入月，街市有贫丐者三五人为一队，装神鬼、判官、钟馗、小妹等形，敲锣击鼓，沿门乞钱，俗呼‘打夜胡’，亦驱傩之意也。”

新安傩事活动，从各类方志、谱牒和史料中不难觅见。《橙阳散志·歙县风俗教考》：歙县“傩礼颇近古，而不举于官，乃乡里好事者为之。新正用童子彩衣，蒙假面，作魁星、财神之类，或扮彩狮，敲击锣鼓，跳舞于庭，用博果饵，亦即玄衣朱裳，黄金四目，驱疫遗意”。

明休宁县茗洲村《吴氏宗谱》载：“正统十四年，社中仪首，春行傩人。婺源香头角抵之戏，皆春秋社首醵米物，酬与诸行傩者。”

清顺治《淳安县志》载：“元夕在市迎灯，在乡迎烛，各社赛鼓乐以傩神。”

清道光《祁门县志》：“正月元日集长幼列拜神祇，鸣钲出行，饮屠苏酒，谒祠宇、交相贺岁，傩以驱疫。”

清婺源庆源村詹元相《畏斋日记》中有“康熙四十五年正月初二，阴，接狮傩会神，支银五分赏傩人”的记载。

清乾隆二十一年（1756），婺源人江永还著有《党图考·傩考》，辑录《礼记·月令》等古籍中的条文，对古傩的功能、历史沿革做了详细考注。

清嘉庆《绩溪县志》：绩溪，“中元日，近年奉城隍神巡行县鄙，仪仗甚盛，扮诸鬼卒，后拥前呼，以逐邪祟，亦乡傩之意也。”

笔者曾在20世纪80年代做过田野调查，婺源、祁门、绩溪历史上有傩班数个，在婺源庆源、祁门芦溪、绩溪伏岭等偏僻的乡村里，至今还保留着百年以前的傩面具、傩神图、傩神斧等道具。民国期间，祁门县城还见有雕刻傩面具的作坊。

下面介绍新安江流域现仍可考的傩事活动。

贺齐庙会　淳安老县城称淳城，又称贺城，为东汉建安十四年（209）贺齐所筑。据清光绪《淳安县志》记载：老县城有山阴侯贺齐庙二，一在县城东门外，一在县城西门外。庙内各塑有一尊脸色黝黑的贺齐塑像，高约2米。贺齐庙会，是淳安百姓为纪念贺齐（俗称贺老爷）所形成的传统文化活动。贺齐是新都郡、始新县、遂安县及贺城的创建者，淳安老百姓对他非常崇敬。自明代开始，每年正月十二为贺老爷祭祀日。从正月初五起，先在东、西两庙举行“牵马牌”仪式，宣告贺老爷要出巡了。到正月十二日，两庙的贺老爷才正式出巡。

贺齐守睦州

这一天，东、西两庙同时出动巡游队伍，各以“贺”字大旗、10面大锣和4块牙牌做前导，牙牌上分别写着“肃静”“回避”的大黑字，贺齐塑像分别由16人从东、西两庙抬出。十八般兵器队、火铳队、香炉队、高跷队、大头和尚戏媒婆队、土地菩萨队、百子灯队、秋千队、南丝竹吹奏队、青狮队、抬戏队、拉狮队等各种表演队紧跟其后，整个出巡的队伍约有200米长。沿途“响铳”迎候，其声震天动地。巡游队伍先至县前街，接受知县及县衙属员的焚香拜，然后绕城一周。县志载此活动始于明代。淳安贺齐庙会抬贺老爷出巡，以逐邪祟，有古乡傩之意。

祁门芦溪傩 当地人叫“跳回”（回，祁门方言音hua），又叫平安舞或地戏，今人称之为傩舞。每年正月举行。有9枚傩面具：盘古一枚，青面大眼，头暴青筋（一说魁星）；两仪两枚，一阴一阳，即和合二仙，又叫刘海，笑脸；凶星一枚，白脸，亦称土地；吉星一枚，红脸，亦称将军；四象四枚，即四季脸，春为绿色、夏为赤色、秋为棕色、冬为青色，四季面具均头生两犄，额饰三小人头，双眼深陷，大嘴齐耳，顶部可插翎子；在9枚面具中最具特色。还有一幅十分神秘的傩神图，用牛皮筒装存。此图彩绘布制，长及两丈，画有九重云天、60个人物。各路神仙、十大元帅及

芦溪傩

五猖腾云驾雾，驰马操戈，神采勃发。最底层绘傩人仪仗，共十人。前一人手持画叉，身背画卷，此正是背图人；第二人击扁鼓，三、四、五人击小锣、大钹和大锣；第六人执乐板，第七人吹笛，以上为乐队。第八人肩挑四季面具，手持折扇，是演员代表；第九人背布袋，系敛收钱米者；最后一人挑面具、行头箱。

腊月三十日晚发灯时分，傩人即从傩头家的神龛中请出老郎先师菩萨祭拜，然后打醮问神，阳醮即开始出行。黎明前在晒谷场上“放纸码”，即用红、蓝、黄、绿五彩纸剪成方寸大小，折成三角、四方、元宝等形状，用铁丝勺托在稻草火堆上烧，纸码趁火而上，五彩飞天，此时傩人率先在村中燃放鞭炮，村人亦纷纷燃放，全村火炮连天，驱邪逐疫。

初二日，跳傩。傩人在村内汪氏正义堂中悬挂傩神图，也叫十大元帅图（将四季面具两两合一，以其犄角撑着下画轴两端），设香案，诵请愿词请神。

伏以：神通仁善威灵圣众，天怨不同，凡间相见，下马一言敢擅长，凭新香一心加敬，发源土地正气金光，四金降劳，今年今月今日时奏事功曹，起福起善，又劳神义，随慈信香，今去中华国、安徽南祁门龙溪太世珠，盟下众事人等，蟠桃会上，关圣帝君，汪王越公，文号皇帝，章王圣帝，务事灵光大帝，行劳九相兹神，郑一灵光马元帅，精忠保国赵元帅，太保无私温元帅，精忠报国岳元帅，婴元帅、胡元帅、黄元帅、九天送子柯元帅、天下大总王元帅，拜定：一场五猖，中猖黄帝；二场五猖，东边青帝；三场五猖，南边赤帝；四场五猖，西边白帝；五场五猖，北边黑帝。五五二十五位诸大将，六六三十六路各位天皇，开路将军，把笔判官，拔棍童子，十八郎君，金花小姐，梅花小娘，天雷公，地雷母，杭州桥上二十四位老郎先师，一文、二武、三生、四旦、五丑、六净、七相、八仙、九千、十（七），千里眼、顺风耳、洪山祖师，奏事功曹，启马一齐，消灾增福寿，下马保平安；一年四季，四季保平安。

香案设在祠堂专用的长约十米以上的巨型长案上，案上供奉香炉、蜡烛、鱼、肉、子三牲；各家送长明灯（灯盏下放一碗清水以防火）于案上，添香、叩头、揖拜，霎时间，灯火辉煌，瑞气融融。以上为傩祭部分。

锣鼓开台，众人让出场地，傩表演开始。先是盘古持开山斧上场，表演开四方，跳四门，杀四角，意即开天辟地，划定太极。此为第一段，名曰《盘古开天地》。接着是两仪即和合二仙戴笑脸面具跳跃而出，和仙持云帚，合仙持金蟾，二仙动作对称，姿态逗人，意谓“太极生两仪”，四方安乐，万物繁衍。此段叫《刘海戏金蟾》，也就是跳和合。相传，最早表演时，有四象穿插跑八卦图的表演，意即“两仪生四象、四象生八卦”。随后由凶星戴土地面具，持杖拈须上，行恶作法，欲灭五谷；吉星戴将军面具持剑追杀，力挫凶星，这叫《将军杀土地》。最后由刘海引出狮子，圆场数周，意谓天下平安，万方同乐。在鞭炮锣鼓声中，刘海时嬉逗于狮前，时而跃骑于狮身，村人欢天喜地，心中大吉。此为《刘海逗金狮》，又叫《狮子报平安》。表演完毕，傩人收去祭祀用的五谷牺牲及傩神图，剪下狮子身上的苎麻毛，盛于盘中，让村人拿去给儿童扎辫子，或放在身上隔邪。正月初二后，到各分支祠堂去表演。

巫傩的主要特点是头戴面具，但这只是言其形式。就精神层面而言，凡与巫祭有关的表演都应视为傩的范畴。在徽州，傩又与氏族相关联。为了叙述的方便，笔者将祁门、黟县汪氏太阳会中的“游太阳”在此做一陈述。

“游太阳” 巫舞的一种。流传祁门县、黟县交界的双溪流、社景、莲花，渔亭、楠玛、朱家坞等村庄，祭汪华及其九子。《中国人名大辞典》：“汪华，唐绩溪人。少以勇侠闻。隋末保据郡境，并有歙、宣、杭、婺、饶六州，建号吴王。郡内赖以平安者十余年……封越国公。”民间奉为郡之土神，世代祭祀。

相传汪华生有九男二女，父子保境安民有功，却受到奸臣陷害，八个儿子被杀，第九子虽获救，后亦战死边陲，为国捐躯。汪华父子死后被尊为太阳菩萨，每年受到乡人的祭祀，其祭祀活动称为“太阳会”。祁门双溪流祭祀汪华，社景村祀奉汪华八子“八灵王”，莲花村祀汪之九子“九相公”。黟县楠玛几个村祀奉汪华其他几个儿子的神灵。

每年农历六月十二日至十四日，村民将所祭祀的菩萨抬到露天晒太阳，故名“游太阳”。民国十一年（1922）《黟县志 · 风俗》在记述该县“七都有游太阳降童一事，仅述其流，未考其源。按神为汪华，考郡县志及云岚山志，汪华封郡土神，自宋已晋王号。黟俗王沿阳音，习惯已久，太阳原系大王”。汪华“庙在霭冈，乃其后裔迁霭冈时所建，后支分远徙，庙祀失修，各村舁像崇拜，每岁原聚遗址，以永纪念”。[①]

① 民国《黟县县志 · 风俗》。

游太阳是太阳会中的舞蹈部分。主要有操练仪式，开天门、跳火爆伞和拨油锅。担任舞蹈表演的四男青年称为“跳童”，也叫“罡童”。表演时，上身赤膊，穿黑短裤，腰系一块方白布对角折成的三角巾，穿草鞋。双手各持一把专用的铁斧，称“罡斧”。

太阳会每年每届由一大户做东，历时三天。第一天（六月十二日），为操练仪式。由执事者把太阳庙里的太阳菩萨擦洗涂金，换“行宫衣”，请进特制的轿子，抬到本届太阳会的东家。东家托一盘米、一盘茶叶、燃三炷香，一路躬身迎接，是为接神；晚上在东家的庭院里点起火把，举行习仪；四跳童喝下东家的鸡血酒，拜过菩萨，然后拿师傅（世巫）画过符咒的罡斧，在师傅的指导下进行舞蹈操练，操练结束，由跳童二人陪菩萨过夜。

第二天（六月十三日）大早，执事者从东家家里将菩萨抬进祠堂，仪仗队依次是：鸣锣2人，吹唢呐2人，跳童4人，捧供品者1人，扛蜈蚣旗4人，抬菩萨轿4人，持龙凤伞1人，鼓钹演奏4人。沿途鸣锣开道，四跳童挥斧起舞，东家随后撒五谷相送，高喊：“风调雨顺，五谷丰登！”到祠堂后，村民按辈分两边排定，向菩萨跪拜，后由师傅念咒语，跳童开始舞蹈。舞至高潮时，跳童用斧刃在前额、胸前和后背划破血，称作“开天门”。同治《黟县县志·风俗》有证：“有世巫行术降附童子身，踯跳若狂，利刃割额流血至胸，谓之开天门。”其时，罡斧撞击声、鼓乐声、鞭炮声、口哨声大作，整个祭祀活动进入高潮。

第三天（六月十四日），“各村各庙神像尽舁出，聚于神位最尊庙”。① 有的人家在门前制挂一种圆筒状的纸伞，伞内挂着鞭炮，称鞭炮伞，太阳菩萨到时，将鞭炮伞点燃，跳童执斧在燃放的鞭炮伞下舞蹈，谓之“跳鞭炮伞”，意为消灾纳吉。下午，在最尊神汪华庙前，表演“拨油锅”。“别（置）煎油大釜，极沸，下豆腐，赤手入沸油取之，表会众，腐尽而手不灼”。② 最后，各自抬菩萨回原庙，一应器具存入庙中，这一年的太阳会即告结束。

游太阳表演时，虽不戴面具，然其四执斧跳童的设置，若方相氏四目扬眉，郁垒神荼，麾斧秉钺，为古傩遗风。

徽州古郡，聚族而居。汪氏是徽州望族，为唐代越国公汪华之后裔，祁门汪氏

---

① 同治《黟县县志·风俗》。

② 同治《黟县县志·风俗》。

一支唐代迁南乡芦溪，一支宋代迁东乡社景，芦溪跳平安舞，社景跳游太阳，他们所祭奉的傩神，都离不开汪华越国公，区别仅在前者为诸神供奉，而后者只供汪华及其子。他们所表现的开天辟地和对太阳的崇拜，同属一个古老的主题，同时又呈现出时序和认识上的递进，即从神话之神到人物神化。可以认为，芦溪傩与游太阳是同一系列的汪氏傩。

祭祀汪华的傩事活动，还有绩溪的"登源花朝会"，婺源、歙县的"抬汪公"等。

登源花朝会　嘉庆十五年（1810）《绩溪县志·风俗》载："十五日，登源十二社挨年轮祀越国公，张灯演剧，陈设毕备，罗四方珍聚集祭筵，谓之赛花朝。"过花朝节的习俗，唐代已经流行于长安、洛阳等地。《翰墨记》云："洛阳风俗，以二月二日为花朝节，士广游玩，又称桃叶节。"登源的花朝除了"士广游玩"之外，就是纪念汪华。民间以二月十五日为汪华诞辰日，这一天，先在汪公庙内举行祭祀仪式，然后请出汪公神像，16人抬着游行，旌旗猎猎，锣鼓喧天，更有24门朝天铳不时发出惊响。巡游结束，汪公神像供奉在祠堂中，108只金边大碗，精选出各式徽菜果珍，摆满供桌前，号称"赛琼碗"。

登源是唐初越国公汪华的故里，登源河畔仁里、梧村、王村、面观等十一个村庄，轮流举办，每十二年为一轮，仁里村大，轮值两年。清代沈复在其《浮生六记》中记下了他目睹的花会情景：

> 去城十二里，名曰仁里，有花果会，十二年一举，每举各出盆花为赛……庙前旷处高搭戏台，画梁方柱，极其巍焕；近视则纸扎画，抹以油漆者。锣声忽至，四人抬对烛，大如断柱；八人抬一猪，若牯牛……入庙，殿廊轩院，所设花果盆玩，并不剪枝拗节，尽以苍老古怪为佳，大半皆黄山松。既而开场演剧，人如潮涌而至。

登源花朝会，因为十二年才能轮到一回，主事的斋官们，争相好胜，都争以搭"花台"，演"对台戏"为荣。

抬汪公　婺源中云镇坑头村，每年农历正月十八举行"抬汪公"盛会，活动有文武场和祭拜、巡游仪式，现场热闹非凡。坑头村的水口至今还完好地保存着越国公庙，也叫汪帝庙。正月十八早晨，村里抬汪公的队伍先来到汪华庙，烧香祭拜一

徽州抬汪公

安苗节

番，为汪华菩萨洗脸、抹灰，一妇人在祭台前跳起大神舞，然后抬汪公出庙进村巡游。汪公所到之处，村民当门、沿街燃放火炮，借以驱邪纳祥。坑头“抬汪公”设有三个祭祀点：一是在汪公庙里；二是在村上水口，据说汪华菩萨雕像的原木取自那山；三是在现今学校的操场。操场上老幼云集，人气最旺。祭祀前，一道士模样的男子在香火案前跳起舞来，似在招神、接神；嗣后，村民轮番祭拜，以求风调雨顺，四季平安。值得注意的是，坑头“抬汪公”中两处简单的舞蹈，即庙里的女舞和操场上的男舞，似是古时女巫和男觋的遗存。婺源思口镇茶坑村亦有“抬汪公”活动。

歙县富堨镇汪华墓附近的丰瑞里，除正月“抬汪公”巡游祈福外，还在六月六举行“抬汪公”田间看稻祈丰收，俗称“汪公看稻”，请汪公“安苗”。六月六丰瑞里安苗节，表达百姓祈请汪公福佑粮食丰收、五谷丰登、乡村富裕的愿望。

绩溪破寒酸 傩的一种。流传于绩溪县杨溪村一带，由五人表演。一人扮开路先锋，二人扮和、合礼士，一人扮驮“太子”侍卫，民间传说太子为唐将张巡。一人扮持龙凤伞者，均戴连头面具。开路先锋舞棍引路，和合托腮叉腰欢跳，驮太子侍卫及持龙凤伞者随之。按逆时针方向，边跳转边行进；跳三圈反复一次。第一圈慢，第二圈稍快，第三圈快。每自跳一圈，表演者和伴奏者同声高喊“嗬”。动作简单、质朴、规范，表演者头戴着面具，看不到表情，用动作、舞姿、步伐表达一种虔诚、肃穆的情绪。

绩溪方言“寒到酸”，是贫困可怜的意思，即人们常说的一脸寒酸相。相传杨溪一带由于连年灾荒，加上瘟疫流行，死者无数，活着的人日子也过得极寒酸。于是，每年七月二十五日，九村民众齐集八王庙，抬着庙里的太子像跳起舞蹈，遍村游舞，以求破除寒酸，五谷丰登、人丁兴旺。正如民谣所唱："九村八王堂，年年锣鼓响。破除寒酸相，不再闹饥荒。"

婺源傩 婺源春秋时为吴、楚交界地，境内浙岭岭头原有"吴楚分源"古碑可证。楚信鬼神，重淫祀。婺源乡间称傩舞为"舞鬼戏"，颇具楚遗风。婺源傩班往往是跳傩与舞狮同进并举，百姓称为狮傩班。婺源傩舞多演故事，剧目繁多，有《开天辟地》《后羿射日》《刘海戏金蟾》《太白金星下凡》《和合舞》《庆寿》《猴子偷桃》《双猴捉虱》《单棒》《双棒》《祭回》《八仙上寿》《天兵天将见者力》《张天师遣四将》《判官醉酒》《捉小鬼》《张飞祭枪》《孙权打子烈》《关公磨刀》《孟姜女送寒衣》《猴王降耗子精》《仙鹤磨嘴》《舞花》《魁星点斗》《太阳寻月》等。表演形式有独舞、双人舞和群舞。动作古朴粗犷，夸张简练，除手舞足蹈外，没有任何歌唱，只在部分节目中听到高昂有力的"嗬、嗬"声，可见其仍然保持着傩的原生形态。

由于节目多，人物多，故傩面具也多。婺源傩面具最早为铜铸（这在别处不多见），可想其狰狞和铿锵。相传明代庆源村有一孩戴面具戏玩，因取之不下，窒息而死，后改为彩绘木雕。现存的傩具有盘古氏、魁星、太阳、月亮、太白金星、后羿、观世音、八仙、扶苏太子、蒙恬、李斯、夜叉、张天师、二和合、四天兵、四地将、判官、二小鬼、孙权、子烈、关公、周仓、张飞、金吒、哪吒、唐僧、四猴子、猪精、沙和尚、六诸侯、鸡公精、鸡母精、土地公、土地婆、仙鹤、老鼠精等60多个。面具采用浅浮雕与镂刻相结合，刀法细，繁缛精巧的鳞状刀路，造成一种独特

婺源傩

的变形效果。其造像的变形绝不囿于一般雕塑原理，完全取决于民间艺人的经验感受和文化心理。造型如关公红脸剑眉，判官怒目圆睁，和合笑容可掬，沙和尚憨厚大度，观世音端庄娴静等，其喜怒哀乐无一相同，均以其忠奸贤愚而分妍媸，惟妙惟肖，栩栩如生，令人叫绝。面具油漆色彩以红、黄、蓝、白、黑五色为主，其色彩强烈跳跃，形象鲜明突出。有的面具已油漆七次之多，一诸侯面具最后一次油漆的时间，为乾隆十九年（1754），距今已有二百多年历史了。

从婺源傩多演故事看,已明显地表现出由“舞”向“戏”的演变,故村人称之为“舞鬼戏”。

建德跳魁星 跳魁星是浙江婺剧“三跳”（小花脸“跳魁星”，老生“跳加官”，大花脸“跳财神”）之一，有古傩遗意。魁星，又名奎星，神话中主宰文运兴衰之神，亦被奉为中华民族的“文学之神”。跳魁星由小花脸表演。第一夜化装出场，穿魁星衣，半雌雄打扮，戴上嘴巴会动、眼睛传神的蓝脸魁星面具；左手捧斗，右手执笔，在魁星锣伴奏下，走矮子步上场；出场亮相后，由乐手高念四句：“魁星出华堂，提笔写文章，麒麟生贵子，必中状元郎。”隔日演出，就光戴面具表演。跳魁星，旨在祝愿青年学子们刻苦攻读，得中高魁。

歙县跳钟馗 又称戏钟馗、舞钟馗。流行于徽州各地，以歙县为最盛。每逢端午节，一些地方自晨到夜，沿村游舞，以驱逐疫疠，祈求安康。民国二十六年（1937）《歙县志》载：端午，城关一带好事者，更以钟馗偶像舁肩，团团旋转于市衢，金鼓随之，旁人亦燃放爆竹，掷五色小纸块纷飞空中助兴。嘉庆《绩溪县志》：“端午日，户悬蒲艾以避邪，堂悬朱符，挂钟馗像。”可见，徽州民间信奉钟馗，喜爱跳钟馗舞。

歙县跳钟馗

舞蹈由一人扮钟馗，穿官衣，戴纱帽，两鬓缀满五色纸条，再以子筛鼓腹，以畚箕翘臀，以稻草耸双肩；一人扮小鬼，撑一把破雨伞，罩钟馗顶上，随之起舞；五人扮蝎、蛇、蟾、蜘蛛、蜈蚣、称为五毒，穿裤，赤足，以稻草绳扎头，舞叉；一人捧酒坛，灌钟馗酒，称为醉酒；一人用长竹篾挑一纸扎蝙蝠，与钟馗戏耍，相互起舞，谓之戏蝠。钟馗的动作技术难度大，有舞剑、吐火、醉酒、戏蝠、斩鬼及在高台上表演金鸡独立、竖蜻蜓、仰卧探海等动作。有的地方还扮演“钟馗嫁妹”，由一人扮钟馗妹，骑着驴子，在队伍中游舞。

三阳叠罗汉　流行于歙县三阳叶村一带。传说明末清初，该村解元寺元宵起火，村民赶来，人叠人翻墙入寺，舍命灭火救灾，寺庙和尚为感谢村民，每逢元宵佳节，数十人耐着寒冷，赤膊表演，叠成各种造型，在数层人的顶尖上站立一位“神童”，合掌祝福，祝众生新春吉祥，全村平安。

后来，这个节目与元宵灯会“献五兽”结合（五兽，即青狮、白象、天狗、独角兽、麒麟），故每年正月十五前后均要举行活动，小年“小打”，闰月年间则“大打”。参加演出的人员，按规定均须洪姓祠的男丁。演员表演时，上身赤膊光膀，下穿红彩裤，面部绘有各色脸，最顶层的小罗汉是金脸，表演风格古朴、粗犷。先由小和尚上场扫佛堂，后引观音、韦驮、灵官、护法四大金刚归位观看，然后众罗汉依次

叶村叠罗汉

出场。表演时，不说不唱，在大锣大鼓简单节奏的伴奏下，以身体堆叠各种各样的架势和造型。这些架势按古传的《罗汉谱》进行，有 50 多种，如兔儿望月，独脚金鸡，宝塔连转，仙人桥，普陀岩，莲花座；一柱牌楼，二柱牌楼，三柱牌楼……双牛蜢转单牛蜢，太师椅，水帘洞，大六柱牌楼等。其中，以大柱牌楼最为壮丽，由底架重重叠叠向上，一座“牌楼”竟叠有 20 多人，极为壮观。

叠罗汉是民间独创的避灾祈福仪式，舞蹈造型奇特，表演难度大，且多在下半夜表演，更加引人入胜。

绩溪舞回　流传于绩溪县伏岭村。相传古时村里经常发生火灾，春节期间尤为频繁，野兽也趁机出没，侵害孩童和牲畜。村民们认为这是村头鸡鸣山顶的火狮和山下的石虎在作祟。每当它们发威的时候，村庄上空便有“天火”滚动，灾星降落，造成灾害。为了镇邪消灾，村民们根据想象，创造出了舞回。取“回”字大口套小口的形，狮口宽阔为上口，虎口窄小为下口，合起来既有狮口又有虎口，再加上一双锋利犄角，就成了比狮虎更厉害，使所有野兽都望而生畏的王中之王了。

回有回头、回皮、回尾。头尾以篾扎、纸糊、彩绘，嘴可以张合，舌头可以吐出收入。回皮用土黄布缀以金黄色须毛，连接头和尾。表演者为两名身强力壮的男青年，穿土黄色裤子，裤腿缀以同色苎麻做回毛，裤脚连爪。表演时，演员披上回皮，一个举头，一个甩尾，模拟猛兽的动作和神态，表现出回的威武、勇猛，向火狮、石虎示威。由于舞回寄托了村民驱邪镇恶，永保安宁的愿望，颇受人们喜爱。故每年元宵节均有表演，相沿成习。1830 年前后，舞回活动演遍周围各村。后来，舞回班发展成了从事演剧的徽剧班社，享誉全县。

水火炼度　《杭俗遗风》载：“寒林台前，列水一盆手中，左右设锭二堆，法师向锭吟念毕，将锭焚化。有主管以竹梢纸幡烧去，然后一抖，则更出一首，再烧再抖，左及右每隔四五度，随后抖出数十丈白纸一条，供于正荐桌上，余人大敲锣鼓以助之，名曰水火炼度。”

齐云山的水火炼度与以上记载大致相同。相传农历九月九日玄天真武大帝降临齐云山，各地香客云集，日达数千人，这天齐云山要举多场水火炼度。水火炼度分四个部分：一为招摄邀神。一法师手招摄灵幡，四道士执锣鼓，按东、南、西、北四门跑动，招来六丁六甲祈禳驱鬼。接着五法师身披红、绿、黑、白、黄五色法衣，三十六道士摆起八卦图，然后按八卦图形变换六十四个队形。二为施食追荐。一法

齐云玄天太素宫

师执剑，高诵符文，步罡踏斗即七星步，替亡者施食，超度亡者的罪过。三为炼度超升。是水火炼度的核心。法师用剑尖挑起水盆里檀香木，放入火盆；又从火盆挑起火块放入水盆，意即借水火之力祭炼亡者。四为舞幡娱神，一道士挥舞三尺多长的纸带，左右旋转起舞，让纸带穿腿绕身，同时加进纸幡在火盆里烧出各种颜色变化的魔术表演，以娱神而娱人。

钹舞　道教舞蹈的一种。流行于歙县武阳一带。道士在做打醮法事之后，要由一人或数人表演此舞，以娱观众。钹舞道具主要是两片大钹，通过抛、接、滚、翻、旋转等手法，加上俯、仰、侧、翻、跨、跳等身段，形成多彩多姿的单人舞蹈，其程式有单蛇鳖、双蝶飞舞、单双背飞、蜜蜂钻洞等18套内容。演出可伴以打击乐和唢呐、笛子等乐曲，以烘托气氛。歙县武阳乡老艺人方德发，承祖父世业，表演娴熟，被人称为“新安一绝”。乾隆十六年(1751)《歙县志》有“岁杪召道士舞蹈娱神”一类记载。

得胜鼓　又称仗鼓，流行于休宁五城、榆村和屯溪黎阳一带，传为祭唐将张巡。唐代安禄山叛乱，张巡、许远率兵固守睢阳，打了胜仗，睢阳军民以及江夏百姓都击鼓欢庆，名曰得胜鼓。张巡死后，百姓便在每年农历七月二十四日张巡诞日表演

得胜鼓

得胜鼓，以示纪念。唐末，江夏一支迁徽州五城镇，此俗也随之传入。至今，五城镇老街上仍存有“江夏门宗”字样的门楼。

得胜鼓由数十人表演，一般要成双数，有击鼓者和拍板者两种形式。击鼓者为武士打扮，短打紧身，十字披红，颈挎仗鼓。右手持鼓槌，左手持键铃（上下摇动有声)，边击鼓、摇铃边行进，发出“嘭嘭、嚓嚓”的响声；拍夹板者，手持檀木夹板，边行进边拍击，清脆的夹拍板声与鼓声、铃声交织成一支雄浑的交响曲，令人听之精神振奋，斗志昂扬。鼓队前面有一队大红灯笼，一大旗，上书“得胜”二字，随后是一队蜈蚣旗幡。整个队伍威武雄壮，气势磅礴。

太平滚车 流行于太平仙源、甘棠等地，亦为纪念张巡（俗称车公菩萨）而产生，每年农历七月十八日至二十四日举行。除在仙源忠烈祠、甘棠东平王殿进行内祭外，还要在街道、广场进行“滚车”表演，以示降福祛邪。两地各有 8 辆“火轮车”，车身木质圆形，高 8.4 尺，宽 6 尺，重 500 余斤。滚车的花样有平滚、夹篱笆阵、飘反车、发车、拍绕车、螺旋车等。一般由左右两人紧握车轴合滚一辆，力大技高的可一人独滚。其中，拍绕车由一人在车后用左右手轮换拍打，左右倾斜 30°，成“之”字形滚动前进；飘反车则在广场按圆形线路、倾斜至 40° 滚动前进。其技艺高超绝伦，十分精彩，五色纸欢送。

传说火轮车是张巡制造，用以抗击安禄山的兵器。于其诞辰日表演“滚车”，以示纪念。滚车通过车轮之高大、坚实、笨重、加之滚动时的技巧、气势、奔跑速度，以及队列的前后穿插变化，呈现出一种滚滚向前、势不可挡的力量。滚车还具有武术表演、杂技、健身的功能，所以过去一些青壮年都爱参与。

太平滚车

五福神会　流行于黄山区必吉岭。该地有座石头庙称作五福庙，高一丈五尺，宽一丈七尺，深一丈六尺。梁柱瓦脊、神台供桌全是大块花岗岩砌成。庙内原供有神像十一尊，正中为正神六尊，分别是平浪王、德胜一郎、灌口二郎、草野三郎、丫角四郎、和合五郎，均系坐像，高约三尺，各手执两件兵器；左右两方另有五尊稍矮的雕像，分别是判官、土地、七星、和合。石庙今仍存。

清嘉庆《太平县志》有五福庙建于元朝末年的记载。苏氏宗谱载：苏氏六甲祖先“显荣公，因父造京廒迟限罹狱，公至京辩冤，愿以身代。上感其孝，诏立宥。遂侍父归。舟次芜湖，见江中有五福像，心异之，负回里，约众立庙供奉。每年中秋，神祇出巡，至今以为常。”

五福神会

必吉岭长六华里，苏氏宗族分居岭上、岭下两个大村子，五福庙坐落中间。每村有两个宗祠，五福神会的活动和经费分别由宗祠分担。五福神会每年农历八月十四、十五两日举行，分降神和路巡两部分。

降神。十四日清晨，五福庙内安放神架，各宗祠主祭和一顶盔者（即扮神人，穿戴整齐，手持“脸式”即面具），齐集庙内，鸣三眼铳，焚香跪拜，顶盔人双手捧脸式，与庙内各神像面部合一下，然后安在神架上，是谓降神。脸式是五福神会的重要道具，为杨木雕坯，油漆彩绘，长一尺，宽八寸，厚三分。盔帽用夏布生漆制成，脸式斜挂在盔帽下，与顶盔者的脸构成 45° 角，便于顶盔人看清脚下的路面。

路巡。即列队沿村巡演，队伍的排列顺序是：三眼铳几十只，判官、和合、七星、土地，接正神五郎、四郎、三郎、二郎、一郎、平浪王。每位正神前有仪仗簇拥，仪仗有：三眼铳若干、开路锣两面，提炉男童四到八对，细锣鼓一班；顶盔替换者、背令旗、令箭、印绶者，各一人；顶盔扮神像者居中，神像后伴神士绅若干；粗锣鼓一班；平浪王仪仗后大寿旗一面。路巡经过几个固定的地方，举行坛祭。途经各家门前均鸣炮、焚香设供迎神。路巡中，扮小神者便步行走，扮正神者走台步；

在迎神者众多时，放慢速度，双手挥舞兵器，作“走三步退一步”表演。

十四日晚，诸神在当值宗祠里停留看戏过夜。十五日继续路巡，下午齐集五福庙退神，仪式如降神。顶盔者取下脸式，脱下服装，再将脸式送回宗祠保管，本年度活动全部结束。

民国壬戌年（1922）《清溪郑氏族谱》载，明代戏剧家郑之珍曾在太平焦村做过教书先生，并编有《五福记》行于世，或与此有关。

建德跳净童 又名大头和尚戏柳翠、大头娃娃舞，是建德一种具有强烈民间舞剧特征的传统节目，已有140多年的历史。

跳净童四人，均戴面具。通过扮演的小和尚、老和尚、土地公公、村姑柳翠，叙述了一个生动有趣的故事：小和尚在寺中打扫庭除，伺候老和尚洗脸、进香拜佛，并帮忙捶背。哪知中途被老和尚误解，受罚。村姑柳翠来寺里拜佛，老和尚被柳翠的美丽娇艳所动，乘机调戏。小和尚设法请来了土地公公，使老和尚丑态毕露，狼狈不堪。土地公公和小和尚因而狠狠地打了表里不一的老和尚一顿。

柳翠娘

整个表演，演员之间没有语言对白，在锣鼓等伴奏下，通过肢体语言和道具，将人物角色演得活灵活现，夸张幽默。跳净童的舞蹈动作别具一格，净童以“跳”为主，少年和尚舞蹈时的旁踢步、前倾后踢步、后仰前踢步，动律节奏清晰而富个性，把顽皮和童趣演绎得活灵活现。其余人物的一招一式也多从角色出发，在模仿生活的基础上适度夸张、美化，简练朴实。

相传秦始皇祈求“万世一统、长生不老”，找来三百名童男童女，头戴面具扬尘舞蹈，曰跳秦童，并流传下来。浙江方言“秦”与“净”读音相似，“净童”即“秦童”。旧时，钦堂谢田村地处偏远，缺医少药，山村孩童春季常患“猪头疯”（腮腺炎）。村里患病的孩童就戴上面具，跳起这种促进头部、颈部运动的舞蹈，希望能有利痊愈。这些面具是村民自己制作的，跳完之后，将面具烧毁，期望随着面具的消失将病魔驱除。

徽州岩寺一带，亦有《大头和尚戏柳翠》遗存。

三、新安傩的特点

（一）表演者头戴面具，有“方相氏”遗风

如婺源傩、祁门芦溪傩、绩溪破寒酸、建德跳魁星，太平五福神会中“顶盔人”等。新安傩面具，种类繁多，且极具个性，甚至夸张变形，其本身就是一种艺术品，其中婺源傩面具尤为生动传神。傩面具对后世戏曲脸谱艺术产生了直接影响。也有不戴面具的，像祁门、黟县交界处的游太阳，虽然表演者不戴面具，但其舞蹈中“开天门”（斧子割破前额、胸、背，使之流血）、“拨油锅”（用手在沸油锅中拨出豆腐）的表演明显具有巫的成分，因此，并不改变它们傩的属性。

（二）以舞为主，从舞到“戏”

新安傩的一个共同特征是不说不唱，锣鼓和乐器伴奏也只是烘托气氛，人物主要通过极具个性的面具来塑造，也就是说它还没有完成从“舞”到“戏”的演变，严格意义上还不能称之为“傩戏”。婺源傩虽多演故事，但仍是不说不唱。比之其他地区有唱念歌舞的傩戏，新安诸傩均较为古老。尤其是祁门芦溪傩，从人物、面具名称，舞蹈语汇，以及表演的次序，均与《周易》易理相符，通过“是生两仪，两仪生四象，四象生八卦，八卦定吉凶，吉凶生大业”的演绎，形象地描述了先民对宇宙发生和社会演化的最初认识，从而折射出古老的哲学光芒。

（三）祭祀神祇，多地方土神

淳安贺齐庙会，祭东汉新都郡始主贺齐；徽州多地祭越国公汪华及其九子，如

张巡、许远出巡

绩溪花朝会、祁门芦溪傩，游太阳、抬汪公等。也有祭张巡的，如绩溪破寒酸、休宁的得胜鼓、太平的滚车等。唐御史中丞张巡，安史之乱时力守睢阳，因力孤粮尽，城陷殉职，被谥封为千圣郎君通真三太子。因其扼守阳，使江淮人民免遭祸乱，故江南地区多立庙祭祀，从而产生了专门纪念张巡的舞蹈，以崇其德、报其功。再就是祭村神，如太平必吉岭五福神会。

（四）从娱神到娱人

傩祭傩舞的主要功能是娱神，同时兼及娱人。整体上看，新安诸傩虽然还保留有驱鬼逐疫的色彩，但更多地表现了驱邪扶正，祈祝平安的愿望，增加了酬神和娱人的成分，所以深得民间所爱。正因为如此，一些地方的傩面具、傩神图才能历经动乱而未毁绝，其中可能有某些偶然因素，但不能不说得益于村人对它的庇护。登源花朝会，由祭祀生发为赛花（花木盆景）、赛菜（赛琼碗）、赛戏（对台戏），为后世新安民俗和戏曲的发展提供了多种样式。

第二节 目连戏重镇

目连戏是文献所载最早的戏。[①]目连全称“摩诃目犍连”，即大目犍连。他是中国古代戏曲中家喻户晓的人物，因入地狱救母而闻名于世。目连的孝行故事，自晋迄今，久传不绝。目连救母的故事来源于《佛说盂兰盆经》，唐时官方有盂兰盆会宣讲经义，从而产生《目连变文》。目连故事发生质变是在北宋，它由讲唱文学搬上舞台而成为杂剧。金院本中也有关于目连的戏剧上演。在明代，经郑之珍万历十年(1582)编定《目连救母劝善戏文》后，直到明亡时，目连戏的演出多是三宵完毕。清初，目连戏进入了宫廷。民国初年，其流播范围则更加广泛。

自宋以来，目连戏都深受民众的喜爱。它之所以历千年而不衰，主要原因是它表达了封建社会中下层群众的思想感情，即报恩行孝与救苦救难，劝善惩恶与因果轮回等观念，并与中国传统的忠孝节义之道德价值相契合。[②]中华人民共和国成立后，目连戏停演了30余年。20世纪80年代，作为学术研究的目连戏在美国，以及国内的湖南、徽州等地开始复演折子戏，90年代始有全本目连戏的传承教学演出。2006年5月20日，经国务院批准，目连戏被列入第一批国家级非物质文化遗产名录。

一、新安目连戏概说

中元节扮演《目连救母》杂剧，见于《东京梦华录》的记载，至迟这应是北宋遗风，这种风俗，一直保存到1949年。[③]明代以来，新安已有目连戏的演出，这可以从以下三个方面来讨论。一是“据陈篇”，郑之珍在《目连救母劝善戏文》下卷开场词中写道，“搜实迹，据陈篇，括成曲调入梨园”。据陈篇，就是根据已有旧戏文来加以改造的；二是从黄铤刻本插图看，74页精美插图，上天入地，活灵活现。黄铤在郑本付梓之前应该是看过目连戏的，否则，再好的刀工也难以营造出如此生动的画面；三是声腔方面，明代，徽州及其周边地区已有弋阳腔、徽州腔、青阳腔等多种声腔的流行，影响了这一地区的目连戏声腔——高腔的演唱风格，祁门近弋阳，歙县靠徽调，其他地方多青阳腔。青阳腔与徽州调都存有目连折子戏的选本。据徐宏图《浙

① 王秋桂：《目连戏专辑·序》，台北《民俗曲艺》1992年第77期，第3页。
② 李小荣：《论目连变文的生成与目连戏的流播》，贵州社会科学2001年第3期。
③ 戴不凡：《浙江家乡戏曲活动漫忆》，《严州古今文丛》，中国文史出版社，2015年，第314页。

江戏曲史》所言，浙江开化、东阳、淳安一带目连戏以唱调腔为主，也有唱道士腔的，如建德。

郑之珍新编《目连救母劝善戏文》完成后，很快产生了广泛的影响，高石山房黄铤刻本胡天禄跋说："好事者不惮千里求其稿，誊写不给，乃绣之以梓以应求。"有了郑本，各地的目连戏演出就有了一个基本规范，思想内容上又得到统治阶级的认同。从此，目连戏大行于全国。徽州首当其冲，成为目连戏演出之重镇。郑之珍家乡祁门县的目连戏班先后组建，其中栗木班、清溪班、胡村班，以及邻县石台的几个班社，均组建于郑本刊行之后。祁门民间素有"目连戏出在环砂，编在清溪，打在栗木"之说。"出在环砂"，即傅家善恶的故事相传出在环砂村；"编在清溪"，即《目连救母劝善戏文》为清溪人郑之珍所编；"打在栗木"，打就是演，意即栗木目连戏班是祁门最有影响的目连戏班。从文化体系上考量，这则民谚与郑之珍新编目连戏文的刊行是一致的。栗木班老艺人王丁发家几代保存下来明高石山房黄铤刻本，可为实证。

虽然徽州明代演出目连戏的文字记录不多，但从明代人张岱（1597 ~ 1679）《陶庵梦忆》中，可以看到当时徽州目连戏在浙江演出的盛况。

> 余蕴叔选徽州、旌阳戏子，剽轻精悍、能相扑跌打者三四十人，搬演《目连》，凡三日三夜。四周女台百什座，戏子献技台上，如度索舞絙、翻桌翻梯、筋斗蜻蜓、蹬坛蹬臼、跳索跳圈、窜火窜剑之类，大非情理。凡天神地祇、牛头马面、鬼母丧门、夜叉罗刹、锯磨鼎镬、刀山寒冰、剑树森罗、铁城血澥，一似吴道子《地狱变相》，为之费纸札者万钱。人心惴惴，灯下面皆鬼色。

演到"招五方恶鬼""刘氏逃棚"等出时，万余人齐声呐喊，以至于太守以为"海寇卒至"。从张岱的记录看，徽州目连戏在浙江的演出十分轰动，"徽州旌阳戏子"的武功特技相当出彩。

有清以降，新安目连戏班的活动愈加频繁。据20世纪80年代、高庆樵、李泰、赵荫湘等人的调查，祁门一带的目连戏班活动的记载或记忆，多在这一时期。歙县、休宁、婺源等地，清代都有目连戏班组建，其演出更加成熟。歙县韶坑班、长标班，长年在外地演出，具有了半职业班社性质。除每年中元节和闰月年打目连外，还为其他的迎神赛会演出。休宁县乡间五猖庙很多，祭祀时间不一，一般在冬至前后，或闰年年终，举行五猖庙会。但无论何时祭五猖神，必定要演目连戏。齐云山道教活动中，也演目连戏折子戏。休宁县板桥乡（原属婺源县，民国三十五年属休宁）梓坞村目连戏班，清光绪年间组建。最出名的艺人宋月仙，是老徽州府内外很有名的目连戏师傅。婺源县平坦、古坦、庆源等村的目连戏，均为宋月仙所教。梓坞班的最大特点是徽戏名角的加入，如婺源的“花旦红”“烂脚欣”“武旦宜”，太平的名须生耿金榜、石牌的老生大秋香，以及文武老生程桂新、著名武生汪爙堂等，名角的加入使其演出的专业性迅速提高，后该班逐步转为以演老徽戏为主，兼演目连戏。黟县似乎没有产生目连戏班社，各乡打目连，都是邀请外地戏班。即便如此，在清代由于黟商已成为商业经济中的一支劲旅，促进了黟县在经济、文化上的发展，目连戏也出现了繁荣景象。清末，县城东门外建有气势雄伟的打目连戏台，常邀请外地班社来此作场。同时乡间也广为流行目连戏，其中以离城较近的西武乡所辖的泽霞、章墩、古筑，以及碧山乡所辖的西山下等村落，最为活跃，而古筑村上演目连戏最为频繁。

延至民国，新安各地目连戏活动仍此起彼伏。据李泰调查，民国四年（1915），梓坞目连戏班还到婺源县城演戏。婺源虎墠村民国十一年(1922)《目连戏》手抄本上，有梓坞目连戏的演出本从祁门县传来的记载。民国二十二年(1933)27日《徽州日报》第二版载，《两班演戏大闹意见经过》，梓坞班自此衰落。

> 休宁南邑岔口，该村虽姓程，而久居客姓亦多。程姓请梓坞班演戏酬神，客姓即到五城约请同乐班演唱。各尽其妙，热闹异常，该梓坞班虽称名班，而坐堂清戏不及同乐班，以致观众多聚于同乐班一方。同乐班每一出场，叫好声、掌声不绝于耳。

1945年10月，祁门县城为欢庆抗战胜利，组织了一届目连戏演出。为此，民间还自发成立了一个专门机构——目连局，负责演出的具体事宜。演出台本是郑之珍本，演出班社挂的是清溪班，实则是清溪班、樵溪班、栗木班三班联袂，演员也是全县各班的名角，堪称祁门目连戏界的“群英会”。没想到开演第一天便遭到当局的反对，说是要破除迷信。后经周旋，并在戏台口悬挂“追悼抗日阵亡将士大会”

横幅，演出始得持续。好事者撰戏联曰：

阴府也唱共和，不许牛头马面，摸壁地方欺凌弱鬼；

人间已经革命，岂容贪官污吏，土豪劣绅压迫良民。

此为祁门县城最后一次打目连。浙江开化、遂安、淳安一带演目连戏，也曾致招致官府立碑禁演。

据原遂安县文化馆搜集整理的《遂安目连戏及其音乐简述》记载：目连戏远在明代由安徽流传于浙江的开化、遂安、淳安一带，近百年中演目连戏的戏班有开化的老虎林班（老虎林班在清末的时候班底就是遂安蒋石元班）、淳安的日春班和遂安的彩林班、天福班，这些班子能演的戏有徽戏、乱弹、目连戏。

目连戏出演的地点很广，据淳安老艺人张毓渭先生说，他曾到过建德、寿昌、兰溪、衢州、浦江、常山等地演出。目连戏的演出，根据各地的目连会决定。目连会过去在农村很多，各目连会演目连戏的年限不等，有三、五、七年演一次的，或十年演出一次。每演出一次目连戏，则非常隆重而铺张，如，民国八年（1919）金华南湾乡上滩头目连会（十年演一次），要到遂安来接目连班去演出，每夜的戏金上千元（一般普通戏演出只要七八元），烧去锡箔几百元，每户人家都有十几位客人。目连剧的演出形式有两种，一种是“正目连”，一种是“花目连”，前者指的是专演目连剧全部，后者则只演《精忠传》《西游记》等。

淳安目连戏常演的剧目共有7本：第一本《台城记》，是说梁武帝死于台城的故事；第二本《劝善记》，第三本《罚恶记》，第四本《解司记》，第五本《西游记》，第六本《倒精忠》，第七本《顺精忠》。其中第六、七两本都是说岳飞的故事。

淳安目连曲调属于青阳高腔，曲调有近百首，有些曲牌已经失传，经初步整理有目连高腔45首、昆曲9首、牌子8首，共62首。目连高腔不用弦乐和管乐，每个乐句的后面都以打击乐器作配，有些部分也用帮腔。中华人民共和国成立初期，淳安县的汾口、中洲、姜家等乡镇，还偶有演出，现濒临失传。[①]

据徐宏图《浙江戏曲史》记载：开化目连戏传自婺源、祁门一带，流布于开

① 淳安历史文化丛书：《民间艺术》，西泠印社出版社，2008年，第110～112页。

化、淳安等县，受弋阳腔的影响较大。据老艺人丁绍烨、丁来博等口述，清乾隆年间，婺源人汪和元来开化苏庄乡富户村云台寺为僧，同时设立道教，持锡杖演《目连救母》，并传授门徒。嘉庆年间，苏庄大坊湾人丁之天拜汪为师，学演目连。从此，富户、唐头、大坊湾等村即盛行目连戏。丁家自丁之天起至其重孙丁来博，凡五代均能演目连戏。光绪年间，马金杨和同村张金元（鼓师）、张田发（正生）等创办目连班，曾在该村对面的大田搭台演出，连演七昼夜，村民即称这块田为“目连畈”，该班直至1917年才解散。1925年，音坑、塘坞等乡又相继成立“目连戏会”，每隔五至十年演出一次，至今音坑对门村还保存有当年的“目连戏桩磴”一副。随着业余戏班的勃兴，专业戏班也应运而生，1914年，马金上街人程春林首创彩玉班，全班48人，以演目连戏、徽戏为主。花旦徐章水、小生法发、武生有喜、小旦芝仙等，一时名声大振。程春林故世后，由其子程锦堂带班，1925年转卖给马金徐塘人朱清古，改名清古班。1931年冬，徐塘乡溪岸村蒋元元等创办福林班，全班40多人，因演技精湛而名噪一时。开化及淳安、遂安等县乡村纷纷前来订戏邀演，1935年改名新福林班，1941年散班。1948年，随着最后一个专业班社清古班的解散，开化目连戏基本告终。

据戴不凡先生回忆：建德一带的目连戏，我听人谈得多，自己看得很少。原因是，从小时候起，家里就不让看目连戏，因为戏里经常出鬼，小孩看了戏，怕把鬼引进门。做目连戏有固定的时节，每年三月二十八（东岳庙）、中元节、十月朝（阴历十月初一）和冬至四个“鬼节”前后。另一个鬼节清明可能是由于农忙的原因，从来没听说做目连戏的。除了这些鬼节外，做道场时也做目连戏。如果把目连戏当为剧种来考察，这里的情况异常复杂。它有许多种路子、唱腔、内容并不一样。据我所知，从浦江来的目连戏就有两种，一种是唱有丝竹伴奏的高腔的（和西吴高腔相近又不同），另一种则是大锣大鼓无丝竹伴奏的“道士腔”，它和本地的道士腔又不同，浦江口音很重。从开化、常山经过寿昌来的目连班，也唱有丝竹伴奏的高腔，较文雅，可又和衢州高腔不同。第三种则是本地的“道士腔”。这几种目连戏的演唱地点，似乎有不成文的规定。浦江班一般都从东乡三都源里到严关为之，然后沿江往下折向北乡和桐庐、分水一带；从常山、开化、寿昌来的，一路到淳安一带，一路则止于城西三里的东岳庙。这两种全是半职业性的混饭吃的班子，似乎是以府城（建德县城）作为天然分界线，从不逾越。不过，任何目连戏都不能进城做戏。[①]

二、郑之珍与《目连救母劝善戏文》

（一）郑之珍生平籍贯调查

郑之珍（1518 ~ 1595），字汝席，号高石，祁门县渚口乡清溪村人。因编撰《目连救母劝善戏文》而闻名古今。然而，这样一位历史人物，其生卒年月和生平事迹，却鲜为人知，对他的籍贯亦是众说纷纭，不够准确。庄一拂编著的《古典戏曲存目汇考》说，郑之珍是徽州人（今安徽歙县），生卒年未详，约明万历中前后在世；新编《中国戏曲曲艺辞典》称其是新安（今安徽歙县）人，生卒年未详；《中国大百科全书》（戏曲曲艺卷）也说他是新安（今安徽歙县）人，生卒年亦不详；地方志书则说他是徽州祁门县人。1985 年，笔者参加徽州地区《中国戏曲志》编纂培训，在汪效倚先生的指导下，对郑之珍的生平籍贯进行田野调查，发现了郑之珍的墓葬与族谱，用第一手资料坐实了郑之珍的生平籍贯。

同治《祁门县志》写道："郑之珍，字高石，居清溪。"光绪《安徽通志》和民国期间胡樵碧先生编纂的《祁门县志 · 艺文考》也说郑之珍是祁门清幽人，清幽即今祁门县渚口乡清溪村。这些记载为弄清郑之珍的籍贯问题供了可靠的依据，但是，其生卒年月、生平事迹仍是个谜。

1986 年 1 月 21 日，笔者来到离祁门县城约 55 公里的渚口乡清溪村。其时，正逢一位友人结婚，友人家中宾客盈门，长幼咸集。笔者趁此机会向村中长老询问郑之珍其人其事。老人们证实了"高石公"确是清溪人，并反映说，离村三里许的乌株山圣堂坞，有一古墓，1949 年前他们还去祭祀过。根据这个线索，笔者在村人郑义元的陪同下，来到村西北三里之圣堂坞。披荆斩棘，攀藤而上，在半山坡一片葱郁的树林里，果然发现一座古朴荒凉，且规制雄伟的古墓。墓葬外围为碎石砌成的矮墙，墓内分墓冢、祭坛、拜台三部分，纵深约 15 米，宽约 10 米。石阶、石栏、墓碑等均保全完好。墓冢后靠围墙处，有墓碑一块上写着：

荥阳郡

赐进士出身真定府推官族侄履详拜题

---

① 戴不凡：《浙江家乡戏曲活动漫忆》，《严州古今文丛》，中国文史出版社，2015年，第314～316页。

明庠生高石郑公讳之珍夫妇墓

万历丙辰孟冬月吉旦孝男为德调元泣血立

显然，这就是郑之珍的墓葬。经过一番清理，又发现祭坛正前方还嵌有一块一米见方的墓志铭，碑上青苔满布，显然已饱经风霜了。经我们细心擦拭，碑文方依稀可辨。碑文前半，历叙郑之珍的名号、祖宗及其生平、爱好；后半记叙郑氏夫妇的生卒年月及其后裔。碑文系郑之珍女婿叶宗泰撰。文曰：

岳父郑公讳之珍，字汝席，号高石。

唐吾祁郑司徒公之后，传至仲友公，迁居清溪，代有闻人，载入志乘。予岳生而歧嶷，颖异超凡；孝友兼备，坟典历览，幼游泮水，志在翱翔；数奇不偶，屡蹶科场，抱道自娱，著柞林间。当道宠之以冠服，贤声洋溢于明光……

壬子孟冬吉

河南按察司知事进秩修职郎婿叶宗泰撰

由此可以断定，清溪是郑之珍的故乡。回到清溪村，笔者又把婚筵当作一次“圆桌会议”，进行详细访问。次日清晨，村民郑秋林送来民国壬戌（1922）年重修的《清溪郑氏族谱》。这部经过十年浩劫幸免于难的5卷4册族谱，其中关于郑之珍的记载更加详细具体，现原文引录如下：

之珍，字汝席，号高石。生正德戊寅九月廿四日，补邑庠生。博览群书，善诗文，尤工词调。郎中叶宗春称其文如怪云，变态万状。高才不第，时论惜之。载入祁志文苑。编有《目连劝善记》，又为太平焦村编有《五福记》行于世。及编修家乘，井井有条。邑主祝、儒学胡，奖以盛世耆儒匾额，恩列儒官，享寿七旬有八，殁万历乙未三月初四，像图绘前。配芦溪汪以金女究真，生正德辛巳正月初三，享寿八旬有七。万历丁未正月十二，合葬圣堂坞卯向凤形，撰有墓图。公神主三凤山，祖庙陪享。

族谱与墓志铭的文字完全相符，而且相互作了补充，不仅明确记载了郑之珍的籍贯、生卒年月，而且叙述了他的婚姻状况、生平事迹、生性爱好、戏剧创作，以及社会贤达对他作品的评价。上述事实表明，郑之珍是祁门清溪人，生于1518年，卒于1595年，享年78岁。①

（二）明高石山房黄铤刻本

郑之珍《新编目连救母劝善戏文》，明万历十年（1582）稍后，歙县黄铤刻本，分上、中、下三卷，共104出，习惯称一百出。插图约72页。卷首有万历七年（1579）叶宗春叙、万历十年（1582）陈昭祥序、万历十一年（1583）倪道贤记、陈澜评，卷末有万历十年（1582）胡天禄跋，各一篇。据茆耕如考订，安徽省图书馆古籍部藏高石山房本，无郑之珍自序。其自序见于《古本戏曲丛刊·初集》，此据长乐郑氏收藏的明刊本，1954年影印。现可见的明代刻本，还有金陵富春堂据郑本刻印的《出相音注目连救母行孝戏文》。黄铤刻本全书雕版576页，1954年祁门清溪郑兴堂，捐皖南行署文物管理委员会。1956年10月，安徽省博物馆建馆，雕版转入省博。至今除20余帧残损外，其余保存完好。

明目连戏雕版 安徽省博物馆藏

黄铤刻本，也称郑本，出目如下：

上本34出，分别为《开场》《元旦上寿》《斋僧斋道》《刘氏斋尼》《博施济众》《三官奏事》《阎罗接旨》《城隍挂号》《观音生日》《化强从善》《花园烧香》《傅相嘱子》《修斋荐父》《傅相升天》《尼姑下山》《和尚下山》《劝姐开荤》《遣子经商》《拐子相邀》

① 倪国华：《郑之珍籍贯及生卒年考》，中国艺术研究院戏曲研究所、安徽省艺术研究所：《目连戏研究文集》，1988年，第16～18页。

《行路施金》《遣买牺牲》《雷公电母》《社令插旗》《刘氏开荤》《肉馒斋僧》《议逐僧道》《李公劝善》《招财买货》《观音劝善》《插科》（即淫僧中计）《罗卜回家》《观音救苦》《刘氏忆子》《母子团圆》。

中本36出，分别为《开场》《寿母劝善》《十友行路》《观音渡厄》《匠人争席》《刘氏自欢》《斋僧济贫》《十友见佛》《司命议事》《阎罗接旨》《公作行路》《花园捉魂》《请医救母》《城隍起解》、《刘氏回煞》《过金钱山》《罗卜描容》《才女试节》《过滑油山》《县官起马》《罗卜辞官》《过望乡台》《议婚辞婚》《主仆分别》《遣将擒猿》《白猿开路》《挑经挑母》《过奈何桥》《过黑森林》《过升天门》《善人升天》《过寒冰池》《过火焰山》《过烂沙河》《擒沙和尚》《见佛团圆》。

下本34出，分别为《开场》《师友讲道》《曹府元宵》《主婢相逢》《目连坐禅》《一殿寻母》《二殿寻母》《曹氏清明》《公子回家》《见女托媒》《三殿寻母》《求婚逼嫁》《曹氏剪发》《四殿寻母》《曹氏逃难》《五殿寻母》《二度见佛》《曹氏到庵》《曹公见女》《六殿见母》《傅相救妻》《七殿见佛》《曹氏却馈》《目连挂灯》《八殿寻母》《十殿寻母》《益利见驴》《目连寻犬》《打猎见犬》《犬入庵门》《目连到家》《曹氏赴会》《十友赴会》《盂兰大会》。

附：郑之珍序

昔夫子志三代之英，不得位次以行其政教，于是假鲁史作《春秋》，以褒善而贬恶。夫善者褒之，人既乐于为；恶者贬之，人将惮而不为矣。故曰：孔子成《春秋》，而乱臣贼子惧。是非惧之以势也，以斯民之心之道也。子不云乎：斯民也，三代之所以直道而行也。使道非斯民之同具，此顾惧之，彼顾违之，圣人之心，吾见其穷矣。然道能惧者，犹为中人之资。若夫中人以下，愚夫愚妇懵焉，而莫之惧者尤众也。况世变江河，日不逮于古者乎！余不敏，幼学夫子而志《春秋》，惜以文不趋时，而志不获遂，于是萎念于翰场，而游心于方外。时寓秋浦之剡溪，乃取目莲救母之事，编为《劝善记》三册。敷之声歌，使有耳者之共闻；著之象形，使有目者之共观。至于离合悲欢，抑扬劝惩，不惟中人之能知，虽愚夫愚妇靡不悚恻涕洟感悟通晓矣，不将为劝善之一助乎！有客过我，叹余词而病其号，余应之曰：夫夫是也。盘庚迁殷，民不适有居，于是惧之以神道，盘庚之弗获已也。余学夫子不见用于世，于是惧之以鬼道，亦余之弗获已也。盖惧则悟矣，悟则改矣，改则善矣，余学夫子之心亦少慰矣。客曰：然则子敢自方于夫子乎？曰：夫子何敢当也，乃所愿则学夫子也。以茯麟之笔而擅天子之权，道隆则从而隆也；以臂鹰之手而送佛前之钱，道污则从而污也。而欲人之从善，则一也。客笑曰：唯唯。因书之。

时万历壬午孟秋月，高石山人郑之珍书。

(三)郑之珍之贡献[①]

第一，将明代中叶以前长期流传的目连故事集中起来，形成了一部完整情节的戏曲作品。首先，郑之珍根据敦煌变文中目连家庭的叙述，扩充了目连全家尊佛的内容。其次，将明中叶西行求佛的故事情节糅进“救母”情节之中。通过这样的情节扩充，《目连救母劝善戏文》就形成了傅家信佛及刘氏违誓开荤堕入地狱——目连西行寻佛——目连地狱寻母、救母的三大情节版块，每一版块构成一卷内容，以时间先后为经，形成了可以容纳多种故事的大框架；同时，将各种已经形成和流传的故事汇入其中，例如，已经盛演的《尼姑下山》《和尚下山》，就被写进上卷，而下卷地狱寻母中，尼姑、和尚则受惩罚；甚至在民间长期积累的歌舞片段，以及特殊的表演形式，也如小溪汇入大河，如《观音生日》（新增插科）一出，观音先后变仙鹤、老虎、道士、长子、矮子、千手形状等。在变千手时，舞台提示为：“先用白被拆缝，占坐被下，内用二三人伸手白缝中出，各持器械作多手舞介。”由于目连故事跨阳、冥、天三界，人物众多，时空多变，特别是表现天界和冥间的神鬼生活场景，表演手段自然多样化。郑之珍搜寻当时坊间已有的各种表演手段，用于目连救母大情节框架中，融宗教、民俗、艺术等多种成分，使目连文化在此戏中成为名副其实的“大观园”。

第二，对长期流传的目连故事进行改造，强化了儒家的文化精神。如郑本第三出《斋僧斋道》，写傅相与一个和尚、一个道士的对话、讨论，三人的结论竟完全相同：

释家大要在《华严》一经，大抵教人明此心。心明时见性灵。
老君大要在《道德》一经，大抵教人修此心。心修时练性真。
圣人遣下《四书》《五经》，大抵教人存此心。心存时在性明。

① 朱万曙校点：《皖人戏曲选刊·郑之珍卷》，黄山书社，2005年，第6～14页。

郑之珍借用宋明理学的“心性”学说统摄三教，将儒家文化观念明确地灌输到目连戏故事中，使得原本停留于“劝善”“劝孝”的目连戏，在观念上明确归入了儒家思想体系。其次，具体描写上，突出了“忠孝节义”等伦理。将傅罗卜的“孝”，提升为“忠孝”。即所谓“君子之事亲孝，故忠可移于君”；添加曹赛英与傅罗卜婚姻线索，命意弘扬“节烈”；在家奴益利身上体现儒家的“义”。

第三，进行文学润饰，使作品拥有了民间与文人戏曲的双重品格。首先从内容构成上看，将原目连故事以“救母”为核心，变为以“劝善”为主旨，这是“文人笔法”；但又大量保留了业已流传的民间片段，如《哑背疯》《双下山》《匠人争席》等，使戏文呈现雅俗并陈的面貌。其次，在戏文体式上，一方面采用曲牌格律对曲词予以规范，另一方面又时时穿插民间无宫调曲牌的唱段。再次，语言运用上俗中有雅。戏文中许多片段采自民间，其语言原貌难免俚俗乃至粗陋，郑氏加以润饰，使其流畅平易。在新增部分则注重文辞雅韵。如《曹氏清明》一出，曹赛英唱的《忆秦娥》：

风雨歇，淡烟薄雾清明节。
清明节，柳底黄鹂，花间蝴蝶。
杜鹃叫落梨花月，海棠露湿胭脂颊。
胭脂颊，露滴花梢，珠泪流血。

三、栗木目连戏班个案研究

栗木，古称栗里，因村中多栗树而得名。现归祁门县箬坑乡辖，位于县城西，距县城 87 华里。今村中栗树已不多见，惟村人演目连戏远近闻名。栗木目连戏班源于明代，目前可见的文字记载是祁门县新安余庆堂古戏台上的两处题壁：

一是“光绪廿六年栗里复兴班又廿二日到此乐也”。

二是“目连戏彩班□合旺新同兴班”。

栗木村 73 岁的目连戏师傅王丁发介绍说，他的祖父王接财一辈，叫栗里复兴班；他哥王再发一辈与人合伙唱平台即日戏，改称新同兴班。

王接财以前约光绪年间的复兴班会表演盘彩、盘扦等杂技。盘彩的表演形式：竖两根立柱，两柱之间扎一根横木，再用两匹布扎成几个布扣，然后在布扣之间表演“大溜”“小溜”“童子拜观音”“死人摊尸”“鳖爬沙”“称猪边”等盘彩动作。盘扦的技术要求更高，它只是在一根临时扦插的木柱上表演，且扦插木柱的底洞下大上小，人在木柱上表演时，木柱左右摆动。柱上的主要动作有“单旗”“双旗”等。笔者两次在环砂村采访，均听村中老人说，栗木目连戏班曾在环砂叙伦堂打过目连，并对笔者在天井里比画盘扦木柱的方位。至民国王丁发辈，主要演员有王丁发（小花脸、百搭）、王三意（老生）、王德华（小生）、王元亨（大花）、王义松（正旦）、王振盛（花旦）、王登高（末）等，演职员共 40 多人，且均系男性。一般不让外姓人参加，班主由宗族内部推选。班主似分两种：明的，班主即团长，负责处理行政事务；暗的，则是真正有本事的目连师傅，像王丁发就是。王丁发班曾出村演出 6 次，均系替人酬神还愿。民国二十九年（1940）在浮梁社铺一次；民国三十年在石台柯田、源头共两次；同年，祁门历溪一次。1945 年，为庆祝抗战胜利，超度阵亡将士，在县城打一届；1951 年，还去历口杨山唱“串本目连”，即三本串成一夜唱。在栗木本村共唱三届：民国二十一年（1932）一届，二十九年一届，1949 年一届，此后，偃旗息鼓了 39 年。至 1988 年，郑之珍诞辰 470 周年暨郑之珍目连戏学术研讨会在祁门召开，栗木班恢复上演目连戏数折，并进城为会议做学术演出。1990 年，栗木目连戏老艺人为了不使目连戏在本村失传，组织村里一班青年“起厂”学艺，共 37 人自愿报名参加，12 月 3 ~ 5 日，在栗木小学操场上搭台演出三天。

栗木目连戏班的师承关系大都是子承父业，也有少数侄接叔班的。栗木目连戏班师承关系如下图：

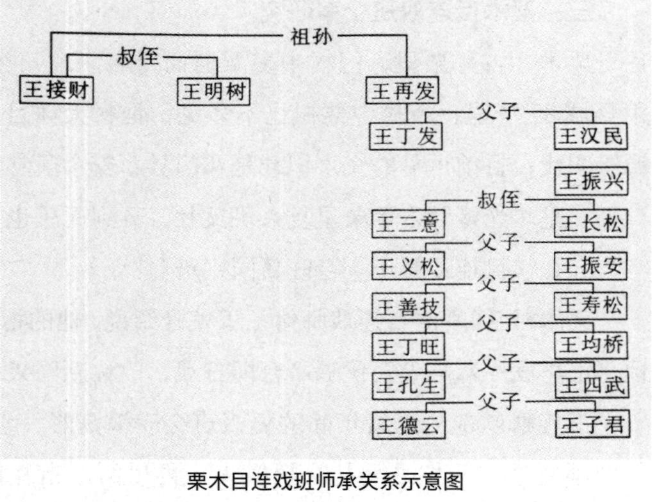

栗木目连戏班师承关系示意图

多年后，王长松（1956 年生人），师承其父王三意，为徽州目连戏项目国家级代表性传承人。

除亲缘关系外，他们还在经济上立有严格的班规。这在整体上保证了其班社传承的延续性。笔者在栗木村见到的“戏关约”

就写得很清楚：

立邀戏关约人同等，今邀到　　师傅名下习学　　壹厂，共计期四拾日为悉。当面认定每子弟谢师俸金，每名出洋壹圆，其洋尽期满厂之日，每子弟壹并归清，不得逾期。如违拖欠，其洋分厘，听凭重罚。倘有违师逆悖，听凭重罚。喜包谢师，随尔之意。各名供师傅之饭，照阄挨轮，所有杂派，满厂之日每名照算照摊，正用均出派。自成之后，两相情愿。今欲有凭立此戏关约为据存照。　　年　　月　　日立邀戏关约人中见代笔　　。

1990年，栗木目连戏班为了搞好集体传承，也专门制订了规章制度：

学员要听从师傅教导，服从分配；学员要虚心学习，认真研究剧本；师徒之间要互敬互爱，如产生任何矛盾必须向负责人提出，不另生意见。起厂学曲60天为一厂，每晚8时30至10时30分为学习时间，不迟到不早退，遇事先请假。学员半途而废者，要兑付全团开支及师傅之钱，每人五十圆。同心协力，决心学出，同工同酬。自愿报名，名单如下：王扣和、冯汉修、王建成、王松根、王汉修、王汉民、王小铎、王兴辉、冯接树、王长松、王兴华、王安华、王根龙、方安根、王寿松、王根良、王甘树、王振申、王社照、王进发、王树仁、王必法、王平均、王楚华、王卫京、王惠均、王坤为、王雪峰、王安民、王自成、王均桥、王培吉、王祖留、王祖榆、王跃铎、王兴根、王德良。

起厂后，果有人受不了规矩。团长的弟弟没有进过厂，以为有报酬，复对照规矩，自愿退厂，买了三条烟请大家原谅。一演大花的，三天学不会一句腔，又喜欢生事炒火，被除名。打鼓佬的儿子学了三回，生了三回病，不能熬夜，愿罚款，或买烟买鞭炮退厂。另有两人，忙于搞钱，提出退厂，自罚两条烟。

栗木目连戏班的经济来源，在本村主要依靠“上乐输”，接受捐赠。1990年12月，本村青年学唱目连戏出台，三个村民组各出10元，村民共捐30元，县文化馆捐100元。若出村演，则由接戏方包吃包住，工钱一般根据当时当地的手工业人员的工价翻一番。如，木工每日5元，他们则10元。村中保存下来的旧时契约，对其经济往来写得格外清楚。

戏关约

立出戏关人：栗里王三庆堂（即衍庆堂、承庆堂、庆余堂）。今出到　　师傅带领　　班神会目连戏四部阳台，照日挨演。戏一厂前来扮演风雨无阻的。于九月初二进门，夜戏目连戏通宵。初三日，日戏大八仙一个、三出，头阳台一部三出，夜晚目连戏一部。初五日，日戏小八仙一个、三出，头阳台戏一部三出，夜晚西游、目连戏一部。进门起戏，扮五老到庙接菩萨，软彩、硬彩，刀门、火门，金面、银面，布马、地台，起猖、退猖，赶捉。所有内外台油火茶担、把下油火、矫脸纸油（矫：祁门方言，音 jia，意为擦），外班唇腹杂派，照依老额一概在戏金内总算，无得加减。接箱尽数二十里为悉。当面议定，时值戏金价英洋　　圆整。算账出门，无得异言，今欲有凭，立此戏关为据存照。　　年　　月　　日立出戏关人栗里王三庆堂等。

在另一处“戏票”里，还详细规定了具体支付款项，如：

接箱十里为止，如遇十里之外在戏金内扣除。唇腹洋贰圆，又酒洋伍角。柴菜共洋叁圆。通宵点心面八斤。内台把下茶担油火共洋壹元叁角。汽灯拾壹日夜，拾贰日夜通宵共洋　　圆。

1945 年，栗木班进县城打目连，由县商会牵头，并成立专门机构“目连局”，负责筹资备办一应事体。据当时牵头人许立予先生回忆，这届打目连筹资几百元，事毕结账，尚欠 60 元，由他和另一位牵头人补齐为是。独特的经济契约和与此相关的专门机构，为栗木班的目连戏演出提供了重要的物质保证。

栗木目连戏班“家当”简介。1. 台本：郑之珍明万历木刻版本《目连救母劝善戏文》上、中、下三册，在王丁发家保存完好。此外，他家还存有手抄本一箱。诸如《梁武帝》一本，《目连戏》三本，《西游记》一本。“平台”，即江西调台本有《四郎探母》《大进宫》《龙凤配》《安禄山》（上下）《凤凰山》《打金枝》《黄鹤楼》等。《猖书》，亦是手抄本，主要内容有“请坛场咒”“台上请猖词”“放猖词”“收猖词”，以及各种

栗木目连戏班部分演员合影

神符图样。村人有戏联曰："栗木人教目连戏，唱肯教演肯教放猖不教；栗木村有目连传，唱有书演有书放猖无书。"其实书是有的，只是不轻易授人罢了。

2. 衣箱：据王丁发说，他祖父手上是有行头的，一次在歙县南乡演出败掉了。后村里弟子又凑钱买了服装、盔头，共五箱。不用时搁在村民家楼上，通风干燥。

3. 大鼓：牛皮，鼓面直径40厘米，鼓高46厘米。鼓面沿边写有："中华民国三十四年岁次乙酉季冬月谷旦，栗里王衍堂办用，鞔鼓工金法币壹仟七佰元，贵邑鞔鼓司老吴"字样。大鼓除演出目连戏外，还用于正月初一开祠堂门出行等。因此，谁家今年负责开祠堂门，此鼓便存放谁家。

4. 斋戒木刻板：栗木打目连要"斋戒"。民国戊午年冬月，村人王烈兴刻制斋戒木刻印刷板一块。板面竖刻"瑜珈正教谨封"及一人物手持风火轮图案；横刻"奉神斋戒"字样。村人斋戒时，在此板上套印一幅，贴于大门上即可。

5.《应酬要用》：这是一本由村人王肖亭抄录的旧时农村应用文。主要有各类对联、各类疏文、契约及请帖、碑铭、祭文等，其中戏票、戏约前文已提及，这里再摘录几副与目连戏有关的对联，以窥其貌。

唐封越国三千户；

庙祀新安万亿年。

此为祭祀越国汪公汪华的对子，目连戏演出时戏台正前方设有汪华菩萨以祭。

世上扮戏场，任妆仙妆佛妆神，莫说将无作有；
台中虽幻境，值劝孝劝仁劝义，何妨弄假成真。

假意儿演出许多忠孝；
虚套子翻成无限悲欢。

静封昔日贤愚仰劝在世知谁似；
待看伊行邪正就裏关情想亦然。

6. 台饰：栗木村演目连戏，戏台装饰好，除戏联和松油络外，一幅绣花横条帘，挂在台口上方，极有装饰性。上绣有福、禄、寿三星及八仙过海人物。戏毕收台，折叠于衣箱，下回照用。

几次重要的演出。1945 年，为抗战祝捷，栗木班与清溪班、樵溪班联袂进县城演出，盛况空前。1988 年，为迎接郑之珍目连戏学术研讨会在祁门召开，县文化局组织栗木目连戏老艺人恢复上演冻结了 39 年的目连戏。这对栗木班来说无疑是一件承前启后的大事。经过两个多月的准备，共排演出十四折。第一本中《开场》《元旦上寿》《傅相升天》，第二本中《尼姑下山》《和尚下山》《哑背疯》《颠倒颠》《才女戏节》《主仆分别》《挑经挑母》《观音戏目连》，第三本中《见佛团圆》《目连坐禅》《赶殿》（三、五殿）。由王丁发教戏，并扮演小花脸（小和尚、小尼姑、哑背疯等），王三意扮演傅相，王振安扮演刘氏，王绍申扮演傅罗卜，王长松扮演益利，王树林扮演金妈，大目犍连、阎王等

祁门栗木目连戏班师傅王丁发（中）

亦由王丁发扮演。2 月 4 日在栗木村衍庆堂演出并录像，4 月进城为参加研讨会的中外学者表演，赢得一片赞誉。更为有意义的是，通过这次演出，唤醒了人们的目连意识，还使一批中青年学者开始接触到活的目连戏，从而激发了他们研究目连文化的兴趣。可以说，这次目连戏的演出，是奠定栗木作为目连戏研究基地地位的又一个里程碑。1990 年 12 月 3 ~ 5 日，栗木又搞了一次完整的集体传承演出。这次演出的情况，笔者已在《赶鬼记——栗木目连戏演出纪事》中专门提及，此不赘述。此次三日三夜演出，笔者于戏台前抄录了栗木每日实际演出的《目连记》大红纸戏目，共 130 出，出次如下：

上本《赏善》四十出：1 大佛登台、2 扫台、3 双报台、4 赏寿、5 挂长幡、6 斋僧道、7 遣三等、8 讲经、9 济贫、10 孝女卖身、11 赈济、12 闹会、13 苦竹林、14 负金、15 游四景、16 老罗汉点灯、17 天官上奏、18 五殿连台、19 跳白鹤、20 嘱子、21 升天、22 花园上香、23 十王荐别、24 游天堂、25 请师设醮、26 化斋、27 济孤散花、28 扫地劝姐、29 遣子经商、30 差安童、31 买牺牲、32 开荤灭斋、33 和合买货、34 丢铁牌、35 搜山过盗、36 掳抢点化、37 叹子、38 李公劝善、39 忆子、40 谏母团圆。

目连戏传习地——栗木

中本《罚恶》五十出：1 双报台、2 赏寿、3 差三妖、4 起兵、5 交阵、6 观音变身、7 双锦罗王、8 十友行路、9 双阵接杀、10 观音变身、11 打三匠、12 一枝梅、13 买螺丝、14 颠倒颠、15 抵棍、16 赶姬、17 孝子卖身、18 老罗汉点灯、19 大佛登台、20 尼姑下山、21 和尚下山、22 埋骨、23 三曹议事、24 跳刺官、25 跳判官、26 东岳莲台、27 扫地、28 罚誓、29 连台对审、30 城隍过号、31 社令过号、32 门神过号、33 祖先过号、34 出孤幽、35 接地方、36 悔誓、37 请医生、38 老鬼放走、39 请鬼王、40 猿猴开路、41 城隍起解、42 回煞、43 望乡台、44 滑油山、45 戏节、46 猿猴开路、47 挑经挑母、48 戏目连、49 脱凡身、50 见佛团圆。

下本《超生》四十出：1 双报台、2 讲经、3 赏元宵、4 曹氏上坟、5 段公子、6 遇婚、7 托媒、8 劝婚、9 训女、10 剪发、11 娶亲、12 到庵相会、13 抄化、14 出大神、15 出天尊、16 上吊、17 劝善、18 赶吊、19 训逆子、20 打十恶、21 打坐、22 赐棍、23 鬼门关、24 起殿、25 二殿、26 三殿、27 四殿、28 五殿、29 六殿、30 打铁围城、31 赐锡杖、32 赐饭、33 破地狱、34 七殿、35 八殿、36 九殿、37 十殿、38 到庵相会、39 回家、40 超度。

四、其他目连戏班社

以祁门县栗木为中心，东走五里有箬坑马山班，西去五里有彭龙历溪班，西北有安凌赛丰班。这一带的目连戏主要受栗木班的影响。渚口清溪是郑之珍的故乡，早年就有目连戏班。据 1989 年的调查，那时叫得出名字的班社艺人有两辈，前辈郑法同等，后辈郑国香等。清溪班逢闰月打目连，很少出村，以文戏见长。郑国香饰演的傅罗卜，因唱功好，故参加了 1945 年县城抗战祝捷三个班社的联袂演出。后清溪班式微。

祁门胡村班　源自胡天祥。樵溪《安定胡氏宗谱》卷 1 载：

> 集保公，字天祥，公之为人慷慨，一生淹通书籍，大有才能，傅家善恶，编成目连戏文，颇开世教，奕世名馨……公葬随长兄处妣葬周大坞正穴。

笔者曾两次去胡村，并亲到土名“梁上燕”实地考察了集保公胡天祥的墓葬，见墓碑上确有“集保公”字样。有趣的是，村人都说郑之珍的目连戏本是胡天祥和他一起编写的。因此，胡村目连戏班把胡天祥视为祖师爷。每逢村里打目连，都要先到胡天祥墓前“摆八仙”。胡村班的艺人还可追溯三代，第一代有胡伯开，第二代胡寿才，第三代王久成。1988年，笔者在胡村采访时，73岁的胡寿才（唱大花）还为我们演唱了目连戏唱段。艺人中胡伯开最有名，传为小金水徒，曾到马山等班教戏。至于胡天祥也编有目连戏文，鉴于见诸家谱记载，存其一说。

祁门历溪班。历溪与栗木仅一山之隔，又同为王姓。据说最初栗木班里就有不少历溪人，后历溪独立组班。据1990年魏慕文调查，当时该村仅存两名目连戏艺人，其中80岁的王善棣回忆说：

> 我村明朝末年即建班唱目连。当我们这辈人学戏时，曾于民国十八年、二十三年、二十八年在本村唱过三次。我村唱目连是五年一届；还外出至本县环砂、城安及石台县横渡、詹坡、北塘、灵山唱过，也去过黟县演出；在外唱三晚的多，唱五晚的少。过去我们村还唱过徽戏，40年代末改唱黄梅调。我们那时学戏要学120天，我们唱的是高腔金钩调（即句尾翻高八度，用子音假声演唱）。我的师傅是本村的王孔章。听师傅说，他是小金水的徒弟。小金水是本村一位大师傅，会全套《目连》表演，还会爬杆、放猖。他曾去石台县大宇坑、大演坑及本县马山、樵溪教过目连戏。金水师傅毛笔字很好，大约于民国四、五年间死在本村，死时40余岁，那时我才六七岁。

这则回忆资料告诉我们，王金水、俗称小金水，是祁门、石台一带颇有影响的目

目连戏传承地——历溪村

连戏艺人。《历溪王氏族谱》载：“圣泮，金水生于同治六年七月初一，聘许氏定秀，生于同壬申九月十五日。”清代称考中秀才为“入泮”，金水可能是个秀才，至少是个有文化的艺人，这对目连戏在这一带的传播与品质保证是不能忽视的。2000 年，历溪班恢复目连戏数折。2001 年 2 月，在本村为安徽大学举办的“戏曲·民俗·徽文化”国际学术研讨会演出。王秋来（1935 生人）现为徽州目连戏国家级代表性传承人。

祁门马山班 清光绪十年（1884）前后，师承历溪。叶本林、叶松茂等为第一代；第二代班主叶君成；第三代班主叶天生；第四代班主叶安成；第五代叶养兹等。唱腔与栗木相似，多和尚腔。武戏有名，曾被栗木班请去帮助“盘彩”“结网”。存有目连抄本 8 本及面具四大金刚、魁星、加官、财神等。叶养滋（1939 年生人）现为徽州目连戏项目国家级代表性传承人。

马山目连戏

歙县韶坑班 位于歙南深山长陔乡，原属街口区辖，与浙江淳安、开化毗邻。“街口进陔源，只见高山不见田”，民谚说其地理，也言其贫困。据高庆樵《徽苑谱春秋》，韶坑目连戏班组建于乾隆三十七年（1772），班主是本村的徐光有，教戏的是浙江师傅，教了三年。村人学成两副班子，一个叫韶坑大社，一个叫仙原大社。由于师傅教得好，演出质量较高，经常被请到外地去演出，戏班也赢得了一定的收入，后将两个戏班拆成四个戏班，长期以演戏谋生，几近半职业班社。他们演出的剧目除《劝

韶坑目连戏演员合影

善记》外，还演《梁武帝》《西游记》等。也唱徽调和京剧的一些剧目，如《空城计》《甘露寺》等“平台戏”，演目连戏通常只在晚上。该戏班保存了不少清代以来的目连戏演出的仪式和技艺，并制定了“秘不外传”的严格规定，9 个演员只能持各自扮演角色的单片剧本。1986 年冬，中国戏曲研究院录音录像中心到韶坑，对该村的目连戏进行了重点录像，成为国家音像档案。韶坑是歙县目连戏的重要传承地。

歙县长标班 长标村组建目连戏班是在光绪二十八年 (1902) 以后，该村见相邻的韶坑村人唱目连戏能够谋生，就设法从韶坑村得到演出的本子，然后由本村的秀才王孔嘉予以加工，编成了《梁武帝》《劝善记》《罚恶记》《解司记》《西游记》五个剧本。在唱腔上，吸收了新的徽调和早已流行的青阳腔、昆腔等曲调，较之韶坑目连戏班的唱更加悦耳动听；伴奏方面，增加了文场的大青、小青的吹奏，丰富了武场的打击乐器。经过这些加工和提高，长标目连戏后来居上，戏班每年都要在外地长期演出，一直延续到抗战胜利以后。

五、新安目连戏的地位

(一)新安目连戏与新安文化

目连戏与程朱理学。沈葆祯主修的光绪《安徽通志》载：“徽郡自朱子讲学后，由宋逮清七百余年，紫阳学脉，绵绵不绝。江戴兴而皖派经学复风靡天下，至今日而目连戏曲徽属而外具，且流行于浙江之昌化、临安、于潜一带，其力量之久远溥极，洵为可惊也。”宋代以来，徽州誉为“程朱阙里”，程朱理学被尊为主流意识形态，然支配三百年来中下社会之人心，允推郑氏—目连戏之教化、之影响也。下录目连戏戏联两则以佐：

极目赏奇文，挈领提纲，看到孝能救母，忠在勤王，这就是大本大经，重切明修为榜样；

十年弹古调，引商刻羽，奏出善享天堂，恶沦地狱，也无非一惩一劝，好将彰瘅树风声。

神权为宗教家言，试观夫升仙界，妻坠冥曹，果报甚分明，难逃天演中公例；

忠孝乃彝伦基础，唯有丞相勤王，目连救母，纲常真担负，引起人群大感情。

目连戏与乡土地理　郑之珍家乡祁门清溪村，村头杨梅洲上有“高石公骑石马”景。相传郑氏少年常在洲上一块形如骏马的高大石头上读书，并因之自号高石，村人遂将此称为高石公骑石马。郑氏过世后，村里每逢闰月打目连，都要到此石前烧香祭祀一番，是为接神。

郑之珍在《目连救母劝善戏文》自序说：“时寓秋浦剡溪，乃取目连救母之事，编为劝善记三册。”秋浦剡溪，今属池州石台县大演乡新农、星火二村地界，在牯牛降自然保护区北坡，与祁门县毗邻。大演一带，在郑之珍《劝善记》完成后，即有多个目连戏班组建，其中李氏、吴氏、唐氏宗族组建的大宇坑班、大演高田班、剡溪同乐班较为有名。传明末复社成员吴应箕一次返里时，恰逢村中正在大演目连戏，村人请他题词，吴即兴挥就“大演”二字，当即高贴台前，后人念其风雅，遂将村名也改为“大演”，至今沿用。祁门、石台两县交界处的牯牛降自然保护区内，“大演坑”“小演坑”等地名皆出典于此。祁门县牯牛降南坡下，有多处与目连戏相关联的村庄、景物。被称为目连故里的环砂村，旧时有傅家旯、傅家祠堂、会缘桥、放生池等。郑本中写到的黑松林、茅棚店等，即为今大赤岭一带的景物。历溪村人将村中常演目连戏的晒场称为“戏坦”，休宁县称“目连坦”。浙江金马将演目连戏的田畈，称为“目连畈”。

目连戏与民俗方言 徽州民间有吆吓（招魂）习俗。郑建新《浅谈目连戏对徽州民俗的影响》中写道：祁门吆吓通常是轻拍床板或病人胸部，边拍边吆。对重病者，则以五人组成“五猖”，用秤杆拄着病人的衣帽，举着雄鸡，敲锣舞叉，叫作“起猖叫魂”。休宁若遇重症病人，便组织二三人，用大秤钩悬挂患者衣服，沿着病人白天走过的路吆喝。歙县则以茶叶、白米、黄豆三者拌匀，呼着病人的名字，边叫边撒。这些招魂的方法，虽然形式各异，但都是因袭目连戏“招魂”的招式演变来的。

据戴不凡回忆：建德还有一个极为奇怪的风俗，每逢阴历四月初八（这是浴佛节吧），市上的点心摊上（包括卖年糕之类的肩挑小贩），必然出售一种边长约两寸、厚约三分的、压成平面的菱形冷糯米饭糕—“乌饭麻糍”。它是用山上的高一二尺的常绿灌木“乌饭树”叶煮染成乌紫色的，用白糖蘸着吃。这天，几乎人人都得吃一两块。据说吃了以后，夏天不会被苍蝇叮。这一风俗的“典故”就出在道士一派的目连戏里。

方言方面。光绪《安徽通志》说目连戏中广泛应用方言、谚语，如“人善人欺天不欺”“举头三尺有神明”“阎王注定三更死，定不留人到五更”“试看屋檐水，点点不差分”“但将冷眼观螃蟹，看你横行到几时”，今犹耳熟于一般社会人众之口。此种言语，固非郑氏创造，不过一经此书宣传，流行尤为普遍耳。还有刘氏唱的“三大苦”，尤为妇女口头禅。从另一角度看，目连戏的广泛流行，又丰富和发展了地方语言，如祁门民间骂人的“刘氏婆”、石台骂人的“刘氏”、黟县骂人的“目连母”，都源于目连戏中刘氏这一角色。另外，凡是遇无恶不作的恶少，民间也有称之为“五猖”的。

（二）新安目连戏对中国戏曲的影响

第一，丰富了戏曲的表现形式

新安目连戏在长期演出中形成了一整套仪式，诸如起猖、跑猖、退猖，请台，大佛登台，包括后台祭老郎先师、戏台前方祭地方神祇等，有着隆重的娱神功能。一些地方请演目连戏，不是为了欣赏其优美的唱腔和曲折的故事，而是为了祈求神灵的庇护。朱万曙在论及徽州目连戏时，索性将它称为“仪式戏剧”。一些地方往往在新建戏台完成后，要请目连戏班去“开台”，看中的就是它的这套带有宗教感的祭祀仪式。开台犹如开光，以求心理平安及其神圣性。后世的徽剧、婺剧在正戏演出前的“三跳”，跳魁星、跳加官、跳财神等，即脱胎于目连戏。

新安目连戏面具、脸谱和纸扎丰富多彩，个性鲜明，造型夸张，极富想象力。

歙县韶坑目连戏面具(陈长文 摄)

一方面是目连故事涉及天上人间地狱，有些非人所能扮演，须要借助面具、纸扎等，更重要的是目连戏班通常只有 9 个主要角色，最多也就 11 个，一般一个演员都要扮演多个人物，有时此角下场，彼角需要立即出演，非得借助现成的面具不可。据高庆樵调查，长标班原先就有四金刚（红、蓝、白、黑）、四小鬼、阎罗、土地公、土地婆、魁星、加官、雷公等十多枚面具，另外还有牛头、马面、狮、象（栗木班有白猿、白鹤），大头和尚等纸扎造型；开脸脸谱亦有雷公、电母、龙王、天尊、灵官、锦罗王、阎罗王、白无常、黑无常、喜神、钟馗与判官、尉迟恭、地藏王、弥陀、沙和尚等十多种，这些面具、脸谱和纸扎对后世戏曲影响深远。还有“哑背疯”，通过纸扎的哑巴上身和背上疯子的双脚，使一个演员同时完成两个角色扮演，堪称目连戏之独门绝活，后世多个剧种都长期保留《哑背疯》这一折子戏。

哑背疯，系一人表演两人特技，歙县韶坑班演出

目连戏还有各种杂耍、杂技、作科，极大地丰富了戏曲的表现形式。郑之珍在新编《劝善记》时，就已经注意到了当时坊间出现的作科形式，如用白被拆缝变千手观音。明张岱记载的徽州目连戏艺人就会“度索”“窜火”“窜

剑”等高难度动作。栗木班表演的“盘彩”“盘扦”，韶坑、长标班表演的“叠罗汉”“蜘蛛结网”“打桅爬杆”等杂技。学界认为，这些表演与汉代百戏表演相近，可谓“百戏”之遗风。后世徽剧、婺剧以武戏见长，也应受到目连戏的影响。

拓展了戏曲的演出空间 一是室内室外。搬演目连戏，一般在露天搭台，特殊一点的也可以在室内演唱。如祁门的环砂、清溪、栗木，传与郑之珍目连戏产生有关，故此三地可在祠堂里演目连戏，其他地方则不能。祁门历溪班则将整个村庄作为大戏台，忽而古道上，忽而大树旁，室内室外任意通行。二是台上台下。台上不必说，关键是台下。目连戏起猖，起于戏台附近的山坡；跑猖从山坡跑至戏台，且台上台下；出“叉鸡婆”，叉鸡婆可在台下的糖担果摊上乱抓东西吃，而被鬼卒勾魂，捕到台上阴司受审；“赶喜神”从台上赶至村头下水口以外。台上台下一台戏。三是一楼两楼。据赵荫湘、项忠根调查，有老艺人亲见黟县清代万年台，两层戏台上演目连戏。演至《花园捉魂》，饰演阎罗、鬼卒的演员从二楼中台翻筋斗或跳至一楼台面；至“过升天门”等，演员以爬杆度索的特技，又从一楼攀上二楼，上天入地，自由来往。如此延展演出空间，可谓戏曲史上之非凡创造。

韶坑目连戏人物造型

第二，促进了戏曲职业班社的形成

搬演目连戏有所谓“正目连”与“花目连”之说。“正目连”就是演全本目连戏，这有相对规范的时节要求；所谓“花目连”则只演目连戏以外的其他戏，祁门老艺人称为“唱平台”，即日戏。“唱平台”为目连戏班社向职业、半职业戏班过渡提供了一个“平台”，栗木同兴班就有唱日戏的新同兴班分支。好的目连戏班本身功夫过硬，使“过渡”成为可能。歙县韶坑、长标班长期在外演出，已经有了半职业性质。民国以降，目连戏理论上是禁演的，虽然禁而不止，但毕竟压缩了目连戏演出的空间，随着新兴剧种徽剧的流行，一些班社直接转换成了职业班社，如马金彩玉班、福林班等。

第三，形成了独特的戏曲文化

20 世纪 80 年代以来，对目连戏的研究多了起来，出版了许多专著和研究文集，逐渐形成了一个专项研究选题。台北王秋桂先生认为：目连戏的研究至少可以从四个方面着手：一是外围的研究。从历史、地理背景、经济、社会状况及政治的影响来看目连戏的兴衰，并从交通及移民史上探讨它的流传及分布；二是民俗学研究。目连戏呈现各地区特有的风俗、习惯、信仰及生活百态，举凡酬神祭祀、婚丧嫁娶等活动都见之于戏，从中可以探讨戏剧和民俗结合的过程；三是人类学研究。目连戏的演出在仪式的意义上往往重于曲文，可以说戏的演出本身就是一种仪式。而从筹办、搭台、请神、发箱、封禁、扫台、排场，以及演出后的送神更是一连串的仪式。不管作为超度或祈禳，这些仪式的性质、意义和功能都是人类学家所感兴趣的课题；四是戏曲艺术的研究。可从声腔的研究、戏曲如何产生的问题和剧场的研究三个方面进行。

黟县万年台，清道光年间建，1941年拆毁（照片摄于1927年）

附倪国华《赶鬼记——栗木目连戏演出纪事》①

楔子

1984年，中国艺术研究院戏曲研究所和湖南省戏曲研究所联合召开了《目连救母》学术讨论会，又搞了一次祁剧《目连救母》24小时的内部演出，国内外为之震动。1986年，一个名不见经传的人在安徽省祁门县一个偏僻山村——清溪，发现了郑氏的墓葬和族谱，就此揭开了戏曲史上的一团迷雾。

1987年，美国加利福尼亚州大学历史系举办目连国际专题讨论会，从民俗学、宗教学的角度研究目连文化。1988年，为纪念郑之珍诞辰470周年(1518～1988)，郑之珍的故乡，祁门县迎来了海内外学者60余人。为祝贺郑之珍目连戏学术研讨会的召开，祁门县栗木村农民演出了数折目连戏。会后，徽州一带的目连戏班的艺人们纷纷来栗木拜访……

1990年冬，一位栗木农民带着大山的气息，走进县文馆：我村阴历十月十五打目连(打即演)。几天后，又一位农民恭恭敬敬递上大红请帖，邀请县文化部门去指导：我村(栗木)自古以来有打目连的传统，许多老艺人都作古了，现有的几个师傅也已年事高迈，为使目连传统不致失传，村里组织了一帮青年人向老师傅学戏，现已学成，十月十七日正式出台。

戏场、戏联与戏文

栗木村，水口。高大的古木林半遮半挡着村舍，在冬季的黄昏里显出几分神秘。远远望去．红帘绿幕装饰停当的戏台在小学操场上静候着。村人搬凳、提火桶做着看戏的准备，见了我们均投以自豪的目光，仿佛一项重大的庆典即将开始。等不得锣鼓响，我们便赶往“戏场”。嘿，早已是人头攒动，熙熙攘攘。两盏“松油络”高悬台口，火红烟黑，一下把人带到遥远的时空。戏台两侧，楹联夺目：

目连戏感党恩重整衣冠上演；
地方剧谢开放土腔土调遍村。

---

① 茆耕茹：《安徽目连戏资料集》，《民俗曲艺丛书》，1997年，第160～165页。

台内辟有三堂，皆配以戏联。掌托明珠照引天堂大塔，手持锡杖镇开地狱之门。此为中央乐善堂。台左观音堂联曰："观之磊落普济众生，音居饿莩佑祀无疆。"台右灵官堂："手舞一鞭脚踏火轮腾万里，睁开三眼身披金甲照千秋。"经这一台戏联的渲染，目连戏的意思也就有了。无非是上天入地，惩恶劝善，郑之珍本不就叫《劝善记》嘛。

《劝善记》三本一百折，主要讲述善人傅相广济孤贫，斋僧布道，死后乘白鹤升天受封；其妻刘氏受人怂恿，违誓开荤，被打入十八层地狱受苦，其子傅罗卜（法号目连）夙具孝心，遍历地狱，救母团圆的故事。郑之珍敷之声歌，使有耳者之共闻；著之形象，使有目者之共睹。俾优伶演唱，以警世人。他强调的是高台教化，可是，民间搬演却不太理会这一套。栗木人抄贴于台前的三本一百折目录，与郑本大相径庭。这里，目连救母的故事只剩下一个躯干，大量的插科打诨，枝繁叶茂，最最重要，根深蒂固的是祈神。

大佛登台

是夜，浓霜普降，月华如水，天地间朦胧着一层微白的毫光，仿佛在为目连做着洗礼。村民在戏场对河的荒郊点起五柱火把，设坛起猖。猖者，神也。由五个强壮男性装扮，面部均饰以脸谱，身带兵器或武行戏装，头上生叉角，挂有红绿绸布和纸剪锁钱，手持钢叉、神鞭、宝剑、铜锤等干戈。一银须鹤发者用剑在地上挖出一个碗口般大的坑，坑上立有（东、南、西、北、中）五猖、七煞和土地 7 个神位。尔后，摆上七只大碗，取出七个鸡子，斟上七杯烈酒，再提雄鸡一只，灌下烧酒三杯，鸡欲醉，老者拔其脖上毛，旋转一周，以牙断鸡脖。头入土坑，鲜血洒祭神坛。一种旷古、神圣、雄阳、酣烈之情突涌胸中，仿佛要融化脚下的浓霜。

五猖们喝下鸡血酒，老者手持符焓，吸起丹田，在空中写画冒烟的天书，继之，沙锣声、口哨声（据说此为神之号令，非闻此声不来）、爆竹声响彻夜郊，五猖们手中的钢叉、铜环之类亦嚓嚓作响。于是，火把在前，一路呼啸，直奔戏场，开始民间所说的跑五猖。

五猖们到达戏场，原本水泄不通的观众席中，霎时闪出一条大道，供猖们奔跑。这时，台上、台下锣鼓、鞭炮猛敲猛炸，五猖们不时弓腰在熊熊火把下穿突，不时踩着爆炸的炮仗乱跳。全场观众几乎全部站立了起来，于板凳上、柴堆上、砖垛上争相观看。

五猖们忽隐入台底（据说是去那里作稍事的歇息，一说是为了驱赶台下的邪气），戏场上原先闪出的大道骤然合拢，未等观众放稳板凳和火桶，五猖们又呼啸而出，卷土重来。他们像五把大剪，顷刻间裁开巨幅土布，又似五艘快艇猛然冲开万顷波浪。锣鼓声、鞭炮声钢叉铜环声、哨声、喊声蔚然交响，火气、血气、阳刚之气骤然升腾。此刻，我已辨不清这究竟是在娱神，还是在娱人。

舞台上早已是《大佛登台》，五人一组，五组装束，五五二十五人，由高到低，分列五排，像旧时民间过年悬挂的祖宗遗像，抑或今人的集体合影。按老师傅所言，他们分别是天猖（持佛帚）、文猖（持朝笏）、武猖（持枪戟）、马猖（骑纸扎马），最下一排是刚刚翻跃上台的地猖。

老者复出，捧星君牌以祭。咬鸡、画符如前所述。画毕，率地猖拜，口中默念：伏以……诸位弟子，今许下目连大戏酬神还愿，唯愿人人如愿，个个平安，男增百福，女纳千祥，六畜旺相，五谷丰登……拜请五五二十五猖兵将一齐上马，齐会上台。念罢台上请猖词，猖们又接着在台上跑，由地而天分组进行，直跑得天旋地转，马失前蹄，方才罢休。我们计算过，从荒郊设坛起猖到台上跑猖结束，需得一个多钟点，足见大佛登台，不轻巧哟。

戏外风情

由于《大佛登台》一登一小时，而且原定演出三晚，每晚必登，这样一来，每晚都完不成预定的指标，只好临时决定加演日场，以续完头夜的戏。

日场的加演，给沉闷、寂静的山村增添了生气。太阳暖暖地晒在戏场上，演员们平时在旷野劳动练就的大嗓门，没有扩音也传得很远。远处，牯牛降诸峰仿佛也伸长了脖子在静听着戏文。

戏场上真心看戏的有之，说说笑笑的有之，嗑瓜子、打扑克的亦有之。几个小伙子干脆抬出桌球，在戏场外的田畈里与目连唱起了对台戏。显然，他们并不想听什么戏文，而是在追逐、体验一种热闹、亢奋的氛围，这恐怕也是一种参与吧。

戏场四围尽是摆小摊做生意的，卖瓜子的来了，卖甘蔗的来了，多年不见的货郎担也来了。走街串户收购香菇的，一边看戏一边煎油条的，都冲着目连戏来了。戏场成了商场，台上一出戏，台下一出戏，恐怕也只有这样的戏才能连演三天三夜。

三天三夜，家家有客，要吃要喝。绝顶聪明的艺人们配好他们的祖传秘方——斋戒。一来目连戏是佛家戏，刘氏罚入地狱就是因其打狗开荤，斋戒符合目连宗旨；

二来，摆开八仙桌，招待十六方，淡饭粗茶，诸位莫怪。这次打目连，旨在传教。要把戏内外的一切事体原原本本地授予新的传人。因此，按旧例，家家户户门上都贴出一张小黄纸，斋戒五天。我们分在艺人家就餐，也就入乡随俗了。

栗木是个依山傍水的小山村，房前屋后，干干净净，一条清冽的水渠在石板路下时隐时现，绕巷穿街……问渠哪得清如许，为有源头活水来。目连戏出台前，三个村民小组联合贴出告示：打扫村庄，处理杂物，圈养牲畜。虽是一张旧报纸画几个字，村人闻风而行，见诸行动。目连戏演出，这一村洁净，着实令人欢喜。与告示紧挨着的还有“红榜”，那是村民“上乐输”的名单和金额。唱戏不拿钱还出钱，你做得到吗？栗木人做得到。他们立下军令状：不计报酬，学则必成，退则罚款。全村欲学者自愿签名，尔后，杀鸡祭戏祖，“起厂”(60天为一厂)，起厂后，果然有人熬不得夜，没说的，自愿罚烟两条，退厂回家。不务正业，生事炒火者，开除之。严格的班规纪律，使栗木人完成了艰难的接力。三天的演出中，我们没有见一个老艺人在台上装“神”扮“鬼”，他们在幕后给儿子、徒弟们穿衣戴帽递着家伙。

目连戏舞台是男人们的天下，女人们也没闲着，她们半夜送点心，今天你家，明天她家，不用摊派，自觉自愿。台上演着，台下看着，台前演着，台后吃着。真可谓全村大合唱，

赶鬼

月如冷脸．山幽树怪，观众在窃窃私语着什么。目连手持开山锡杖，正待破开地狱之门，鬼门关内，火烧鬼，饿死鬼，吊死鬼蠢蠢欲出……

一根大红布带在戏台正梁上高高悬起，悬梁、悬念、悬着胆。两个工作人员用长竹竿顶着两只绿纸袋，将舞台两盏电灯罩得绿森森的。本来戏到深夜，看官愈乏，可这时，人们一个个来了精神，凝神屏气，颜色肃然。

一股浓烈的火雾喷出台口，大神来了！他穿着大红衣服，披挂着一串串五色锁钱，一步步退至台中，脸一侧，发出一阵低沉恐怖、令人毛骨悚然的声音。台下亦是一阵唏嘘惊叹，接着便鸦雀无声了。大神的脸只有粉、墨两种颜色的图案，鼻孔里拖着两根一尺多长的红头绳，猩红的大舌头垂至胸前，衣服是敞开的。这是一个吊死鬼。何以为神呢？老师傅讲这是对鬼的尊称。

出过大神，又来《女吊》。戏的内容大致是这样：两个和尚来化缘，一个女人把头上的银簪施给了和尚，和尚一路夸那女人好，被她外出做生意回来的丈夫听到

了，疑其不轨。回家后，夫妻大吵。那女人似觉着好人做不得，含冤悲泣，欲去寻死。正在寻思是投河、吞剪刀呢，还是喝药、上吊？吊死鬼来了，听说她想上吊，高兴得直蹦，遂对那女人连吹鬼气，催她早缢，以使自己早日超生。这大概就是鲁迅先生讲的“讨替代”的利己鬼吧。那女人附了鬼气，昏昏乎乎地走上吊绳。突然，王灵官手持钢鞭从天而降，将那吊死鬼赶了下去。

这时，台下点起几十个大火把，由几十个男子组成的赶鬼队正持火待发。王灵官将那吊死鬼打下舞台，鬼夺路而逃，王灵官紧追不舍，赶鬼队高擎火把呼啸追赶。一路放火炮，鸣土铳，将那鬼赶出村口。

我因好奇，也举着火把参加了赶鬼队。火把在夜风里呼呼作响，心里有种说不出的亢奋。原以为赶至村口就完了，谁知一赶赶出三五里。火把在山路上逶迤，犹如火龙腾飞；在田埂上穿梭，蔚成火海。区区小鬼（再无须用尊称了）已没了气候。

鬼，仓皇逃窜，一路丢盔弃甲，披挂的锁钱沿途飘落，发现这种迹象，赶鬼队中的长者就向后传呼：捡起来。仿佛不让那鬼留下半点阴魂。

五里外深潭处。“鬼”跑垮了，人也乏了，将所有的火把归为一堆，所有的爆竹统统点燃。熊熊大火辉煌山间，路上拾起来的锁钱，一片片在火中化为灰烬。那“鬼”借着火光，悄悄地抹了粉墨，卸了戏装。

归来不走原路，不得喧哗，没了火把，不用手电，禁止吸烟。人间所有的光亮与声息都消失了，唯有一轮冷月照彻寒川。走回好一段，方才有人发声：这个恶鬼，不把它赶得远远地，村里不得安宁。这下好了，鬼气、邪气，连灾带难都一股脑赶掉了，村民如是说。我似乎也遍体通泰，有了平安感。

村里，戏照常演着。我挤在观众席里看戏，不承想那鬼的扮演者就坐在我的旁边，他是我的房东。据说这教鬼的戏和鬼的开脸都是不让人看的。由于鬼化了，便觉得神秘，森严，恐怖，这和泥巴做了菩萨我们就要对它顶礼膜拜一样，都是人吓人、人哄人的闹剧。

鬼是有的，但那是人装的。当我还未从鬼的氛围中超度出来，大目犍连已遍闯十殿，超度了母亲，写完了他人生的“孝”字。一阵激越的锣鼓声中，老师傅走上舞台，当中抽掉一块台板，给目连戏的演出画了句号。不，送走了客，拆完了台，他们还要到荒郊去送神。

第二章　宋元南戏与新安戏曲

第一节　宋杂剧的出现

建炎元年（1127），南宋王朝建立。绍兴八年（1138）三月，宋高宗赵构正式下诏，宣布定都临安（今浙江杭州）。随着宋室南渡，临安成为全国政治、经济、文化的中心，百姓也随之大批向南方迁移。宋人小说中，多有“其时东京一路百姓，惧怕鞑虏，都跟随车驾南渡”的描写。其中也包括宫廷艺人，京城瓦舍勾栏中的各类伎艺人和杂剧演员，随着流寓南方的人流来到了临安（杭州）。流寓临安的伎艺人则又仿照汴京之制创立瓦舍勾栏进行演出，他们带来了汴梁丰富多彩的民间艺术，特别是宫廷的杂剧和民间瓦舍勾栏的杂剧，并吸收了当地新养分，汇聚在临安城“作场”。南宋宫廷的杂剧演出和民间瓦舍勾栏的兴起，成为南方最早的戏曲形态。

一、宋杂剧的式样

宋杂剧，王国维先生称为“古剧”。它是从先秦的“优孟衣冠”、东汉的“东海黄公”至唐、五代参军戏的基础上，发展而来的戏剧形态，与后来的元杂剧是两个不同的概念。它的表演形态，虽然尚未达到成熟戏曲的程度，但已有了很大发展。北宋以后，杂剧成为一类专门化的表演形式，在继承参军戏的滑稽、讽谏的同时，又从歌舞杂技和优人谑谈调笑的状态中跳脱出来，在故事性和歌唱两方面迈出了一大步。吴自牧《梦粱录·妓乐》称其“大抵全用故事，务在滑稽，唱念通遍”。也就是说，宋杂剧已拥有故事和唱念这两个戏曲最重要的因素，故王国维先生在《宋元戏曲史》说：“唐代仅有歌舞剧及滑稽剧，至宋金二代而始有纯粹演故事之剧，故虽谓真正之戏剧起于宋代，无不可也。”

宋杂剧的表演一般分为两段，即艳段和正杂剧。后吸收民间的“杂扮”而成三段。其演出次序为艳段、正杂剧、杂扮，其中正杂剧又包括两段，实为四段。艳段又名焰段，为正杂剧开演前用以招引观众入座的加演节目，大多以滑稽的科白表演人人皆知的寻常熟事以供取乐；有时亦伴以武技筋斗，即陶宗仪《南村辍耕录》中所谓“有筋斗，有科泛”云云。正杂剧，为正戏部分，大致可分为两类：一类以科白为主，务在滑稽的所谓滑稽戏杂剧，如《三十六髻》《二胜环》等；另一类则是以唱曲为主的所谓歌舞戏杂剧，如《崔护六么》《棋盘法曲》等。杂扮，又名杂班等，所演大多为讽刺村人罕得入城者，以资笑端。关于宋杂剧三段的情况，《都城纪胜·瓦舍众伎》有如下记载：

> 先做寻常熟事一段，名曰艳段，次做正杂剧，通名为两段。……杂扮，或名杂班，又名纽元子；又名拔和，乃杂剧之散段。在京师时，村人罕得入城，逐撰此端，多是借装为山东河北村人，以资笑。今之打和鼓、捻哨子、散耍皆是也。

杂剧剧目，分为官本与民间两类。官本杂剧，是指经官府审查批准通行的本子。据《武林旧事》卷10《官本杂剧段数》记录，共有280种。文本均佚，仅存其目。所谓“段”，相当于现在的本或种。据今学术界多位专家考述，认为现今可考，且对后世戏曲有较大影响者《王魁三乡题》《莺莺六幺》《相如文君》《裴少俊伊州》《李逵负心》《王子高六幺》《病郑逍遥乐》《柳毅大圣乐》《崔护六幺》《越娘道人欢》等。

杂剧曲牌。据王国维先生《宋元戏曲史》考，杂剧曲牌多来自“宋之乐曲”，在《宋之乐曲》一章中，考述有宋词、传踏、曲破、大曲、诸宫调、赚词6种。宋词为宋之歌曲，亦谓之近代乐府、长短句。传踏之制，以歌者为一队，且歌且舞，以侑宾客；其歌舞相兼者，谓之传踏。曲破，宋时舞曲。歌舞之伎，则为大曲，大曲遍数多至八九数十，便于叙事，故宋人咏事多用之。诸宫调始于宋鼓吹曲，合若干宫调以咏一事，故谓之诸宫调；不限一曲者，又有赚词。赚词亦取一宫调之曲若干，合之以成全体。这些乐曲的成熟，使戏曲的“曲”文创作，有了可资利用的形式。王国维先生在对宋官本杂剧280本目录进行精密考证后，得出：“就此二百八十本精密考之，则其用大曲者一百有三，用法曲者四，用诸宫调者二，用普通词调者三十有五。”王国维先生的考述，揭示了宋杂剧的曲牌体例的大致情形。

南宋时期的杂剧，其脚色行当的雏形已初步形成。《武林旧事·乾淳教坊乐部》列有末、次末、副末、副净、次、副、引戏、引、戏头、节级、部头、副部头、装旦等脚色名目，其中末泥、引戏、副净、副末、装孤等5种脚色相对稳定。后世中国戏曲生、旦、净、末、丑五大行当，均可从上述这些脚色中找到最初的身影。脚色行当的初步形成，既为塑造特定的角色类型创造了条件，又为观众准确地把握演出形象提供了审美依据，这在中国戏曲发展史上无疑是一大创造。

二、宫廷的杂剧演出

据周密《武林旧事》卷 4“乾淳教坊乐部”记载，南宋朝廷在宫中设教坊十三部色，即杂剧色、歌板色、拍板色、琵琶色、嵇琴色、觱篥色、箫色、筝色、笙色、笛色、方响色、杖鼓色、大鼓色，其中杂剧色排名第一。论人数杂剧色亦列首位，觱篥、杖鼓次之。杂剧演员人数、归属分别为：得寿宫 10 人，衙前 22 人，前教坊 2 人，前钧容直 2 人，和雇 30 人，共计 66 人。凡宫廷举办喜庆宴会，这些杂剧演员就竞相呈艺。从周密“理宗朝禁中寿筵乐次”看，宫廷中的杂剧演出是与乐次安排一并呈现的。第一轮奏乐十三盏，初坐后，又奏十盏，第四、第五盏分别安排杂剧表演。再坐后，奏二十盏，第四、第六盏表演杂剧。所谓盏，原为酒盏，这里指乐次，一盏即一场。这里的 4 次杂剧表演，周密的记载分别是：吴师贤，做《君圣臣贤爨》（“爨”是一种粉墨化妆的技艺表演）；周朝清，做《三京下书》；何晏喜，做《杨饭》；时和，做《四偌少年游》。四人中，除周朝清外，其余三人都是“和雇”来的民间杂剧艺人，《武林旧事》卷 6“诸色伎艺人”条中有他们的名字。所谓和雇，就是瓦舍里的艺人来宫廷承应。

宋杂剧绢画《眼药酸》

《武林旧事 · 乾淳教坊乐部》还开列有“杂剧三甲”（实为四甲）如下：1. 刘景长一甲八人：戏头李泉现，引戏吴兴祐，次净茆山重、侯谅、周泰，副末王喜，装旦孙子贵。2. 盖门庆进香一甲五人：戏头孙子贵、引戏吴兴祐、次净侯谅、副末王喜。3. 内中祗应一甲五人：戏头孙子贵、引戏潘浪贤、次净刘衮、副末刘信。4. 潘良贤一甲五人：戏头孙子贵、引戏郭名显、次净周泰、副末成贵。从以上各“甲”

成员重复出现来看，所谓甲，虽然还只是演出业务组合，但已初具戏班规模，或可称其为戏班雏形。

南宋宫廷演出的杂剧，《武林旧事》卷 10 记录官本杂剧段数共有 280 种，但剧本早已不存。我们只能从少数宋代流传至今的杂剧演出图中，依稀犹见昔日临安内廷杂剧演出的情景，如北京故宫博物院馆藏南宋官本杂剧《眼药酸》绢画等。

三、民间的瓦舍勾栏

宋杂剧在民间的演出场所主要是瓦舍勾栏。瓦舍，又名瓦肆、瓦子、瓦市，为市民游艺区，区内既有表演杂剧、曲艺、杂技等各种技艺的勾栏，又有卖药、估衣、饮食等店铺。勾栏，又名勾阑、构栏、棚等，内有戏台、戏房、神楼、腰棚（看席）等，是专供杂剧及其他各种技艺争妍斗胜的表演场所。兴起于北宋汴梁，鼎盛于南宋临安。据《梦粱录》卷 19 载，其时临安共有瓦舍 17 处。《武林旧事》卷 6 则列有 23 处，它们是：

> 南瓦，蒲桥瓦，新门瓦，赤山瓦，旧瓦，羊坊桥瓦，中瓦，便门瓦，荐桥门瓦，行春桥瓦，嘉会门瓦，王家桥瓦，大瓦，候潮门瓦，菜市门瓦，北郭瓦，北关门瓦，龙山瓦，北瓦，小堰门瓦，钱塘门瓦，米市桥瓦，艮山门瓦。

其中，当以北瓦为最著名，称“北瓦内勾栏十三座最盛”。又《西湖老人繁胜录》“瓦市”条，在开列南瓦、中瓦、大瓦、北瓦、蒲桥瓦 5 座瓦市之外，又开列“勾栏门外瓦子”等 20 座所谓城外瓦舍，其中有《武林旧事》《梦粱录》所未载录者。总之，其时瓦舍勾栏遍于临安。瓦舍勾栏是戏曲表演艺术的摇篮，它的出现和兴盛，标志着南方戏曲走向新的阶段。

民间瓦舍勾栏的杂剧演出是宋杂剧的主流，这主要体现在它们继承了先秦古优和汉唐参军戏借滑稽表演以讽谏的传统，具有一定的时代性。可惜有关它们的情况几乎不见记载，倒是演出于内廷和官府的部分杂剧，为一些文人笔记所记录。下面抄录数例，以窥一斑。

《二胜环》 宋绍兴十五年(1145)，高宗赐秦桧望仙桥华宅一座。二十七年(1157)，又赐银、绢等物无数。于是，秦桧设宴庆祝，命教坊优伶筵前演杂剧。一伶人饰“参军”上场，颂扬秦桧功德，另一位伶人端着一张太师椅跟随其后，二人答对诙谐滑稽，宾客甚欢。参军正向伶人拱手作揖，预备坐向太师椅，忽然头巾掉落在地，后脑露出两个巾环,叠成“双胜”形状。伶人指着他的后脑问 :“此为何环 ?”参军答道 :“二胜环。”伶人听了，即拿起一根朴棒朝他的头打了一下说 : 你光知道坐太师椅，请取银绢例物，却把“二胜还”扔在脑后！时徽、钦“二圣”都被金人掳去，主战派岳飞等正在积极抗金，力争早日迎还二圣，主和派秦桧等却把二圣还抛在脑后。所谓“二胜环”，即是“二圣还”的谐音，用以讽刺秦桧卖国弄权，毫无迎还徽、钦二帝之意。满座宾客听了,无不惊慌失措，秦桧则大怒，次日即把这些伶人投入监狱，有的在狱中被处死。①

《三十六髻》 宋宣和年间（1119 ~ 1125），上将军童贯带兵出战，每被辽兵所败，狼狈逃窜。一日内廷设宴，令教坊演出杂剧，妆扮三四个婢女上场，头上的发髻各式各样。第一个出场的，把发髻梳在额头上，自称是蔡太师家的 ；第二位出场的，把发髻偏坠在一旁，自称是郑太宰家的 ；第三位出场的，满头梳满小发髻，自称是童大王（童贯）家的，待他们自我介绍完毕，有人发问 :“你们这些发髻各叫什么名称，为何如此奇特？”蔡家婢女答道 :“我家太师每天入宫朝觐天子，这叫朝天髻。”郑家婢女答道 :“我家太宰在家守孝，不问朝政，这叫懒梳髻。”童家婢女答道 :“我家大王正在用兵，此称三十六髻。”宋有俗语云 :“三十六计，走为上计。”童贯贪生怕死、临阵逃窜的嘴脸，被揭露无遗。②

《取三秦》 宋绍兴十二年（1142）科举省试，秦桧之子秦熹及两个侄子秦昌时、秦昌龄，皆榜上有名，朝野议论纷纷，但无人敢揭露其中奥秘。越三年，至绍兴十五年（1145）又二次省试时，伶人们即演了一场“取三秦”的杂剧 : 他们扮作应试士子赶赴试场，路上相与猜测谁是今年的主考官，某尚书猜到某侍郎，猜了好几个当朝名臣,一个年长的伶人听了通通予以否定。他说 :“今年的主考官必定是彭越。”士子们不解，问道 :“朝廷之上，不闻有此官员。”他说 :“此乃汉梁王也。”众人仍然不解，又问 :“他是古人，死已千年，如何来得？”他解释说 :“前次是楚王韩信主考，韩信、彭越都是一等人，为什么今年不让梁王彭越主考？”大伙听了均嗤笑他荒唐，他却振振有词道 :“上次若不是韩信主考，如何取他三秦”？直至此时，人们才恍然大悟，但又惶恐万状，不敢再听下了，一哄而出。原来“韩信取三秦”是楚汉相争

① [宋]岳珂 :《桯史》，中华书局，1981年，第81页。
② [宋]周密 :《齐东野语》，卷13，中华书局，1983年，第224～225页。

的旧事。三秦，指秦亡后其故地关中被项羽分而为三。宋杂剧演员则借“三秦”这个地名影射秦桧的一子二侄。秦桧知晓后，“亦不敢明行谴罚”。①

综上所述，南宋临安宫廷官府和民间瓦舍勾栏的杂剧演出，为南戏的兴起及日后元杂剧的南下和兴盛打下了基础。

第二节　南戏的诞生

南戏是中国南方地区最早兴起的地方戏曲。南戏的诞生，对新安江流域戏曲影响至深。王国维先生说“南戏之渊源于宋，殆无可疑”。南方称之为戏文，至元末明初，为与北曲杂剧即金元杂剧相区别，又叫南曲戏文，简称为南戏。

南戏产于何时，学界引用较多的史料，主要是明代祝允明和徐渭的说法。明祝允明（1461 ~ 1527），在《猥谈》中说：

> 南戏出于宣和之后，南渡之际，谓之温州杂剧。余见旧牒，其时有赵闳夫榜禁，颇述名目，如《赵贞女蔡二郎》等，亦不甚多。

徐渭 (1521 ~ 1593) 的《南词叙录》则说：

> 南戏始于宋光宗朝，永嘉人所作《赵贞女》《王魁》二种实首之。故刘后村有“死后是非谁管得，满村听说《蔡中郎》”之句。或云宣和间已滥觞，其盛行则自南渡，号永嘉杂剧。

祝允明说“出于宣和之后”，徐渭说“始于宋光宗朝”，前后相差约 70 年。学界一般认为南戏大约在宣和（1119 ~ 1125）之后，由温州艺人创立。到宋光宗朝（1147 ~ 1200），已可以演出像《赵贞女》《王魁》这样的大戏，并遭官家“榜禁”。

① 王国维：《王国维戏曲论文集》，中国戏剧出版社，1957年，第17页。

南戏究竟是一种怎样的体制？王国维先生在其《宋元戏曲史》第十四章“南戏之渊源及时代”中言：

> 元剧大都限于四折，且每折限一宫调，又限一人唱，其律甚严，不容逾越。……而一剧无一定之折数，一折[①]无一定之宫调，且不独以数色合唱一折，并有以数色合唱一曲，而各色皆有白有唱者，此则南戏之一大进步。

南戏克服了宋杂剧、金院本、诸宫调等所有在它之前的“古剧”的缺陷——歌舞戏或偏于歌唱、舞蹈；滑稽戏或偏于说白、科范，所演均非完整的故事；诸宫调虽属长篇完整故事，却只唱不演。它们都不能算作真正的戏曲，只有南戏融歌唱、舞蹈、说白、科范于一炉，以表现一个完整的故事。它具备了中国戏曲“以歌舞演故事”的一般性特征，标志着中国戏曲从此走向成熟。

一、早期南戏

南戏产于温州，学界早有定说。前人或言温州杂剧，或言永嘉杂剧，均指同一地区同一事物。宋代城市繁荣，经济发展，市民阶层兴起，勾栏瓦舍遍布，为众多民间伎艺的发展提供了有利条件。宋室自南渡之后，定都临安，宗室勋戚、文武百官纷纷南迁。温州是南宋除杭州以外最繁华富庶的商业都市，据《温州府志》载，宋高宗在南渡之初，为避金兵，曾浮海逃至温州，以“州治为行宫”，甚至把太庙也迁来温州。北方士绅平民，纷纷随之来到温州，温州人口在短期内骤增一半。城市消费人口与日俱增，进一步推动了温州商业经济的发展。同时，诸色艺人也纷至沓来，各种民间伎艺云集于此，相互影响，也相互促进。一种新的艺术样式——南曲戏文，就在这样的土壤中孕育、萌发。

南宋周密《癸辛杂识》记载了当时一个轰动一时的事件，温州地区有个恶霸和尚叫祖杰，杀人越货，“无义之财极丰”，且强奸妇女，手段极其残忍，曾“刳妇人之孕以观男女”，民愤极大。可是官府受贿，竭力包庇他。这时，“旁观不平，唯恐其漏网也，乃撰为戏文以广其事。后众言难掩，遂毙之于狱。越五日，而赦至”。祖杰作恶的事被搬上舞台，在社会舆论压力下，官府不得不把他“毙之于狱”。虽然

---

① 南戏中谓之一出。

五天后大赦令至，也救不了这恶霸的命。这里说的演出“戏文”，就是南戏，是宋代杂剧之外的另一种戏曲式样。

就内容而言，早期南戏继承了宋杂剧面向现实，敢于抨击时弊的传统，较多反映民间呼声，具有一定的批判精神。如上述将和尚祖杰的恶霸行为“撰为戏文以广其事”，即为一例。最早的南戏剧目《赵贞女》《王魁》，皆以状元负心为题材，对负心状元表示极大愤慨。所以，南戏一出就受到民间的欢迎。

就声腔而言，王国维先生认为，“南戏之曲，亦综合旧曲而成，并非出于一时之创造也”。王国维统计南戏有 260 余首曲牌，出于唐宋词者 190 首，出于大曲者 24 首，出于金诸宫调者 13 首，出于南宋唱赚者 10 首，与元杂剧相同者 13 首，其他 17 首，可见古词调在南戏中所占的重要地位。徐宏图《浙江戏曲史》认为南戏出产温州，自然是以温州语音为特色的一种声腔来演唱。他引用张庚、郭汉成主编的《中国戏曲通史》言：“作为一种声腔源流来看，南戏音乐最早起源于东南沿海一带的民间歌曲，具体地说，它最初只是温州的一种地方声腔。”这种声腔，明人称之为“温州调”。明代徽州人程敏政《篁墩集》卷 7《饮张挥使家观戏》诗中有“锦棚曲奏温州调”可证。明祝允明称其为“温浙戏文之调”。近世日本学者称为“温州土戏”。徐宏图所引无非要证实在明代南戏四大声腔出现之前，就有“温州腔”存世。笔者赞同徐先生的观点，但与王国维所言似有些矛盾。笔者以为，王国维言“综合旧曲而成”，是指其格律，而“温州腔”所言指的是旋律。此说如果成立的话，那么以上两种说法也就捋顺了。

二、南戏的发展

随着宋室南渡，临安作为全国的政治、经济、文化的中心得以确立。其时繁荣的工商业和优美的西湖风景吸引着四方来客，海上交通便利的温州与杭州的贸易频繁，“温州杂剧”很快就流传到杭州。

据祝允明《猥谈》记载，宋光宗朝在杭州做官的赵闳夫曾下令榜禁过早期南戏《赵贞女蔡二郎》等剧目的演出，可见当时杭州南戏之热闹。

然而，初期南戏不过是“里巷歌谣”，是一种典型的土生土长的民间戏剧。徐渭《南词叙录》说它：“即村坊小曲而为之，本无宫调，亦罕节奏，徒取其畸农、市女顺口可歌而已，谚所谓随心令者。”但是，一旦它进入都城临安，情况就发生了变化。南宋建都临安后，社会安定促进了文化艺术的繁荣，不仅演剧场所遍布城内外，而且人口众多，聚集起大批观众群，以及为之编写剧本的文人士子，又广泛吸收北方杂剧艺术的成就，使原本“村坊小曲”迅速得到发展，所以说“杭州是南戏的发祥地”应不为过。元代刘一清《钱塘遗事》卷6“戏文诲淫”曰：“湖山歌舞，沉酣百年。贾似道少时，佻达尤甚，自入相后，犹微服闲行，或饮于伎家。至戊辰、己巳间，《王焕》戏文盛行于都下，始自太学生黄可道者为之。一仓官诸妾见之，至于群奔，遂以言去。”这则资料说明，南宋末咸淳四至五年（1268～1269），杭州盛演太学生黄可道编写的《王焕》南戏剧本，由于以宣扬男女婚姻自由为主题，以至发生“官妾群奔”的现象。

宋至元末明初，临安都城里还出现了专为南戏演出编写剧本的民间书会组织，如“古杭书会”“武林书会”等。书会的出现，对于南戏的发展，无疑起着关键性的推动作用。《永乐大典》所收戏文三种，就有《宦门子弟错立身》《小孙屠》两出大戏，出自杭州“古杭书会”“古杭才人”这样的专业剧作家之手。

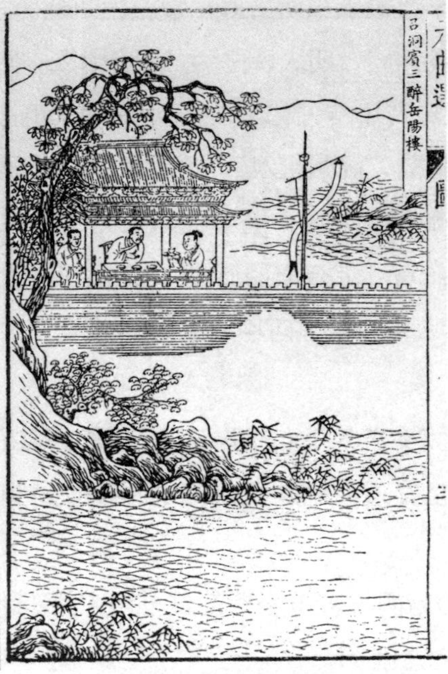

戏曲本版画元杂剧

“温州腔”传入杭州，后来还出现过“杭州腔”。主要见明魏良辅《南词印证》所言：“腔有数样，纷纭不类。各方风气所限，有昆山、海盐、余姚、杭州、弋阳。”所谓“杭州腔”，就是“改调歌之”，改温州瓯语而为吴语官话。虽然所见资料不多，但后世学者对此多持肯定态度，这也符合南戏声腔演变的规律。

元灭宋后，南戏与元杂剧在杭州有个交会期。据元钟嗣成《录鬼簿》记载，元代有姓名的杂剧家200余人中，杭州和寓居杭州的就有37人。北大都许多优秀的杂剧作家，如关汉卿、马致远、白朴等，都曾到杭州游历。北杂剧在这里得到江南文化的滋养，南戏也在这样的交互中，逐渐演变为较为成熟的戏剧形式。

学界认为，南戏的主要贡献在于形成了自己独特的艺术体制和剧本规格。第一，它形成了以生、旦为主体的生、旦、净、末、丑、外、贴七种基本脚色，为中国戏曲的脚色体制奠定了坚实的基础；第二，以脚色上下场的形式分场次，一场称作一出，开场项目多较繁缛，大多为概述创作意图或剧情大意，称“副末开场”，或“家门大意”；

第三，采用南曲牌腔音乐，有引子、过曲、尾声之分，但不受宫调的严格限制，显得开放和自由，每个脚色都可以唱，可独唱，也可对唱、轮唱、合唱等，非常灵活自由；第四，剧本长短不拘，长则五六十出，短则一二十出。所有这一切，后来均被明传奇所继承和发展，对后世戏曲影响深远。

三、南戏与宋杂剧的关系

过去一直以为南戏与宋杂剧关系不大。王国维《宋元戏曲史》就认为南戏“与宋杂剧无涉”。张庚、郭汉城主编的《中国戏曲通史》，以《永乐大典》“南戏目”与《武林旧事》“宋官本杂剧段数”相比较，认为相同剧目较少，两者关系尚远。今日学者如山东大学张倩倩，则以为仅从目录名称上判断，并不能真正认识到南戏与宋杂剧之间的关系。她通过综合考量南戏与宋杂剧在形成及传播过程中的一些问题，指出南戏与宋杂剧不仅存在紧密的联系，而且相互借鉴、相互吸收，甚至可以说是同步互融发展。①

从地理空间来看，宋杂剧与早期南戏流行的时间和区域基本上是一致的，它们发展成熟和兴盛的地区是在临安及江浙一带的都市，时间是在南渡之际。从表演体制上看，南戏对于宋杂剧亦有借鉴与吸收。南戏在“温州杂剧”阶段尚属民间小戏，与其他地方戏类似，体制杂芜，演出随意，没有形成自己的特色。直到遇到宋杂剧，在表演体制上才逐渐成熟，从民间小戏一跃而为成熟的戏曲，主要表现在以下两个方面：

其一，宋杂剧脚色有“副末”角色，欧阳修《与梅圣俞书》言：“正如杂剧人，上名下韵不来，须勾副末接续尔。”吴自牧《梦粱录·妓乐》记载：“副净色发乔，副末色打诨。”在表演中，副末与副净组成一对发乔、打诨的滑稽表演。南戏在很大程度上继承了宋杂剧的副末开场与发乔打诨，现存的三种早期南戏《张协状元》《小孙屠》《宦门子弟错立身》，均是以末念白开场，其作用也是为了引出下面的表演。

其二，宋杂剧在正杂剧中场或结束之后，有乐队演奏“断送”。《梦粱录》卷20“妓乐”有“先吹曲破断送，谓之把色”，《武林旧事》中“吴师贤已下，做《君圣臣贤爨》，断送《万岁声》”“周潮清已下，做《三京下书》，断送〔绕地游〕”等记载可证。南戏《张协状元》第二出张协上场时，请求乐队奏〔烛影摇红〕断送，最

① 张倩倩：《宋杂剧与早期南戏》，《光明日报》2019年5月27日。

后又以唱〔烛影摇红〕结束表演，与宋杂剧“断送”方式同出一辙。或认为南戏《张协状元》文本中嵌入若干宋杂剧段数，这一结论是符合实际的。

真正使宋杂剧与南戏的交流互融得以实现的，是宋代教坊杂剧艺人的演出实践。据（《乐书》卷180“教坊部”、《建炎以来朝野杂记》甲集卷3等记载，宋代教坊历经多次废立，初建于宋太祖朝，教坊艺人约有7000余人，靖康之变时教坊名存实亡。中兴之后，宋高宗绍兴十四年（1144）再置，乐工400余人，到了绍兴三十一年（1161）再遭废除，至宋末未再置。大批教坊艺人或随战乱，或随教坊的废立被朝廷遣散沦落至各地，散布在民间，他们所具备的各种艺能也随之散播至各地，在勾栏瓦舍内与包括南戏在内的各种民间技艺相结合。教坊废除后，朝廷如有需要，则“和雇市人”，[①] 只是“衙前乐已无教坊旧人，多是市井歧路之辈”，[②] 不得不招揽大批民间乐工进宫，这就为南戏与宫廷杂剧的进一步融合提供了契机。据刘念兹先生考证，南戏以鼓、笛为主要伴奏乐，与宋杂剧是一致的，这极有可能即是教坊杂剧乐人选择的结果。

宋杂剧和南戏，为元杂剧和明清传奇的辉煌打下了坚实的基础。

四、徐畛的《杀狗记》及其他

王国维先生说：“元之南戏，《荆》《刘》《拜》《杀》并称，得《琵琶》而五。”[③] 论成就，则推《拜月亭》《琵琶记》。王先生的论断，点出了元代南戏的重点。“荆、刘、拜、杀”，即《荆钗记》《白兔记》《拜月亭》《杀狗记》，亦称“四大传奇”。其中《杀狗记》为淳安人徐畛所作。[④]它虽然不是四大传奇中艺术成就最高的，但其剧作者是浙江淳安人，与新安江流域的关联度较强，由此亦可见南戏对流域戏曲影响之深。

《杀狗记》，36出，叙孙华、孙荣兄弟二人生活，孙华终日与酒肉朋友柳龙卿、胡子传等交往，听其挑拨，兄弟不和。孙华将孙荣驱逐出门，使之住破窑中，并屡加陷害。孙华妻杨月贞苦劝不听，设计杀狗，伪装死人。孙华大惊，怕蒙受杀人嫌疑。妻杨氏叫他去找柳、胡二人帮忙，柳、胡避之犹恐不及。孙华无奈之下去找弟弟孙荣，

---

① 赵升：《朝野类要》卷1。
② 赵升：《朝野类要》卷1。
③ 王国维：《宋元戏曲史》，上海古籍出版社，1998年，第120页。
④ 王国维：《宋元戏曲史》，上海古籍出版社，1998年，第118页。

孙荣代哥哥将尸体拖到野外埋掉。孙华深受感动，兄弟重归于好。

徐畛（1330 ~ 1398），字仲由，淳安徐村人。“明洪武初，征秀才，至藩省辞归。尝谓吾诗文未足品藻，唯传奇词曲，不多让古人”。[①]其戏剧创作还有《鲠直张志诚》《王文举夜追倩魂》《杵蓝田裴航遇仙》《柳文直元旦庆生平》等。[②]《光绪淳安志》说他：幼颖敏，能日记五千字，善属文。洪武初，邑令辟掌邑庠教三年，仲由性不乐久羁绁，因自免去。洪武辛酉，诏征秀才，复举应召强起之。至藩省，以诗投藩省王公，力辞而归。遂号巢松病叟，以诗酒自放，尤工词曲。每与客酬饮，吟和执盏立就，无不清新豪迈。秀水朱太史彝尊云：“诗虽非所长，然亦不俗。”有《巢松集》。淳安志艺文卷存其诗两首：

《别县学中》

鸡声拍月度邻墙，倦客披裘不下床。
归梦只如秋草短，别情多似曙云长。
愁分席上留人酒，忍见沙头载客船。
迢递驿亭三十里，故人应许借归装。

《腊日洪仲柔邀诣密山寓居》

青鞋踏山入村坞，闲身爱作梅花主。
天寒旭日消林霏，残雪茅檐响晴雨。
故人家住山之阿，满山樵牧禽猿多。
提壶十里出沽酒，酒薄不醉如情何。

《宋元戏曲史》存其《叶儿乐府》满庭芳一首：

乌纱裹头，清霜篱落，黄叶林邱。渊明彭泽辞官后，不事王侯。爱的是青山旧友，喜的是绿酒新篘，相拖逗，金樽在手，烂醉菊花秋。

① 王国维：《宋元戏曲史》，上海古籍出版社，1998年，第138页。
② 淳安县文化志编委会：《淳安县文化志》，浙江工商大学出版社，2016年，第730页。

与《杀狗记》并称四大传奇的还有《荆钗记》《白兔记》《拜月亭》，下面分别介绍。

《荆钗记》 古本题《王十朋荆钗记》，48 出。作者目前尚无定论。《荆钗记》写温州人王十朋以荆钗为聘礼，与钱玉莲结成贫贱夫妻。后王十朋应试，状元及第，丞相万俟欲招赘其为婿，被王十朋拒绝，遂被委远任广东潮阳佥判。王十朋托人捎信告知玉莲，不幸被图谋夺占玉莲的富豪孙汝权买通带信人，窃改了书信，谓王已入赘万俟府中。家中见信大惊，孙汝权乘机谋娶玉莲，其继母也逼她改嫁，玉莲誓死不从。夜间，玉莲自投瓯江，被温州太守钱载和所救，并认其为义女。王十朋母进京寻子，并随子辗转来到吉安太守任。玉莲与十朋同处一地，一天同到玄妙观，各自为亡夫、亡妻祈求冥福，正巧相遇，玉莲以荆钗为证，遂得团圆。

这本戏一反早期南戏“富贵易妻”的通例，正面歌颂了王十朋、钱玉莲的坚贞爱情，拓宽了南戏创作的路子。艺术技巧上，由于巧妙地运用横向关照和纵向起伏相结合的方法，使得王、钱的婚姻频遭挫折又峰回路转，险情迭起又化险为夷，具有很强的感染力。

《白兔记》 全名《刘知远白兔记》，32 出，永嘉书会才人编。叙写五代时汉高刘知远发迹变心和他妻子李三娘受尽磨难的故事。故事最早见于金人所作《刘知远诸宫调》和元朝刊刻的《五代史平话》。刘知远家境贫困，受雇李文奎为仆。文奎见其相貌不凡，便将女儿李三娘嫁给他。文奎死后，其兄李洪一夫妇待刘知远和三娘极为暴虐。刘知远被迫投军，因武艺高绝被岳节度使为赘婿。三娘在家备受兄嫂凌辱，虽怀有身孕，还要推磨挑水。后在磨坊产子，以牙咬脐，儿子名咬脐郎。嫂嫂想害此子，邻居将之救出，送与刘知远。16 年后，咬脐外出打猎，追射一只白兔，至井边看见三娘。咬脐见三娘悲戚之状可悯，问她的身世，才知为自己生母，全家遂得团圆。

剧作成功塑造了李三娘善良勤劳、坚贞不屈的形象，谴责了李洪一夫妇的势利凶残，对刘知远发迹后的负义行径，具有一定的批判性。其《磨坊》《出猎》《回书》等折子戏后世徽剧多有演出。

《拜月亭》 40 出。作者目前尚无定论，明代王世贞、何元朗、王伯良等认为《拜月亭》为元人施惠所作。《拜月亭》是四大传奇中成就最高的一部，此剧目最早见于《南词叙录》中宋元旧篇的《蒋世隆拜月亭》。王实甫的《才子佳人拜月亭》，现已亡佚，但关汉卿的《闺怨佳人拜月亭》尚存。南戏《拜月亭》当是在关汉卿的剧作基础上再创而成的。《拜月亭》记叙王尚书女儿王瑞兰和母亲因避兵乱，逃难而失散。瑞兰遇蒋世隆，结为兄妹，相携而行，后在旅店中结为夫妻。王尚书由此经过，巧遇瑞兰，责其不守贞节，逼令回家。瑞兰回家后，思念世隆，庭中拜月，求再得相会。世隆应考，状元及第，被王尚书招赘为婿，团圆结局。其中，还穿插了陀满兴福与蒋瑞莲的婚姻故事。

此剧运用巧合与庄谐相济的艺术手法，把悲剧与喜剧交织在一起，独具匠心地塑造了蒋世隆、王瑞兰这一对光彩照人的艺术形象。其中巧合的运用最具传奇性，如荒途中误听名字而邂逅，使他们从相识到结为夫妇；客店中父女巧遇，则他们夫妻拆散，有如生离死别；中举后的巧合，又使他们重获团圆。由于这种种巧合被安排在一个特殊的环境，即民族危亡之时、满目干戈之际、兵部尚书家中发生，因而使巧合的偶然性中带有一定的必然性，既符合历史真实，又符合生活真实，令人信服，并产生巨大的美学魅力，博得观众的赞赏。后世越剧多有演出。

作者施惠，一说姓沈，字君美、均美。浙江钱塘（今杭州）人，居杭州吴山城隍庙前，以坐贾为业。生卒年不详。钟嗣成《录鬼簿》将其列为“方今已亡名公才人余相知者”中，可见施惠在钟嗣成作《录鬼簿》时已去世。而《录鬼簿》作于元至顺年间，故推断施惠生活于元至顺以前。施惠巨目美髯，好谈笑，诗酒之暇，唯以填词和曲为事，是一位书会才人。与钟嗣成、范居中、赵良弼、阵彦实、颜君常等相交，曾与范居中合撰《肃霜裘》杂剧。

《琵琶记》 影响颇大，被誉为“南戏中兴之祖”。作者是元末明初的剧作家高明。高明 (1301 ~ 1371)，字则成，温州瑞安人。他出身于一富有文化教养的家庭，祖父、伯父都是诗人。他自己也能诗工书，曾从元代学者黄溍读书，思想受其影响很深。元至正五年 (1345) 中进士，任过录事推官等职，做了一些维护人民利益和打击豪强的事。后因性格耿直，不肯迎合别人，与上司意见不和，便慷慨求去。晚年隐居宁波，以词曲自娱。朱元璋即位派人邀请，他佯狂不出。《琵琶记》当作于此时。

《琵琶记》共 42 出，根据南戏《赵贞女》改写而成，把原剧蔡伯喈“弃亲背妇，被雷击死”改为“有贞有烈赵贞女，全忠全孝蔡伯喈”。剧作写陈留郡蔡伯喈与赵五娘新婚刚过，蔡父命其上京赶考，他辞试不从，只得遵从父命。考中状元后，被牛相国强招为婿，他再三谢绝，未果。向朝廷提出辞官、辞婚，又不从。只得无奈与牛小姐完婚，做了京官。其时陈留连遭灾荒，赵五娘在家变卖钗环，奉养公婆，自己却吞糠咽菜。公婆死后，她弹琵琶乞讨进京寻夫。在牛相府与蔡伯喈相见，蔡获悉父母双亡，极为悲痛，要回家庐墓守孝。牛氏甘居妾位，并愿与他俩一起回家，躬尽孝道。全剧以一夫二妻、满门旌表大团圆结局。朱元璋说："《琵琶记》如珍馐百味，富贵家岂可缺耶？"

《琵琶记》的艺术成就：一是双线结构。作者让五娘家的凄苦生活场景与蔡伯喈在牛府的豪华生活交叉出现，一边是赵五娘临妆感叹，一边是蔡伯喈杏园春宴；一边是五娘背着公婆吃糟糠，一边是蔡伯喈与牛氏赏月饮酒。这种安排不仅突出了戏曲冲突，而且加强了悲剧气氛。二是诗剧的语言。如第二十一出《糟糠自咽》中有五娘的唱念：

（白）奴家早上安排些饭与公婆，非不欲买些鲑菜，争奈无钱可买。不想婆婆抵死埋怨，只道奴家背地里吃了甚么。不知奴家吃的是细米皮糠，吃时不敢教他知道，只得回避，便埋怨杀了，也不敢分说。苦！真实这糠怎的吃得。（吃吐科）

［孝顺歌］呕得我肝肠痛，珠泪垂，喉咙尚兀自牢嗄住。糠哪，你遭砻，被舂杵，筛你簸扬你，吃尽控持。恰似奴家身狼狈，千辛万苦皆经历。苦人苦着苦滋味，两苦相逢，可知道欲吞不去，糠和米，本是相依倚，被簸扬作两处飞。一贵与一贱，好似奴家与夫婿，终无见期。丈夫便是米啊，米在他方没处寻；奴家便是糠啊，怎的把糠来救得人饥馁？好似儿夫出去，怎的教奴供膳得公婆甘旨。

王国维说《琵琶记》"独铸伟词，其佳处殆兼南北之胜"。吕天成《曲品》赞曰："串插甚合局段，苦乐相错，具见体裁，可师可法，而不可及也。"《琵琶记》在艺术上所取得的成就，不只影响到当时剧坛，而且为明清传奇树立了楷模。

五、南戏登陆徽州

一自渔梁坝，百里至街口。
八十淳安县，茶园六十有。
九十严州府，钓台桐庐守。
桐梓关富阳，三浙垅江口。
徽郡至杭州，水程六百走。

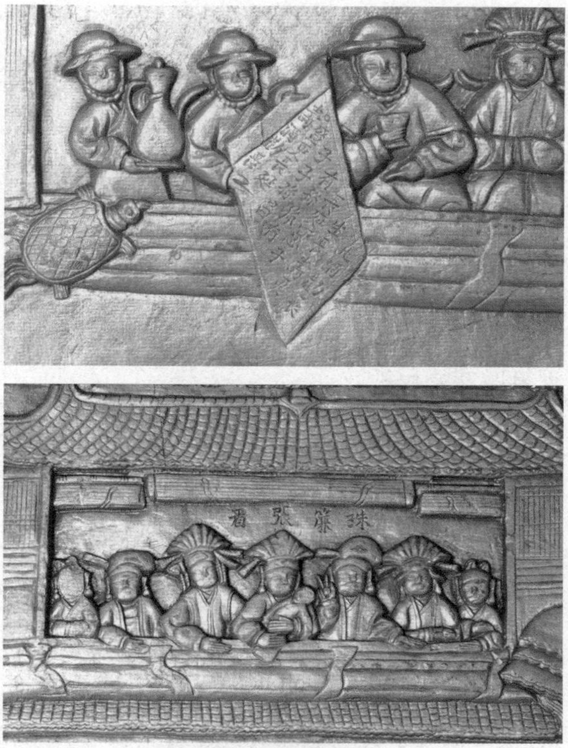

歙县元代墓葬考古浮雕装饰石

这是当年徽州商人编写的“下杭州”《水程捷要歌》。徽州与浙江一衣带水，山水相连，南戏流入新安江，逆流而上到徽州的可能性最大。朱祝新《歙县徽剧志》[①]记载，1976年11月初，歙县文物部门在街口区璜蔚天堂村发掘一座元代墓葬，共出墓志碑记1方，浮雕装饰石10方，其中4方刻有人物的浮雕装饰石有“初登第”“得意回”“清明时节”“人面桃花”，真实再现了元人形象，极似人们印象中的宋元南戏。

至迟在明正统元年（1436），徽州家谱中已有徽州人编写戏文的记录。[②]刊刻于正德四年（1509）的《新安毕氏会通宗谱》中，收有一个叫毕尚忠的《自传》，其中写道：“予居歙南万山间……幼承庭训，诗礼颇闻。甫十五，为童蒙师，劳心灯火，日课一诗一对以自励。……忆弱冠时好戏文曲破，所编《七国志》《红笺记》，梨园子弟广传之。愧非儒者所习，抑亦当时士大夫之所尚也。”这位毕尚忠还在《自传》中交代，他生于永乐丙申年（1416）正月初四日亥时，《族谱》记载他卒于弘治丁巳年，即1497年。古人以20岁为“弱冠”，由此推知毕氏编创《七国志》《红笺记》的时间当是正统元年，即1436年。这位毕尚忠是目前所知的第一位徽州籍的剧作家，遗憾的是他的两部作品均未见存本。又有《新安名族志》后集称：“尚忠，号雪岩道人，编有《孙庞争雄传》，善写梅花，教授乡望。”新安毕氏，“世居长陔”[③]街源一带，也是徽州旧时离浙江最近的区域，南戏于明代正统元年之前登陆于此，应该是可信的。

① 朱祝新、朱丹、朱甜：《歙县徽剧志》，合肥工业大学出版社，2015年，第128页。

② 朱万曙：《徽州戏曲》，安徽人民出版社，2005年，第3页。

③ [明]戴廷明、程尚宽：《新安名族志》，黄山书社，2004年，第623～626页。

刊刻于嘉靖十年(1531)的《率东重修程氏家谱》卷2，有一位程添庆的小传，说他“字云卿，号黄石，又号桂麟，生天顺丁丑三月十八日，编辑《程氏渊源小语》一卷。……又著《存孤记》《射蜃记》《三国志》各一卷，以寿恩赐冠带，卒嘉靖乙酉十二月十二日”。《存孤记》等就有可能是戏曲作品，小传中对程添庆的另一段介绍里透露了这一信息：“先生幼颖异过群儿，既壮树立，好吟咏，长于乐府。学士篁墩先生奇之，特委编《存孤烈士传》《篁墩射蜃记》，比完，甚加赏。”他既然“好吟咏,长于乐府”。篁墩先生委派他编写的《存孤记》《射蜃记》就很有可能是戏曲。[①]程篁墩就是程敏政。

程敏政（1445 ~ 1499)，字克勤，徽州休宁县人，南京兵部尚书程信之子。中年后号篁墩，时人称为程篁墩。早慧，年十岁，侍父入川。巡抚侍郎罗绮以神童荐于朝，命读书翰林院。成化二年（1466）以进士第二及第，授翰林院编修。修《大明会典》,召为副总裁,官至礼部右侍郎,专典内阁诰敕。弘治十二年（1499),因“会试泄题”案被污入狱，出狱后四月卒。明史有录。程敏政秀眉长髯，风神清茂。于书无所不读，文章为时辈所推。所编著刊刻有《明文衡》《篁墩文集》《新安文献志》《休宁志》等。此外，程敏政还是一位书法家和戏曲爱好者,《篁墩文集》卷7有《饮张挥使家观戏》诗以佐。

牡丹花折柳丝匀，雨后高堂不动尘。
武卫昼闲军令肃，家筵春启客情真。
锦棚曲奏温州调，银瓮香传采石春。
为重雅怀分席晚，不知明月照归人。

诗中“锦棚曲奏温州调”,说的就是南戏。可见,徽州人程敏政很早就接触了南戏，又委托家族中有才华的人编写过戏曲，足见程篁墩是徽州南戏传播的一个重要人物。

明嘉靖三十九年（1560)，汪道昆在襄阳知府任上返乡省亲，从越中邀请了一个海盐班到徽州演出。潘之恒在其《鸾啸小品》卷3中记录了此事。

汪道昆(1526 ~ 1593)，字伯玉,号太函、南溟,别署天都文史。徽州歙县松明山人。

① 朱万曙：《徽州戏曲》,安徽人民出版社,2005年,第2页。

汪道昆《大雅堂杂剧》桥头会

幼聪慧好学，通晓诗词歌赋，嘉靖二十六年(1547)进士。初任义乌县令，后晋升襄阳知府、福建副使、宁海兵备。嘉靖四十一年（1562）倭寇侵占福建沿海城堡，汪道昆与戚继光并肩作战，击退入侵者，因战绩卓越，擢升兵部左侍郎。他既是抗倭将领，又是一位颇有建树的戏曲作家、诗人、文学家。与明代“后七子”领袖王世贞是同年进士，同在兵部供职，交往密切，世称汪、王“南北两司马”。万历八年(1580)，汪道昆与戏曲家屠龙、龙膺、梅禹金、潘之恒，以及诗人李维桢、胡应麟、沈嘉则、吕玉绳等结白榆社，诗文酬酢，相互唱和。于戏曲也是行家，他不仅邀请浙江海盐戏班到徽州演出，自己也编剧。所著杂剧《高唐梦》《五湖游》《远山戏》《落水悲》，均为一折短剧，合称《大雅堂乐府》，系襄阳知府任上所作。另有《唐明皇七夕长生殿》杂剧，已佚。有诗文集《太函集》等。汪道昆剧作文词清丽，细腻婉约，颇多情趣。明代戏曲评论家吕天成《曲品》把其剧作列为上品，称赞其具有“清新俊逸之音，调笑诙谐之致”。

明隆庆、万历年间，歙人潘之恒进一步推进了徽州南戏乃至整个徽州戏曲活动的繁盛。潘之恒作为一个活跃于南京、苏州、徽州三地的文人、戏曲家，他不仅大量记录了当时江南一带的演剧情况，而且形成了潘氏独特的戏曲理论，为后世戏曲的发展和研究提供了宝贵的经验。他在《亘史》卷 35 中就记录了徽州万历二十八年（1600）歙县东郊一场盛大的戏曲演出活动。

万历庚子立春，郡邑长令皆浙人。先期申戒，以迎春于东郊。百工咸悦，不令而穷极奇巧。为平台三十六座，马戏四十八骑，皆选倡优韶秀者充之。衣以尚方貂氅锦绮，五色炫耀，饰以金翠珠玉，合成天然。从来迎春之盛海内无匹，即新安亦仅见也。

据高庆樵《徽苑春秋》所述，这年正在南京编校《盛明杂剧》的潘之恒，也专程赶回徽州参与活动的组织工作，随同前来的还有吴越名优寇四儿、张三旦等，他们演出的正是南戏名剧《拜月亭》。这台戏的对联是：

功勋势位总成空，信乎浮生若梦；
离合悲欢都是假，看来何时为真。

三十六座戏台中，不少是两两对台的。有一处对台演出《织锦记》，两座戏台的对联分别是：

赤体佣工黄土堆中安父母；
丹心昭格绿槐树下遇神仙。

陌上逢仙尘世因缘偕百日；
云间送子孝门宗派衍千秋。

对台戏中演董永的，一是汉口的吕五，一是杭州的孙四，两人表演，难分伯仲。另二处演出的对台戏是《破窑记》，两副对联分别是：

运未通荒店破窑饭后钟声空古寺；
时已至状元参政楼前物色乃神仙。

相位虽高择婿不如处子见；
仕途难料劝人休笑秀才穷。

这组对台戏演刘千金的，一是苏州的王二，一是信阳的薛巧儿，两人姿容倩丽，歌韵清圆，台下观众不知看何处为好。徽州本土戏班中，以河西一位张姓女演员，艺名“舞媚娘”的最为出色，她年仅15岁，饰演《蟾宫折桂》中的嫦娥。其戏台对联是：

真人法术成桥，顿使蟾官通魏国；
素女霓裳引月，乃知天子见嫦娥。

关于舞媚娘的精彩表演，潘之恒《亘史》卷35“舞媚娘传”中赞誉：“其时春色腔妍，颜色与之焕发，光彩灌注，一郡见者，惊若天人。”连吴越名优也“无不气夺，竟为之下”。演出结束后，潘之恒赠舞媚娘囊镜一副，鹤顶红宝簪一支。改日又送她一副刻有“舞媚娘，初日光，贻清扬，情所当”12字铭文的镶金手镯。可见，潘之恒对这位徽州演员的喜欢。

潘之恒还在这次观看寿州马四娘演出的全本《西厢记》时，陡增雅兴，出了一则离合体的字谜：“待月西厢月半空，张生普救去求兵。崔莺失却佳期会，只恨红娘不用功。”名伶们熟知西厢剧情，且又多才多艺，在关键字中各去除一半，最后拼出一个“徽”字。虽是文字游戏，亦有雅致在其间，故录。有关潘之恒的生平及其戏曲理论建树下章还要论及，此不赘言。

另据清赵吉士《寄园寄所寄》载：“万历二十七年，休宁迎春，共台戏一百零九座。台戏用童子扮故事，饰以金珠缯彩，竞斗靡丽美观也。……邑东隆阜戴姓更甚。戏场奇巧壮丽，人马斗舞亦然。”

“徽俗最喜搭台观戏。”[①] 这为南戏登陆徽州后，提供了有利于戏曲发育、演变的

① [明]傅岩：《歙纪》卷9，黄山书社，2007年。

土壤，为未来徽州腔的问世创造了基础条件。

第三节　南戏诸腔的流变

进入明代，南戏仍有演进。其主要特点，学界归纳为：一是创作上多“明人改本戏文”；二是“错用乡语”，衍生出各种地方色彩的声腔。

南戏起自民间，“本无宫调，亦罕节奏”，村农市民都能顺口而歌，是一种非常平民化的艺术。南戏传入杭州后得到迅速发展，尤其是经过几代文人的参与，原先类似歌舞小戏、俚巷歌谣的色彩渐渐淡化，开始展露其华彩风貌，尤其是高明的《琵琶记》还受到明王朝最高统治者的推崇。因此，南戏得以沿着钱塘江和运河，乃至新安江向四方传播，所到之处，受到了普通民众的喜好。有一批年轻人加入到了南戏演出的行列。明成化二年(1466)进士陆容在其《菽园杂记》中说：

> 嘉兴之海盐，绍兴之余姚，宁波之慈溪，台州之黄岩，温州之永嘉，皆有习倡优者，名曰戏文子弟。虽良家子弟，亦不以耻为之。

嘉兴、海盐、绍兴、余姚、慈溪都是临近钱塘江和杭州的地方，也是钱塘江和京杭大运河流经的地方，这些地方“戏文子弟”的层出不穷，与杭州南戏的发展关系极大。南戏最初带有温州地方语言的特点，但在流布过程中却将其“顺口而歌”的优势展示得淋漓尽致。不同地区的方言俚语、民间音乐、民俗传统，乃至观众的兴趣偏好，诸如此类多种因素的综合作用，使得南戏逐渐形成了许多演出风格各异的地方性声腔剧种。到了明代中叶，尤以“四大声腔”最为著名。

新安、钱塘，山水相依。新安江自徽州经淳安、建德、富阳而入钱塘，自古商贸往来频繁，人文风俗相近。尤其是明中叶后，徽州商帮的崛起，促进了新安江流域经济社会的繁荣，南戏诸腔溯水而上，由钱塘江进入新安江顺理成章。

一、明代四大声腔

明代南戏声腔十分丰富，其中海盐、余姚、弋阳、昆山四大声腔最为著名。徐渭在嘉靖三十八年(1559)刊本《南词叙录》中，对四大声腔的流布地区做了这样的记载：

今唱家称弋阳腔，则出于江西，两京、湖南、闽、广用之；称余姚腔者，出于会稽，常、润、池、太、扬、徐用之；称海盐腔者，嘉、湖、温、台用之；唯昆山腔止行于吴中，流丽悠远，出乎三腔之上，听之最足荡人。

可见，四大声腔在嘉靖之前已经形成，并在江南地区广泛传唱。下面分别叙述其各自的流变轨迹及特点。

海盐腔 产于浙江海盐县。关于创始者，有两种比较主流的观点。一说得益于南宋张镃，明李日华称南宋时张镃在海盐“作亭园自恣，令歌儿衍曲，务为新声，所谓海盐腔也”。另有一种说法是，海盐腔是由元代海盐澉浦人杨梓对流行于当地的南北歌调加工而成，当然非一人之力所为，他有一位精通戏曲音乐的好朋友，名贯云石是也，提供不少帮助。支持“杨梓说”的人多一些，认为张镃生活的年代较早，南戏本身尚未成熟，流传到他地形成新声腔的可能性不大，张镃令歌儿演唱的，应该是宋词。

海盐腔演唱时以鼓、板击节，早期无丝竹乐器伴奏，清唱时甚至可以只用手击节以控制节奏，整体风格安静。唱腔清丽婉折，擅于抒情，深得文人、士大夫阶层喜爱，最初冠于南戏四大声腔之首。“凡唱旧曲者，皆曰海盐”。[①]《金瓶梅词话》中多次记载西门庆以“海盐腔”助兴的情节，其受欢迎程度可想而知。

海盐腔流传到江西弋阳、江苏吴中，对弋阳腔和昆山腔的形成有所影响，尤其对后者影响更甚。昆山腔吸收并进一步发展海盐腔清丽婉折的特色，放缓节奏，严格咬字，主张气无烟火、启口轻圆、收音纯细，并以管弦伴奏，形成一种以水磨调为特色的唱腔，受到士大夫阶层喜爱而逐渐取代海盐腔的地位。昆山与海盐地域相近，同属吴语地区，因而昆山、海盐两腔风格相似，甚至可以共用剧本，不过在节奏徐缓和语音方面有所区别，很多演员可兼唱两腔。

余姚腔 产于浙江余姚县。除受当地固有的民间音乐影响外，亦吸收了北曲的

① [明]徐渭：《南词叙录》。

养分。最早见于明祝允明《猥谈》，至嘉靖年间盛行。徐渭《南词叙录》称其已流向江苏、安徽等地。演唱上有徒歌、帮腔、滚调的形式。徒歌指以清唱为主，用少量打击乐器控制节奏；帮腔，指台上演员演唱之余，后台伴以人声的衬托，以烘托演员的唱腔，渲染舞台气氛，增强音乐的表现力；滚调，是一种介于唱和白之间的朗诵性唱腔，偏于唱的称“滚唱”，偏于念白的称“滚白”，是对曲牌体制的一种大胆突破，使唱腔简单明快、自由活泼、易于理解。演出方面，余姚腔节奏明快，表演通俗，擅长情节的演绎，故事曲折；同时运用地方方言进行说唱道白，融入乡间俚语，生活气息浓郁，深受民间喜爱。余姚腔依托于盐商的贸易交流，流传到浙江其他地方和江西、安徽、山东等地。其中流传到江西，对弋阳腔的形成产生影响。

弋阳腔　产生于江西弋阳，是南戏流传到该地“地方化”的结果。弋阳腔的特点是有帮唱、以鼓板击节，突出人声，曲调高亢，节奏强烈。明嘉靖以后，流传各地，又繁衍出各种新的声腔。明汤显祖《宜黄县戏神清源师庙记》云：“至嘉靖，而弋阳之调绝。变为乐平、为徽州、青阳。”

王骥德《曲律》中说：

> 数十年间，又有弋阳、义乌、青阳、徽州、乐平诸腔之出。今则石台、太平梨园几遍天下，苏州不能与角什之二三。

这些记载中的新腔，有三种、五种不等，被称为弋阳诸腔，或弋阳腔系统。下面分别讨论与新安江流域相关联的几种新腔的流变。

徽州腔、青阳腔。同出一源，均在传承余姚腔与弋阳腔的基础上形成。据陆小秋、王锦琦《徽剧音乐》考证，它们都是于明嘉靖末期，“由弋阳腔、余姚腔结合徽州及池州青阳县一带的土语音调形成”，因地处毗邻，二腔十分相近。青阳腔又称池州腔，故被合称为“徽池雅调”，在皖南及赣东等地被保存了下来。徽州腔则受昆曲的影响，逐渐衍化为四平腔、昆弋腔。昆弋腔在明末清初又形成“吹腔”“拨子”。吹腔与拨子融合，又衍变出“二黄”。

四平腔。源于弋阳腔。明顾起元《客座赘语》说，南京万历以前就有弋阳腔、海盐腔，后来又有了四平腔，“乃稍变弋阳而令人可通者”。由于弋阳腔流传到了徽州之后衍化为徽州腔，又受昆剧的影响而变为四平腔。至今保存在四平腔里的尚有

《山伯访友》《审乌盆》《芦花絮》等南戏遗存剧目。可见，四平腔是徽州腔的后裔。

太平腔。产生于安徽太平府（今当涂），此地本是余姚腔的流行地，故太平腔早期应是先接受余姚腔的影响，而后才传承弋阳腔的。今人陆小秋、王锦琦《论徽池雅调和石台太平梨园》说："石台和太平乃相邻的两县，现均属徽州地区。……太平腔，实为太平梨园唱的徽池雅调。"据明人笔记，明嘉、隆之后，太平腔已传到上海松江一带，曾经风行一时。

高腔。明末，弋阳诸腔的进一步发展即产生各地高腔。在明代，高腔本是对除昆山腔之外其他南戏声腔的总称，至明末，海盐、余姚二腔衰落，只剩下昆山、弋阳二腔争胜，而弋阳腔也已衍化成不同流派，如青阳、四平、徽池等所谓"弋阳诸腔"。可见，其时所谓高腔，其实只有弋阳腔及弋阳诸腔了，于是人们习惯地认为"弋阳腔即高腔"。如清李声振《百戏竹枝词》说："弋阳腔俗名高腔，视昆调甚高也。金鼓喧阗，一唱众和。"李调元《雨村剧话》卷上亦说："弋腔始弋阳，即今高腔，所唱皆南曲，又谓秧腔……向无曲谱，只沿土俗，以一人唱众和之。"弋阳诸腔的进一步发展与流布，便在南北各地形成众多的高腔剧种。在此，简要介绍新安江流域或相近地区流行的四种高腔：

1. 由徽池雅调衍化的高腔，有词明戏、正音戏、襄阳高腔等。词明戏，明末形成于福建平潭、福清、长乐一带，是徽池雅调流经这里的产物；正音戏，流布于广东海陆丰一带，亦与徽池雅调有关；襄阳清戏，明末形成于湖北襄阳、安陆一带，所谓清戏，实指徽池雅调。

2. 由四平腔衍化的高腔，有婺剧高腔的四平调、调腔四平调、福建四平调等，均传自弋阳诸腔的徽池雅调四平腔。婺剧高腔，明末形成于浙江衢州一带，是弋阳诸腔中四平调流传衢州的产物。

3. 由旧弋阳腔衍化的高腔，有赣剧高腔、徽州高腔、辰河高腔、祁阳高腔、长沙高腔等。与流域相关联的主要是赣剧高腔和徽州目连高腔。赣剧高腔，明末形成于赣东北，这是弋阳腔的发源地，分成饶河班、广信班等流派。其中，饶河班以波阳、乐平为中心，流行于余江、万年、景德镇等地，保存的剧目较多，艺术风格较古老。徽州祁门县与景德镇毗邻，亦是饶河班的流布地区，祁门人称之为"饶河调"。至 20 世纪 60 年代，祁门县还曾演出有新编现代戏《安安种茶》，唱的即是饶河调。

4. 徽州目连高腔，约明末形成于祁门县、歙县长陔一带，以擅长演目连戏成名。

其声调包括道士腔与阳腔。所谓阳腔，一般认为即是青阳腔，也有人认为它是“弋阳”二字快读的转声，是“弋阳”的反切。阳腔分同腔与帮腔两种形式。同腔是台上所扮演的角色同唱；帮腔则是由场面人员帮唱，或帮唱尾句。遗存的南戏剧目有《劝善记》《精忠记》等。

昆山腔 产生于江苏昆山。昆山与海盐比邻，是南戏海盐腔最早流行的地区，昆山腔是在继承海盐腔传统的基础上形成的。据文徵明手录的娄江魏良辅《南词引正》记载：

> 元朝有顾坚者，虽离昆山三十里，居千墩（今千灯镇），精于南辞，善作古赋。扩廓帖木儿闻其善歌，屡招不屈。善发南曲之奥，故国初有昆山腔之称。

明正德、嘉靖间，魏良辅改良昆山腔，采用中州韵系，依字声行腔，在南曲的基础上吸收北曲的艺术成就，并发挥海盐腔清丽的特点，创制“水磨调”。约嘉靖末年，梁辰鱼所著《浣纱记》第一次将改革后的昆山腔搬上舞台，完成昆曲由清曲向剧曲的转变。至明万历时，已是“四方歌曲，必宗吴门”。昆山腔明嘉、隆间传入浙江，而为浙昆；传入皖南徽州一带而为徽昆。此外，还有湘昆，川昆，北昆等。

浙昆。杭州与昆山毗邻，两地语言、文化、风俗相近，杭州是昆曲最早的传播地之一当无异议。昆曲入杭约在嘉、隆间。[①] 王骥德（1540 ~ 1623）《曲律·论腔调第十》:“昆山之派，以太仓魏良辅为主。今自苏州而太仓、松江，以及浙之杭、嘉、湖，声各小变，腔调略同。唯字泥土音，开闭不辨，反讥越人呼字明确者为“浙气”。“浙气”即昆山腔向南一路进入浙江的特点。

徽昆。为昆山腔传入新安江上游徽州，与当地音乐和语言相结合而形成的声腔。明潘之恒在其《鸾啸小品》中记载了不少明中叶后昆山腔在新安的情况：

> 十年以来，新安好事家多习之，如吾友汪季玄、吴越石，颇知遴选，奏技渐入佳境，非能谐吴音，能致吴音而已矣。

---

① 徐宏图：《浙江戏曲史》，杭州出版社，2010年，第112页。

汪季玄、吴越石都是徽州人，他们习奏“能致吴音而已”的昆腔，也就是带有“徽味”的昆腔。潘氏在《亘史》中还记载了一个叫谷珊珊的女演员，艺名兰芳。她从淮阳徙居休宁东门，“用吴音度曲，一洗习俗之陋”，深受观者喜爱。这种“吴音”与徽州习俗之间的昆腔，就是“徽昆”。

二、关于徽州腔

徽州腔称谓，见于明万历年间汤显祖《宜黄县戏神清源师庙记》，“至嘉靖而弋阳调绝，变为乐平，为徽、青阳”。王骥德《曲律》的记叙则较为明确：“数十年来，又有弋阳、义乌、青阳、徽州、乐平诸腔之出，今则石台、太平梨园，几遍天下。”关于徽州腔起源，目前学界有三种说法。

1. 源于弋阳腔。《中国戏曲通史》采用汤显祖说，认为“在嘉靖年间出现了由弋阳腔变化而来的乐平、徽州、青阳诸腔”。那么，弋阳腔是如何演变为徽州腔的呢？陆小秋、王锦琦：《徽剧声腔的三个发展阶段》认为：“由于弋阳腔不协管弦和不叶宫调，可以随时随地和其他声腔相与结合或交流，因而艺人们便常常错用乡语和改调歌之，使得弋阳腔传到徽州一带以后，很快便与当地的土语音调相结合，形成了徽州腔。”① 周思木《徽戏散议》从昆、弋腔结合上，进一步论述了徽州腔的起源：“昆弋腔可以说是名副其实的昆、弋两腔结合的产物。这种结合实际上早从徽州腔的身上便开始了，因为徽州腔既是弋阳腔的第一个变种，又是最早接受昆山腔影响的高腔。”李泰山主编的《中国徽班》称：嘉靖至万历年间，徽州确实存在弋阳腔。徐渭《南词叙录》云：“今唱家称弋阳腔，则出于江西，两京、湖南、闽、广用之。”明代徽州直隶南京，表明嘉靖年间徽州流行的是弋阳腔。魏良辅《南词引正》也说：“徽州、江西、福建俱作弋阳腔。”直到万历三十三年（1605）冯梦祯游休宁齐云山时，还碰到“连三日延弋阳梨园”，演戏娱神。可见，徽州腔源于弋阳腔不仅仅是推论。

2. 徽州腔是余姚腔吸收弋阳腔后所产生的新声腔。蒋星煜先生《徽剧声腔的形成及其戏曲史上的地位》一文中阐述：“明代嘉靖年间，安徽的池州和太平府，也就是现在的当涂、芜湖、贵池、青阳一带，流行的戏曲是发源于浙东的余姚腔。外来的余姚腔在当地发展起来，陆续不断地吸收民间音乐和后来从江西传播来的弋阳腔，产生了徽州腔和青阳腔这两种十分接近的新声腔。”李泰山《中国徽班》说，班

① 安徽省文学艺术研究所、安徽省徽剧团：《徽剧资料汇编》，1983年，第101～102页。

友书先生《从高文举戏文谈及皖南抄本水云亭的发现》一文，论证了《水云亭》就是徽州的余姚腔演出本。所以，余姚腔吸收弋阳腔后形成徽州腔的说法，也有一定的道理。

3. 既不源于弋阳腔，也不源于余姚腔加弋阳腔，徽州腔本来就是南戏的一支。或者说，徽州腔和弋阳、义乌、青阳、乐平等南戏诸腔一样，都是南曲的变体。变体之间，互不源流。此说不见于记载，只是根据戏曲的传播规律和艺人创作习俗推断的。李泰山《中国徽班》持此说。笔者支持此说，理由如下：

一是徽州与浙江毗邻，南戏较早传入徽州。明代成化、弘治年间，徽州人程敏政就接触了南戏，他的“锦棚曲奏温州调”的诗句，说的就是早期的南戏。他还命擅长乐府的族人程添庆编有《存孤记》《射蜃记》等。明嘉靖间，四大声腔出，汪道昆即从越中邀请了一个海盐班到徽州演出，此是嘉靖三十九年（1560）的事。

二是徽州人自己编写的南戏或杂剧，所唱应为徽州腔。早在明正统元年（1436），歙县人毕尚忠就编创了《七国志》《红笺记》戏文，并且“梨园子弟广传之”。这说明毕尚忠编写的南曲戏本被许多梨园上演。从地理和氏族考量，徽州毕姓世居长陔、街源一带，这里是徽州与浙江淳安的接壤地区，既然“梨园子弟广传之”，有可能包括浙江淳安一带，也可能在徽州本土，至少是徽州本土的梨园搬演。那么，徽州梨园上演《红笺记》等戏文，所唱应该就是徽州腔。

三是刁均宁先生发现的徽州明代《白兔记》抄本，可证其为徽州腔剧本。1957 年，刁均宁先生在徽州山区调查徽班遗存时，先后搜集到清代民间抄本五种，即《还魂记》《荆钗记》《白兔记》《投笔记》《吕蒙正》。今存徽州民间抄本《白兔记》是全本的，现藏安徽省徽剧团资料室。刁均宁在《青阳腔戏文三种钩沉》中考述，“徽州抄本《白兔记》的祖本，早于明代各种被认定是青阳腔选集所刊的《白兔记》选本”。标志之一是徽州习俗在剧本中的反映。如“撒帐”，这是徽州婚礼闹洞房中的习俗之一，即把红枣和染红了的花生等撒到新娘的床上，寓意早生贵子。这一习俗，在徽州所搜集到的抄本中常见，而在几种明刊本《白兔记》中则不复存在；标志之二是此抄本中保存着大量富有民间性、趣味性的语言和细节，却不见于其他明刊本；标志之三是徽州抄本《白兔记》中的“滚”，比明刊本原始。故刁先生的结论是：徽州抄本《白兔记》祖本，出现在徽池雅调形成之前，可以认定是徽州腔剧本。徽州腔剧本的发现，是徽州腔直接源于南戏一说的有力实证。

三、昆曲家班与新安曲派

昆曲产于苏州。明代，安徽、江苏同为南直隶，清初又合组江南省。此间，徽商在江南各地的经营达到高峰，一些富商和他们蓄养的昆曲家班，无疑加速了昆曲进入新安的态势。蓄养昆曲家班有几种情况：一是新安商人在外地蓄养的家班；二是新安商人在新安江流域、主要是徽州、杭州等地组建的家班；三是一些达官贵人在流域蓄养的家班。下面分条梳理。

杭州演《浣纱记》《浣纱记》是根据明代传奇作品《吴越春秋》改编的第一部昆曲剧目，由梁辰鱼组织教习演练，约在嘉靖、隆庆之交时搬上舞台。明嘉靖二十八年（1549），杭州一个叫周诗，号通政的人，21岁，刚参加过乡试。揭榜前夕，凡参加考试的人都去贡院看发榜，而周诗却随邻居到戏园看戏。光看还不过瘾，竟然粉墨登场，上台串演起《范蠡寻春》来。直到门外有人说他中榜了，连声高叫“周解元”，可周诗对此充耳不闻，直至把戏演完才回家。事见清代焦循《剧说》卷6。此则传说生动说明了杭州演出《浣纱记》是比较早的。

汪道昆观《吴越春秋》 汪道昆《太函集》有《席上观吴越春秋有作凡四首》诗，分别咏吴王、西施、越王、范蠡四人，所咏之事与《吴越春秋》（《浣纱记》别名）所写全部吻合。可见，此诗所作之时，《浣纱记》已经写成并全剧可以搬演。黎国韬《梁辰鱼生卒年与浣纱记创作年代考》认为，汪诗创作年份，应在隆庆二年（1568）。因为恰在此年，汪道昆携戚继光道访王世贞，而王世贞又携戚继光往访梁辰鱼，汪、梁为亲戚，又是近邻，汪道昆与戚继光同道访王，当时汪道昆应该在场。明张大复在《梅花草堂集·皇明昆山人物传》“梁辰鱼”条中，记有此事。隆庆二年，汪道昆与好友王世贞、戚继光在昆山梁辰鱼家中观摩这部原版新剧是符合逻辑的。汪道昆《席上观吴越春秋有作凡四首》录其《咏西施》一首：[1]

> 东海将时憾，盱睢待其时。
> 三江足组练，一旅安所之。
> 何物彼姝子，贤于神武师。
> 轻身入吴官，褒妲复在兹。

---

① [明]汪道昆：《太函集》，黄山书社，2004年，第2245页。

一笑虢王魂，再笑陈王尸。
翩翩士女侠，匕首双蛾眉。
咄唶徐夫人，千金徒尔为。

潘家蓄倡乐 嘉靖时，歙县人潘侃是一位“周游江淮吴越”的商人，一生酷爱戏曲。他家蓄养倡乐，长时间活动，有时一次即达一月之久。“诸倡乐有至者，辄留为汀州公欢噱”，潘侃曾谒选为汀州判。[①] 潘家从潘侃延至其子潘君南及其孙潘之恒，祖孙三代戏曲世家，而昆曲是他们最喜爱的戏曲形式。潘之恒不仅到昆曲的原产地昆山去听曲，自己也在徽州老家蓄养了一个昆曲家班。他在《昆山听杨生曲有赠》诗中写道：

板桥南岸柳如丝，柳下谁家将叛儿。
白苎尚能调魏谱，红牙原是按梁词。
雨添山翠通城染，潮没堤痕去路疑。
年少近来无此曲，旧游零落使人悲。

诗中“魏谱”“梁词”，当指魏良辅创制的“水磨调”和梁辰鱼的《浣纱记》。据《袁宏道集笺校》卷21的一则日记所说：万历二十五年（1597），袁宏道游经徽州，“复到岩镇，客潘景升家，东西南北名士凑集者不下十余人，朝夕命吴儿度曲佐酒”。景升是潘之恒的字，潘氏以好客、好戏闻名，东西南北名士十余人凑集在潘家听戏，符合主人性情。虽然袁宏道没有说所度之曲的戏名，从“度曲佐酒”看，极有可能是“昆曲名段欣赏”，或折子戏表演。

汪季玄家班 汪犹龙，字季玄，徽州歙县商人，曾客扬州。潘之恒在其《鸾啸小品》卷3中称：“社友汪季玄招曲师，教吴儿十几辈，自为按拍协调，举步发音，一钗横，一带扬，无不曲尽其致。”从潘之恒的记载来看，汪季玄精通戏曲音律，有很高的艺术修养。为了使家班能演唱纯正的吴音，不仅请来曲师教唱，自己还参与指导训练，亲自替她们打拍子，对她们的举步发音一一过问。正是因为他对自己家班的严格训

① [明]汤显祖：《汤显祖诗文集》卷40《明处士潘仲翁暨配吴孺人合葬墓志铭》。

练，因而培养出了像国琼枝、曼修容、希疏越、元靡初等一批比较有名的昆曲演员。

吴越石家班 吴越石，即吴琨，徽州歙县商人。其家班有演员14人，以搬演汤显祖的《牡丹亭》称著。潘之恒在其《鸾啸小品》卷3中称该班演出《牡丹亭》，“能飘飘忽忽，另番一局于缥缈之余，以凄怆声调之外，一字不遗，无微不极。”又言吴越石“博雅高流”，说吴越石排演《牡丹亭》，“先以名士训其义，继以词士和其调，复以通士标其式”。潘之恒所说的“名士”“词士”“通士”相当于现在的编剧、导演、音乐设计，名士讲解剧情、人物，词士设计唱腔，通士指导排演。由此可见，徽商家班的演出是非常讲究的。所以，潘之恒说：“水田（即吴琨）豪举，且将凌轹尘寰，足以鼓吹大雅，品藻艺林矣。”

冯梦祯家班 冯梦祯（1549～1605），字开之，浙江嘉兴人，万历五年（1577）会元，官至南京国子监祭酒。后中蜚语罢归，筑室西湖孤山之麓，后移家西溪，建西溪草堂，同时选伎征歌，延聘昆曲名家黄问琴为教习，置办家乐昆班，恣意享乐。家藏王羲之《快雪时晴帖》，名其堂快雪。歙县人汪汝谦《春星堂诗集》卷5诗注，有“昔冯开之司成延黄问琴教习青衣”。其家班演出情况，冯氏《快雪堂日记》可见。如七月十七日记曰，“先令诸姬隔船奏乐曲，始送酒做戏，是日演《红叶传奇》”。他与昆剧作者高濂、梁辰鱼友善，《玉簪记》《浣纱记》等为他家当时常演剧目。此外，汤显祖、屠隆、臧晋叔、茅维、沈德符、凌濛初、潘之恒等曲家，也常在他的厅堂、湖船欣赏其家乐的演唱和切磋戏曲艺术。冯梦祯去世前一年，其家班尚存。朱彝尊《静志居诗话》云：“望者目为神仙中人。”

汪汝谦家班 汪汝谦（1577～1655），字然明，号松溪道人、湖山主人。祖籍徽州歙县，因慕西湖之胜，乃寓居杭州，选妓征歌，置办家乐，别出心裁。创办不系园、随喜庵等演出场所，宴乐于湖上。昆曲名家黄问琴、苏昆生等均充任过汪汝谦家班教习。汪氏不系园除自己家班演出外，有时还引来外人串演，据张岱《陶庵梦忆》卷4《不系园》载：“甲戌十月，携楚生住不系园看红叶。至定香桥，客不期而至者八人……是夜，彭天锡与罗三、与民串本腔戏，妙绝；与楚生、素芝串调腔戏，又复妙绝。”所谓“本腔戏”，即昆剧。遂安清代文人毛际可（1633～1708）在其《遗诗序》中说：“余少时闻武林有汪然明先生，……先行置舫曰不系园，桂楫兰桡，宏丽特甚。每四方名流至止，必选妓征歌，连宵达旦。”汪然明私家楼舫在西湖上昆曲待客或自娱，令主修过《浙江通志》《严州府志》的毛际可羡慕不已。

吴天行的百姬园 吴允，字天行，盐商，歙县西溪南人。仿效士大夫置有家班、家乐。他“以财雄于丰溪，所居广园林，侈台榭，充玩好声色于中”。[①]有“姬百人，半为家乐”，[②]丰溪即今西溪南，有“果园”遗址尚存。据许承尧《歙事闲谭》记：“琐琐娘，艳姝也，妙音声。”她是一位来自南京莫愁湖畔的名优，亦是吴天行百姬之一。“琐琐娘，名聘焉。后房女以百数，而琐琐娘独殊，姿性尤慧，因获专房宠。时号天行为百妾主人，主人亦自名其园曰果园。无何，琐琐娘遭疾死，天行痛之甚，葬之果园中，上植牡丹数本，筑土而环之以为台。”不难想象，当年“果园”内“吴儿家乐”之盛。

汪宗孝的百琲楼 汪宗孝，字景纯，明末休宁人。李维桢《大泌山房集》卷 71《汪景纯家传》称其“用盐策起家，不数年金钱缯帛仞积”。其在金陵时，“择稚齿曼容千金百琲者贮之，教以歌舞，尽一时之选”“翠屏绛帐中香气与人声俱发，若鸾凤鸣烟云间”。琲，为成串的珠，珠十贯为一琲。金陵吴地，所教歌舞，当为昆曲。

新安曲派[③] 明代中叶后，徽商和达官贵人蓄养的众多昆曲家班，无疑成为昆曲在新安流域传播品鉴的基础，而汪道昆、潘之恒、汪廷讷、汪宗姬等一批杂剧、传奇作家的涌现，以及戏曲理论的生成，则进一步推进了昆曲在新安流域的繁荣。此一现象，史称新安曲派。

汪道昆，明嘉、万间人，其生平前文已有介绍。他于嘉靖三十九年（1560）前后，著有《大雅堂乐府》，虽称乐府，实为杂剧。由《高唐梦》《五湖游》《远山戏》《落水悲》四折短剧组成。《高唐梦》写楚襄王梦见神女的故事，《五湖游》写战国时越国大夫范蠡功成身退、与西施泛舟五湖的故事，《远山戏》写汉代张敞画眉的故事，《落水悲》写曹植作《洛神赋》的故事。时人评为“上品”“雅品”。朱万曙《徽州戏曲》认为，汪道昆在戏曲史上的影响主要有两点：一是他的戏曲创作采用并丰富了南杂剧的形式，对杂剧的改革和南杂剧的形成有积极贡献；二是他作为徽州第一个以朝廷命官的身份从事戏曲创作，对明中叶以后，徽州戏曲创作和演出的活跃，起到了直接的推动和影响。

潘之恒（1556 ~约 1622），字景升，一字庚生，号鸾啸生、冰华生，歙县人。他

---

① 许承尧：《歙事闲谭》卷15，黄山书社，2001年，第504页。

② 歙县《丰南志》卷9《松石庵》。

③ 中国戏曲志编辑委员会：《中国戏曲志·安徽卷》，中国ISBN中心出版，1993年，第90页。

的祖父潘侃、父亲潘君南均嗜爱戏曲。幼受家庭艺术熏陶，才敏词赡，以诗称著一时。曾入汪道昆白榆社，又曾师事王世贞，后倾心公安派，与戏曲家张凤翼、汤显祖、屠隆、臧懋循及文学家袁宏道等友情深厚。与李贽也有书信往来。他一生不得志，遍游大江南北，长期寄寓南京、扬州、苏州等地。晚年居黄山，专心整理著述。著作有《鸾啸小品》《亘史》《涉江集》《金昌集》《漪游草》《黄海》等。潘之恒的突出贡献，是他几十年观摩戏曲、主要是昆曲，形成的一整套戏曲表演理论，弥补了时人多重视剧本文论，而忽略表演艺术理论的不足，尤显珍贵。有关潘氏的戏曲理论，下章还要专门谈及，此不赘述。

戏曲本版画《西厢记》

汪廷讷，字昌期、无如，号坐隐、全一真人，亦称无无居士，休宁县海阳镇人。他自幼出继给同宗富商为养子，出钱取得南京国子监生员资格，30岁时捐资当上盐课副提举，由此跻身上流社会。他与当时南北两京著名公卿大臣，如朱位、张赓、于慎行、朱之蕃、耿定力、顾起元、杨起元、冯梦祯、沈懋孝、焦竑，以及名士李贽、汤显祖、张凤翼、屠隆、袁黄、于玉立、曹学佺，甚至意大利传教士利玛窦等均有交往。凭借雄厚的经济实力，建有坐隐园、环翠堂等著名园林。辞官隐退后，以度曲刻书自娱。万历三十五年(1607)秋，汪廷讷隐居休宁家中，汤显祖做徽州之游，特往拜访，留下一篇《坐隐乩笔记》，对汪廷讷的隐居生活表示“爱慕不已”。汪廷讷的戏曲创作，题材广泛，手法新颖，注重内容与才情，反对模拟和拘于格律，是新安曲派中创作数量最多的。吕天成《曲品》誉称他为“大才”，是“艺苑名公，词场俊士”。所著传奇十六种，总称《环翠堂乐府》，其中《威风记》《同升记》《二阁记》《五多记》《青梅记》《长生记》《飞鱼记》《彩凤记》今已不传。存者有《狮吼记》《种玉记》《彩舟记》《投桃记》《三祝记》《义烈记》《天书记》，以《狮吼记》成就最高。著有杂剧9种，分别是《太平乐事》《中山救狼》《青梅佳句》《捐奁嫁婢》《诡男为客》

《绍兴府同僚认父》《叶孝女报仇旧释》《薛季昌石室悟棋》《广陵月》，其中《太平乐事》今佚。另有文集《环翠堂集》《人镜阳秋》。他除了致力于撰著外，尚有志于刊刻，《环翠堂乐府》主要是校刻他自己所编写的传奇，此外，他也校刻了袁了凡释义的《西厢记》《琵琶记》。

新安曲派活跃期约在明嘉靖、万历间，其时恰逢新安刻书业进入辉煌时期，无论是官刻、私刻、坊刻，都达到了空前繁荣的地步，其数量之多，门类之广，刻技之精，在全国占有极其重要的地位。这其中不乏戏曲图书的刊刻与经销，如明万历十五年（1587）祁门郑之珍高石山房刻自著《新编目连救母劝善戏文》3 卷，万历二十六年（1598）歙县朱元镇刻汤显祖《牡丹亭还魂记》2 卷，同年休宁张羽刻《古本董解元西厢记》8 卷等。新安曲派代表性人物的戏曲作品亦多在此一时间刊刻问世，如汪道昆的《大雅堂乐府》、潘之恒的《亘史》，以及汪廷讷的《环翠堂乐府》等。新安刻书中的精美插图，堪称一绝，代表了明代刻书的最高水平。新安刻书业的繁盛无疑助推了新安曲派的形成及其影响，甚至可以说新安刻书业本身就是新安曲派的本体内容之一。

明晚期新安剧作家，还有歙县汪宗姬、汪景旦、休宁吴大震、吴兆等，他们均有商人背景。汪宗姬是一个家资巨万的徽商，著有传奇《丹管记》《续缘记》。汪景旦有传奇《斩袪记》，吴大震有《练囊记》《龙剑记》。商家著传奇，虽然后世对他们的剧作评价不是很高，但他们的创作热情对于新安流域的戏曲繁荣所起的积极作用，是应该肯定的。

新安曲派余绪 所谓新安曲派，从另一个角度看，即是文人著传奇。至清代，徽州文人剧作家、曲论家仍很活跃。据朱万曙考证共计有 31 人，根据《中国戏曲志·安徽卷》，选择介绍数位如下：

吴绮（1619 ～ 1694），字薗次，号丰南、听翁，又称红豆词人。歙县人，寄籍扬州。曾任兵部职方司主事，湖州知府。以多风力，尚风节，饶风雅，被时人称为“三风太守”。其骈文、诗、词皆有名，有《林蕙堂集》《艺香词》等，作《忠愍记》《啸秋风》《绣平原》等三种传奇。庄一拂《古典戏曲存目汇考》仅录其客籍。

张潮（1650 ～ ?），字山来，号心斋。歙县柔岭下人，好学能文，清代戏曲作家，出版家。康熙十年（1671）侨寓扬州，广交游，尝与著名文人孔尚任、冒辟疆、陈维崧、顾彩、吴绮等人交往。以岁贡授翰林院孔目，康熙三十八年（1699），被诬陷入狱，不久获释，遂淡泊仕进，潜心撰著，所作杂剧散曲集《笔歌》两卷，天一阁存刊本。卷首为《凯歌》一折，写皇帝征厄鲁得凯旋，为康熙南下时迎銮所作；上卷包括四种单折杂剧，即《穆天子绝域快遨游》《阮嗣宗穷途伤痛哭》《柳子厚乞巧换冠裳》《米元章拜石具袍笏》；下卷为散曲；卷末有吴绮作序。今浙江图书馆有藏本。

倪蜕（1668 ~ ?），本名倪鹏，字振九。原籍歙县，其父迁居松江。但他对原籍颇看重，曾经回乡祭祖扫墓，并作《新安倪氏谱系全图总序》。后定居云南，著有《滇小考》《滇云历年考》。叶德均从其《蜕翁文集》《滇浏丛录》中，辑得《情中侠》《秦楼梦》两种传奇。

吴震生（1695 ~ 1769），字长公，号可堂，别署南村，祚荣，弥俄，弱翁，鳏叟等。休宁县人，清代戏曲作家，官刑部主事。后寄寓杭州，在西湖之滨太平桥侧，筑一楼，名曰舟庵。常和杭州诗人厉鹗、丁敬交游。除攻研诗词外，对金、元乐府，南北宫调，深有研究。吴留心时事，广辑素材，凡古今可喜可愕之事，采之结构戏曲。著有传奇《人难赛》《三多全》《天降福》《生平足》《世外欢》《成双谱》《地行仙》《秦州乐》《换身荣》《万年稀》《闹华府》《乐安春》《临濠喜》13 种，合称《玉勾书屋十三种传奇》，一名《太平乐府》，有厉鹗乾隆十七年（1752）序，或刊行于此年。周明泰《言言斋戏曲目》著录，今藏于北京图书馆。另著有《南村遗稿》《丰年人事考》《摘庄》《大藏摘髓》《性学私谈》等。

凌廷堪（1755 ~ 1809），字次仲，歙县沙溪人，清代戏曲音乐家。其父曾在江苏海州板浦经商，6 岁时，父亡，与母相依。因迫于生计，受雇于一家店铺做朝奉，刻苦自学。20 余岁出游扬州，受巡盐御史伊龄阿之聘，删改古今传奇、杂剧。黄文旸、李经任总校，凌廷堪、程枚、陈治、荆汝为任分校，历时一年半，对苏州织造送呈的 700 余部杂剧和传奇，大都进行了校订。乾隆四十八年（1783），因事去京，经程晋芳推荐，大学士翁方纲延请编纂《四库全书》。乾隆五十四年（1789）乡试中举，次年考中进士，出任宁国府府学教授。凌博学多才，《论曲绝句三十二首》是以诗的形式，阐述他对戏曲的独到见解。另著有《燕乐考源》6 卷，包括总论、宫声七调、商声七调、角声七调、徵声七调、羽声七调等，每卷先列前人成就，加以本人心得解释，并列举宋元大曲、曲破、小曲和金院本、元北曲等曲牌，分属各调，总结了燕乐二十八调的研究成果，是研究古代戏曲音乐的珍贵资料。其他主要著作还有《校礼堂文集》36 卷，《诗集》14 卷，《梅边听笛谱》2 卷，《充梁新书》2 卷，《元遗山遗谱》2卷。嘉庆十一年（1806），因母丧辞官回乡，不久妻亡，精神抑郁，一目失明，一度主持紫阳书院，后应大学士阮元之请，赴浙做家馆塾师，逝后归葬于歙县梅山十里园。

汪应培(1756 ~ 1818)，字厚田，一字香谷，别号香谷散人，黟县宏村人。乾隆四十四年(1779)恩科举人，嘉庆八年(1803)任内乡知县。作《乡谷杂剧》(又名《南枝音啭》)，包括《不垂杨》《催生帖》《帘外秋光》《棠宴曲》《驿亭槐影》《公宴》《闺饯》《俪筵》等8种。周妙中《清代戏曲史》《中国曲学大辞典》著录。

吴兰徵(1776 ~ 1806)，原名兰馨，字香倩，号铁燕，俞用济妻。乾隆、嘉庆间歙县人，清代戏曲作家。工诗文词，兼晓音律，著有《香灵集》，编纂《金闺鉴》。作传奇《绛蘅秋》26出，俞用济补后2出，今存嘉庆十一年(1806)抚秋楼刊本，藏中国艺术研究院戏曲研究所资料室，卷首署“新安吴兰徵铁燕填词”。此剧据《红楼梦》改编，演至林黛玉殉情、宝玉哭奠为止。郭英德《明清传奇综录》著录。

曹应钟(生卒年不详)，字念生，歙县雄村人，清代戏曲作家。咸丰元年(1851)举人，孝廉方正，博闻强记，善辩能文，尤嗜爱戏曲，与曹振镛门下的庆升徽班艺人，过从甚密。撰有《救赵记传奇》，写如姬窃兵符救赵故事，以寄寓怀才不遇。又曾作《指南车传奇》，颂扬民族始祖之丰功伟绩，庆升徽班艺人于雄村曹姓氏宗祠彝伦堂排练演出，曹应钟亲主其事。除戏曲作品外，他还擅丹青，精篆刻，有《九千三百五十三字斋印谱》《金石过眼录》等著作。

方成培(1731 ~ ?)，字仰松，别署岫云词逸。歙县横山人，清代戏曲作家。民国二十年（1931）《安徽通志稿·艺文考集部》说他：“幼病厥，不能以举业自奋，遂大肆力于倚声。”并曾习医多年，外出游历，客死于汉口。所著传奇《双泉记》《雷峰塔》及《方仰松词榘存》《香研居谈咫》《黄山布衣词》等皆存。《雷峰塔》传奇，系根据乾隆时著名伶人陈嘉言父女演出的旧钞本改编。他认为原演出本“辞鄙调讹”“因重为更定”(方成培《自叙》)，改编本着力于白娘子娇美、良善、痴情性格刻画，描绘许宣的柔弱寡断及青儿的侠义行为，使这一流传久远的神话故事，在思想性及艺术性方面更臻完整、丰满。改编本由海棠巢客点校，于乾隆三十六年(1771)问世，即水竹居刻巾箱本。方培成《雷峰塔》传奇改本，备受欢迎，各个剧种的《白蛇传》历演不衰。其中，昆曲上演的《盗草》《水斗》《断桥》等折几乎与方本完全相同。

郑由熙（生卒年不详），清代戏曲作家。字晓涵，一字伯庸，号坚庵，另署啸岚道人。歙县丰口人，少时致力举业，咸丰三年(1853)，由金陵避难回黄山，伏处十年，研治经史，好为骈俪诗文，同治间优贡，以军功而受保举，历任江西新昌、瑞金、靖安等县知县，达20年，卒于任所。著有《暗香楼乐府》3种，包括《木樨香》《雁鸣霜》《雾中人》。有光绪十年(1884)刊本。《木樨香》全剧10出，演咸丰时歙县知县廉骧元忠节事，因廉自缢于县衙桂花树下，故名。《雁鸣霜》八出，演绡山女子贺双卿剪树叶书写《心经》，又以芍药、玉簪等叶粉写诗词，因叶易败，粉易脱，不欲存手迹也。后遣嫁周姓农家子，贫陋窘迫，虽含辛茹苦复不翁姑相恤，尝见孤雁哀鸣投宿，乃赋《孤雁词》自况，其本事出自《西青散记》。《雾中人》全剧16出，演咸丰年间战乱，徽宁城破，难民庾信怀一家，流寓山寺中，遇雾脱险事。作者婿胡承谟跋云："雾中人自脱难后，学业日富，名誉日隆，历宰剧邑，所至有声。"剧中人庾生，或系作者自况。另著有《晚学斋诗文集》《莲漪词》等。

吴城(1701～1772)，字敦复，号瓯亭。先世为歙县人，后迁杭州为钱塘人。家以业盐致富，父亲吴焯为著名的藏书家和文人，曾和名戏曲家洪升互相唱和。乾隆皇帝乙未年(1775)南巡，他与厉鹗撰《迎銮新曲》2折，吴城填《群仙庆寿》，厉鹗填《百灵效瑞》，并互为润改，成为迎接圣驾之作。邓长风《明清戏曲家考略》有考证。

汪宗沂(1837～1906)，歙县西溪人，少好经世之学，对兵、农、礼、乐及医学，均喜研读，师事四方名儒，广采博纳。学甫成而乱起，转徙于浙、赣等地。虽颠踬困窘，却诵读不辍。光绪六年(1880)中进士，任职山西，后告病辞归。所著传奇有《后缇萦》，计10出，有光绪十一年(1885)泰州夏嘉穀氏刊本。研究乐律的有《管乐元音谱》《声谱》《汉魏三调乐府诗谱》《金元十五调南北曲谱》若干卷，《五声音韵论》，另有《律谱》《尺谱》《旋宫四十九调谱》等。

杭州职业昆班 据范祖述《杭俗遗风》，清道光、咸丰年间，杭州昆剧名班尚有鸿福、恒盛、三元、四喜四大班。每班脚色计约百人。当时人人尽知的名角有花旦小桂、老外余德水、小生许三儿、小丑曹笏板。戏价高至每本十六大洋上下。

清末民初，昆曲在长达百年的"花雅之争"中式微。1956年，浙江昆剧团周传瑛、王传淞等传字辈演员，上演了经过整理的昆剧《十五贯》，轰动京华，享誉全国，成为"一出戏救活一个剧种"的盛事。改革开放后，恢复上演传统戏，《十五贯》是流域各剧团争相上演、移植的重要剧目之一。

建德新叶昆曲 新叶昆曲是金华苏昆在建德流布的一支。徐宏图《浙江戏曲史》言：新叶昆剧原为曲社，当时为“坐唱班”，光唱不演。到民国二十年（1931）发展到上台踏戏的“太子班”。所谓“太子班”，就是不靠唱戏为业的人上台唱戏，就叫太子戏，他们的班子就叫太子班。

建德新叶

曾聘请金华徐春聚昆班的艺人来教身段。全班演员凡 12 人，均从原坐唱班优秀者中选拔出来的，现大多已故世，唯年龄最小、工小生的叶先戴在世，时年 97 岁。首演地点为村中旋庆堂戏台。就太子班而言，他们是第一代。民国二十六年 (1937)，产生第二代，演员增加到 20 人左右。主要演员有叶昭奎（正旦）、叶昭耿（作旦）、叶昭元（老生）、叶昭标（二花脸）、叶昭勤（小花脸）。当时健在者只有叶昭耿 (85 岁）、叶昭标 (82 岁）两人。演出的剧目有《铁冠图》《三英战吕布》《飞龙凤》《折桂记》《金棋盘》《通天河》《火焰山》《九曲珠》《白蛇传》《花飞龙》等 10 个大戏，以及《雪里梅》《石洞伏虎》《糟糠》《寄子》《刺虎》等折子戏。其时，班社已有相当规模。前台 12 人，脚色齐全；场面 5 人，鼓板、司笛、唢呐、先锋（长号）、弦锣等，均不缺。此后不久，班社又增加人员，添置了 10 多个戏箱，开始向半职业化剧团发展，取名“义庆昆剧团”，主要在建德梅城、衢州龙游、金华汤溪等三个旧州府演出。戏金每场十三到十五担大米，每个台基一般演两天三夜。1951 年，因参加抢修解放水库，改名“解放昆剧团”。后恢复原名，又称“新叶昆剧团”。“文革”中解散。近年与邻村婺剧团合办，又恢复了昆剧演出。新叶昆剧来自金华昆剧，剧目重整本武戏，讲究场面热闹；音乐曲调简单，节奏较快，疏于“平、上、去、入”及“字头、字腹、字尾”要求，显得质朴、粗犷；念白带有明显金华口音，唯小花脸仍用“苏州白”。

新叶昆剧之所以保存至今，与该村历来文化相对发达休戚相关。新叶村位于建德县大慈岩镇，为叶姓村落。叶氏第三世祖叶克诚主持重乐书院时，曾请著名理学家金履祥讲学；到明代，曾有叶文山和叶一清父子就学于王阳明；清代康熙年间，叶元锡中进士。除书院外，村中还有私塾、义学。义学由宗族创办，辟有序堂、荣寿堂等场所。为鼓励读书进阶，对读书有成者给以多种奖励，并记入宗谱。举人每年能获谷六石，进士获谷八石。旧时，除为官者外，一般村民也有较高的文化修养。所有这一切，均为昆剧的保存与流传打下良好的基础。目前，新叶昆班已进入省级非物质文化遗产保护名录。

第三章　徽班与徽戏

明中叶后至清乾隆、嘉庆间，流域戏曲进入鼎盛期，主要体现在徽班徽戏的日趋成熟和徽班进京这一段辉煌历程。

第一节　明清徽班

一、明代徽班与潘之恒的表演理论

明代市镇资本主义的萌芽，深刻影响着社会生活的各个方面。明中叶前后，徽州商帮在两淮盐业中逐渐占据主导地位，商业上的成功，加大了富商阶层的文化性消费。在江南官僚士绅蓄养家乐家班风气的影响下，徽州商人也纷纷效仿，蓄养起自己的戏曲班社来。正如晚明归有光的描述："天下都会所在，连屋列肆，乘坚策肥，被绮縠，拥赵女，鸣琴跕屣，多新安人也。"[①] 其实，在上一章节"昆曲家班与新安曲派"中，已经述及一些明代家班，但那只就流域昆曲而言。这里再次提及，则更多涉及徽班、徽戏与家班之间的关系。

一般认为，见诸史料最早有关"徽班"称谓的，是明代浙江人冯梦祯的《快雪堂集》。他在万历三十年（1602）九月二十五日、二十七日日记中分别写道：

> （九月二十五日）赴吴文倩之席，邀文仲作主，文江陪。吴徽州班演《义侠记》，旦张三者，新自粤中回，绝技也。
>
> （九月二十七日）赴吴文仲、徐文江席于文仲宅，同于中甫、文倩、吴竞兄弟咸侍作伎。吴伎以吴徽州班为上，班中又以旦张三为上。今日易他班，便

---

① [明]归有光：《震川先生集》卷13《白庵程翁八十寿序》。

觉损色，演《章台柳》《玉合记》。

冯梦祯的两则日记表明，明万历三十年（1602），始有“吴徽州班”之说。“吴徽州”应该是指一位姓吴的徽州籍人，“吴徽州班”则指吴徽州的家班。以籍贯借代人名，是历史上常见的现象。那么，吴徽州的“吴”指谁？有人说指吴文倩，有人说指吴地苏州，似指吴文倩更合理些。需要明确的是，吴徽州也好，徐徽州也好，都是指客居外地的徽州人。客居外地又养得起家班的，基本是徽商。

九月二十七日，吴文仲、徐文江在吴文仲家宴请冯梦祯，主请和陪客各带自己的家班来参加这次同堂竞技，因为冯梦祯不是一般人物。竞技中，“以吴徽州班为上”。这种伴宴演出通常称为堂会。在这次堂会演出中，也有“他班”，即非徽州班，在冯大人看来他班的演技不及徽州班。《义侠记》《章台柳》《玉合记》多为昆曲剧目，说明所唱是昆曲。

“旦张三者，新自粤中回，绝技也。”演技高超的张花旦曾远涉广东，他是主人吴文倩生意上的需要派他去的呢，还是整个班子去的，冯大人没有交代。那个年代，家班艺人不可能个人去“走穴”，主人生意上的考虑可能性更大。

万历三十三年（1605）二月二十七日至四月二十一日，冯梦祯在潘之恒的陪同下，游历徽州近两个月，还有金太初、黄问琴、鹓儿俱从。期间，他们到徽州许多人家做客，又看了许多戏。

> （三月初一），下午赴凌孚元席，优人改弋阳为海盐，大可厌。
>
> （初五日），元益、若渝兄弟作主，夜登席，作戏，有女旦二。
>
> （十六日），江村设燕相款，觅戏子不得，以二伎代。
>
> （十九日），骞叔招叙，同主君赴之，宾主凡十六人，有侑觞幼伎李六同甚佳。

从以上记载看，徽州当时的家庭演出十分频繁，此中应不排除有徽商本土的家班演出，所唱声腔亦有多种，海盐、弋阳，抑或昆曲。随冯大人来徽州的黄问琴，是魏良辅的第三代传人，“善歌，为江南之最”（冯梦祯语），也是冯家的曲师。他到徽州，必然会与徽州唱昆曲的艺伶切磋研艺，使徽州的昆曲演唱水平得以高人指点，促进徽州昆曲的发展。

潘之恒是个顶级戏曲评论家、鉴赏家，他在《亘史》和《鸾啸小品》中记载了许多徽州家班的情况。时人评论潘之恒，说他有“三好”——好客、好戏、好妓。潘家祖上经营真州，家资富饶。潘之恒一生游历江南吴越、荆楚燕赵，结交广泛，出手阔绰，一掷万金。另一方面，他家世居岩寺镇，是当时出入黄山的必经之道，可以说那时的江南、两京名流来游黄山，都是潘之恒做“导游”，或代为安排。所谓好妓，即言他喜欢与名妓、艺伎交往。明代文人、富商狎妓之风盛于江南，潘之恒也不例外。重点是他的好戏。他几十年在江南一带听曲观戏，不是看热闹而是看门道，尤其是对昆曲的调音、归韵，对女旦的表演，对昆曲的鉴赏形成了一整套理论，以至于当时唱戏的名角，如果没有得到潘之恒的“点赞”，那似乎就不能称其为名角。于是，他走到哪里都有一大群女孩子围着。他到朋友吴越石家看戏，就有“吴儿十三乞品题”：

从吴越石水田精舍观剧出，吴儿十三乞品题。各以名作姓，以字作名，以诸儒作字，得诗十三绝，以小序冠之。

潘之恒的朋友吴越石，是歙县西溪南人，有资料说他曾客居扬州。吴越石的家班，无疑可称其为徽班，至于“水田精舍”是在徽州还是在扬州，还有待考证。

其一，蘅纫之，字江孺。有沉深之思，中含悲怨，不欲自陈，知音者得之度外，令人神魂飞越。

选得宫莺出上林，凄清江上带余音。
多情何处飘残梦，一段《梅花》泛古琴。

其二，荃子之，字昌孺。慷慨激烈，觉逸韵迫人，殊无儿女子态，能濯濯自振者矣。

千百场中独擅奇，朱弦雕管杂新词。
谁能一曲偏惊坐，愧杀吴门游冶儿。

其一说苏州姑娘蘅纫之，扮演《牡丹亭》中杜丽娘，多情而深沉；其二说荃子之，女扮男装，演正生，无儿女状，似是演《牡丹亭》中柳梦梅。潘之恒一生最“喜汤临川《牡丹亭记》”，所以，对《牡丹亭》中的男女主角尤为关注。

其三，茹淡之，字连孺。佻达中每持劲节，曼声亦合宫商，慧性解脱，何必夸吡取媚也。

滑稽不用脂与韦，应响当弦自发机。

翻笑叔敖空相业，尚烦优孟中人微。

茹淡之，这个女孩子是个丑角。潘之恒在点评她的同时，也表述了自己的戏曲理论：丑角的表演不能取媚观众，要佻达中保持劲节。

其四，苹羞之，字南孺。眼语眉韵，亦自可人。巧舌弱文，足夸吴趋之艳，吾将索诸神情之间。

吴趋何得太多情，媚眼波人百态生。

总为曼声难自遏，半乘流去半空云。

苹羞之，演花旦，善用眼。“索诸神情之间”，正是潘氏表演理论追求的理想境界。

其五，支翰之，字菘孺。颀颀濯濯，不蕲蓄乎樊中。时其兄来游，乍登欢畅，发

艳呈秀，令人想觿鞢之丰。倘离芗泽，不将与萧艾同流耶。

蝶径莺林曲度迟，香尘飞处落花随。

因君爱结双童佩，不羡芄兰叶与枝。

其六，芜怀之，字益孺。娈容多姿，落英偏艳，苟和璧之足珍，何瑕瑜之易掩？吾得之龋齿折腰间矣。

分林佳色竞邀欢，瑶圃飞英秀可餐。

最喜嫣然含半瓠，懒将温语向人寒。

其五，支翰之，结双童佩，不羡芄兰，是个净角。其六，芫怀之，容貌有些亏损，但演技很好，瑕不掩瑜。

其七，柄执之，字调孺，俨然大奸，甘心鸩毒，谁云悟主片言，亦可回生顷刻。今之院本，欲压弹章，非斯人无幸矣。

霁虹雕鹘语模糊，翻手倾卷一捋须。

满座悄然更喜怒，谁言颦笑不关渠。

柄执之，“翻手倾卷一捋须”，把个大奸臣演得活灵活现。潘之恒字里行间，对她赞赏有加。

其八，苾达之，字邦孺。曼声既自绕梁，弱态况能倾国，虽蓬山万里，知梦魂之非遥也。

莫凭鸡舌问含香，才近骊渊自有光。

双泪不因何满子，柔情先断使君肠。

其九，蕙树之，字心孺。为人柔顺婉至，颇具情痴，亦多吴韵。登场度曲，虽为曼声，密意倾心，似各有所属者。

病后秋林锦色调，月明澄水夜迢迢。

何人为奏湘灵瑟，个是通情第一宵。

以上两位都是旦角，一者曼声绕梁，一者颇具情痴。表演以情动人，让观众感同身受，与角色一同痛断肝肠。这是潘氏表演理论中的重要方面——“情”论。

其十，茜渐之，字绛孺。与淡之发科取诨，亦复唐突可喜。茹既隐微情，而茜尤多浮态，深浅之间，亦各从所尚耳。

謦策偏怜细语真，似含飞色暂依人。

陇山梦断难传语，不问悲欢也怆神。

茜渐之，也是一位丑角。潘之恒在这里将她与前面的茹淡之相比较，前者隐微情，后者多浮态，深浅之间，风格略有不同。

其十一，忠纯之，字臣孺。孝慕之，字子孺。以官、私二外，体具庄严，不刻不纤，而节度繁苛，调实劲捷。可谓刚柔相济，分檀所长，仪众彦者矣。

吴歈元自备宫商，按拍惟宗魏与梁。

俚俗不随群雅集，凭谁分署总持场。

忠纯之，孝慕之，两位都是外角。亦刚亦柔，各有所长。

其十二，商浴之，字谷孺。视荃伟俊而慧逊之，百度尽可肩随，令狎他场，俱堪雄长。

楚楚衣裳一色明，众中争艳最钟情。

满堂丝管声俱和，谁辨埙篪弟与兄。

潘之恒将商浴之与前面的荃子之比较，两位生角，难分伯仲。

其十三，才抡之，字殊孺。具婉弱之质，而气度豪举，视夫以貌取人者，安知真英

雄哉。

柔情弱质不胜衣，谁遣王孙意气傲？

肯把娉婷赠名士，彩云歌处风同归。

潘氏在评价才抡之这位生角表演的同时，再次阐述了他的美学观点：戏曲表演不能以貌取人，关键看精神气质。

潘之恒《鸾啸小品·艳曲十三首》诗引中说，“吴儿十三乞品题”，而十三首艳曲却评价了十四人。显然，第十一首所品题的忠纯之、孝慕之两名艺伶中，有一个不在现场，也就是没有参加在水田精舍举办的演出活动。这个女孩子很可能就是孝慕之。由于潘之恒和吴越石是好友，对他的家班成员很熟悉，便在品题忠纯之的同时，

兼带题了孝慕之。

从潘之恒的品题中，可以清晰地梳理出吴越石徽班的角色构成，十四名艺伶中，旦角六名：蘅纫之、苹羞之、芫怀之、芯达之、蕙树之、才抡之，生角两名：荃子之、商浴之，净角两名：文翰之、柄执之，丑角两名，茹淡之、茜渐之，外角两名：忠纯之、孝慕之。

从《鸾啸小品》其他诗文中，如《观演杜丽娘赠阿蘅江孺》《观演柳梦梅赠阿荃昌孺》等，表明吴越石徽班的主演是正旦蘅纫之，正生荃子之，能与蘅纫之相抗衡的是正旦苾达之。昆曲对伴奏要求同样是有规范的，关于徽班乐队，潘之恒诗文没有提到，表明乐师可能是吴越石另聘的教师，班中女伶也可能兼伴奏。

潘之恒在其《亘史》和《鸾啸小品》中，还多次提到吴越石的家班。一是他“颇知遴选”，即擅长挑选演员。潘氏《鸾啸小品 · 曲派》说：“曲之擅于吴，莫与竞矣。然而盛于今仅五十年耳……十年以来，新安好事家多习之，如吾友汪季玄、吴越石，颇知遴选，奏技渐入佳境。”值得注意的是，这里说的汪季玄、吴越石遴选艺伶，不仅在苏州，也在徽州。因为“新安好事家”的推允，徽州人习昆曲已有十年之久，新人不断出现，从而打破了选教吴儿数十辈的老例，由“征丽于吴”，而征丽于徽。潘之恒在《鸾啸小品》卷 2《叙曲》中说：“新安之罗若吴”就“擅长一隅，而莫之

昆曲地呈坎

能竟”。经过十年的努力，新安艺伶已能谐吴音，出现了不少佼佼者，尤其是新安罗氏和吴氏。按照徽州氏族居住地和明代大徽商集中地来推测，习唱昆曲并有可能供遴选演员的地方，应在歙县呈坎、西溪南一带。万历二十八年（1600），歙县东郊迎春赛会上，那位年仅15岁、潘之恒称为“惊若天人”的“舞媚娘”，就是歙县河西张姓人氏，其表演连吴越名优也“无不气夺，竞为之下”。可见，当年徽州艺人的昆曲表演水平已达到相当高的程度。

二是吴越石指导排练《牡丹亭》有方。“主人越石，博雅高流。先以名士训其义，继以词士和其调，复以通士标其式”。潘之恒所说的“名士”“词士”“通士”相当于现在的编剧、音乐设计和导演，名士讲解剧情、人物，词士设计唱腔，通士指导排演。经过如此这般的指导，吴越石家班演出的《牡丹亭》就不一样了。两位主演者蘅纫之、荃子之，不仅知其然，而且知其所以然。“各具情痴，而为幻为荡”。故潘之恒称赞吴越石排演的《牡丹亭》：“水田（即吴越石）豪举，且将凌轹尘寰，足以鼓吹大雅，品藻艺林矣。”

三是潘之恒通过评价吴越石班《牡丹亭》的演出，深刻阐述了自己的戏曲表演理论。潘之恒在《观演〈牡丹亭还魂记〉书赠二孺》中写道,他的朋友汤显祖的《牡丹亭还魂记》,“是能生死死生,而别通一窦于灵明之境”的佳作。同乡吴越石有逸兴,指导自家的班社排演了这个戏。“然非二孺,莫能写其形容”。剧本再好，指导再有方,如果离开了表演,仍不能称其为戏。通过“二孺”蘅纫之、荃子之动之以情的“形容”,《牡丹亭记》才更加感人。“乃今而后，知《牡丹亭记》之有关性情，可为惊心动魄者矣”。

具体到蘅纫之（江孺）、荃子之（昌孺）两位演员《牡丹亭》的表演，潘之恒再次有感而发：说他俩“珠喉宛转如串，美度绰约如仙”：

江孺情隐于幻，登场字字寻幻，而终离幻。

昌孺情荡于扬，临局步步思扬，而未能杨。

正以杜当伤情之极，而忽值钟情之梦，虽天下至情，无有当于此者。柳当失意之时，忽逢得意之会，虽一生如意，莫有过于此者。或寻之梦而不得，寻之冥漠而得，其偶合于幽而不畅，合于昭昭而表其微。虽父母不之信，天下莫之信，而两人之自信尤真也。

这是潘之恒戏曲表演理论中有关“情论”的深度阐述。说饰演杜丽娘的江孺其“情隐于幻”，饰演柳梦梅的昌孺其“情荡于扬”。杜、柳之爱情，虽父母不信，天下人不信，而饰演杜、柳的两位演员却深信不疑，各具情痴，故他俩的表演如梦如幻，极具真情——这正是潘之恒戏曲表演理论“情痴”的最高境界。好的剧本，好的排练，加上完美的表演呈现，产生了巨大的艺术感染力，致使抱病观剧的潘之恒如淋甘露、如沐春风，病情亦“觉有起色”。事见潘氏《鸾啸小品·情痴》。

潘之恒再次在吴越石家观演《牡丹亭》，又为二孺题诗，仍不离一个“情”字。

观演杜丽娘赠阿蘅江孺

本是情深者，冥然会此情。
难逢醒若梦，愿向死求生。
化蝶飘无影，啼鹃怨有声。
柳狂飞似絮，终与浪花平。

观演柳梦梅赠阿荃昌孺

不谓情痴绝，痴来转自怜。
幽婚冥府牒，禁脔丈人权。
雀舞开屏暗，鸾欢照影全。
吴侬心总慧，似得董孤传。

再看汪季玄的家班，还是通过潘之恒的记载和描述。万历三十九年（1611），潘之恒到镇江拜访晚明文坛盟主李维桢，并与李一起到扬州同访汪季玄家。潘之恒在其《鸾啸小品·广陵散二则》前言中说：

（汪季玄）为余具十日饮，使毕技于前。旦日披绡衣，抵旅次，乞诗以示指南。余喜吾乡有赏音也，欣为品题。

国琼枝，有场外之态，音外之韵。闺中雅度，林下风流，国士无双，一见心许。何处梅花笛里吹，歌余缥缈舞余姿。

涉江聊可充余佩，攀得琼台带露枝。

曼修容，徐步若驰，安坐若危，蕙情兰性，色授神飞，谓百媚横陈者矣。

宛转歌喉态转新，莺莺燕燕是前身。

犯怜花底魂消尽，漫向梁间语撩人。

希疏越，修然独立，顾影自赏，叙情慷慨，忽发悲吟，野鹤之在鸡群之致。

年少登场一座惊，众中遗盼为多情。

主人向夕频留客，百尺垂杨自选莺。

元靡初，云衢未半，秋舟方升，孤月凌空，独传清啸。倘谓同欢毕轮，毋蕲发艳于三岁矣。

黄鹄高飞不可呼，羽衣潇洒髻悬珠。

曾栖句曲三峰顶，肯傍淮南桂树无。

掌翔风，颜如初日，曲可崩云，巫峰洛水，仿佛飞越，直作掌中珍耶。

风前垂柳斗腰低，一剪青丝覆额齐。

含意未申心已醉，高云堕彻月沉西。

慧心怜，音叶鸾凤，步骎骅骝，千人中亦见，卓乎超距之士。

音如环转体如弦，个是场中最少年。

莫怪同侪心为折，纵令垂老亦知怜。

瑶萼英，色艳而佻，气吁以畅，如缥缈仙人，乍游林水，而纤尘不染。

美艳由来自有声，众中识曲不知情。

若教蔺子亲操璧，肯博秦庭十五城。

直素如，锦文自刺，冰操同坚，宠或驰于前鱼，怨每形于别鹤。无金买赋，为献从门者接踵。悟后之欢，自溢于初荐尔。

淡泊无由表素心，聊将贞操托孤琴。

相如不浅临邛意，托讽何尝为赐金。

正之反，松筠挺秀，笙簧自鸣。如徒逐靡丽，亦几于玄赏。
松声竹韵杂笙簧，箕踞长林古道旁。
不独尘嚣能尽隔，顿令丘壑有遗光。

昭冰玉，美秀而润，动止含情，水静而心澄，云遏而逸矣。
一束宫绦一串珠，风前美度擅吴趋。
排空群玉君应见，曲罢湘灵定有无。

二净，色中之蒜硌也。颦笑关乎喜怒，谑浪亦示微权。古称施、孟能近人情，则二子庶几矣。
解识吴侬善滑稽，憨情软语态如痴。
略加粉色非真面，便放机锋不自持。

和美度，身不满五尺，虹光缭绕，气已吞象，壮夫不当如是耶！
公孙浑脱舞氍毹，气索登场为大巫。
不独喑鸣惊客座，生来胆略与人殊。

寰无方，跳波浪子，巧舌如簧，脱逢吴儿，尚当掩袂。
乍作冰山乍火轮，朱唇才启翠眉颦。
古来三语堪为掾，价抵丹楼两玉人。

从潘之恒品题的十三诗看，汪季玄家班共有12名演员，潘诗“二净”一首不是题赠某人，而是论述净角表演理论的。就整体而言，汪季玄家班的艺术水平也不低，她们或“歌余缥缈舞余姿”，或“宛转歌喉态转新”，或“年少登场一座惊”，或“风前美度擅吴趋”。不过，潘诗没有写明她们所演的剧目，对她们的赞美也不及品题吴越石家班十三伶那样具体、深入。然而，潘之恒关于汪季玄本人艺术实践的描述，更值得玩味：

社友汪季玄招曲师，教吴儿十余辈，竭其心力，自为按拍协调，举步发音。

一钗横，一带扬，无不曲尽其致。

寄居扬州的汪季玄，名犹龙，是一个实力雄厚的大徽商。他是潘之恒同乡好友。据汪效倚《潘之恒曲话》之《曲派》注释，汪季玄曾为潘之恒校勘过《黄海》一书。由此可见，汪季玄是一个文化修养很高的商人。他在扬州“招曲师，教吴儿十余辈”，他请的曲师，应该不是艺术水平泛泛之辈，但他仍然觉得家班的演唱没有达到他想要的昆曲水平，于是亲自下场指导，致使“一钗横，一带扬，无不曲尽其致”。这说明汪季玄昆曲的“动手”能力已达到相当高的水准。

后来，汪季玄将自己的家班赠送给了范允临。潘之恒《鸾啸小品·吴剧》说，苏州当时的昆曲班社中，申时行班最为杰出，“范班、徐班为亚旅”。所谓范班，即指范允临的家班。范允临，字长倩，号长白，万历二十三年（1595）进士，曾主苏州留园，擅书画，时与董其昌齐名。范班之所以能与申班抗衡，就是范长白接受了汪季玄亲手训练出来的一批演员。潘之恒言范班，“其一自广陵来，余友季玄所教成，忽以赠长白，长白悦而优视之”。[①] 也就是说，范班是范长白自己的家班和汪季玄赠送的汪班合二为一的班社，也只有这样“强强联合”的班社，才可能排在当过首辅的申时行的家班之后，忝为亚军。范班的强大，与徽班有关。

潘之恒的朋友李维桢，字本宁，隆庆进士，时任南京礼部侍郎、尚书职。南京礼部侍郎是一个实权不多的闲职，所以他有时间四处游玩，而文化如戏曲，常常是在这种宽松闲暇的氛围中得以生成的。李维桢这个人，虽然官高位尊爵显，但思想比较开明，不太计较士、农、工、商的既有序列，他的《大泌山房集》中保存了大量有价值的人物传记与可资研究的社会史料，还曾专为商人立传，折射出晚明重商思潮开始形成，充满新的人文气息。潘之恒邀李维桢同去扬州访友品戏，或许另有深意。

综上所述，明代徽班，主要是徽州商人蓄养的家班。还有张岱在《陶庵梦忆》中记载的演目连戏的“徽州旌阳戏子”这样的职业戏班，也应该视为徽班的一种。

---

① [明]潘之恒：《鸾啸小品·吴剧》。

二、清代徽班

(一)徽戏由来

徽戏，是安徽的古老戏曲种之一，它的形成经历了三个历史阶段，亦即三个演变过程：一是徽州腔阶段，二是四平腔阶，三是徽戏阶段。下面结合陆小秋、王锦琦《徽剧声腔的三个发展阶段》和李泰山主编的《中国徽班》再作梳理。

明代嘉靖年间，南戏诸腔中的余姚腔、弋阳腔传入徽州、池州等地，由于艺人敢于“错（杂）用乡语”“改调歌之”，在演唱过程中，又不断吸收当地民间音乐的营养来丰富原来的声腔，从而使得原来的弋阳腔演变成为徽州腔和青阳腔。历代艺人对这两项声腔不断加工、改进，至万历年间便博得“天下时尚徽池雅调”的美誉。万历间，昆曲传入徽州，徽班艺人在徽州腔和青阳腔的基础上，又吸收和融合了昆曲的东西，衍变为四平腔和昆弋腔。再往后，又吸收梆子的营养，衍变出吹腔、平板二黄、拔子、唢呐二黄、二黄等声腔。二黄腔的形成，使徽班发生了划时代的变化，从此确立了以二黄为主的声腔体系，“二黄班”也成为徽班的别称。这样，一个主要以二黄腔为特色的戏曲剧种——徽戏，便正式形成了。

二黄，旧称二簧调。对二簧调的渊源，曾有几种不同的说法。早些时候，有产自陕西说。又有起源于湖北黄陂、黄冈之说，因两地名均带“黄”字，故曰“二黄”。今有起源于江西宜黄之说，因传至浙江金华一带，浙人发音“二”与“宜”不分；又李调元《雨村曲话》记载：“胡琴戏起自江右……又名二黄腔。”据此为证，二黄腔实是宜黄腔之误。近人考证：二簧腔得名于伴奏乐器竹笛和唢呐，因竹笛与大小唢呐有簧，故名“二簧”。早期二簧调，皆以竹笛与唢呐伴奏；今以唢呐伴奏的，尚称“老二簧”。无论源于何地，二簧调是由徽班唱红的，这是公认的历史事实。[①]

二簧调形成之时，湖北有西皮来者，开始了二簧与西皮合奏的局面。但二簧与西皮合奏于何时何地，其说各异。又以湖北与安徽接壤，其合奏时间，应早于三庆徽进京之前；欧阳予倩《谈二簧戏》云：“西皮出于吹腔，受了秦腔影响，便成了现今形式。”考其吹腔（梆子腔）于清代初年，即已广泛流传，湖北当是首行之地，与秦腔相遇，形成西皮，因此二簧与西皮，应当是同时产生，合奏自然很早；当徽班把它带到扬州、杭州演出，人们只说是二簧，不知有西皮，或以二簧代称，遂未

① 李泰山：《中国徽班》，安徽文艺出版社，2005年，第134页。

见著录。[①]

然而，徽戏毕竟源于安徽，它在原产地的情况我们不能忽略。侧重说其二：一是一个大戏窝，二是几条徽戏路。

有学者认为，黄山北麓明代即见诸史料的“石台、太平梨园”“徽州旌阳戏子”，以及安庆的石牌是一个大“戏窝子”。明王骥德《曲律》在谈到明代四大声腔兴起后说：“数十年间，又有弋阳、义乌、青阳、徽州、乐平诸腔之出。今则石台、太平梨园，几遍天下，苏州不能与角什之二三。”这说明以唱青阳腔、徽州腔为主的石台、太平梨园，已大有超越苏州、昆山腔的态势。当然，对于石台、太平两地所处，学界看法不一。有说石台即今址，有说石台乃石牌之误，太平指当涂，无论持何种说法，他们都隶属安徽、是黄山北麓唱徽戏的一个大“戏窝子”。“石台、太平梨园”开诸腔杂奏之先河，成为清代徽班之祖。[②]“徽州旌阳戏子”以唱目连戏而闻名一时，前章“目连戏重镇”已有介绍，不再展开。

最热闹的“戏窝子”是石牌。清包世臣《都剧赋》云：“徽班昳丽，始自石牌。”在皮黄戏艺人中有“无石不成班”之说。从明末阮大铖起，至程长庚时代，都有科班延续，直至清同、光间，尚有科班在。其坐科者有程双香等“双”字辈师傅十数人，他们的艺术影响遍及江南江北。其中佼佼者如程秋香，又名双香，攻正生。《程氏宗谱》记载他生于同治七年(1868),17岁出科后，演出于太平、徽州等地。他能戏颇多，在皖南徽班中无人居其上。又常为各班“打剧本”，其楷书集成，附记工尺、锣鼓等，圈点推正，行家称之“点水不漏”，成为一代名师。据朱万曙研究，清嘉庆年间歙县潜口人汪必昌在《徽郡风化将颓宜禁说》中,就透露了很多安庆石牌班在徽州活动的情况。

再说几条戏路，有安庆、巢湖、太平、徽州四路。

安庆一路徽戏，可考的有十多班，流行于安庆、怀宁、望江、潜山、宿松等地。安庆二黄班，享名于扬州、杭州等地。

巢湖一路徽戏，从桐城地方流来，无为一带扎根。可考者有八班，流行于庐江、巢湖、含山、和县、滁州、来安、全椒等地。巢湖徽班以天寿为最早，历史最长，从乾隆年间至1949年，活动从未间断。

---

① 中国戏曲志编辑委员会:《中国戏曲志·安徽卷》,中国ISBN中心出版,1993年,第82页。
② 李泰山:《中国徽班》,安徽文艺出版社,2005年,第67页。

太平一路徽戏，从安庆沿江而下，至当涂一带扎根，发展为十二班，流行于当涂、宣城、芜湖、繁昌、南陵、广德、郎溪，以及江苏高淳一带。

徽州一路徽戏，先后发展大小班社数以百计，名班有十来个，流行于歙县、休宁、屯溪、绩溪、祁门、黟县、婺源等地，由于徽州六郡，位于山区，交通不便，以致大多班社更多保留老徽调的演唱。又有不少徽州人，在外地为官、经商，喜爱昆曲，影响家乡徽班，演唱时昆曲和乱弹各掺其半。徽州一路最著名者为"京外四大徽班"，稍后再表。

（二）天下徽班

徽班于乾隆年间，流出安徽，首先影响邻省，如江苏、浙江、江西等地，形成几大徽班的聚处，如活动于江苏里下河的徽班，除李斗《扬州画舫录》中所记述在扬州活动外，也遍及当地乡镇。

浙江杭嘉湖徽班于乾隆年间开始活动，徽伶高朗亭年轻时，即在杭州演出。浙江的金华徽班，于嘉庆年间由徽州直接流入，徽州的老庆升班于嘉庆二十年（1815）到金华演出。徽戏流入江西，赣北一带的广信班、饶河班，皆受其影响。

徽戏向南方发展，遍及广东、广西、湖南、福建、云南诸省。如乾隆四十五年(1780)广州《外江梨园会馆碑记》刻有安徽八班，乾隆五十六年（1791）又刻有安徽七班。徽戏流入广西的记载，见于乾隆四十五年（1780）广西政府官员的奏折中。徽班大吉升部在福州的活动情况，《京台残泪记》中已有记述，时在嘉庆二十五年（1821）。据《梨园和歌宴》，徽班阳春部于乾隆年间，应邀为望江人檀萃在云南昆明祝寿演唱。此外，流入云南的尚有吉祥、长春两个徽班。

徽班北上，对北方剧种亦颇有影响，乾隆三十三年（1768）一月，在山东的孔府家班教习禀帖中，言及从安庆怀宁请来演员与教师6人。嘉庆十五年(1810)十一月，孔府档案中，又记安庆"戏班小旦张三元拐窃包银并戏衣窃逃"事，均为徽班进入山东的较早记载。

乾隆五十五年（1790），高朗亭率三庆徽班至北京，便扎下根来，由于徽班的演出声誉日隆，四庆徽、五庆徽相继进京，至嘉庆间在京徽班已有十个。道光年间，程长庚入主三庆班直到该班解体，先后在京活动百余年，其影响遍及全国。[①]

---

① 中国戏曲志编辑委员会:《中国戏曲志·安徽卷》,中国ISBN中心出版,1993年,第85页。

三、扬州徽班的优势

扬州，地处长江与京杭大运河交汇处，是明清时期两淮盐业的运营中心。民国陈去病《五石脂》言："扬州之盛，实为徽商开之，扬盖徽商殖民地也。"当代徽学界将徽州文化的研究范围分为"小徽州"和"大徽州"。所谓大徽州，即为徽州人经商、从政等涉及徽州以外的地区。无疑，扬州属"大徽州"范围。

张海鹏主编的《徽商研究》称，早在元末明初，即有徽州鲍姓、郑姓、吴姓商人业盐两淮，到明中叶及至清康乾之际，徽商又两次联袂而来两淮。明弘治到万历间，徽州大姓"汪、程、江、洪、潘、郑、黄、许诸氏，扬州莫不有之"。[①]康、乾时期，又有歙县"江村之江，丰溪、澄塘之吴，潭渡之黄，岑山之程，稠墅、潜口之汪，傅溪之徐，郑村之郑，唐模之许，雄村之曹，上丰之宋，棠樾之鲍，蓝田之叶皆是也"。[②]歙县以外，还有休宁汪、程两姓商人，祁门倪、马两姓商人，黟县汪、胡两姓商人，绩溪章姓商人等，亦联袂而至淮扬，人数之众，势力之大是空前的。他们不仅在两淮盐业中获取了巨额财富，同时牢牢控制了清代两淮盐务的运作，形成了"首总—总商—散商"的组织结构。[③]徽商江春、洪箴远、鲍志道等相继担任首总，尤其是乾隆朝担任首总的江春，"为总商四十年，国家有大典礼及工程赈灾、兵河饷捐，上官有所筹划，春皆指顾其事"。[④]其时，徽商经过长期积累，业已成为一支文化素质较高的商帮，他们重视科举，舍得在文化上投入，筑园林、度昆曲，早已成为扬州徽商的日常。扬州徽班的兴盛，主要源于两个方面：一是得益于徽商的扶持；二是康熙、乾隆二帝南巡，促进了扬州徽班艺术的成熟。

康熙和乾隆各六次南巡，每次都驻跸扬州休闲品戏，这极大地刺激了扬州戏曲的发展，尤其乾隆几次南巡，使扬州的戏曲演出活动发展成具有全国规模的戏曲会演，百戏杂陈，精英荟萃，乃至影响北京及全国的戏曲演出。在皇帝南巡和盐商扶持的背景下，扬州成为南方戏曲演出的中心。康熙南巡时的记录《圣祖五幸江南全录》载：

（康熙四十四年三月初九日），皇上行宫演戏十一出，系选程乡绅家小戏子

---

① 陈去病：《五石脂》。

② 民国《歙县志》。

③ 王振忠：《徽商与淮扬社会变迁》，生活·读书·新知三联书店，1996，第34页。

④ 同治《续纂扬州府志·人物志》。

> 六名。演唱甚好，上大悦。
>
> （三月十二日），皇上过钞门关，上船开行，抵三涂河宝塔湾泊船。众盐商预备御花园行宫，盐院曹奏请圣驾起銮，同皇太子、十三阿哥、宫眷驻跸，演戏摆宴。

学界认为，康熙年间有关徽班的史料并不多见，此则记录十分宝贵，结合王振忠的研究作一梳理，主要有四个方面：一是这次康熙看戏的地点是在淮安漕运总督衙门的行宫，演唱甚好，皇上看了很高兴；二是康熙在三月九日和三月十二日，分别有两次观戏。第一次看了十一出戏，显然是堂会演出；第二次“演戏摆宴”，应该是一次伴宴演出；三是“系选程乡绅家小戏子六名”，说明所选演出团队是个家班；四是程乡绅是谁？据《淮安河下志》，歙县岑山渡程氏后裔程量越迁居淮安（新安程氏五十一世，岑山渡三世，为迁淮始祖），其后子孙繁衍，在淮安一带从事盐、典业。除程量越一支外，还有其他徽州程姓“十三家”在淮扬经商，“皆极豪富”。说来也巧，这次康熙南巡，自江南回銮扬州，住了六天，“进宴演戏其一切事宜，皆系商总程维高料理”。程维高即程增，是寓居淮安河下的徽歙盐商。由此推断，程乡绅是徽州程姓盐商无疑。

康熙南巡，首开奢靡之风，乾隆如法炮制，有过之而无不及。钱泳《履园丛话》卷12《艺能》言：“梨园演戏，高宗南巡为最盛，而两淮盐务中尤为绝出。”乾隆时人李斗在《扬州画舫录》中记载：

> 天宁寺本官商士民祝厘之地，殿上敬设经坛，殿前盖松棚为戏台，演仙佛麟凤、太平击壤之剧，谓之大戏，事竣拆卸。迨重宁寺构大戏台，遂移大戏于此。两淮盐务例蓄花雅两部，以备大戏。雅部即昆山腔，花部为京腔、秦腔、弋阳腔、梆子腔、罗罗腔、二簧调，统谓之乱弹。昆腔之胜始于商人徐尚志，征苏州名优为老徐班，而黄元德、张大安、汪启元、程谦德各有班。洪充实为大洪班，江广达为德音班，复征花部为春台班。自是德音为内江班，春台为外江班。今内江班归洪箴远，外江班隶于罗荣泰。此皆谓之内班，所以备演大戏也。

“两淮盐务例蓄花、雅两部，以备大戏”，显然是为迎銮娱宸准备的。所谓“花雅两部”，是指戏曲声腔剧种，此时扬州已不仅是昆曲一家独大了，花部乱弹更为多样新鲜，其中来自安徽的“二簧调”已落地扬州，江广达“复征花部为春台班”，就是唱“二簧调”的徽班，他蓄养的另一个“德音班”应是唱雅部昆曲的。江广达就是江春，字颖长，另号鹤亭，时为两淮盐商之首总，徽州歙县人。李斗记载中的洪箴远也是歙县人，对照前文徽州迁两淮的氏族大姓，其他黄、汪、程等也极有可能是寓居扬州的徽商。无论花雅，徽州人在扬州蓄养的戏曲班社即为徽班。此则资料共列扬州戏班八个“皆谓之内班”，也就是“以备大戏”的。如果为皇帝南巡服务，则可列入两淮盐务“办贡办公”经费中支出。[①] 那么，与此对应的外班，则是戏曲江湖上的职业班社了。试想，由两淮盐务例蓄的“内班”与民间靠唱戏吃饭的外班相比，其优势不言而喻。

学界认为，扬州徽商对徽班的扶持及贡献，最典型的还是江春。[②]

其一，在花雅并蓄的时代，他比较重视花部地方戏。“两淮盐务例蓄花雅两部”就是从江春开始的。

其二，舍得为戏班花钱。如李斗记载，魏长生“年四十来投江鹤亭，演戏一出，赠以千金”。鹤亭，江春号也。江春的春台班“行头”好，有“聚众美而大备”之誉，这与江春的舍得投入有关。道光年间，陶澍整顿两淮盐务时发现，“德音、春台二班，频年盐务并未演戏，仅供商人家宴，亦每年开销三万两”。这已经是江春死后的事情，自不比它们主人在世时的投入，也不比当年准备迎圣驾时的排场。可尽管如此，每年开销仍然达三万两银子。可以想见，江春在世时，为戏班所投必定甚巨。

其三，注重延揽人才。除了重金聘请了魏长生以外，一些原本属于其他戏班的优秀演员都归入“江班”。如程班的三面周君美、正生石涌塘，外号水蜜桃的小旦杨二官、老旦王景山等人；张班的吴端怡，徐班的副末余维琛，也都相继归于“江班”。为了改造春台班，江春又征聘了苏州杨八官、安庆郝天秀，以及京师的名丑刘八等。可见，江春在招揽人才方面是不遗余力的。

其四，本人懂行。江春不仅是两淮盐务首总，也是一位风雅之士。他出身富商世家，自幼接受良好的教育，文学曾拜王步青和筱园主人程梦星为师，诗学曾拜怀

① 王振忠：《明清徽商与淮扬社会变迁》，生活·读书·新知三联书店，1996年，第34页。

② 朱万曙：《徽州戏曲》，安徽人民出版社，2005年，第159～162页。

宁夏衡瞻为师，与号称“乾隆文坛三大家”的袁枚、赵翼、蒋世铨过从甚密。乾隆三十七年（1772），蒋世铨根据白居易《琵琶行》编撰杂剧《四弦秋》，就完成于江春的秋声馆。江春为之作序，并题诗。《四弦秋》由此成为德音班的保留剧目，后来也成为道光年间北京戏班的常演剧目。方培成改编《雷峰塔传奇》也与江春有关系。然而，对徽班有扶持的绝不仅是江春一人，而是扬州徽商阶层。虽然这与徽商奢靡消费有关，但就整体而言，徽商对扬州戏曲的繁盛起到积极推动作用。

乾隆时的扬州徽班得到徽商的扶持，又有参与迎驾娱宸的历练，再加上扬州这座城市文化的陶冶，因此徽班在艺术上日趋成熟，主要体现在以下几个方面：

一是积累了丰富的剧目。这从上海图书馆珍藏的一部《乾隆三十九年春台班戏目》中，可见其端倪。这部戏目共收花雅两部剧目743种，其中有《应天球》《混元盒》《五彩舆》《晋阳宫》《熊虎报》等徽班骨子老戏，还有三国戏、连台本戏数十种，行当上的老生戏也有不少。原本以旦角为主到老生戏的增多，正是徽剧走向成熟的一个象征。

二是开启皮黄合奏。春台班戏目中《战樊城》《定军山》《骂曹》《造白袍》《赶三关》《八大锤》《庆顶珠》《白水滩》等剧目，均标明演唱皮黄声腔。由此表明，“西皮调、二黄腔这两项声腔确于乾隆年间合奏于扬州”。①

三是聚集了多名“色艺最优”的角儿。如四川人魏长生。魏长生，字婉卿，因排行第三，人称魏三。唱秦腔，工花旦，曾在北京演《滚楼》一剧而名动天下。据传，秦腔旦角化妆“贴片”是他始创。乾隆五十年（1785），因在京演“粉”戏遭禁，遂下扬州投江春春台班。春台班“采长生之秦腔”，“合京、秦两腔”，② 始于魏氏。后人评某旦角表演出色，往往用“得魏三儿之神”，足见魏氏是当时扬州舞台上旦角的标杆。又，苏州杨八官、安庆郝天秀，均为江春的“征聘四方名旦”而聚春台班。李斗记郝天秀云：“郝天秀，字晓岚，柔媚动人，得魏三儿之神，人以坑死人呼之，赵云松有《坑死人歌》。”杨八官本为苏州名旦，征入春台班后，“复采长生之秦腔，并京腔中之尤者”，艺技又增。三庆班的高朗亭，乾隆间在扬州，事见《扬州画舫录》“高朗亭”条。小铁笛道人《日下看花记》说他，“体干丰厚，颜色老苍，一上氍毹，

① 李泰山：《中国徽班》，安徽文艺出版社，2005年，第145页。
② [清]李斗：《扬州画舫录》，中华书局，1960年，第131页。

宛然巾帼，无分毫矫强，不必征歌，一颦、一笑、一起、一坐，描摹雌软神情，几乎化境”。称其为“二黄之耆宿也”。

四是舞美、行头美轮美奂。李斗《扬州画舫录》记载：“老徐班全本《琵琶记》《请郎》《花烛》则用全红堂，《风木余恨》则用全白堂，备极其盛”；“小张班十二月花神衣，价至万余金。百福班一出《北饯》，十一条通天犀玉带。小洪班灯戏，点三层牌楼，二十四灯，戏箱各极其盛。若今之大洪、春台两班，则俱众美而大备矣。”排场之大，胜于他地。

五是初步形成了“昆乱不挡”的表演风格，为日后进京，在昆乱竞争激烈的京师舞台上站稳脚跟，打下了坚实的基础。

第二节　四大徽班进京

乾隆五十五年(1790)，三庆徽班携他们演唱的乱弹腔戏，进京为乾隆帝八旬万寿祝釐演出，这并非一次偶然之举，而有其特定的社会、历史文化背景。

一、徽班进京的背景

清廷好戏，由来已久，可追溯到顺治朝。康熙间，清宫建有正式管理戏曲演出的衙署——南府和景山，延续一百余年，至道光止。在统一台湾、平定三藩后，清王朝开始走向盛世。康熙二十二年（1683)，清宫在后宰门搭建高台演出目连戏，与民同乐。皇帝、太后的诞辰是清廷重要的庆典，尤其是整数的万寿庆典尤为隆重，戏曲演出在当时是重大庆典上不可缺少的内容。

为了在万寿庆典上展示万民同贺，康乾时期，康熙帝六旬寿诞，乾隆帝生母崇庆皇太后六旬、七旬、八旬及乾隆帝八旬等几次整数寿诞，京城都操办了大规模万寿庆典。皇帝、太后从西郊皇家园林经过西直门返回紫禁城，几十里道路两旁点置亭台景物，搭建彩台，广陈百戏。一些外地戏班趁此机会进京唱戏，参加戏剧、歌舞、说唱等演出，展示帝都的“衢歌巷舞”之乐。1713 年康熙六旬万寿庆典，清《万寿庆典初集·卷四十》载：

> 康熙五十二年三月十八日，皇上六旬正诞，天下臣民赴京庆祝者以亿万计。时上方幸霸州水围。臣民拟自畅春园至神武门，辇道所经数十里，结彩张灯，杂陈百戏，迎驾登殿受朝贺……庆祝之隆，古所未有。

事后，画师宋骏业、王原祁、冷枚、邹文玉等人作《康熙万寿图卷》，直观地向后人展示了这次盛会。《康熙万寿图卷》绘有彩台40多座，实际活动中自然远不止这些。多数戏台上演出戏剧，少数在表演歌舞和说唱。据画面可以看出，正在演出的有《西厢记》《白兔记》《安天会》《浣纱记》《单刀会》《邯郸梦》等剧目的选场，均为流行于清代舞台上的传奇、杂剧。图中的戏台上、戏台旁，或戏台房檐上，标明为某衙署或某地祝寿的戏台，有正红、镶蓝等旗各祝寿的戏台，有翰林院、都察院、内务府等各衙署祝寿的戏台，有直隶、江苏各省单独或联合祝寿的戏台。各旗、各衙署需要自建戏台，各地方官员更要将本省、本地的戏班送入京城祝寿。此画卷是所见最早的清代外地戏班在京城演戏的形象描绘。

据中国第一历史档案馆《万寿庆典奏案》记载，乾隆十六年（1751），乾隆生母崇庆皇太后六旬万寿，“每数十步间就有一座戏台，南腔北调，备四方之乐”。沿途各段点设景物的准开销7万余两，临时扮演彩戏切末等项、工饭零星费用17000余两。参加庆典大大小小的戏班总数超过200个，大班社每班朝廷雇价200两银子，从大戏班总“计银二千二百两”推算，当年共有11个大戏班参加祝寿演出。

乾隆帝八十寿诞，是康乾时期万寿庆典中规模最大的一次。早在三年之前就开始了庆典的筹备事宜。据记载，朝廷为这次庆典实际花费了110多万两白银。

中国第一历史档案馆《万寿庆典奏案》载：

> 经总理大臣等奏准，自西华门至西直门分为三段，令两淮、长芦、浙江商众来京办理点景。西直门外自长河一带至畅春园官门旧有房座亭台，重加修理，由总理大臣等相地间段，点设景物。城内外两旁铺面一律修葺整齐，油饰见新。所需经费由王公大臣、八旗、各部院衙门及各省督抚解交应用，工竣后，据实核销等因在案。今此次应请照从前办定之例，自西华门至西直门仍分为三段，令两淮、长芦、浙江商众来京自行办理点景，以遂其衢歌巷舞之忱……

据此可知，自西华门至西直门这一段庆典的点景、彩台，是由两淮、长芦、浙江商众来京自行办理的。三庆徽班以及其他徽部大班就是在这样的背景下，千里迢迢来到北京的。

四大徽班进京祝釐，参加在京城彩台上的演出。近年来，戏曲史论著作大都将此当作皮黄戏（或称乱弹腔戏）进入北京的标志，进而作为京剧艺术形成的发端。

二、四大徽班

所谓四大徽班，即指三庆、四喜、春台、和春四徽班。乾隆五十五年(1790)，乾隆帝八旬圣诞。南方久享盛名的徽班，在清王朝驻南方的封疆大吏和盐务官员的征聘之下，纷纷进京，参加祝寿的盛大演出活动。率先进京的，是三庆班。

清仲山在《批本〈随园诗话〉批语》中写道：

> （乾隆）五十五年，举行万寿，浙江盐务承办皇会，先大人命带三庆班入京。自此继来者，又有四喜、启秀、霓翠、和春、春台等班。各班小旦不下百人，大半见诸士大夫歌咏。

据近代史学家邓之诚考证：《批本〈随园诗话〉批语》的作者仲山，即乾隆间闽浙总督伍拉纳之子。邓之诚《骨董琐记》卷3“四大徽班”条云：“嘉、道间，都中盛行演剧，有四大班，谓三庆、四喜、和春、春台，至今都人艳称之。……三庆乃乾隆五十五年八旬万寿闽浙总督伍拉纳命浙江盐商带之入都，见伍子舒仲山所批《随园诗话》。”这是迄今为止见诸徽班进京较早的史料，比较可信。但伍子仲山的《批语》所记并非只有四班，而是多班。史称“四大徽班”者，为清嘉、道间人张际亮的《金台残泪记》。

成书于道光八年(1828)的张际亮《金台残泪记》卷1云：

> 京师梨园乐伎盖十数部矣。共四喜、三庆、春台、和春，所谓四大徽班者焉。

初刻于道光十七年(1837)的梁绍壬《两般秋雨庵随笔》亦称：“京师梨园四大名班，曰四喜、三庆、春台、和春。”由此可知，“四班”应为当时京城诸多徽班中的名班。至于两书都把四喜班排在首位，可能与四喜班以唱昆曲为主，得到士大夫阶层的格外推崇有关。还有人认为除三庆班外，其他徽班并非乾隆五十五年进京祝寿，理由不见得充分。我们还是应该重点关注四大徽班的具体情况，下面结合李泰山和朱万曙的考述再做整理。

三庆班 组建于黄山北麓的“戏窝”石牌镇。乾隆间，三庆班曾角逐淮扬，所见资料为李斗《扬州画舫录》“高朗亭”条：“高朗亭入京师，以安庆花部，和京、秦两腔，名其班曰三庆。”《扬州画舫录》为李斗三十年间在扬州所见所闻之记录，始撰于乾隆二十九年（1764），据此推断，三庆班在乾隆二十九年至五十五年间曾在扬州，应为合理。这与前文所述乾隆间安徽徽班走出安徽、流寓全国互为印证。还有三庆班主要演员中多扬州籍人和高朗亭善唱里下河一带小曲两点信息，可为佐证。

三庆班的特点主要有二：一是它是一个地道的徽班，诞生于二簧调的发源地。《梦华琐簿》称其为“三庆徽”“为徽班鼻祖”。二是有高朗亭这样一位“色艺最优”的名角。高朗亭实为一位天才演员，他领衔三庆班进京时，年方16岁。抵京后不久，就接替了原班主余老四掌班，同时还担任京师戏曲界行会组织“精忠庙”的会首，成为梨园领袖。

三庆班何以与闽浙总督伍拉纳扯上关系，李泰山推测它可能在浙江一带参加过某次乾隆南巡的演出，因为康乾分别六次南巡所到有苏州、杭州、扬州多处地方，从《圣祖五幸江南全录》看，康熙南巡时几乎天天在看戏，乾隆亦是如此。当时已负盛名的三庆班，参加过某次迎驾娱宸是有可能的。有资料称三庆班进京前就在杭州演出，闽浙总督伍拉纳有可能就此赏识三庆班的。

四喜班 组建安徽，长驻扬州，成名于扬州，由扬州进京。侧重昆曲，兼唱徽调。因伶工中苏州籍人较多，有人误以四喜为苏州班。林苏门在《续扬州竹枝词》中写道：“乱弹谁道不邀名，四喜齐称步太平。每到采觞宾客满，石牌串法杂秦声。”太平即“维扬广德太平班”，是乾隆南巡扬州时，专供御前承应的昆班之一。林氏以四喜比太平，可见当时维扬对四喜班的认同。“石牌串法杂秦声”，说得很清楚，四喜班既唱昆曲，也唱二簧调和秦腔。小铁笛道人《日下看花记》所列进京时主要演员前两位为：刘凤林，年20，安庆人，为四喜昆曲之最佳者，《思凡》《偷诗》最为拿手；王文林，年25，扬州人，风神潇洒，气韵淡逸，演剧崇尚白描，意在神似，艺工昆剧，色艺上乘，名满京华。写于嘉庆十九年（1814）的《都门竹枝词》有云：“新排一曲桃花扇，到处哄传四喜班。”道光年间，家乡出于荣誉感，在皖南徽州组建省内规模最大的同名四喜徽班，至同治间还保有180余人的建制。

春台班 由徽州盐商江春（鹤亭）创建于扬州。《扬州画舫录》卷5云："郡城自江鹤亭征本地乱弹，名春台，为外江班。不能自立门户，乃征聘四方名旦，如苏州杨八官、安庆郝天秀。而杨、郝复采（魏）长生之秦腔，并京腔中之尤者，如《滚楼》《抱孩子》《卖饽饽》《送枕头》之类，于是春台和京、秦两腔矣。"春台班有同名者，乾隆间广州《外江梨园会馆碑记》和《梨园会馆上会碑记》都列有"安徽春台班"；上海《乾隆三十九年春台班戏目》的发现，有人认为上海也有一个春台班。那么，进京的究竟是哪个春台班呢？暂且不论其他春台班的存在是否成立，当就乾隆五十五年戏班进京为高宗祝寿，没人能比江春条件优越了。江春为两淮盐商首总，"以布衣交天子"，乾隆南巡扬州"幸其康山别业，召对称旨"。乾隆帝八十寿诞的万寿庆典中，其中"两淮一段"事宜，江春当是参与的，至少两淮盐务是必须参与的。由此推断，江春的春台班位列扬州"八大内班之一"，进京祝乾隆爷寿顺理成章。至于广州春台班、上海春台班皆为江春春台班足迹所致，学界多人持此说。

和春班 一般认为是一个组建于扬州的徽班，在三庆班后，与四喜、春台等班相继进京。史料见于乾隆五十六年（1791）仲山《批本〈随园诗话〉批语》。但有两种与之不同的观点：其一，引用嘉庆八年（1803）小铁笛道人《日下看花记》跋语资料，判为"和春班是在嘉庆八年新春之际进京的"。[①] 其二，引用道光十七年（1837）杨懋建的《长安看花记》，说"和春为王府班"。王府班与何时进京并无大矛盾，暂且不提。问题是，和春班乾隆五十五年进京与嘉庆八年相距13年，必须说道清楚。小铁笛道人《日下看花记》跋语写于嘉庆八年立春前二日，"《看花记》剞劂将竣，和春新班初亮台，偕友往观。初见《夜探》一出……嗣演《收妲姬》一回，其伶之艺拍案叫绝"。关键词是"和春新班初亮台"。"新班初亮台"与和春班初亮台不是一回事，李泰山认为这是和春班二次进京。笔者认为李说有理。同一史迹，而史料矛盾，取距史迹近者，当无大错。

徽班进京，除四大徽班外，还有启秀班、霓翠班，以及后来的四庆徽、五庆徽和集秀扬部等。戏班进京当然不排除其自身的商业性追求，但乾隆五十五年，主要是进京贺乾隆皇帝八十寿辰的，史料没有翔实记载何班参加庆典。根据前述资料推

① 朱万曙：《徽州戏曲》，安徽人民出版社，2005年，第167页。

理，至少三庆、春台两班应在此列。从《康熙万寿图卷》（长街一段）就绘有彩台40多座，乾隆万寿不会少于康熙，应该还有其他徽班参加了庆寿演出。

三、徽班进京后的变化

嘉庆十四年（1809），举子包世臣进京赶考，写《都剧赋》：

> 闲步大栅，茶园卖剧；市过骡马，堂会召客……徽班昳丽，始自石牌。苏扬两部，附名尤佳。丑色用京，滑稽善谐；随口对白，谑浪抒怀……间以小戏，梆子二黄。忽出群美，眩耀全堂。

此中京城戏院（茶园）演剧种种，绘声绘色，为戏曲史文学名篇。面对百戏杂陈的京师舞台，包氏独赞“徽班昳丽”，显然已将徽班排在苏昆、京秦诸腔之先。小铁笛道人《日下看花记·自序》云：

> 迩来徽部迭兴，踵事增华，人浮于剧，联络五方之音，合为一致，舞衣歌扇，风调又非卅年前矣。

《日下看花记》成书于嘉庆八年（1803），由此可知，徽班已蜕尽进京祝寿之优势，进入了京师诸腔杂奏的商业竞争。“联络五方之音，合为一致”正写出徽班在这一时期兼容诸腔、创新求变的品质。李泰山概括为“徽班昳丽，风调一新”，笔者以为极是。具体表现在以下三个方面：

第一，新秀不断涌现。进京徽班除在进京前已负盛名的高朗亭、郝天秀等二黄耆宿外，大批新伶脱颖而出，或来京加盟，为徽班在京师舞台上呈现一道靓丽颜色。如，问渔津者写三庆班陈喜官出台，五陵豪少，艳称其美，如花露春山，烟笼秋月。叹服他的乱弹戏，“丰情娴雅，洗尽轻狂”。《日下看花记》说：鲁云卿，年20，安徽怀宁人。嘉庆八年又来京，复搭三庆班，艺更优前。演《审录》以哀艳见称，演《醉阁》则歌舞并重。演《海公案》中店家妇人，青裙乍裤，妙趣横生，清言娓娓，有若明珠落玉盘，洵一朵雕栏白玉花也。朱福寿，年17，扬州人。嘉庆初到京，演《花鼓》，脱离窠臼，崭崭生新。

留春阁小史《听春新咏》云：盖徽部得人，四喜最盛。“自集中所录诸人外，如陈天福之音韵铿锵，添喜之神情淡雅，朱宝林之折矩周规，双喜之玲珑跳脱，至宝玉、祥林、王添然、田寿林辈，或则风华妍媚，或则绰态娇憨。冀北空群，江南撷秀，几谓人才之美尽于斯矣。”

又说春台班吴福寿，年16，扬州人。姿容明朗，形体停匀。工《学堂》《碧玉钏》《惊变》《埋玉》诸剧。演《英雄谱》霍玉蝉侍婢春花，《代主抵罪》一折，情辞激烈，声音哀艳，儿女英雄，令人泪下。被认为是徽班进京初期新秀中之杰出人才。陈荪心，年19，扬州人。擅长《踢球》《打樱桃》《迁妻》诸出，其台步堪称一绝，行走如风中弱柳，婀娜多姿。

春台班的演员们年纪最轻。张连喜，年15，扬州人。姿态端妍，丰神和畅，《顶嘴》一剧最佳，时人评为抑扬顿宕，活泼可爱；章玉美，年13，苏州人。以《浪子踢球》一剧崭露头；许茂林，年15，安徽人。扮相秀丽，嗓音清新。《园会》《楼会》二剧，一写风情，一摹病态，意境有别，各极其妙；夏双喜，年14，扬州人。《藏舟》《背娃进府》诸剧，皆楚楚动人。而《洛阳桥》一剧，更显丰容妍丽，宛似洛浦神姝，时人以曹植《洛神赋》“翩若惊鸿，婉若游龙”句赞誉其妙。

第二，文武昆乱不挡。此为今人语，然用以说明乾、嘉时期徽班技艺的全面颇为妥帖。这可以从一些清人笔记中寻找到优秀演员来加以证实。徽班元老郝天秀，昆乱皆擅，凡昆徽花旦名剧，无所不能；邱玉官，安庆人，乾隆五十五年抵京，时年30上下，昆乱皆擅，时人评论其“盖具兼长，而声色并茂”；苏文广，安徽人，乾隆五十五年随三庆班进京，年20，志专心诚，以昆乱具妙、唱做均佳跨入京师皮黄名伶行列；杨凤翔，石埭人，昆乱皆能。乾隆末年进京途经山东时，为当地戏班所挽留，并以昆乱皆能的艺术才干享誉山左。嘉庆初年抵京入三庆班，时年20，以兼能生、净、丑多行表演的《磨房串戏》一出最受欢迎；江金官，安庆人，年19，嗓音清亮，圆转自如，昆乱梆子俱谙；谢添庆，扬州人，年17，风神秀丽，委婉多姿，昆乱俱工；郑三宝，扬州人，16岁，工于昆曲，亦唱秦腔，《思凡》《交账》等剧，淡宕风华，好声四起；王锦泉，怀宁人，年24，伶工中铮铮佼佼者，昆乱俱佳，跌扑便捷，工小调，能吴语，风神俊逸，姿容明秀，无论健服华装，皆潇洒自如，有绝类超群之概；曹升官，安庆人，年29，姿容爽朗，歌喉清畅，跳跃扑跌，轻便敏捷，武旦中能品也，《擂台》《打店》为其拿手。兼演昆曲，敛容赴节，按律宣音，刚化为柔，依然艳逸，确为文武全才。由此可知，以徽为主，兼容诸腔，昆乱皆擅，文武不挡，正是徽班在京城站稳脚跟，进而全面发展的重要原因。

第三，大班各具风格。蕊珠旧史作于道光二十二年（1842）的《梦华琐簿》，提供了嘉庆、道光间北京剧坛的徽班史料。后人耳熟能详的“四喜的曲子，三庆的轴子，和春的把子，春台的孩子”之说，即出自该书。

戏庄演剧必徽班。戏园之大者，如广德楼、广和楼、三庆园、庆乐园，亦必以徽班为主，下此则徽班小班、西班相杂适均矣。

春台、三庆、四喜、和春为四大徽班。其在茶园演剧，观者人出钱百九十二，曰座儿钱。唯嵩祝座儿钱与四大徽班等，堂会必演此五部。日费百余缗，缠头之彩不与焉。

四徽班各擅胜场。四喜曰曲子，先辈风流，饩羊尚存，不为淫哇，春牍应雅，世有周郎，能无三顾？古称清歌妙舞，又曰丝不如竹，竹不如肉，为其渐近自然。故至今堂会，终无以易之也。

三庆曰轴子，每日撤帘以后，公中人各奏尔能，所演皆新排近事，连日连演，博人叫好，全在乎此。所谓巴人下里，举国和之，未能免俗，聊复尔尔，乐乐其所自身，亦乌可少。

和春曰把子，每日停午，必演《三国》、《水浒》诸小说，名曰中轴子。工技击者，各出其技。佝偻丈人，承蜩弄丸，公孙大娘舞剑器浑脱，浏漓顿挫，发扬蹈厉，总干山立，亦何可一日无此？

春台曰孩子，云里帝城如锦绣，万花谷春日迟迟，万紫千红，都非凡艳，而春台则诸郎之夭夭，少好咸萃焉。

时至道光，“戏庄演剧必徽班”，在京城文人的心目中，徽班之好，已不是一人一戏之好，而是名班各有各的好。四大徽班让京城爷少观戏能有“四子”顺口溜，没有长期打拼是不可能获得的。四大徽班形成各自的风格特点，是徽班艺术成熟的标志。

四、徽班到京剧的过渡

朱万曙根据《中国京剧史》，将徽班进京后的发展演变分为两个阶段：一是徽班进京后广泛吸收各种艺术营养，使之成为一个诸腔具备的综合戏班，时间大约从乾隆五十五年（1790）到道光十年（1830）汉戏演员进京前；二是从 1830 年汉戏演员进京、皮黄合流到咸丰末年，为徽班孕育京剧，并促使京剧形成阶段。朱氏借此提出了四点认识，笔者以为逻辑严谨、学理清晰。现据其脉络再做整理。

（一）从小戏到大戏

据《扬州画舫录》："京腔本宜庆、萃庆、集庆为上，自四川魏长生入京师，色艺盖于宜庆、萃庆、集庆之上，于是京腔效之，京、秦不分。""京、秦不分"，实则秦腔占据上风。又《燕兰小谱》所记京师常演剧目30出，如《卖饽饽》《缝搭膊》《锁云囊》《卖胭脂》《背娃子》《滚楼》《大闹锁金帐》《小寡妇上坟》《葡萄架》等，皆旦角为主的"三小戏"（即小旦、小生、小丑），且多半为秦腔剧目。当然，这并不是说那时京师舞台上只有秦腔，花部诸腔之间，花、雅之间的竞争始终存在。

徽班进京后，剧目多了起来。一是徽班本来就花、雅兼顾，昆曲较多文人编剧；二是徽班有演"大戏"的传统，扬州"八大内班"就是为"以备演大戏"而蓄列的，上海图书馆藏《乾隆三十九年春台班戏目》就有743种，其中还有三国戏、连台本戏数十种；三是徽班进京后逐渐占据京师各大戏园，如广德楼、广和楼、三庆园、庆乐园等，在大戏院当然要演"大戏"。北京《车王府曲本》所记乱弹剧目就达591种，其中三国戏就有100种。据郭精锐博士研究，这批车王府的乱弹曲本，有部分是徽班进京之时所演出的徽戏，以及用的是皮黄剧语言板式却不标明板式的作品，"可概定为嘉庆、道光、咸丰年间的作品"，"另一部分板式齐全，并以西皮、二黄为主要腔调的剧作可推断为同治、光绪年间的作品"。它们与徽班进京后孕育出京剧的时间大体吻合。

（二）由重旦而重生

徽班进京之初，旦角在各班中占绝对优势，所表演剧目也多以旦角为主。仲山在《随园诗话》批语中说徽班进京时，"各班小旦不下百人"。在嘉庆及道光十年以前记录北京梨园情况的笔记中，如小铁笛道人的《日下看花记》等，所记也多为旦角演员及其表演成就，其他角色行当则很少得到反映。但是，到了道光二十五年(1845)刊刻的杨静亭的《都门纪略》中，生角演员却成为徽班的主体，该书《词场门》记述京师七个戏班主要演员及其拿手戏，就生、旦、净、丑各行当基本齐全，尤其是老生行的崛起，显而易见。兹抄录如次：

三庆班：

老生，程长庚，演《法门寺》赵廉、《借箭》鲁子敬、《文昭关》伍子胥、《让成都》刘璋；

老生，潘德奎，演《三挡》秦琼；

正旦，胖双秀，演《祭塔》白蛇；

老生，范四保，演《摔琴》俞伯牙、《白蟒台》王蟒；

老旦，马老旦，演《佘太君辞朝》佘太君、《钓金龟》康氏；

丑，黄三雄，演《赶考》商天保；

小生，曹喜林，演《草船借箭》周瑜；

净，姚二官，演《冥判》大判官；

旦，大金龄，演《小宴惊变》杨太真。

春台班：

老生，余三胜，演《定军山》黄忠、《探母》杨四郎、《当锏卖马》秦琼、《双尽忠》李广、《捉放曹》陈官、《碰碑》杨令公、《琼林宴》范仲禹、《战樊城》伍员；

老生，李六，演《醉写吓蛮书》李白、《扫雪》刘子忠；

净，朱大麻子，演《阳平关》曹操、《琼林宴》包拯；

净，产滚子，演《斩蛟》周处；

旦，蟾林《探母》孟金榜；

旦，凤林，演《探母》公主；

丑，朱三喜，演《鸿鸾禧》花子头；

旦，玉兰，演《祭塔》白蛇。

四喜班：

老生，张二奎，演《探母》杨四郎、《捉放曹》陈官；

丑，余子仔，演《双沙河》魏小生；

老生，王寿先，演《困曹（府）》赵玄郎、《采石矶》徐达；

老生，阴阿度，演《写本》杨椒山；

净，夏花脸，演《断密涧》李密；

旦，贵喜，演《探母》公主；

武旦，王松林，演《水淹泗州城》龙母；

老生，全儿，演《探母》杨六郎；

老生，丁三，演《打金砖》汉光武；

小生，方儿，演《叫关》罗成；

旦，凤林，演《回龙阁》王宝钏。

和春班：

老生，王洪贵，演《让成都》刘璋、《击鼓骂曹》祢衡；

老生，段二，演《打渔杀家》萧恩、《太平桥》石敬思；

老生，黄玉林，演《官门挂带》褚遂良；

净，王先爵，演《铁龙山》司马师；

净，陈花脸，演《二进宫》徐彦昭；

净，潘锡寿，演《铁笼山》姜维；

老旦，阎老旦，演《药茶记》老旦；

旦，汪法林，演《因果报应》娘娘、《探母》萧太后；

小生，龙德云，演《辕门射戟》吕布、《黄鹤楼》赵云。

嵩祝班：

老生，张如林，演《清河桥》楚庄王；

净，宝成，演《恶虎庄》姚刚；

老生，大和尚，演《胭脂褶》白槐；

老生，福官，演《击鼓骂曹》祢衡；

旦，兰儿，演《罗章跪楼》红月娥；

老生，玉宝，演《劝妻》曹庄；

旦，红喜，演《卖饼子》花旦。

新兴金钰班：

老生薛印轩，演《让成都》刘璋、《断密涧》王伯党、《捉放曹》陈官、《南天门》曹甫、《双请灵》岳飞、《探母》杨四郎、《芦花河》薛丁山、《摘缨会》楚庄王、《乾坤带》唐太宗、《法门寺》赵廉、《五雷阵》孙膑、《烟鬼叹》正鬼；

老生，周连贵，演《清官册》寇准、《骂王郎》孔明；
老生，周长山，演《断密涧》王伯党；
净，胡荣，演《五台会兄》杨五郎；
丑，阿四，演《漆匠嫁女》阴阳生；
老生，刘德儿，演《弹词》李龟年；
旦，清香，演《探母》萧太后；
武生，双儿，演《快活林》武松、《狮驼岭》孙悟空；
净，大吉祥，演《铁笼山》姜维；
旦，曹松林，演《芦花河》樊梨花；
旦，官儿，演《出塞》王昭君；
武旦，库儿，演《水淹泗州》龙母。

大景和班：
净，任花脸，演《搜杯》严世蕃、《刺秦廷》荆轲、《借赵云》公孙瓒、《庆顶珠》萧恩；
老生，梅东，演《李陵碑》杨令公、《打金枝》郭子仪；
老生，靳老虎，演《神剑》黄飞虎、《战太平》花云；
老生，金狗子，演《临潼山》李渊、《探母》杨四郎；
旦，杨五，演《大保国》李艳妃、《探母》孟金榜；
旦，田福儿，演《翠花阁》花旦、《探母》萧太后、《绮兰阁》丑旦；
老旦，王安子，演《探母》佘太君；
旦，小耗子，《探母》公主；
老生，德生，演《探母》杨六郎；
小生，周三，演《探母》杨宗保、《借赵云》赵子龙。

从上述记载看出，道光间徽班各大班，旦角已经退居次要地位，生角特别是老生上升为主要角色。上述7个戏班演出的剧目共有70余出，而以老生为主的剧目，如《法门寺》《让成都》《三挡》《摔琴》《定军山》《卖马》《捉放曹》《碰碑》《打渔杀家》《太平桥》等，占了总数的一半以上。这一方面是此一时期徽班搬演各类题材剧目的需要，如演三国戏，艺人叫“袍带戏”，老生多为主角。另一方面，楚调进京后，也增加了生角的比重。上述王洪贵、李六、余三胜、龙德云等，都是楚调生角演员。徽班角色体系的初步形成，为未来京剧角色体系的完备打下了基础。

（三）从方言到京语

徽班声腔上昆、乱兼擅，是其优点，而由此带来的语言上的不尽统一，则未必完美。好在传统上习用“中州韵”，可求得大致统一。但如果是不韵的“小白”，则必然带有各路方言乡音。徽班进京后，一方面为了适应京城观众的欣赏习惯，语言上逐渐向北京语音靠拢；另一方面，湖北汉调进京并加入徽班，又带来部分湖广音。徽班从方言到京语，道光十二年（1832）间已露出芳信。粟海庵居士《燕台鸿爪集》描述了徽班春台班汪一香——一条腿微微有点跛的花旦演员的表演，从中得以窥见徽班语言变化上的一个过程。

一香与其兄韵香，同属春台部，先后齐名。足微蹇，登场促步若横行。然趁作姿媚，转益其妍。

京师尚楚调，乐工中如王洪贵、李六，以善为新声称于时。一香学而兼其长。抑扬顿挫，动合自然。

口齿清历，又燕产也，昵昵作燕儿女子恩怨尔汝语，声情曲肖，令人心动。时无出其右者。

汪一香，先在春台班，当然是唱念徽语、徽调；中间向王洪贵、李六学唱楚调，并且“学而兼其长”；尤其是以北京语音表述剧中妇女的“恩怨”，达到“声情曲肖，令人心动”的艺术效果。《燕台鸿爪集》作者诗赞汪一香云：“郢曲声声妙，燕言字字清。”郢为楚都，郢曲即楚调，亦称汉调。燕言就是北京语音的念唱。语音的北京化，是徽班向京剧嬗变的一个重要标志。

（四）由徽班到京剧

戏曲声腔三十年一变。按朱万曙由徽班到京剧两个阶段的划分：第一阶段，徽班进京后主要是“融合诸腔”；第二阶段，即道光十年（1830）汉调进京到咸丰末年京剧形成，约为30年。这期间一个重要节点便是“徽汉合流”。徽班进京后，北京梨园大部分为徽班掌握。其时，中国戏曲演出的中心已由南方的扬州转移到了北京，湖北艺人约在此背景下将汉调带进北京，一般认为在道光十年（1830）至十二年间。汉调初入京，很难与徽戏相抗衡，于是汉调艺人纷纷加入徽班。从道光二十五年（1845）的《都门纪略》看，王洪贵在和春班，余三胜、李六在春台班，早期还有四喜官、米应先等，在不同时段进入徽班。汉调艺人进京搭徽班唱戏，使汉调和徽调在京师舞台上相互交流融合，开启了“徽汉合流”的新纪元。

徽汉合流丰富和完善了皮、黄声腔。此前，徽班是以唱二黄为主，兼及京、秦、梆子等带有西皮属性的高腔，如前文所述，徽班在进京前的扬州已经有了“皮黄合奏”，汉调艺人则是以唱西皮为主，兼及二黄的。有资料称，在道光十年以前，皮黄合奏在汉戏中也已经实现。这就需要重新梳理了。可否这样认为，徽班在扬州时和汉调在进京前各自的“皮黄合奏”，都是立足自身声腔特点的初级合奏。只有到了京城，徽班和汉戏同班同台，且以各自的强项实现强强联合，意即更高层面的“皮黄合奏”，完成了“皮黄合奏”的升级版，这才是“徽汉合流”的本质属性。自此，一个以皮黄为主的声腔体系得以完成，从而在最主要的艺术元素上实现了徽班向京剧的嬗变。如前文所举汪一香例，其所唱其实已是“皮黄合奏”升级版后的“京调皮黄”了。

（五）从程长庚看由徽到京的过渡

由徽班到京剧是一个大事件，百余年来的研究成果不胜枚举，陈述其漫长过程的方方面面，不是本书的重点。下面以程长庚为例，把“由徽而京”放到一个点上来讨论。京剧一直是以名演员的表演艺术为骄傲，最早一代的著名演员是三位老生，即程长庚（三庆班）、余三胜（春台班）、张二奎（四喜班），史称“前三杰”。清吴焘《梨园旧话》云：

> 咸、同年间，京师各班须生最著者为程氏长庚、余氏三胜、张氏二奎……时有三杰之目。以大名家之诗喻之：程如老杜之沉雄，翕辟阴阳，牢笼众有，其音调之高朗，做派之精到，真有天风海涛、金钟大镛莫能拟其所到之概；余如韦、孟之闲适，空山鼓琴，沉思独往，观者如游名园花木翳荟中，如闻幽鸟一鸣，尘襟为之一涤；张如沈、宋之应制各体，堂皇冠冕，风度端凝，复加锤炼之功，则摩诘、嘉州之早朝大明宫，一洗筝琶凡响矣。盖尝论之：程则卓然大家，余、张则名家之自标一帜者也。

三杰中余、张“自标一帜”，“程则卓然大家”，后世没有争议地推程长庚为京剧奠基人。

作为京剧奠基人的程长庚，首先是他的表演技艺精湛。幼时入三庆班，十来岁随父北上京城，以《文昭关》《战长沙》而崭露头角。后任三庆班首席老生。剧目方面，能戏很多，有《群英会》《伏虎》《战樊城》《鱼肠剑》《举鼎观画》《让成都》《镇潭州》《捉放曹》《击鼓骂曹》《风云会》《战太平》《法门寺》《长亭会》《文昭关》《状元谱》《庆唐虞》《钗钏大审》《八大锤》《战长沙》《临江会》《华容道》《安居平五路》《天水关》等。行当方面，除老生戏外，花脸、小生诸行角色，亦能串演。靠把戏，红、黄、绿、白、黑五色皆能，京剧关羽形象始于程氏。扮演鲁肃，有“活鲁肃”之称。沈蓉圃《同光十三绝》绘其扮演之鲁肃于前排中间。

自左至右：郝兰田（《行路》康氏）、张胜奎（《一捧雪》莫成）、梅巧玲（《雁门关》萧太后）、刘赶三（《探亲》乡下妈妈）、余紫云（《彩楼》王宝钏）、程长庚（《群英会》鲁肃）、徐小香（《群英会》周瑜）、时小福（《采桑》罗敷）、杨鸣玉（《思志诚》明天亮）、卢胜奎（《空城计》诸葛亮）、朱莲芬（《琴挑》陈妙常）、谭鑫培（《恶虎村》黄天霸）、杨月楼（《探母》杨延辉）

《同光十三绝》画像（清 沈容圃作）

做工方面，功底扎实，一招一式，不逾规矩。投袖（单投袖），扬袖、捋髯等小身段，也无不讲求端凝肃穆。唱腔方面，脱胎于徽调，变形于汉调，兼收昆曲、梆子诸腔之长，融汇皮黄，时称徽派。倦游逸叟在《梨园旧话》中称赞程长庚“乱弹唱乙字调，穿云裂石，余音绕梁，而高亢之中又别具沉雄之致”。他的嗓音行内称“脑后音”，讲求字正腔圆，不事花哨，直腔直调，沉雄爽朗。表演善于体察人物，总体风格沉稳凝重。

其次，程长庚的独特贡献。近人张肖伧《燕尘菊影录》说，在声腔上，“熔昆、弋声容与皮黄中”，也就是以昆曲唱法演唱皮黄。程长庚祖籍安徽怀宁，生于潜山，父辈常唱戏于安庆、徽州一带，至他祖父程发清已逾四代。这一带自明代中叶已尚昆曲，新安曲派、皖上曲派盛行其间，徽班擅昆曲皆源于此。后世学者认为，新安曲派，尤其是以怀宁阮大铖为首的皖上曲派对程氏家族是有影响的。翁思再在《上海戏剧·追寻程长庚的艺术足迹》中讲了一则轶事，说京城文人兼曲家杨铁蠡，曾是程长庚家中的常客。杨铁蠡为明初著名戏曲家杨维桢的后人，其原籍浙江诸暨，他帮助程长庚“说文断句，点读孟子”。艺兰室主人《都门竹枝词》称“乱弹巨擘属长庚，字谱昆山鉴别精”，说明程长庚从未停止过向昆曲汲取精华。《梨园旧话》也说：“程伶昆剧最多，故其字眼清楚，极抑扬吞吐之妙”。有人认为，皮黄合奏或徽汉合流是无法形成京剧的，因为只是内容（旋律）交叉，而不是形式（唱法）的变化。只有“用昆曲的唱法演唱徽调或汉调，便唱成了京剧”。[①] 程长庚正是这种唱法的首创者。

音律上，程长庚把皮黄字韵结合音韵之后，形成了尖、团分明、朗朗上口的皮黄“十三辙”系统，从而奠定了京剧“中州韵”的基础。直到今天，京剧舞台的语音系统还在程长庚所创建的框架之下。在花雅之争、艺术趋俗的过程中留存曲韵，使京剧的唱腔能够在传统正音的基础上，美化音韵，熔冶皮、黄、昆、弋，俗中见雅。从而使得进京一路皮黄具备优秀的传统文化精神和风骨，得以从诸剧中脱颖而出，高出一筹。这正是程长庚的独特贡献。

其三，“戏子”其表，“儒生”其里。程长庚出生在安徽潜山县程家井，其祖先为宋代理学“二程”之一的程颐，程氏理学有四字箴言“视、听、言、动”，程长庚在北京的寓所堂号即名四箴堂，说明他很在乎家族的文化传统。后来他创办的科班亦以“四箴堂”为名，在育人传薪的同时笃行儒家的规训。《清稗类钞》说他晚年析产为二，其一予长子，命其出京从事耕读。他说：“余家世本清白，以贫故，执此贱业。近幸略有积蓄，子孙有啖饭处，不可不还吾本来面目，以继书香也。”张江裁《燕都名伶传》载：“道咸间，海内多乱，而公卿大人宴乐自若，长庚键户不出。已而乱定，复理旧业，则多演忠臣孝子事，寓以讽世之词，闻者下泪。”他团结时贤，使三庆班成为当时菊坛的人才高地。在昆曲没落之际，他把南方的名宿朱洪福请到京城，向四箴堂弟子传授昆曲身段论，及时地抢救下这份珍贵的舞台表演遗产。可见，程长庚是把演艺的“贱业”当作文化之伟业来做的。[②] 程长庚的最大特点是，专门

① 邓翔云：《试以模糊观点，重新理解京剧的形成》，转引自李泰山：《中国徽班》，安徽文艺出版社，2005年，第410页。

② 翁思再：《程长庚评传·序》，上海古籍出版社，2014年。

演唱那些忠臣名将，在外敌入侵，国难当头的动乱时代，借以抒发以身报国的壮志情怀。他唱戏不许台下观众喝彩，怕喝彩妨碍了高台教化的严肃性。程长庚的唱腔追求大气磅礴的气势，极少用花腔，力求表现忠烈人物的刚强个性。他的艺术实践和儒生见识，提高了行业的文化品位，乃至影响着京剧的审美走向。

程长庚族谱

其四，大老板“一教成三派”。道光、咸丰间，程长庚掌班三庆，兼任京城行业总管精忠庙庙首。他治班严格，以德服众。为人配戏，甘当“零碎”。鼓励艺人摈弃陋习，致力提高艺术水平。坊间传他从不“外串”走穴，一次因不应官府堂会“串戏”，被锁台柱，以示惩罚。人问为何？他说：“以锁羞辱不足惜，安能以外串图私利而愧对三庆兄弟！”虽为传说，亦见其为人。他对后辈学艺多有提携，绝少门户之见，如他对武生杨小楼刻意栽培，继而推为三庆班主。晚年创办四箴堂科班，育人无数，梨园界称其为“大老板”。

中国京剧界继“前三杰”，又有“后三杰”，即谭鑫培、汪桂芬、孙菊仙三位老生。从“前三杰”到“后三杰”，其传承关系是怎样的，业界说法较多。比较公允的，笔者认为是马明捷先生的“一教传三派”说。汪桂芬原为程长庚的琴师，对程长庚的唱腔、唱功自然是非常熟悉。汪唱程生前最负盛名的《文昭关》，“唱白均酷似长庚”，后世称汪派。孙菊仙 70 多岁时居上海，在朋友家聊天，一时高兴，唱了大半出《鱼肠剑》，唱词和谭派相近。人请教之，孙哈哈大笑起来："我告诉你，我跟鑫培，还有大头（汪桂芬），我们三个人都是一条路子，所以唱词相同。要问这是谁的路子，要知道我们三个人都是学大老板的。"[①] 程长庚的传人中，成就最大的是谭鑫培。谭鑫培搭三庆班唱戏时间很久，长期和程长庚同台演戏，并为其配戏，又是程的义子（一说弟子），艺术上受程影响、熏陶是无疑的。谭鑫培于老生戏无所不能，正工、做工、靠把戏全拿得起来，并把从前辈那里学来的东西都化为自己的。谭元寿《谭门艺语》说："程长庚是一教传三派，在他之后，又形成孙菊仙、汪桂芬和我曾祖父谭鑫培鼎足的局面。"

从京剧的欣赏层面看，程长庚那一代艺人所处的年代，正是听戏阶段；而谭鑫培努力创造的是看戏阶段，最终由梅兰芳完成由听到看的转变。由此，我们清晰地看到了京剧长河上的数座高峰，无疑，程长庚是诸山之巅。

第三节 新安流域徽戏

新安江由徽州流经淳安、建德，再到富春江而至钱塘；在建德有兰溪江来汇，沿兰溪江而上，可达金华、衢州。原则上，我们把这一带都作为流域徽戏来考察。

一、金华、衢州一带的徽戏

宋至明清，浙江"上三府"地区是徽商做生意的地方，主要经营茶业、油漆、竹木、柴炭、墨业、盐业等，所以这一带徽州籍人很多。明代以前，徽商主要是将本地的土特产从水路运往邻近的浙江、江西，再从这两地的产粮区运回粮食以满足徽州本土的需要。宋人范成大记其泊严州所见："（严州）浮桥之禁甚严，歙浦杉排毕集桥下，要而重征之，商旅大困。"徽州输出的木材，多经严州出，且要在严州征缴重税。

歙县《程氏孟孙公支谱》中有段记载：

（程廷柱）字殿臣，号理斋，永洪公长子也。国学生。自幼豁达，卓立有志，厚重少文饰。随父侧奔驰江广，佐理经营。父殁后，克绍箕裘，友爱诸弟，

① 苏雪安：《京剧前辈艺人回忆录》，上海文化出版社，1958年。

总理玉山栈事，增至田产；兰邑油业命二弟廷柏公督任之；命三弟廷梓公坐守杭州，分销售货；命四弟廷桓公来江汉，贸迁有无。创立龙游典业、田庄，金华、兰溪两处盐务，游埠店业，吾乡丰口盐业，先绪恢而弥广焉。公生康熙庚寅，卒于乾隆辛丑。

从中可见，在江广经营淮盐的徽商程廷柱，及在杭州、龙游、金华、兰溪、玉山等地都有买卖，经营的行业有盐业、典业、油业及店铺等。

商路即戏路，徽商所到之处，徽戏也就随之到那里。

徽戏入浙约乾隆年间。据江西巡抚郝硕乾隆四十六年（1781）遵旨查办戏剧复奏称，那时浙江二黄、西皮“皆所盛行”，与安徽、徽州毗邻的地区应该更早。徽戏是由三路进入浙江的：一路是从扬州沿运河至杭嘉湖一带，二路是从安徽歙县经新安江入金华、衢州、严州，三路是从徽州婺源（今属江西）流入开化、常山一带。其中，以流入金、衢、严这一路影响最大。

乾隆末叶，金华便有四五个徽班，嘉庆间发展到十几个，道光间 20 余个，至同治初多达 30 个。其中，比较出名的有：

张恭大、小班。光绪二十九年（1903），由金华举人、光复会浙江首领张恭，受进步思潮影响，出资接管原李庆福班改名而来。该班多演宋明亡国故事，借以抒发反清复国情怀。两年后，又创办了张恭小班，招收十岁上下的孩子学艺，是为科班。班中承头名叫王老三，遂昌麒岭头人，是张恭得力助手。学生有大花脸叶金榜，金华雅畈人；二花郑小富，金华谭里郑人；小花面小兰英，台州人；老生范海山，金华含香人；小生小牛，绰号小轿夫，汤溪人；小生洪汉辉，汤溪洪塘人；洪明花旦，金华人。另有老生李棠，东阳人；王阿凡，花旦，义乌王莲塘人。这些都是“过塘鱼”，意为从别的科班转过来的学生。张恭去世，班散。辛亥革命胜利后，又重新复班，除演出张恭编写的《民国记》（又名《破南京》）外，还演出新戏《虎象缘》,《虎象缘》内容是讲述朱秋魁考中武状元的故事。朱秋魁是金华秋滨朱基头人，演本乡人故事，很受欢迎。

胡新春班，创办于 1913 年，成员基本是张恭小班人马，金华观众称“张恭第三班”。

大阳春班。创办于 1913 年，讲究“三头七柱”。三头，为火头、成头、箱头，意即吃得好、分成高、行头好；七柱，即小生、花旦、老生、大花脸、正吹、鼓板，行当齐全。该班集合了多位当时名重一时的徽班名伶，能演大戏 86 个、折子戏 200 余出，故而闻名遐迩。

金华舞台。起班于 1924 年，班主是孝顺镇上的世家弟子方良海、方红弟。哥俩均为戏迷，认为徽戏就是金华戏，肯为戏班花钱，似有徽商后人之嫌。民国二十七年（1938），因日军侵占金华而散班。三年后，原班中名伶李洪奎复起班，召回原班艺人，重整旗鼓，备受欢迎。

据章寿松、洪波《婺剧简史》，自 20 世纪 20 ～ 40 年代，金华徽班还有石岩金班、长春舞台、胡鸿福班、乐天舞台、新新舞台、金华大荣春班、小文化舞台、钱春福舞台等。金华徽戏的持续势头，得益于金华地区徽戏科班的人才培养。

余宅奶科班。该班创办于光绪十八年（1892），至 1933 年结束，共办五期，为最早的金华徽戏科班，有金华徽戏人才摇篮之誉。余宅奶，即为该班第一期科班旦角，继其父为二代管事。

民生舞台。起班于 1935 年，受其时女子越剧蓬勃发展的启发，创办了金华第一个徽戏女科班。一些正在走红的名伶义务来科班教学，培养了一批人才。三年后由科班转为戏班，初登台便轰动金华，成为金华、龙游、衢州一带的著名戏班，一直持续了 16 年。1936、1947、1948 年，金华又先后创办了文化舞台、民乐舞台、金华小班三个女子科班。民生舞台、文化舞台等科班多期培养的人才，后来分别成为金华一带婺剧团的骨干。

衢州，也是徽戏的重要传播地。在遂昌县奕山村朱氏宗祠戏台的题壁上，就有两个班社来自衢州府江山县，所演《文王访贤》《战潼关》皆为徽班老戏：

> 光绪二十二年，江邑上台景兴班到此，头夜（演出）《双合印》《白玉带》《双情义》。
>
> 合班清吉，宜统元年青（春）初六到此，江邑石门同庆和班，上□戏四三（即四天三夜）、放（访）贤、洪州、骂曹、潼关。

清末民初，衢州一带的著名班社有小鸿福班（起班于光绪末叶）、蔡庆福班（起班子 1915 年）、大鸿福班（起班于 1918 年）、叶庆福班（起班于 1920 年）、合新舞台（起班于 1933 年）、衢州大荣春班（起班于 1947 年）等。其中，大鸿福班、蔡庆福班、大荣春班都是演员阵容较强、艺术水准高的徽班。如蔡庆福班拥有老生吕汝华、老外徐金华、周金洪，二花徐小汉100花（小花）徐东福，四花徐三汉、刘明德等一批优秀演员，因而可以演出72本大戏和100多出折子戏。衢州观众中流传一句俗谚，叫作“徽商最多是衢州，戏文最多蔡庆福”。与金华大荣春班遥相呼应的衢州大荣春，是衢州的大班之一，也是衢州的最后一个徽班，它于1949年报散之后，衢州徽班至此结束。

20世纪50年代，金华、衢州一带将流传该地区的徽戏、高腔、昆曲、乱弹、滩簧、时调等6种声腔合成一个剧种，取名婺剧。金华古称婺州，故名。六种声腔中徽戏最为强大，它单独演出时，又叫婺剧徽班、金华徽戏、衢州徽戏。

淳安、建德一带徽戏徽班的活动情况，见诸戴不凡《浙江家乡戏曲活动漫忆》：

> 徽州会馆做的戏是最出名的。徽州会馆做戏出名的原因：一在于做的次数多而又定期不误，每年二、十两月必做两回戏，一做就是十日十夜。此外，当听说别的会馆祠庙请来的班子好，它还经常去接戏箱来做。这和其他会馆祠庙一年只做一回，或两三年以至五年、十年才做一回，甚或“赖戏”者不同。二在于不惜重金，上到徽州、东阳，下到绍兴、上海、宁波去专请“好班子”来做戏。这和其他会馆祠庙到期随便到别的祠庙会馆接戏箱，或者请个行头破破烂烂的“烂班子”来做几日，还一下“戏愿”也不同。三在于戏台好，虽不是最大的，可是红漆油油，柱子从上到下都描金涂碧，很考究。虽然露天，却四面有高墙，坐在高凳上也看得清、听得明。到徽州会馆看戏，那和到别处看戏一样，不花钱是理所当然的，任何人都可以自由出入。

戴不凡是旧严州府治建德县（梅城）人，祖籍徽州休宁隆阜，定居建德城，到他这一代已经是十四世了。但是，直到辛亥革命前，每隔五年还得去到隆阜拜一次祠堂。因此，他们这样的书香世家就是徽州会馆的成员。他说，旧时唱戏有一套“老规矩”，按老规矩行事的就是所谓的“大班”，否则就是江湖班。所谓“老规矩”是这样的：

> 每天下午或晚上先大锣大鼓“闹头场”。开始闹头场前，得把“绣花桌围”蒙着的那张“半仙桌”（即所谓“一桌两椅”的那张桌子）从台里有“椅帔”两

张椅子当中端到台口正中。“桌围”上方都横有金字或黑字绣的“xxx 班”字样（小班子、目连班和下路来的某些大京班就没有绣自己班名的桌围）。闹完头场，把桌子归到原位（台中、两椅之间），那就开始细吹细打的《排入仙》；接着是“三跳”：先大锣大鼓声中，双方端着长方形漆盘，内装大金元宝一只的《跳财神》；继之是小锣小钹的《天官赐福》；最后是“三打不出门”锣鼓（长号筒配大锣大鼓）声中，拿着如椽巨笔的《跳魁星》。必须把这一套做完了，才开始做“早戏”。凡是“大班子”，无论是高腔、昆腔、乱弹、徽班、三合或二合半，都会这一套。

所谓三合，是指唱高腔、昆腔、乱弹三项声腔的联合戏班；“二合半”即演 18 本徽戏、18 本乱弹、9 本昆腔的班社。真正从徽州来的大班子，原来也是“十三顶网巾”的。它们除西皮、二黄外，高拨子和吹腔戏也很多，至于昆腔戏那也是不少的。一般说来，整本的戏则全是皮黄。”[①]

戴先生还在他的长文中谈到“徽州会馆赖戏”的事，从中不难看到徽戏在这一带衰落的情况。“我记得一年两度由妈妈带着到徽州会馆，坐在高凳上，白日黑夜看戏，那是“蒋介石来了”以前的事。从这以后，徽州会馆就开始年年赖戏，王小二过年一年不如一年了。先是每年只做一回“十日十夜”的，后来则做一回“七日七夜”以至“三日三夜”的，大约是一九三五年二月吧，请了个唱“大京班”的烂班子，做了“三日三夜”以后，就没有再正式为菩萨做戏了。”如此这般的原因是“徽州人穷了”——徽商经济衰退了。有钱的徽州会馆尚且赖戏，何况其他的祠庙了。旧严州府一带的情况就是这样。

杭、嘉、湖一带徽班徽戏的影响也不小，尤其是运河两岸。如运河穿镇而过的德清县新市镇刘王庙古戏台，至今尚保留有清同、光年间徽班老艺人的大量题壁。从题记中可知，当年来这里演出的徽班，同治年间有大富春班、程三元班、景秀班、大庆喜班、珍秀班、新富春班、春台班、仁德堂福林班、睦本堂班、大锦绣班、姑苏大金石班、大锦春班、瑞和秀班等，光绪年间有同春班、上洋大同胜班、大同庆班、浙江福喜班、富华班、上洋大锦绣班、韩记春台班、浙江大赐喜班、大富华班、大全福班、大同春班、武鸿福班、成锦春班、大长胜班、春生堂富春班、仁德堂福林班、

① 严州文化研究会：《戴不凡的不凡道路》，中国文史出版社，2015年，第265～268页。

德顺堂班、大锦绣班、睦本堂班、省城鸿福堂班等。演出的剧目有《凤凰山》《黄鹤楼》《乾坤镜》《烈火旗》《奇双会》《龙虎斗》《百忍图》《天水关》《战盘河》《九龙山》《百寿图》《锁五龙》《战长沙》《九锡宫》《八蜡庙》《献西川》《三进士》《八卦图》《芦花河》《红桃山》《渭水河》《虹霓关》《反长安》《双合印》《讨荆州》《对刀》《金水桥》《端午门》《海潮珠》《战樊城》《过昭关》《八盘山》《大红袍》《双尽忠》《打金枝》《清河桥》《二进宫》《马鞍山》《杀四门》《朱仙镇》《沙陀国》《二度梅》《两狼山》《反昭关》《紫金镖》《南天门》《富贵图》《女绑子》《祭江》《蜈蚣岭》《曾头市》《五代荣》《打樱桃》《望儿楼》《斩扬波》《大保国》《宫门带》《白虎堂》《斩黄袍》《观画跑城》《扫雪打碗》等。①

二、徽州徽班

徽州自明代嘉靖间“徽州腔”诞生以来，似乎并未在本土得到发扬光大，颇有点“墙内开花墙外香”的景象。徽州士绅、富商多赏习昆曲、徽昆，徽戏盛兴于徽州，约在清乾隆中后期。尤其是“四大徽班”进京，获得天下美誉，徽州始有“京外四大徽班”之说。至清道光、咸丰间，与浙江毗邻的街源地区成为“徽戏窝”。

京外四大徽班。《中国戏曲志·安徽卷》载：徽州有四大名班，称之为“京外四大徽班”，即庆升、彩庆、阳春、同庆四班。

庆升班　职业徽班。班址歙县雄村，为清乾隆间户部尚书曹文埴（1736～1800）创办。庆升班的前身为华廉科班，乾隆五十二年（1787），户部尚书曹文埴致仕返歙，从扬州聘请昆曲艺人及伶童，设立家乐，时为昆班。但其老母曹老夫人听不懂昆曲，也不喜欢折子戏，后家班改为唱徽调为主。又在徽州一带招收80余名学童，交由其族侄曹云舟打理，其时应为华廉科班阶段。由于班中培训学员采取淘汰制，童伶出科后大多技艺精湛。府中逢有官员过往和喜庆之事，便开场搬演故事。民间传说，乾隆五十五年（1790），曹文埴为进京祝皇帝八十大寿，将家班改名为“庆升”。有资料记载，嘉庆二十年（1815），庆升班到浙江金华演出，颇有影响。可见，嘉庆间，庆升班已成为地道的职业徽班。华廉科班约在曹文埴过世后散去，伶人多进入庆升班及徽州其他职业班社。

清道光十年（1830），曹文埴之子、清军机大臣曹振镛（1755～1835）为贺太后

① 应良志：《新市刘王庙古戏台清代戏曲墨记考》，《戏文》2007年第4期，第75页。

庆升班所在地——歙县雄村

寿辰，将受其资助管辖的庆升班，加以扩充，广纳名伶，演出《凤凰山》《水淹七军》《奇双会》《三挡》《闹天宫》等戏，尤以武戏见长。此时，庆升班仍然打“天府第曹老庆升”堂号，四乡八里及曹家同僚、亲友，凡有喜庆皆以聘得庆升班去演出为荣。被徽州人誉为“京外四大徽班”之一。这个班演出活动前后达150年之久，兴旺时期是曹振镛在世阶段。当时外出演出，气派非凡，台前挂两只大红灯笼，一是“曹相府”，一是“庆升班”，台正中桌围上绣有“曹相府家班”字样，台内侧供奉沉香木雕的老郎菩萨。当时不仅在本县演出，还被邀到绩溪、休宁、祁门、黟县，以及淳安、金华等地的城乡演出。光绪间，庆升班分为老庆升、新庆升两班。新庆升的班主为叶桂贤。民国二十六年(1937)以后，庆升班解散。

彩庆班 为职业徽班。建于清代乾隆年间。是徽州规模较大、活动范围较广的班社，拥有艺员百人。从乾隆至光绪年间，多活动于徽州一府六县较大的城镇，保留剧目近千个。班规“宁可穿破，不可穿错”，故有“破布彩庆”的称号。主要演员有正生存根、正旦大道士、小旦小道士、大花脸歪头鱼、二花脸王石、三花脸小宝等。凌灶寿也曾在彩庆多年，以演小丑和老旦为主。徽州府城每年三月三的“赛宝会”和其他重要节庆，均邀彩庆班主演，被徽州人誉为“京外四大徽班”之一。清末，彩庆一度衰落。民国初年，老彩庆部分艺人重新组班，改名新彩庆。名角有老生小秋香、武老生贤通、小生双寿（因貌丑，俗称猪头小生）、二花青松、三花红禧、花旦顺仂（即项少轩）、小丑小宝等。该班无固定演出地点，流动四乡八镇，抗日战争初期解散。

阳春班 职业徽班。建于清代乾隆年间，班址休宁县，前后活动了100余年。初期为一个班社，后分为兴阳春、新阳春、新兴阳春（即大阳春、二阳春、三阳春）三个戏班。道光年间，总领班是石牌（今怀宁县）人红云。红云是优秀演员，工小生。后为安庆人徐先旺，也是知名的演员，工老生。他是徽州知府甘凤清的干儿子，在徽州有势力。中期是石牌人程秋香，秋香是其字，大名程远香，幼入石牌徽剧科班学戏，工正生。秋香有文墨，凡后台出“水牌”、排戏、设置情节与提纲，皆由他掌管，众人推为领班。光绪二十一年（1895），同科师兄弟双云、双郎分别在徽州承办阳春班与庆春和班，秋香邀请太平艺人储有林（三花）、四保子（二花）、向贵松（老生）、家相（大花）、家友（丑）等同赴徽州，充实了两个班社的阵容，当地艺人无不尊之为师。中晚期总领班鲍汝洲，又名鲍汝九。鲍原籍青阳县，太平天国时期迁徙休宁，是有名的车马店老板。在他任班主期间，财力雄厚。晚期主要演员先后有小生猪头双寿，行行俱精；正生双福，小丑双庆。三人均系石牌双字辈科班出身。还有二花储有林，正旦庆书，三花四保子，武老生何贵福，摔打二花水托之，大花家向，小丑家友等人，均系太平籍艺人。徽州籍艺人，有花面方官进，歙县人；武旦汪先保，绰号武旦尼，休宁籍；武生王明贵，歙县人；唱功大花林天赐，屯溪人；唱功老生程松顺，歙县人；花旦方庙桂，歙县人；花旦余云顺，绩溪人；生旦丑俱精的程郁芳等。民国二十三年（1934）秋，徽州大旱，灾情严重，曾一度停班。后三个戏班合成一个班子，名新阳春。中华人民共和国成立前夕，鲍汝洲的儿子鲍天赐也曾任过总领班。主要活动在徽州六县、浙江衢州、淳安、江西乐平一带。鼎盛时期在清代同治年间，拥有男女演职员150多人，行当齐全、阵容强大、服装道具有30多箱。被徽州人誉为“京外四大徽班”之一。

阳春班擅于演唱昆曲、高腔、徽调等，表演细腻，尤以演小生、小旦戏驰名。如《祭塔》《赏荷》《换龙胎》《祭江》《惊变》《折柳》《昭君》《思丸》《赠剑》《梳妆》《跪池》《宝莲灯》等。他们的小生、小旦戏做到稳中求媚，静中露神，声腔也刚柔兼蓄，声情并茂。同时，善于武戏文唱，如《十字坡》《演火棍》《七星庙》《红桃山》《泗州城》《打桃园》《破洪州》等。晚期也随着徽州流行的戏路子，上演偏重于武打的剧目，如《八蜡庙》《八达岭》《七擒孟获》《溪皇庄》《恶虎村》《白水滩》《盗铜旗》《伯鹿血》等。后来，阳春班在京戏的冲击下已经是昆、徽、京、乱合班，还包容了一些杂耍、地戏、台阁、木偶戏等艺人在内，活动形式也不再是一个正规的戏班了。

同庆班 文献资料极少。“以乱弹争胜，兼唱花腔杂调”，歙县街源人朱瑞堂师后期曾为班主，艺伶多为街源人，亦为“京外四大徽班”之一。

其他职业徽班 除“京外四大徽班”外，徽州著名的徽班还有华廉科班和与进京四喜徽班同名的四喜班。华廉科班已在前文庆升班中表述，不再赘言。四喜班在当地是一大名班，演职人员多达 180 人，为徽班中少见。每到一地，必先演《八达岭》《采莲》，180 人登台，台上站不下，溢出台口，以展示阵容和行头。再演《七擒孟获》《八阵图》，展示昆曲功底。然后演《英雄义》等剧，展示功夫武技。班中规章完备，其中有一条规定，不论任何演员，扮演戏中之角色死去后，不能改装后再次上场，演出结束后休假一日。

辛亥革命以后，仍然演出的徽州职业徽班有新庆升、柯长春、新阳春、二阳春、新万春、凤春和、大舞台、老采庆、新采庆、凤舞台、新春和、新长大寿春、三阳寿、大阳春等。这些职业徽班，除在当地演出外，也走出徽州去各地巡回演出，如柯长春班 1951 年曾巡回演出于浙江衢州、金华、兰溪一带。不久，新庆升班也进入了浙江金华一带演出。浙江淳安一带，也是徽州徽班经常巡回演出的地方。这一时期的徽州徽班，在艺术上仍然追求精湛与铺张。如《西川图》出三堂龙套，五把伞；《惊变》出十四堂龙套，八红蟒、四宫衣等。《英雄义》中扮史文恭的艺人，要从七张桌子上翻下。《三挡》中秦琼的走霸，以“金鸡独立”“童子拜观音”“犀牛望月”等精美的身段程式，表现人物的情绪。《水淹七军》中，关羽与周仓“观书”和“观阵”时的多侧面功架，刻画了关羽的大将风采。徽州徽班中一些精彩的表演，至今保留在徽剧的传统戏中。

鬼火班 徽州还活跃着一些半职业性质的戏班，农闲时组班，农忙时散班，成员不超过 30，行头切末比较简单，收费也低廉。徽州人称这种时有时无的戏班为“鬼火班”。据安徽省徽剧团老团长刁均宁 20 世纪 50 年代调查，光绪前后至抗日战争前夕，较为活跃的“鬼火班”有新春班、合春班、福春班、和春班、笑春班、太平春、万年春、新万春、庆和春、元春和、新瑞春、仪春和、小舞台、也舞台、新舞台、新鲜舞台、吉庆堂、新民乐等18班。

业余班社 清道光以降，徽州的业余班社主要有雄村雅乐会、休宁昆腔会、伏岭徽班、汉口徽班、休宁同乐社、绩溪蓝田剧社等。业余班社大多是自娱自乐，偶尔到附近地区演出。有的如休宁同乐社，也有半职业性。业余班社的兴起，延伸了徽戏在乡村的触角，普及了观众面，与徽州民俗紧密结合，融入了当时徽州的日常生活。

雄村雅乐班，建于清道光年间。班址歙县雄村，班主为华廉科班班主曹云舟之子曹季涵（子寒），主要成员有曹祖基、曹辅钦、吴仁义、曹子谦、鲍四海等。以演唱昆曲为主，发展到皮黄。对徽戏中的“徽昆”颇有造诣，产生过一定的影响。徽剧武昆耆宿程发全，曾到该班学过《闹天宫》。经曹五爷度曲的《盗金刀》《仙缘》等剧目，在徽州各地徽班中广泛流传演出。由曹季涵编曲的《万花献寿》手本，为后来的安徽省徽剧团所收藏。这个班代代相传，持续百年之久，为徽州各地雅乐班的鼻祖。

休宁昆腔会，建于清咸丰八年(1858)，盛于光绪，衰于民国。是个相互切磋、专习昆腔，自唱自娱的业余班社。据说，清末曾应湖广总督张之洞的邀请赴汉阳演唱，自编《上寿》一曲，誉满剧坛。会员有一二十人，其中骨干六七人。学习方法是按剧目分行当自学，定期会唱，规定每年正月都要学会一出戏。曾受庆春和徽班文场戴瑞堂的指导。汪步蟾家有张桌子，他的祖辈当年就是围着这张桌子习唱，因习唱时用手指敲点板眼，年久，桌面上点敲之处嵌成道道手指印痕。金慈观是秀才，他一人能“放”300多个戏，抄了200多个剧本。抄本唱词、曲谱规范，书法工整，多为戏剧收藏家所喜。伴奏乐有笙、箫、管、笛、大箐、海笛、三弦、点鼓（又名渔鼓）、五音铃等，共10件。其中还有一种不明的乐器，形状如笛，较小。笛子又分雌雄两支，俗称双笛。过去，徽州六邑的徽班艺人每来休宁，必访昆腔会，如新阳春徽班的道士旦和小青，都曾以演唱技艺就教于昆腔会。昆腔会也是当地群众心目中很具表率作用的一个寓修养于娱乐的组织。

伏岭徽班，建于清代道光年间，班址绩溪县伏岭。据传，道光初年，岭下村常发生火灾，春节期间更甚。为镇邪消灾，一民妇献出一顶麻制蚊帐，做成一只

绩溪伏岭徽班徽剧展示馆及老剧照

徊，徊是传说中比狮虎更凶的猛兽。于是，村民们点起松明火把，披着蓑衣在祠堂里狂欢跳舞，威慑火狮、石虎，从此，火狮消声，石虎匿迹。村民们为欢庆胜利，就组织了永义会，每年元宵舞徊。由三十岁男性青年主事，也叫值年。道光末年，改舞徊为游灯，结束后再到祠堂里，演一些角色少、动作简单的哑剧。光绪初年，村民们学演徽剧，从而形成了伏岭业余徽班，当时仍名舞徊班。民国十四年(1925)，因徽商资助而规模扩大、设备增加，演出也随之繁荣。民国十五年(1926)，在绩溪登源花朝胜会上，他们曾与新阳春职业徽班唱对台戏，演出了《火烧连营》《长坂坡》《八阵匿图》等18个徽、京剧目，迫使新阳班不得不改唱皮黄剧目。成员一般保持百余人，参加演出的多为十四五岁的孩童，所以又称娃娃班。百余年来，他们演出100多个剧目，主要是徽剧和京剧。如《水淹七军》《黄鹤楼》《英雄义》《八阵图》《龙虎斗》《水泊梁山》《失空斩》《长坂坡》《十五贯》等。也创作演出了《小燕护林》《两家亲》《红岭锤声》等现代戏。1950年国庆节，他们应邀到县城演出了《英雄义》《独木关》《武松打店》《八蜡庙》等，获得好评。1960年，又两次到县城演出《水淹七军》《黄鹤楼》《龙虎斗》等正宗徽剧，正式成立伏岭徽剧团。伏岭班的经费来源，主要靠舞狮募捐，称“狮金”，年积岁累，设备款已达数万元。据1960年统计，服装道具共24箱，盔头、帽子300件，头面、珠花两箱，服装588件，各种道具400件，打击乐器26件。1963年春节，伏蛉下村曾举办一次梁山泊108将化装游行，全部蟒靠均由徽剧团提供。

汉口徽班，建于光绪六年（1880）前后，班址祁门汉口村。前身叫同乐班，这个班的鼎盛期在民国 1931 ～ 1934 年间，这时徽州的徽戏已渐被京剧所取代，汉口地域偏僻，仍保留自身的特色。他们很少流动到外地演出，每个年度的演出时间都在腊月和次年的正月，上演的剧目有《龙凤阁》《节义贤》等。据 20 世纪 50 年代调查，这个班的第三代艺人邱淮荣已经 84 岁，耳虽聋，声音却洪亮，唱两句仍有板有眼。其子邱五分为第四代艺人，工旦行，年岁也 50 开外。

休宁同乐社，半职业徽班。建于民国九年 (1920)，班址休宁县五城村，班主项昆山。同乐社鼎盛时期在民国二十九年（1940）前后。当时艺员达 50 余人，较有影响的有项昆山（五城人，花脸）、黄和竟（古林人，文武场、须生、青衣）、天顺老（鼓师、丑）、水富老（西田人须生）、打锣培基（古林人，须生）、三花阿有（洪里人，丑行）、补伞兆（龙湾人，青衣）、胡丁进（西田人，武生）等。常演剧目有《满春园》《黑风帕》《二进宫》《上天台》《黄金台》《武家坡》《独木关》《捉放曹》《连营寨》《解宝》《跑城》《古城会》《文昭关》《大保国》《观画》《玉堂春》《打金枝》《追韩信》《下河东》《黄鹤楼》《借东风》《空城计》等 100 多出。其中有徽昆，也有京剧，活动在歙县、祁门、浙江开化、江西婺源等地。中华人民共和国成立后，同乐社每逢节日或兴灯庙会，还组织了不少台演出。1958 年，改建为休宁五城文工团，成为业余演出团体。

蓝田剧社，建于民国十九年 (1930)，社址绩溪县尚田村，尚田村早年叫上田，后又名蓝田。是汪姓村庄，分上、中、下三门。中门人数少，只建有上、下门两个祠堂，汪华公和太子菩萨由上、下门各供奉一年。每年农历正月十五（汪公生日），八月中秋（汪公忌日），七月半（太子菩萨殉难日）必做庙会，演戏酬神。建班之初，仅是一些爱好者抄来剧本，自己学唱。民国二十三年（1934），请来师傅程哲界教戏，议定学戏 40 天，酬金银洋 40 元。学的第一出戏是徽昆《大财神》，用竹笛和大、小唢呐伴奏。此时只唱不演。后来又请了本地前山寺里的一位诨名佛生的和尚来传艺，教《丑夫戏妻》《桑田会》《小放牛》《龙虎斗》等戏。民国二十四年 7 月做太子庙会，在大家请求之下，佛生和尚才开始教习动作。当时无行头，临时借了几件，由曾在柯长春班演二花脸的高灶闳开脸。演出大受村民赞赏。于是，村中祠堂头和一些富户纷纷出资赞助。民国二十五年（1936）十月，下门戏班在旌德三溪买了程春和班的箱底，并聘请了师傅汪德华教戏。上门戏班在柯长春班购了戏箱行头，并聘请了俞银顺、俞三金两位师傅。当年十月以后的农闲季节，两个班子不分日夜整整学了三个月。民国二十六年（1937），是尚田村演出活动最繁荣的一年，上、下门两个班社共有演员 100 多人，全年演出 7 台戏（一台戏为三日三夜），一个正月就演出了 2 台。上门演出的有《昭君和番》《打棍出箱》《万花开台》《水淹七军》《白虎堂》《李陵碑》《空城计》等，下门演出的有《丑夫戏妻》《九锡宫》《收徐达》《天水关》《李慧娘》等。主要演员，上门有汪寿桃（生）、江啸尤（老旦），下门有春柱（旦）、观和（旦）等。自民国二十五年以后，他们经常应邀到外地演出，受到京剧影响。抗日战争期间，从江苏扬州、镇江流落到绩溪的京剧难民班散班后，红生孙容海到尚田下门教戏，自此，该班逐渐以京代徽。1947 年，尚田上、门二班合并，主要就唱京剧了。50 年代，剧社仍有活动。

三、街源戏窝考述

20 世纪 50 年代，刁均宁先生在《安徽徽班派系之探索》中写道：

> 徽州徽班中期艺人，已转为来自歙县街口为主。当时有叫瑞堂的，徽班艺人都称他为“瑞堂师”。他在徽州一带享有盛名，其主要原因是他批阅的剧本，在场头、介头、声腔、锣鼓、板眼上，圈点得非常精确。艺人拿到他圈点过的本子，演唱起来非常方便。和他同时的，还有几个艺人叫作光福、朱正元、歪有头等，和他同样享有盛名。后来的徽班名员，大都受过他们的亲自传授与指点，称他们教戏，在艺术上的严密为“点水不漏”。

刁文还列表统计了道光至民国初年的徽州徽戏艺人，见下表：

道光至民国初年的徽州徽戏艺人

姓名	活动年代	行当	籍贯	备注
程秋香	道光年间	老生	安庆石牌人	以程秋香为代表的早期徽班艺人
双庆	道光年间	小丑	青阳人	
宏荣	道光年间	小生	安庆石牌人	
朱瑞堂	咸丰前后	场面	歙县街源	以朱瑞堂为代表的中期徽班艺人

续表

姓名	活动年代	行当	籍贯	备注
光福	咸丰前后	场面	歙县街源	
歪有头	咸丰前后	二花面	歙县街源	原名无考
王顺田	咸丰前后	旦行	歙县街源	
朱正元	咸丰前后	武生	歙县街源	
周桂和	光绪前后	带班人	歙县街源	新阳春班主,从此以后为徽班晚期
方炳顺	光绪前后	武旦	歙县深渡	又名豆腐担、跷功好,12岁学戏,演泗州城,翻七张台子
金连弟(女)	光绪前后	小生	歙县横溪	
王金水	光绪年间	小生	歙县街口、石门坑	
凌灶寿	光绪年间	老旦、小丑	歙县街口、小川乡	
程发会	光绪年间	武生、花面	歙县	武老生兼演二花面,为徽班名艺人
程松顺	光绪年间	老生	歙县	专工唱工老生
余银顺	光绪年间	正旦	绩溪	晚年以场面见长
程秋贵	光绪年间	小旦	休宁	以《借靴》《审乌盆》等拿手戏
鲍进昌	光绪年间	正旦	屯溪	以《赠剑》《断桥》等戏著称
方庙桂	光绪年间	花旦	歙县街源	以《乌龙院》《拾玉镯》等为拿手戏
王正同	光绪年间	小丑	歙县街源	以《审乌盆》《点马》为拿手戏
史全奎	民国初年	二花	屯溪	以《水擒》等为拿手戏
章思涛	光绪年间	徽胡	屯溪	
穆管炎	光绪年间	司鼓	屯溪	
王明贵	民国初年	武小生	歙县街源	

续表

姓名	活动年代	行当	籍贯	备注
吴长才	光绪年间	竹笛	休宁	兼唢呐(大、小专)
王明月	民国初年	小丑	歙县街源	又名板凳腿，以演《别妻》为拿手戏
项少轩	民国初年	花旦	屯溪	以演《赠剑》为拿手戏
汪仙保	光绪年间	武旦	屯溪	以演《扈家庄》《断桥》《水斗》为拿手戏
王有进	民国初年			
黄诗金	民国初年	衣箱	屯溪	
程有芳	光绪年间	二花	歙县街源	

从上表中可知，清道光至民国初年，徽州较有名气的徽戏演员 31 人，除一人籍贯不明外，其中，歙县街源籍的有 15 人，占一半之多。街口、街源同指一地，街源包含街口。

清代吴叶枧手绘徽剧脸谱（吴琳提供）

据朱祝新编著的《歙县徽剧志》，自清乾隆至 20 世纪末，歙县各类民间戏班总 46 个，其中街源占 35 个。现摘要如下：

街源同庆班，乾隆至道光间，后期班主朱瑞堂，演员多由街源人组成，为“京外四大徽班”之一；

璜蔚程春和班，道光至民国初，班主分别为姚增广、胡郁文、王顺田、周光富、方妙桂，名角有胡郁文、姚增广、歪有头、王进通、王顺田、朱正元等；

巨川阳春（新阳春），道光至民国中叶，班主储兴旺、周桂和，名角有曹云奎、鲍进昌；

璜蔚德路班，同治之光绪，班主胡德路，名角有凌灶寿、王金水、程发钱、程松顺、程秋贵、余银顺等；

韶坑老徐班（徐新春班），康、乾间，班主徐尚志；

程家程家班，康、乾间，班主程谦德；

璜蔚新庆班，民国初，班主胡广荣，名角有胡广荣（花脸）、胡贯之（二花）、胡林喜（架子花脸）、胡和尚（一把抓）、胡树力（翎子生）、胡文根（青衣）、胡忠炎（开口跳）、胡金善（老生）、方妙桂（武旦）、奶囡（武生）等，常年在歙县、淳安、遂安等地演出，曾在威坪、渔梁唱过对台戏，名闻徽浙；

璜蔚宏桂班，民国中叶，班主胡宏桂，由王正通、三丁师等教授，村人学徒，后加入太平春班；

璜蔚太平春（长春班），民国二十二年（1933）起班，班主胡康泰；

璜田文进班，民国初，班主胡尼姑，名角胡继法、胡尚义、胡义顺；

璜田三三班（小鬼班），民国间，班主胡汉余，名角胡尚文、胡文荣、胡尚林、方灶顺等；

街口新长春，民国十五年（1926）起班，班主金莲娣，名角有方炳顺、耿金榜、宋云飞等；

蜈蚣岭笑舞台，民国中叶至抗战爆发，班主方妙桂；

长标吉庆堂，民国间，班主王明贵，名角有王明贵、王道明、王明月、王光生、王正通等；

源头老福林班，清末至民国中叶，班主雷盛田，名角有江灶发、张明武、张明义、张炳养、雷百顺、雷灶友、雷增寿（三代）等，淳安《鸠坑乡志》有载；

韶坑新和春班，乾隆三十九年（1774）起班。班主徐光有，以目连戏为主，平台（日戏）也唱徽戏。开化师傅传授“九腿半”目连戏，名角有徐时和、徐开元、徐祖顺，徐文松（第七代）、除承吉（第八代）；

长标劝善班，光绪二十八年（1902）起班。班主王有夏（一代）、王执中（二代）、王佑生（三代），编剧王孔嘉，名角有王广顺等；

长陔三脚班，民国十年（1921）起班，班主毕光有，遂安程伯顺为师，教徒十多人；

璜田三脚班，民国末初，班主潘妙贵，淳安师傅传授；

《借东风》剧照（璜蔚村梨园世家第二代传人胡志鹏饰赵云、妻毛桂芬饰诸葛亮）

胡埠口福寿班，清末，班主吴善山、邱承恩；

长陔石川班，乾隆至民国初，民国时班主王正通，演员分别在徽州各戏班，只在家乡节庆回村演戏，能集街源名角加盟；

街口庆福班，道光至民国中，班主姚庆福，主要演员有戴树堂、姜国福、宋双有等；

街口德松班，清末至民国初，班主毕德松，汪三来教授。

以上大致按朱祝新列表顺序摘录，有删节，1949年后的班社未录。由上可知，街源各村几乎村村有戏班，有的村还不止一个。街源徽班如此密集的存在，成为徽州的“戏窝”，故民间有“无街不成班”之说。

徽州的“戏窝”为什么在街源？笔者根据已有资料分析如下：

第一，早期受到南戏的影响。南戏产于浙江，南戏《荆钗记》《白兔记》《拜月亭》《杀狗记》四大传奇，其中《杀狗记》即为淳安人徐畛所作。街源与淳安近在咫尺，其先人受到南戏的影响应很自然。1976年10月，歙县文物部门在璜蔚乡天堂村（古称东堂），发掘了一座元代壁画墓，随墓出土10块浮雕装饰石，其中4块人物石壁画分别为：“初登第”“得意回”“清明”“人面桃花”，画中人物、装饰极似宋元戏曲。这至少可以作为宋元南戏传入徽州的一个佐证。又，明代正德四年（1509）《新安毕氏会通宗谱》，就有街源人毕尚忠编创《七国志》和《红笺记》戏文，并且“梨园子弟广传之”的记载。毕尚忠所编戏文无疑就是南戏，“梨园子弟广传之”自然包括街源的梨园。近年，黄山学院孙承平收藏了一批街源胡埠口一带的手抄古剧本，共38部。经朱祝新依据胡埠口胡氏《百字辈分诗》推断，其中《蝴蝶梦》《百寿图》为元末明初本。街源戏源可谓远矣。

第二，明清目连戏班社播下职业戏班的种子。自明代祁门人郑之珍《目连救母劝善戏文》刊刻后，徽州演目连戏风行一时。街源韶坑目连戏班请浙江师傅教习成功，演目连戏很有名声，又将戏班拆分为二，常年演出于徽浙一带。隔壁长标村见邻村

20世纪50年代初，璜田戏班在古戏台上演出的徽剧《黄鹤楼》剧照

唱目连戏可以赚钱谋生，也组班习唱，且后来居上。目连戏班职业或半职业化的示范，为街源其他戏班开了先河。

璜蔚村张森和演《芦花荡》剧照

第三，“徽俗最喜搭台观戏”，街源尤盛。街源许多村子旧时都建有戏台，仅璜田村就有与上、下祠堂相对应的两处固定的戏台，民间称“呆台”。现存下祠堂戏台为康熙间所建，民国八年（1919）重修。戏台宽 15 米，高 10 米，深进 10 米，是一座体量很大的古建筑。台前为露天广场，可容数千人观戏。戏台口两侧呈八字形假门，分别置落地木雕门罩，满攻云龙图案描金装饰；左右副台设壶门，正壁木雕槅扇，均极为精美。笔者曾考察徽州、及与徽州毗邻的江西、浙江一带古戏台，这是最美、最大气的一座，且风格近浙江。戏台后墙上还存有戏班出演的戏名百余个。可见，街源人“喜搭台观戏”由来已久。

第四，徽班艺人技艺传承，在街源开枝散叶。徽州徽戏艺人现可考的有三辈，早期无考，中、晚期艺人（约道光年间），除来自石牌外，其余大多为徽州人。名师有朱瑞堂、徐光福等，皆是编写曲词，研讨唱腔，文武场面中的高手。培养了花旦王顺田，武生宋正元等一批人才，皆盛名于清同、光年间。至光绪末年，又有师承技艺者，如攻文武老生的程发全，攻正生的程松顺，攻花旦的方庙贵，攻文武小丑的王正同，攻文场的章思涛等。诸位名公，于20世纪70年代前后，相继去世，但薪尽火传，他们的技艺传于今人。

第四节　徽剧复苏

鸦片战争以后，京剧形成，徽班式微。然而徽州一带的徽班，由于山川阻隔，与外地戏曲交流较少，却仍然保留着自身徽昆、徽调的特色。抗日战争爆发之后，至1949年，各地职业徽班基本绝迹。漫长的寒冬过后，春天终于来临。

一、徽剧团成立前后

1951年，皖南行政公署在屯溪举办土产展览会。展览期间，行署文化部门召集余全顺、程发全、程松顺等30余名散落在徽州各地的徽班老艺人，组织了连续多日的演出活动。演出剧目有高腔《借靴》《审乌盆》，徽昆《采莲》《断桥》，吹腔《赠剑》《快活林》，拔子《铡包勉》《女审》，西皮《扈家庄》《竹林记》，平板二黄《雪拥蓝关》，老二黄《老虎斗》等，可谓“文武昆乱不挡”，演出大受欢迎，民间呼吁要恢复徽班。于是，原徽州各家的徽班艺人在屯溪成立了大娱乐班。不久，休宁群乐剧场越剧团解散，大娱乐班便迁往休宁群乐剧场，并易名休宁群乐剧团。

1954年，群乐剧团以《借靴》《醉打山门》《蓝关渡》《乾坤镜》四剧参加在上海举办的华东戏曲观摩演出大会，徽班老艺人程发全获奖，《借靴》一剧被收入《华东戏曲会演剧目选集》。1957年，改名休宁县徽剧团，集体所有制。1959年，因徽州、芜湖两专区合并，调往芜湖，改名芜湖专区徽剧团，并转为全民所有制。1961年，因徽州、芜湖两专区分开，回迁屯溪，改名徽州专区徽剧团。全团60人，先后担任团长的有汪云廷、姜廉臣等，主要演员汪云廷、项少轩、程秋桂、史双奎、左俊鹏、程观顺、云晓霞、蒋兰英、邱富英等，乐师章雪如、鼓师穆观炎。50年代，该团挖掘整理演出徽剧传统剧目40多出，还创作演了《兄弟参军》《童养媳翻身》《提高警惕》《九件衣》《白岳歼敌》等一批现代戏。确立了以教学为主，演出为辅的办团方针，经过三年的严格训练，培养了陈林、叶金、宋水银、王都、凌长安、王千金、汪富莲、张小瑜、吴艳芳、李娜、章美珠、方桂元、朱秋云、刘金保等一批青年徽剧演员。60年代初，在徽州各县演出受到赞誉。1964年撤销，部分青年演员和教师并入徽州地区京剧团，老艺人遣散回乡。

1957年7月，徽州地区京徽剧团在屯溪组建，其前身是建于民国二十七年(1938)的屯溪之江大舞台。当时主要演员都从外地聘请，流动性很大。先后挂牌演出的有钱艳芳、白玉琴和昆腔老生邹也君等。1950年，改称群力京剧团。1957年，改组为屯溪市京剧团，属集体所有制。1960年，转为全民所有制。1964年，徽州地区文教局接管，改名徽州地区京剧团。1978年，增添了徽剧表演，又易名京徽剧团。全团约120人，先后担任团长的有蔡福贵、黄天久、郑尚荣等，导演李枝平，舞台美术汪志成，主要演员华鸾、吴奇林、章其祥（徽剧演员）、贾丽云、杜远君、杨俊良、邱正良、杨素芳等。该团是徽州地区最早进行“戏改”的单位。1951年，曾配合土改、反霸等运动，移植演出《白毛女》《九件衣》等，产生较大的影响。经常上演的京剧传统剧目有300多出，影响较大的有《红娘》《玉堂春》《金玉奴》《铁弓缘》《四进士》《八大锤》《挑滑车》等。上演徽剧剧目有《水淹七军》《百花赠剑》《借靴》《快活林》《双下山》等十多出，上演的现代剧目有《刘胡兰》《党员登记表》《赵一曼》《八一风暴》《红灯记》《沙家浜》《杜鹃山》《蝶恋花》等20多出。创作演出的剧目有《揭竿起义》《牛大娘》等十多出，其中1956年创作的《猎户李龙》，参加了安徽省首届戏曲观摩演出大会获两项奖。1964年，创作演出的《翠林春潮》参加了同年举办的安徽省京剧现代戏调演。1965年，又参加了华东六省一市京剧现代戏调演。1979年，创作演出《整容曲》参加了安徽省向建国三十周年献演节目调演，共获六项奖。

二、传承与新生

1956年7月，第一届安徽省戏曲观摩大会在合肥举行，休宁群乐剧团和徽州业余徽班联合赴省参演，6个剧目14人获奖。会演期间，时任文化部艺术管理局局长、中国戏剧家协会主席田汉，在观摩了徽剧传统剧目后，邀请徽班老艺人在长江饭店座谈，听取他们对徽班艺术发展的意见。会后，田汉先生向安徽省委建议，组建一个全民所有制的省级徽剧团。1956年冬，安徽省徽剧团成立，团址在屯溪，首任团长周思木。徽班老艺人程发全、余银顺等被聘为徽剧教师。1958年冬，迁址合肥。

按照文化部“在恢复徽剧原来面貌的基础上，继承和发展徽剧艺术，要防止京剧化、昆曲化、越剧化”的指导思想，挖掘徽班遗产，培养徽班新人。从此，徽戏、徽调等称谓，统一定名为“徽剧”。

徽剧《断桥》剧照，转引李泰山《中国徽班》

1958年，在庆祝建团两周年时统计，发现徽剧及有关声腔的传统剧目1404个，搜集传统剧目750个，抄录153个，老艺人赠献的抄本94个，记录各种声腔曲调261种，还收集到不少即将失传的资料。截至1962年底统计，剧团充分利用挖掘、整理等项科研成果，积累了徽剧不同发展时期、不同声腔、不同流派的传统剧目有《借靴》《审乌盆》《万花》《三挡》《醉打》《扈家庄》《跪池》《惊变》《断桥》《水斗》（昆、拨各一）、《七擒孟获》《凤凰山》《昭君出塞》《水淹七军》《快活林》《巧姻缘》《打龙篷》《淤泥河》《棋盘山》《太白醉酒》《四国齐》《义虎报》《蓝关渡》《龙虎斗》《二进宫》《金殿装疯》《琼林宴》《打百弹》《九件衣》《端午门》《斩貂蝉》等，还有作为实验性的，经过腔戏接枝和较大加工的青阳腔（岳西高腔）剧目《思凡》《回书》《磨坊》《看女》《贵妃醉酒》《张飞祭马》等共40余出。在此期间，安徽人民出版社等出版了整理改编的《百花赠剑》等8个徽剧折子戏剧本，编印了内部资料《徽剧传统剧目汇编（皮黄卷）》5辑、《徽剧演出评介》1辑、《徽剧资料汇编》2辑，绘制《徽剧脸谱）1册，并由沈执、陆小秋、王锦琦记录，着手汇编《徽剧音乐资料》10辑。此外，还搜集到46名著名徽班艺人的生平和46个清代徽班的资料。这笔珍贵的文化遗产，历经“文革”十年动乱也没有丢失，十分难得。

从1958年起，剧团有了演出任务。当年3月，配合梅兰芳来皖公演，与梅剧团进行艺术交流，徽剧演出剧目有《打龙篷》《断桥》《审乌盆》等。同年冬，以《水淹七军》参加安徽省第二届戏曲观摩演出大会。至1959年，剧团工作逐步转入“边演出，边挖掘，边教学”阶段。这年3月，去上海为中国共产党八届七中全会演出，同年5月赴京演出，周恩来总理两次接见全体演职员，并合影留念；党和国家领导人也在中南海观看了该团的演出。新闻界、文艺界盛赞这次演出为“历史上的第二次徽班进京”。1961年3月，又赴上海和杭州公演。在南北戏曲观摩中，引起戏曲界名流周信芳、盖叫天、马连良、荀慧生、俞振飞、侯喜瑞、张君秋等的热情关注。（附徽剧新生组图）

京剧“麒派”大师周信芳，在看了古老而新生的徽剧少年演出徽剧传统剧目的时候，激动不已，在《解放日报》撰文说：“我欣慰活在这个时代”，“六十年以前，当我也是一个学戏的孩子的时候，北京已经看不到完整的徽剧班子的演出了”。而今天他看到“近于绝响”的徽剧新生，夸赞道：“这真是满台尽新人，后生皆可爱！”[①]他对忽然出现在新中国舞台上的“新徽班”，大有“遗孤复得”之感叹。至此，古老的徽班遗产得以传承、徽剧艺术得以全面复苏。

三、剧目与表演

徽戏经过400年的发展传承，积累了丰富多彩、不同声腔的剧目总约1400个。[②]现已记录下来的有900多出。基本来源于继承和改编两个方面。继承方面，如“荆、刘、拜、杀”四大南戏和《琵琶记》中的一些折子戏，均传承于青阳腔。《义侠记》《雷峰塔》《鲛绡记》《长生殿》《浣纱记》中的一些折子戏，均传承于昆曲。改编方面，则指清代徽班艺人直接从观众喜闻乐见的曲艺故事中搬演的剧目。这类剧目是大量的，如从《封神演义》改编的《渭水河》《朱仙阵》等，从《列国演义》改编的《要离断臂刺庆忌》《海潮珠》等，从《两汉演义》改编的《追韩信》《别虞姬》等，从《三国演义》改编的《水淹七军》《捉放曹》《白门楼》《取成都》《荐诸葛》等，从《隋唐演义》改编的《淤泥河》《盗令三档》《界牌关》等，从《薛仁贵征东》改编的《凤凰山》《取帅印》等，从《薛丁山征西》改编的《棋盘山》《樊江关》等，从《杨家将》改编的《三岔口》《四郎探母》等，从《说岳》改编的《疯僧扫秦》《两狼关》等，从《红楼梦》改编的《黛玉葬花》《红楼二尤》等，从《西游记》改编的《花果山》《闹

① 周信芳：《周信芳全集》，上海文化出版社，2014年，第325页

② 中国戏曲志编辑委员会：《中国戏曲志·安徽卷》，中国ISBN中心出版，1993年，第87页。.

天宫》《闹龙宫》《借扇》等，从《水浒传》改编的《时迁偷鸡》《生辰纲》《快活林》《十字坡》《打店》《夜奔》等,从《济公传》改编的《赵家楼》《济公活佛》等,从《三言二拍》改编的《大劈棺》《占花魁》等，从《施公案》改编的《落马湖》《恶虎村》《连环套》等。此外，还有从凤阳花鼓改编的《打花鼓》《小放牛》等。这些剧目多出自徽班艺人之手，少量由明清文人及后世改编、整理。

徽剧剧目是构成徽剧精神品质、艺术特色的重要基础。按声腔分类，可分为昆曲（徽昆）、高腔、拨子、皮黄等。按表演形式分类，可分为文戏、武戏。文戏又分为唱功戏、做工戏、唱做兼重戏三种；武戏又分靠把戏、短打戏、出手戏三种。按体裁分类，可分为大戏、小戏、折子戏、连台本戏四种；按主演行当分类，可分为老生戏（文、武）、青衣戏、花旦戏、武旦戏、武生戏（长靠、短打）、小生戏（文、武）、花脸戏（铜锤、架子花脸、武净）、小丑戏（文、武）、老旦戏等。总体上，徽剧以擅长演宫廷袍带戏见长，以反映春秋、战国、秦、汉、三国和唐、宋历代帝王将相的故事居多。明代徽戏多以旦角戏为主，到清代则多以生角戏为主。徽昆剧目以武戏为主，有《七擒孟获》《八阵图》《八达岭》《英雄义》《倒铜旗》《白鹿血》等，昆弋腔剧目有《昭君出塞》《贵妃醉酒》《芦花絮》等,吹腔、子剧目有《千里驹》《双合印》《巧姻缘》《凤凰山》《淤泥河》等,皮黄剧目有《龙虎斗》《反昭关》《宇宙锋》《月（肉）龙头》《花田错》《春秋配》等,花腔小戏有《骂鸡》《李大打更》《探亲相骂》等。1957 年后，安徽省徽剧团也整理演出了部分青阳腔和四平腔的剧目，如《出猎回猎》《磨房会》和《借靴》等。经过整理较有影响的徽剧剧目,有《齐王点马》《百花赠剑》《七擒孟获》《八阵图》《水淹七军》《淤泥河》《打百弹》《拿虎》等。

下面例举若干出优秀徽剧传统戏剧目及其表演，从中可具体领略徽剧艺术的一些特色。

《水淹七军》 徽剧传统剧目，属吹腔拨子戏。写刘备自主汉中王后，命关羽以荆州之师攻襄阳，再攻樊城。曹操即遣大将于禁、庞德，前去救援。庞德勇猛，力战关羽，于禁妒之，移兵子罾鱼川口。关羽夜观《春秋》，勘察地形，决定乘襄阳水涨，开闸放水以攻之。曹军大败，于禁、庞德被擒。剧中关羽、周仓、关平分别由红生、二花脸、小生应工。《观书》《观阵》两折的做工和舞蹈极具工架美、雕塑美，堪称徽剧表演经典。

《观书》，表演以关羽为主，讲究威、稳二字。周仓虽配角，但要求表演质朴、雄浑。

徽剧《水淹七军》剧照（转引李泰山《中国徽班》）

两人一静一动，组构成多种优美造型和画面。表演分为桌后、桌前、台口三个层次：桌后的表演由关羽打开《春秋》一书开始，一句【叫头】过后，在“扑扑扑”的钹声中，关羽用右指弹掉烛花，周仓迅速跨步上前，以足猛地一下踏灭烛花亮相，关羽捋髯翻书，不动声色，以示他思想集中考虑破敌之策而毫无他顾之心情。关羽唱【倒板】后，左手握书卷，右手捋髯，周仓与关羽侧背相依，双手撕开黑扎上的两条长须，歪头侧视关羽手中书卷亮相。同时，关羽盔帽上的绒球不停地颤动，以示其内心激动之情。继而，关羽放下书卷走出书桌，摊手、搓手表示思索无计可施。周仓配以同样动作，但幅度更大，节奏更强烈。两人在“乱捶”锣声中各自踱步至台口两角，又急转身交叉而在台口两角侧身亮相。随后，两人走碎步滑行到桌前，侧面相对观书亮相。同时，关羽点头动盔帽上的绒球，以示忽有所得，又急忙扶桌观书，周仓随之举烛照书。两人连臂反侧合摆一架式，双双碎步滑行至台口正中，周仓抱烛侧身挺立，关羽弓箭步长身，一手握书一手捋髯两人合相亮。

《观阵》，关羽内唱【拨子倒板】后，在大锣大钹声中，关羽、周仓、关平相继上场合亮相。关羽接唱【回龙】腔，三人走滑步。摇膀抬腿，以整齐划一的身段动作走下阅兵台。在【原板】唱腔中合亮几个架式，表示观敌阵式。接着下阅台、上高山，周仓在前执大刀左右挥舞引路，表示披荆斩棘前进，关羽和关平紧随其后，三人登上高山，临近敌前沿阵地，各自跨腿转身合亮一个侧形俯视造型，即关平在前挥右臂怒目直指；关羽居中，右手捋髯，左膀弯于前，以掌示意阻周仓，要他噤声；

周仓在后右手执刀直立，左臂弯抬成半月形，五指伸开，张口怒视。当探子报北河水发后，三人快步下山，转体变形，连摆左、右、中三个画面造型，以示三人得破敌之策时的喜悦心情。

中华人民共和国成立初期，休宁县群乐徽剧团排演此剧。左俊鹏饰关羽，史双奎饰周仓。参加徽州地区戏曲会演。1957 年，安徽省徽剧团老艺人林天赐传授此剧，并成立了程发全、陈斌、刁均宁等人组成的加工小组，在剧本和表演上作了一些调整。如改变关羽观书时左右碎步、观书后归位之身段，避免与坐帐时动作重复。全剧增加白口，调整并加工唱词，以明确其登山、察地，作放水决策时之心理。《观阵》场唱腔做了一些变动，以更符合人物情感，由章其祥饰关羽，谷化民饰周仓，徐意成饰关平，胡进荣饰庞德。1958 年，参加安徽省第二届戏曲观摩大会演出。1959 年 4 月，赴上海为中国共产党第八届第七次中央委员会演出。同年 5 月，赴北京进行汇报演出。9 月回合肥，毛泽东主席观看了《观阵》一场的演出，并接见了主要演员。剧本收入《中国地方戏曲集成 · 安徽省卷》。1960 年 10 月，安徽人民出版社出版单行本，并收入《安徽戏曲选》《徽剧传统剧目选集》中。

《淤泥河》 徽剧传统拨子剧目。写唐将罗成在主帅元吉帐下为先锋，元吉以罗未拿获敌将苏定芳为由，屡加迫害。先处以责打军棍，继而逼其单骑出征。又紧闭城门，断其归路。罗成见其子罗春登上城楼，遂写下血疏，嘱其送呈李世民，倾吐衷情，并表示死战决心。次日，罗成遭敌计陷于淤泥河中，乱箭下身亡。

剧中罗成由武小生应工，唱拨子腔，表演唱做并重，有不少摔打跌扑的高难度动作。全剧分为：《败虏》《屈辱》《别子》《叫关》《陷河》五场戏。

《败虏》：罗成扎大靠，穿厚底靴，手执大头枪，在与敌交战中，连杀四门。分别和四员敌将开打，打法各不相同，其中的打群挡子、下场时耍枪花的高抛枪和翻身接枪等动作，表演要干净利索，做到稳、准、狠，突出罗成的勇猛斗志和武艺高强。

《屈辱》：重点戏在罗成被屈打四十军棍后，以鹞子翻身、跪步、蹉步、甩发、屁股坐、抢背、吊毛等一连串动作，表现罗成被毒打时的含冤忍恨的激愤之情。要求表演动作连贯，一气呵成。

《别子》：罗成父子哭别时，表演与众不同。罗春提枪带马过来，请罗成接过马，自己双腿跪地拱背，请父亲踏背上马；罗成双手反剪，浑身上下急剧地颤抖，不忍心脚踏儿背上马。接着不顾臀部棍伤疼痛，猛然一个急转身，推开罗春，提枪带马，用飞脚、蹁腿、扎头大翻身等一连串动作上马，辞别罗春而去。表现罗成置荣辱于度外而义无反顾的英雄气概。

《叫关》：罗成足穿厚底靴，箭衣大带，执鞭提枪，戴甩发，挎宝剑，边唱边舞，在大段成套的拨子唱腔中，不仅唱得悲壮豪放，而且还要准确地配以圆场、蹉步、抬腿、架枪、拔剑、甩发、跪步等一连串身段动作，表现罗成写血疏时的悲愤之情。

《陷河》：罗成冲上亮相，跪步向前，表示经过激战后已经筋疲力尽，接着劈岔表示马失前蹄。他以鞭催马，枪尖撑地，浑身颤抖，表现疲惫与焦急。然后，在红灯诱引下，马陷在淤泥河中，他走虎跳前扑变岔，用大枪支撑住身躯，连走十几个高跳摔岔，表示已陷河中。最后罗成拒降，敌方乱箭齐发，他挥舞长枪挡箭，连走十几个旋子后，拔剑自刎亮相，走硬僵尸慢慢地倒下，表示以身殉国。

1958 年 12 月，徽剧老艺人马荣福，在安徽省徽剧团传授《血疏》一折。后由刁均宁对词、白稍加整理，并吸收《缀白裘》中有关场次，加写《计陷》《淤泥河》等折，其中《计陷》一折，移到《血疏》后，并简缩为交代词。改本由安徽省徽剧团排演，章其祥、曹尚礼、李泰山先后饰罗成，谷化民饰元吉，胡进荣饰苏定芳。1959 年 5 月，安徽省徽剧团进京公演。《戏剧报》建国十周年纪念专号发表《淤泥河》16 开彩照插页一幅。剧本发表于《安徽戏剧》1959 年 9 月号。同年 11 月，安徽人民出版社出版单行本。1979 年，编入该社出版的《安徽戏剧选》。

《七擒孟获》 徽剧传统剧目，属徽昆武戏，与传奇《七胜记》《三国演义》第 87 ~ 90 回故事相同。写诸葛亮南征，从兴师起，经六擒六纵孟获。后又驱巨兽，擒木鹿，七擒七纵，火烧藤甲，孟获始降服，誓不复反。

该剧保留昆曲曲牌较多，有【梧桐雨】【山坡羊】【竹枝词】【楚江吟】【浪淘沙】【沽美酒】【水仙子】等。徽班艺人在演唱这些曲牌时，有了很多变化。因多用徽州语音演唱，故又称徽昆。该剧演出排场大，人头多，唱腔、武功要求严格。过去徽州名班，每到一地，必演此剧，以显示其技艺和阵容。徽班衰落时期，即渐少演出。1957 年，安徽省徽剧团曾举行传统剧目鉴别演出。老艺人程松顺、程郁芳主演。

《八阵图》 徽剧传统剧目，属徽昆武戏。与《三国演义》第 80 回故事相同。写吴将陆逊，火烧连营，大败蜀兵，追至鱼腹浦。诸葛亮设八阵图，陆误入，被困不得出。后得到诸葛亮岳父黄承彦的指引走出阵，陆确认诸葛亮的才能高过自己。

该剧为徽班剧目中保留昆曲曲牌较多的剧目之一，各行当脚色出场甚多，有八官衣、八蟒、八靠、八件八卦衣、八堂龙套（每套四人）。过去徽戏名班，新到一地，多首演此剧，以显示其班社阵容之强大，服饰之铺张。1957年，安徽省徽剧团曾鉴别演出，由老艺人程松顺、王明桂主演。

《八达岭》 徽剧传统剧目，属徽昆武戏。剧情为明代大将常遇春奉命北征，其女瑞凤饯行。常攻八达岭得胜，后又与元将伯颜图大战于柳河川，常中毒枪身亡。常瑞凤晋见朱元璋，请报父仇。朱命朱亮祖为帅，瑞凤与李文忠之子玉麟任先锋。大败伯颜图，元顺帝逃走，瑞凤与玉麟成婚。

此戏为徽班常演剧目。演出时八蟒八靠，三十二龙套，规模宏大，气派非凡。多作为新到一地首演，以展示班社的脚色、服饰、阵容之强大。1956年，芜湖（徽州合并）地区代表团参加安徽省第一届戏曲观摩演出大会演出，由老艺人程全发主演，获奖状。

《九件衣》 徽剧传统剧目。写陈玉林进京赶考，向其舅父张景春商借盘缠。适其舅外出，表妹张巧云以九件衣相赠。玉林典衣，恰逢恶霸赵武举家失窃。赵诬认陈所典之衣为赃物，并将陈送官究办。县官李文斌畏势，致玉林冤死。张氏父女赶到公堂说理，冤未能伸，巧云愤而殉情死。李文斌惊惧，不得不将赵武举治罪，并以自己一双儿女，为陈、张两家续嗣。

此剧表演上有特技。当死者父母赶到公堂怒斥县官李文斌时，李手捧官印，从座位上“扑虎”窜过桌子，手携子女，向陈、张的父母下跪。在自己子女被带走时，李突然晕厥，用“硬假尸”倒地。

1959年冬，安徽省徽剧团排演。由老艺人胡耀章辅导。章其祥扮县官，朱秀娟扮张巧云，汪嘉宏扮陈林。演于安徽省艺术学院礼堂。在排演此剧前，曾派人到金华婺剧团观摩，向老艺人叶阿苟、翁月仙学习，丰富了原来徽班演出的表演艺术。1979年，由陆洪非、完艺舟、乔志良、刁均宁等整理为大型戏，参加安徽省建国三十周年献礼演出。

《三挡》 徽剧传统剧目，又名《秦琼逃关》，属徽昆武戏。写隋唐时期，皇叔靠山王杨林属将贺方，谗说秦琼私通瓦岗寨义军。事为歌伎张紫燕所悉，盗了令箭，扮差官黉夜告知秦琼。秦星夜逃出潼关。杨林闻讯，派三通人马，追赶秦琼。危急之际，程咬金前来接应，战败杨林部下，同归瓦岗。

表演的重点戏在三挡：拒绝上官仪劝降为一挡，两人分手时，起“答答答答乙仓”锣鼓，秦琼与上官仪同时用大踩泥、金鸡独立动作，分立于左右台口，以示二人同时勒马。接着，秦琼唱“俺提鞭去也，休指望勘相故国”，同时将左手的长枪夹于搬空的左腿膝腕间，表示将枪插在马鞭边，然后对上官仪摇头摆手，面带微笑表示拒回登州杨府，并双手抱拳打躬，与上官仪表示告别，最后走一个大圆场，催马扬鞭而去。锏打贺方为二挡，秦琼唱“哎呀打！”尾音刚落下，乘在单腿大翻身的一刹那间，从腰旁抽出双锏猛击过去，贺方走抢背倒地，接着，秦琼扫视贺方一眼，证实其确已毙命，再低头看看手中金锏，从嗓眼里通过鼻腔共鸣发出嘿嘿笑声。出潼关为三挡，秦琼正欲上马出关，守将魏文通突然追问：“此马为何不戴辔铃？”秦琼一时紧张，脱口而出答曰：“这个……”用眼先扫视魏文通的反应，接着快速地转动双眼，用婉转平和的语气随机应变地回答：“只因军情紧急，走得慌忙，故而未曾系铃。”机智地瞒过了魏文通，逃出潼关后，秦琼有三声笑，声音要一反常规，一声比一声低。第一声，是舒心地大笑，表示终于逃出潼关；第二声，笑声略低，表示是被迫夜逃，有国难投，有家难归，笑中内含悲愤；第三声，在笑中略带哭腔，表现出秦琼虽逃出潼关，但猛然想起为救他而自刎的张紫燕，不禁潸然泪下的悲痛心情。

此剧为徽班常演剧目。演唱时与其他武昆剧目有所不同，夹以吹打伴奏。徽州老艺人程发全擅长此剧。以武老生行当演出，唱做并重。1956年，参加安徽省第一届戏曲观摩演出大会演出。1958年春，安徽省徽剧团，在合肥向安徽省委汇报演出，并公演于江淮大戏院。由曹尚礼饰秦琼。《安徽日报》曾发表评论文章，予以赞赏。

《打龙篷》 徽剧传统剧目，源于《残唐五代史演义》。写柴荣登基后，南唐李豹在陈桥摆下百日大擂。已胜九十九擂，最后一擂，被赵匡胤妹夫高怀德打败。柴王因其父死于高怀德之父高行周之手，故对高不仅不加封赏，反要将其斩首。赵匡胤、郑子明力保未成，郑怒打龙篷，与柴王辩理。柴王追思前情，赦高并封其为万里侯。

该剧属宫廷戏，但却带有浓厚的农民生活气息。郑子明和赵匡胤扮二花脸，唱拨子调，表演活泼风趣，显示出徽剧表演艺术的乡土特色。为老艺人程发全、程松顺之拿手戏。1958年，安徽省徽剧团曾由“二程”主演，梅兰芳看后，在《安徽文化报》撰文称赞：“从剧本到表演，都保存徽剧的特殊风格，是一个值得推荐的好戏。”剧本收入《中国地方戏曲集成·安徽省卷》。

《女审包断》 徽剧传统剧目。写陈世美进京赶考，得中状元，赘为驸马。其妻秦香莲携儿女千里来寻。陈不仅不听王丞相忠告，接纳妻儿，反派家将追杀。香莲夜逃三官堂，自缢求死，为三官神救下，并传授其兵法。时，西夏作乱，秦应征立功，王丞相向皇上奏明原委，羁陈入狱，由香莲登堂主审，历数陈罪。最后，由包公判陈以铡刑。

早期徽班演出全剧，称《赛琵琶》，唱乱弹腔【吹腔、拨子】。后期经常演《女审》，或带《包断》两折，故称今名。两折皆单唱拨子调。安徽省徽剧团老艺人鲍进昌、林天赐曾合演此两折。《包断》口白多，唱词少，讲究做工；《女审》以唱工为主，有一百单八句唱词，构成此剧唱腔特色。清人焦循在《花部农谭》中以《赛琵琶》与《琵琶记》相较，认为自《三官堂》以下，“真久病顿甦，奇痒得搔，心融意畅，莫可名言，《琵琶记》无此也！”

《打百弹》 徽剧传统剧目。由清人丘园《虎囊弹》传奇衍变而来，故又名《虎囊弹》。写宋时花子奇诬告其义父赵恺，窝藏王犯鲁达。赵被屈打成招。赵妻王、金二人替夫奔往太原府申冤。路遇刀笔何业包，为其写状。状成，知她俩是要往荫山总督尤元景处告状，怕受牵连，撕去状纸，并告知太原府辕门，设下虎囊弹，投诉者先打一百弹，不死才能准状，劝她不要去送死。金氏凭记忆将状词血写罗裙之上，王氏承受百弹之苦，金氏递状，始准公断。

衍变后的剧本唱词，已由曲牌体发展成板腔体，为皮黄剧目，1959年，安徽省徽剧团演出了其中《写状》一折。老艺人方友林饰何业包，王阿凡饰王氏，胡成金饰金氏。何业包以丑行表演，动作机巧，神态诡秘，语言风趣，成为此剧特色。1960年，李霍勤整理全剧，改为王氏为金氏随身丫鬟，何业包改为砍去右臂的刀笔，删去投状先经中军尤正的情节。程继武饰演何业包，程素姿饰演金氏，谷化民饰演尤元景。1961年，首演于上海中国大戏院，受到观众和专家的赞许。是年3月18日《新民晚报》载赵景深《谈打百弹》一文，对整理给予肯定。

《出猎回书》 为青阳腔的传统剧目。本事见宋无名氏《五代平话》、元人《刘智远白兔记》传奇。此剧由《白兔记》中几个散出组合而成。《出猎》《回书》取自岳西高腔手抄本，《井台会母》取自《精选南北时尚徽池雅调》散出。剧情写刘智远之子承佑打猎，箭伤白兔，追至井边，见李三娘，讯问后，疑为其亲母。承佑受托带书归。告其父。父内心自责，遂以实情告之，并应子之求，接回糟糠之妻。

1959年，刁均宁整理。略去《回书》中刘承佑晚娘的出场戏，适当合并剧中一些重复性唱段，删去一些口白，并在唱词中增加一些插白。安徽省徽剧团以青阳腔形式排练演出。李泰山饰刘承佑，吴小燕饰李三娘，章其祥饰刘智远。音乐设计陆小秋，艺术辅导安淑英。1961 年 3 月，演出于上海。中国唱片厂全剧录音，制成唱片。后全剧作了艺术加工，刘承佑改由汪静仙扮演，李三娘改由杜淑萍扮演，刘智远由李龙斌扮演。为全国徽调皮黄学术讨论会演出。已成为安徽省徽剧团的保留剧目。安徽人民出版社于 1961 年 11 月出版单行本。

徽剧《出猎回书》剧照

《宇宙锋》 徽剧传统剧目，又名《金殿装疯》。写秦二世胡亥宠信赵高，赵与其婿匡忠有仇，欲害其全家。一日，赵女艳容归宁，为胡亥所见，欲立为妃。赵高劝女改嫁，艳容矢志不从。她得到哑巴乳娘的暗示，分别在家中和金殿两处，装疯哭闹，胡亥只好作罢。

此剧为正规徽班常演剧目。表演粗犷，唱腔纯朴，其反二黄慢板，一板一眼，有别于目前京剧常演唱的一板三眼节拍，为皮黄戏中少见。1959 年，安徽省徽剧团老艺人王阿凡，传授此剧。吴小秋扮演赵艳容。1959 年冬，首演于合肥市江淮大戏院。后徽州地区徽剧团也常演此剧。

《齐王点马》 徽剧传统剧目，又名《四国齐》。写春秋战国时，齐景公听信西宫夏艳春谗言，将东宫钟无盐谪贬，并认为钟已死。七年后，吴起领燕、赵等 11 国兵马，攻打齐国。文武大臣，慑于声威，不敢迎战。晏平仲声称钟无盐未死，并加以推荐。景公和平仲同访东宫。钟无盐知景公来，题诗引路，为试景公是否有改前非之诚意。初借梳妆，故意打了景公；后又借睡觉，打了景公；最后，又提出人马改夏字旗为钟字旗，任命夏艳春为先行，并要齐王敬酒牵马等条件，始愿领兵出战。景公一一答应，钟应召，与吴起战，凯旋。

此剧以“平板二黄”演唱。1958 年底，刁均宁整理。削去东宫与西宫争宠及夏艳春战亡等情节,集中发展《金殿》《点马》两场。由老艺人王正国教排。《金殿》一场，由丑扮的齐王独演，以“滚板”唱词为主。齐王急于求救时唱：“有人为孤退敌兵，江山与你二八分、三七分、四六分、对半分；若不然你做君来我做臣！”每唱到“分”字，后台答道：“不要！”喜剧色彩很浓。《点马》一场，齐王站于高凳，居台中，众兵将策马四周环舞。此时，齐王唱“滚词”：“一二三,三二一,二二一，还是一个一”，从一数到十，又从十退数到一，顺来倒去地数，显出齐王年老昏庸，越点越糊涂。

此剧于1958年，由安徽省徽剧团排练。参加安徽省第二届戏曲观摩演出大会演出。程继武扮齐王。1959年春。赴北京演出。戏曲专家们认为，剧中保留了民间演出灯会“跑五马”形式，是少见的。1959年11月，安徽人民出版社出版了整理本。后收入《中国地方戏曲集成·安徽卷》及《安徽戏曲选》。

《贵妃醉酒》 青阳腔传统剧目。写杨贵妃在月明之夜，约唐明皇在百花亭饮宴同乐，明皇爽约，径去西宫。贵妃久等不来，幽怨交加，乃以酒浇愁，醉中失态。该剧表现了宫廷妇女苦闷的精神生活。

徽剧《贵妃醉酒》剧照

刁均宁参照徽剧《百花亭》本和昆曲《醉杨妃》本改写。略去贵妃拥抱太监，与太监耍帽等细节；增加沉鱼、落雁、闭月、羞花之描述。以帮唱、合唱的高腔形式，抒发贵妃当时的心理活动。1961 年 1 月，安徽省徽剧团以青阳腔形式排演。音乐设计沈执、王锦琦、陆小秋，艺术辅导金鸿荣，秦彩萍饰杨玉环。1961 年 3 月，在上海中国大戏院公演，上海各大报纸做了重点报道和评论。上海电视台专题录像介绍，中国唱片厂全剧录音灌制唱片。刁均宁整理本，1961 年 12 月由安徽人民出版社出版。

台湾版的《善本戏曲丛书》中，万历刊行的《时调青昆》，收有《杨妃醉酒》。曲文特点是，出场【新水令】，收场【清江引】，中间为长达 230 多句的长短句曲词。这是“滚调”影响的结果。此形式在明初几乎成了青阳腔的体例。岳西高腔的《杨妃醉酒》，仍保存此特点。

《百花赠剑》 徽剧传统剧目。原名《凤凰山》，又名《青萍剑》。1981 年，王建新、刘永濂改编，改本的情节为：方腊委命其女百花公主，和老将巴腊，镇守凤凰山寨。宋朝派兵围攻不下，太尉童贯遣御史江六，化名海俊，潜入山寨，刺探军情。百花公主见海俊风流倜傥，委以重任，并赠青萍剑以身相许。巴腊进谏，遭杀。海俊与宋兵里应外合，攻破凤凰山寨，百花公主懊悔莫及，刺死海俊后自刎。

徽剧《百花赠剑》剧照

原剧仅存《百花赠剑》与《点将斩巴》两折传抄本。1956 年，休宁县群乐徽剧团排练，参加安徽省第一届戏曲观摩演出大会演出。由项少轩主演《赠剑》一折。改编者参照有关资料，将历史背景确定为南宋方腊起义时，扩编为六场全本戏。由安徽省徽剧团演出。导演阙望、汪静仙，音乐设计王锦琦、陆小秋，舞台美术设计周鸣艺、姚其仁。汪静仙、张瑜先后饰百花公主，李泰山饰海俊。《赠剑》一折发表于《徽剧传统剧目选集》，《百花赠剑》剧本发表于《安徽新戏》1982 年第 2 期。

《昭君出塞》 徽剧传统剧目。写王嫱（即王昭君）不肯贿赂画工毛延寿，被画为丑状，致汉元帝不加召幸。昭君弹琵琶自伤，元帝发现其美，立为明妃，欲斩毛延寿。毛逃往匈奴，献王嫱画像。匈奴发兵索王嫱，汉元帝感兵力不足，乃割爱送王嫱和亲。王见匈奴可汗，约三事，斩毛延寿。

此剧属昆弋腔剧目。戏中尚存滚白、滚唱，颇具特色。出场龙套有大段合唱，保留了青阳腔“一唱众和”的特点。表演载歌载舞，画面性、舞蹈性都很强，是以旦、丑、武小生为主的“对子戏”。演员需有高、昆、乱和文武不挡的功力。清末民初，在徽州徽班中广为流行，是群众久看不厌的剧目。徽州老艺人项少轩、程秋桂擅长此戏。1952 年，曾由休宁县群乐徽剧团组织专场演出，项少轩饰昭君，程秋桂饰王龙，汪云廷饰马夫。后传授给徽州地区徽剧团学员王千金、陈林等。安徽省徽剧团亦由老艺人鲍进昌传授给员吴小燕等。成为剧团的保留剧目。

青阳腔称《王昭君和亲单于》（又名《昭君出塞》《和番》），主要写昭君和番，一路上难舍故国的哀伤心情。明代嘉靖、隆庆之际，即为青阳腔所移植。其最大特色是以青阳滚调，享誉当时。如《出塞》中的【点绛唇】就延伸到 70 多句唱词，大大打破原曲牌词格。同时在大段曲之中，又夹进“诗作曲唱”的“滚”，这种滚调，在嘉靖到万历年间，影响颇大，称“时调歌令”。

《借靴》 徽剧传统高腔剧目，与《缀白裘》内所收《借靴》相同。写穷秀才张旦赴宴前，到友人刘二处去借靴。刘二吝啬异常，要张旦祭靴后才借，企图拖延时间。张借了靴，赶到友人处，筵席已散，懊悔不迭，遂赌气枕靴睡卧于街头。刘二等待焦急，寻来发现。两人争吵后，刘二要回新靴，交还自己换穿的张旦的布靴。刘二怕新靴穿脏，靴底磨破，膝行而归家。

徽剧《借靴》剧照

此剧为素有徽剧名丑之称的程秋桂的拿手戏。唱白用浓重的徽州土音，夹以徽州官话。他和休宁县的徽剧老艺人宁万言共台，表演得妙趣横生，深受观众喜爱。1954 年，严济棠整理，由休宁县群乐徽剧团排演。同年 9 月，赴上海参加华东区第一届戏曲观摩演出大会作展览性演出，后安徽省徽剧团再次整理并演出。程继武、谷化民先后饰张旦，石敬武饰刘仁，成为剧团经常演出的保留剧目。剧本于 1958 年由安徽人民出版社出版。

《拿虎》 徽剧传统剧目，又名《义虎报》。写民女王氏，因猛虎吞食其子，到包拯衙前告状。包拯向衙下询问，入得山者进山捉虎。恰有衙役名裕德三，误以为命他去拿虎，应命入山。他在土地神的帮助下，捉到了老虎，回衙交令。不意老虎到了公堂，咆哮抖威，众衙役吓得窘态万状。

此剧于清末民初时，徽州徽班中广为流行。唱腔为二黄平板，表演以丑行为主。1957 年冬，由刁均宁整理，为讽刺喜剧。删除无关枝节，集中写裕德三先求神协助拿虎，后得意忘形，终因虎怒而叩首求饶，从而对吹嘘者以讽刺。整理本由安徽省徽剧团演出。老艺人王正同传授，学员程继武主演。成为剧团的保留剧目。剧本于 1961 年由安徽人民出版社出版，收入《安徽地方戏曲丛书》。

《清风亭》 徽剧传统剧目。写薛荣妻妾不和，妾周氏生下一子，被迫抛于荒郊。被打草鞋为生的张元秀老夫妇拾去，取名张继保，抚育成人。十三年后，张继保在清风亭被生母周氏带走。张元秀夫妇，思儿成疾，每日到清风亭盼子归来。张继保得中状元，路过清风亭小憩，张元秀夫妇前往相认。张继保忘恩负义，竟视二老为乞丐，给他俩二百钱了事。元秀老妻，悲愤已极，掷钱于张继保脸上，碰死亭前。张继保遭雷殛。

宋人孙光宪《北梦琐言》卷 8，记有唐代张仁龟故事，后多据此记载改编成戏。明人秦鸣雷作《合钗记》传奇，亦名《清风亭》，曾为弋阳腔艺人演出。明代青阳腔选集《词林一枝》《八能奏锦》《尧天乐》中，均收有零折。清人焦循在《剧说》中提到："今村中演剧，有《清风亭》认子。"并在《花部农谭》中记载了全剧故事。《缀白裘》第 11 集，收有《赶子》一折。安徽各路徽班，长期以皮黄演唱此剧。焦循记曰："其始无不切齿，既而无不快。锣鼓既歇，相视肃然，罔有戏色。归而称说，浃旬未已。"表现了古人惩治邪恶的强烈愿望。剧作自然流畅，富有真情实感。其中《赶子》《盼子》《认子》等折，尤为感人。

《雁门摘印》 徽剧传统剧目。写宋朝国丈潘洪，挂帅于雁门关。潘多次加害杨家父子。宋王命呼必显前往摘取帅印。呼估计摘印困难，乃设计先出示假摹潘女西宫的密旨，召潘进宫议事。又趁机接近潘帐下诸将，取得他们的信任。当潘请呼替掌兵权，交下帅印。即将启程之时，呼升帐点将，出示圣旨，宣读潘之罪行，逮捕归案。

剧中潘洪为70老翁，老奸巨猾；呼必显为16岁少年，机智勇为。一老一少，斗智斗勇，耐人观赏。清初，徽班以乱弹腔演出。至民国二十一年（1932）前后，皖南沿江一带徽班，单唱拨子调，为常演剧目。1959年，安徽省徽剧团老艺人演出此剧，胡成金饰呼必显，方永林饰潘洪，仍以传统的表演演出。剧作有演出手抄善本，保存于安徽省徽剧团资料室。

《蓝关渡》 徽剧传统剧目，以平板演唱。写唐代韩愈，因谏迎佛骨而遭责贬。途经蓝关，为雪所阻。其侄湘子作法，化一茅庵，为韩愈安身。至夜，湘子渡韩愈成仙。

1954年9月，徽剧老艺人程松顺，为华东区第一届戏曲观摩演出大会做展览演出。演出本继承明代青阳腔滚白、滚唱特点。某些唱词，与明万历时刊本青阳腔剧目集《词林一枝》《摘锦奇音》所收的《文公马死金尽》，以及《秋夜月》所收的《雪拥蓝关》，几乎完全相同。与《缀白裘》第六集所收的【吹腔】的《途叹》《问路》《雪拥》《点化》的故事情节，基本一样，且词白大多相同。唱词多为长短句，适应以平板二黄为主的高腔、昆曲、吹腔混合的需要。徽班中长期流传着“男怕《蓝关渡》，女怕《百花亭》”。过去，唱老生的入徽班，以《蓝关渡》一剧试之，衡量其是否昆乱不挡，并以此定包银。程松顺的演出本，同于光绪三十四年（1908）抄本。此抄本唱词附有工尺谱，谱中所批点的场头、介头、锣鼓、板眼、定调、行弦，皆出自清末徽剧庆春和班文场朱光富之手，为徽剧皮黄剧唯一附有工尺谱之剧本。此本现存安徽省徽剧团资料室。

《醉打山门》 徽剧传统昆曲剧目。简称《山门》。本事见《水浒传》第三回。写鲁达打死郑屠户，逃至代州，入五台山削发为僧。一日出游，遇卖酒人，夺酒豪饮，醉打山门。长老智真，遣其下山。

1954年，经屯溪市戏改会推荐，参加华东区第一届戏曲观摩演出大会展览演出。徽剧老艺人程发全主演，唱腔浑厚粗犷，表演精当有力。从好酒、思酒、夺酒、饮酒到醉酒，将鲁智深的侠义豪爽性格，表现得深刻突出，获得专家与观众一致好评。

《三元记》 全名《商辂三元记》，又名《断机记》。明初南戏剧本，《南词叙录》著录，未题撰者；《远山堂曲品》列之于“杂调”。该剧演明代永乐年间状元商辂事。

写明代浙西淳安人商霖，聘妻秦雪梅，娶妾鲁爱玉。一次商霖偶然见秦雪梅，为其美貌所动。归家后即相思成病，请媒人求婚又遭拒。不久商霖亡故，爱玉产遗腹子，取名商辂。雪梅辞别父母，前往商家吊孝，又坚持为商霖守节，抚育孤儿。清明时节，雪梅为商霖迁坟，在梦中与其相会。后商辂长大，入学读书。一日，雪梅为人所骗，误以为商辂顽劣，遂仿孟母断机教子。商辂于是更加发奋，不久即连中三元，为母请封。雪梅受封为贞洁齐国太夫人，爱玉为贞节夫人，并起造五凤牌坊，以示旌赏。商辂任翰林院学士，荣归故里，喜结良缘。该剧亦为青阳腔早期剧目，岳西高腔现存四个单出，即《观画》《爱玉推房》《教子》《思叹》，明代戏曲刊本《时调青昆》《八能奏锦》《词林一枝》《乐府菁华》《歌林拾翠》《徽池雅调》《摘锦奇音》等，均选录其单出。

《新编目连救母劝善戏文》和《雷峰塔》，这两部名剧在明、清时期影响较大，徽剧亦有演出，且剧作者均系徽州籍人，前者为祁门人郑之珍，后者为歙县人方成培，故介绍于此，以供参阅。

《新编目连救母劝善戏文》 目连戏传统剧目。又名《劝善记》。明人郑之珍根据民间戏曲和传统故事改编。共102折。故事写善人傅相，济孤扶贫，斋僧布道，供佛成仙。受封天曹至灵至圣劝善大师。傅妻刘青提，受人怂恿，违誓开荤，不敬神明，上苍触怒，派鬼使拘入丰都地狱，备受折磨。其子傅罗卜，孝母情真，皈依沙门，赐名大目键连，为救其母，出入地狱，历游十殿，百折不回，终于感动神灵，母子重逢，并赦刘氏回到人间。刘氏悔改前非，信神不移，全家同升天界。

此剧以目连救母为故事主线，其中糅进了一些民间传说和爱情故事、滑稽片段，并穿插了杂耍、武技，乃至魔术，是中国戏曲中较早的连台本戏。初演于祁门西乡栗木村，历经数代，盛演不衰，声名大振，一时外地纷纷前来索取剧本。郑亲自携带剧本，前往石台、秋浦、大宇坑一带，传授戏文。很快便传到休宁、婺源、歙县、贵池等十余县。江浙、闽、赣各地，也相继搬演。清代乾隆年间，宫廷内侍张照，参仿此剧，编撰了240出的《劝善金科》。长期以来，皖南目连戏的演出，已和迎神赛会、宗教祭祀、春祈秋报、节日娱乐等民俗活动结合起来。全国不少地方戏，与郑本有着血缘关系，各地方戏保留剧目《双下山》《哑背疯》《王婆骂鸡》等折子戏，也大多源于郑本。

此剧刊本有明万历十年(1582)，由新安歙县人黄铤刻的高石山房刻本。分上中下三卷，计 100 出，均有插图，现分藏安徽省博物馆、安徽省图书馆古籍部、上海师范大学图书馆、黄山市博物馆内。《古本戏曲丛刊初集》，据以影印。

《雷峰塔》 传奇剧本，清方成培根据白蛇故事的戏曲陈嘉言的旧抄本改编。全剧 34 出。写峨眉山蛇仙白娘子，思凡下山，收青蛇为婢。化作少女，在西湖邂逅许宣，订终身之盟。婚前，白氏因许家甚贫，盗银相赠。事发，官府缉拿，许避往苏州。婚后，许到神仙庙烧香祝福，遇道士魏飞霞，赠符为其逐妖，引起许宣对白娘子的疑窦。端阳节白氏饮了雄黄酒，露出本相，吓死许宣。白氏冒着生命危险，赴嵩山求药疗惊，许对白更加怀疑。后许又因佩戴了白氏由萧太师处盗来的八宝明珠巾，被发觉而发配镇江。经多次波折，幸白娘子聪明机警，一一向许宣作了合理的解释，疑团得释。不意金山寺和尚法海，诱许上山，不让回家。白氏偕小青哀求法海放回，不允。白怒而邀来水族，水漫金山，终以不敌而败。白在断桥与许宣相遇，白痛诉情怀，许深受感动，夫妻重归和好。白生子满月，法海交一钵，与许宣，将白摄入钵中，镇于雷峰塔下。将小青锁于七宝池边，并度许宣重返天庭。二十余年后，白氏之子许士麟，得中状元，祭塔时，母子相会。法海以灾限已满，许士麟又孝诚感天，将青、白二蛇仙释放，同登天宫而成正果。

方氏在《自叙》中，介绍了改编情况。即改本较原曲改其十之九，宾白改其十之七。《求草》《炼塔》《祭塔》等折，皆点窜终篇，仅存其目。《出差》《审问》《剪发》《描容》等折，繁芜异常，乃予以廓清。只有《水斗》一折，曲、白可观，稍加润色，原样尚存。其中《盗草》《水斗》《断桥》等折，仍为徽剧、昆曲、婺剧常演。

该剧于乾隆三十六年(1771)，署名“岫云词逸改本，海棠巢客点校”刊行，计 4 卷，卷首有汪宗沺、徐德达、吴士歧题词，剧末有洪笔泰跋。1982 年，收入由上海文艺出版社出版、王季思主编的《中国十大古典悲剧集》。

第五节　徽剧人物

近代以前的徽剧名家名角，已在前面徽班徽戏中由事及人论及，本节介绍当代徽剧人物。《中国徽班》中，当代徽剧人物共列 183 人，其中徽州籍的 73 人。下面择选各行当中有代表性者加以介绍。

一、著名演员、演奏员

程发全(1886 ~ 1966),安徽歙县人,著名徽班艺人。文武老生,其父程长枢(徽班男旦演员),搭新春和班唱青衣。程发全自幼从父学艺,11岁入班跟朱正义学武生,曾在老庆升、福喜堂、老阳春、柯长春等班演出武生戏,并渐有名气。后由其父引荐拜名角春友为师(绰号歪有头,文武全才、昆乱不挡)习二花,首学《三挡》《太平桥》。此二出皆为“骨子戏”,全身披挂,集唱、念、做、打于一身,耍枪舞锏,动作繁杂,非功底厚实而不能胜任。因程发全幼功扎实,故学成之后能“青出于蓝而胜之于蓝”。后又随父再入老庆升班拜吉牙为师,习武二花、武三花,所学武二花剧目有《打龙篷》《醉打山门》《竹林计》《兴隆会》《落马湖》《八腊庙》等,武三花剧目有《三盗九龙杯》《三岔口》《花蝴蝶》等,自此技艺更加精进。光绪十四年(1888)搭新庆升班,拜名大花朱金元为师,学《锁五龙》《霸王别姬》《收张奎》《御花园》等戏。同时又受教于徽班前辈名角瑞堂、光富(怀宁县人,学艺于石牌徽调科班的最后科)两位大家。由于博采众长,融会贯通,自成一派,故成为皖南一带徽班名角,人称“发全师”。

1954年,为抢救徽剧这一古老剧种,安徽省文化部门组织一批徽剧老艺人参加了在上海举行的华东区戏曲观摩演出大会。程发全主演了《三挡》和《醉打山门》二戏,其功力不减当年,演出获得成功,并获大会特发的荣誉奖。1956年,程发全参加安徽省首届戏剧会演,所演《三挡》《八达岭》二出戏获得一等奖。同年,安徽省政府行文,于下半年筹建安徽省徽剧团,程发全是首批入选任教老艺人之一。他传艺8年,授戏很多,有《秦逃关》《太平桥》《八阵图》《赵家楼》《快林》《打龙棚》《醉打山门》《一箭仇》《闹宫》《三盗九龙杯》等,为培养下一代做出了很大的贡献。1957 ~ 1962年,任安徽省政协委员。

余银顺(1888 ~ 1973),安徽省歙县人,著名徽班艺人,先后工须生、青衣、小生、后改文场,光绪二十八年(1902),15岁,入柯长春拜班主柯高荣习须生。学艺6载,光绪三十年出师,擅演王帽戏。所演剧目有《九锡宫》《打金枝》《大红袍》《渭水河》《取成都》《宫门挂带》等。宣统元年(1909),又学了《青石岭》《战城》《七盘山》《三搜府》等戏。后因声带损伤大嗓失声,遂拜余德顺为师,改小嗓习青衣,学青衣戏有《合钵》《重台别》《失金钗》《祭江》《换龙胎》《芦花河》《宝莲灯》等。

民国初年，因师父去世，改拜双寿（石牌人，工文武生，文武昆乱不挡）为师习小生，随他学了《昭君》《水斗》《断桥》《思凡》《赠剑》《千驹》《奇双会》等戏。民国六年（1917），再拜朱金元为师（旌德人，太子科班出身）。随他学了《采莲》《赐盒》《梳妆·跪池》《盗金刀》《藏舟》《刺梁》《罗衫》《扫花》《辞阁》等戏。其所学戏多，所演戏俱佳，终成徽班名角。民国八年，声带再次受损，失去小嗓，改治文场，习操琴、吹笛、奏唢呐。因其有旧学底子，文化水平高于其他徽班艺人，加之又得益于石牌徽调科班。后一科的瑞堂、光富（人称两秀才）二位大师艺术熏陶，精"韵仄"，通"音律"。不论"昆、乱种种皆精，并善抄剧本、打工尺谱，是班子里的戏篓子。民国九年（1920），搭二阳春班，民国十年搭阳春班，民国十一年回柯长春班。后因战乱，返家打铁为生，人称"打铁顺"。1956 年 3 月，芜湖地区邀请他出山参加挖掘徽剧遗产工作。同年，首批被请进安徽省徽剧团，任剧团教研室研究员和唱腔课、排演课的主教老师，兼乐队演奏师，主授旦行及生行唱腔。同时，与新音乐作者合作，口传笔录了许多徽戏音乐资料。其抄写的徽戏传统剧目，文字工整，笔画均匀，苍劲有力。所书唱词附工尺板眼，朱笔圈画精确规范，并细录锣鼓记号，为手抄本中的范本。1958 ~ 1963 年，任安徽省人大代表。

程松顺（1880 ~ 1966），安徽省歙县人，著名徽班艺人，老生演员。13 岁拜桂春班（二黄班，兼演目连戏）王顺田为师习老生。出师后，相继在上升、丹桂、长春、二阳春、柯长春等大戏班唱戏。因长期在山区演出，能演的戏多。其嗓音响亮，并将所习之二黄腔、高腔两融合，粗犷之中又有稍纵即逝的细小变化。尤其是唱唢呐二黄，行腔高亢入云，料远若近，绕梁三日，极富老徽调韵味。为观众所喜爱，驰名一时。后因战乱，回家务农。

1954 年，被邀赴上海参加华东区戏剧观摩演出大会，所演《蓝关渡》获大会特发的荣誉奖。1956 年，被请进徽剧团传艺，所授老戏有《龙虎斗》《蓝关渡》等 10 余出。所授《龙虎斗》之唢呐二黄，是徽戏老二黄之原腔，二黄调之源头原汁原味，极具特色。1958 年招待梅兰芳大师时，程松顺亲演了此戏，受到大师的高度赞扬。程松顺本人亦有文学修养，平日爱写一些歌颂新社会的诗词。所抄剧本工整、工尺谱准确，是老艺人中的才子。

鲍进昌（1908 ~ 1973），安徽省歙县人，著名徽班男旦演员，其唱腔委婉动听、表演细腻、落落大方，拿手戏很多。所演《白蛇传》中的白娘子稳中求媚，静中出神，武技简而准；《女审》中的秦香莲唱拔子刚柔兼蓄，声情并茂；《贵妃醉酒》中的杨贵妃显荣华富贵之气，露骄纵伤感之情，令人惊异；《百花赠剑》（又名《凤凰山》）中的百花公主既英姿傲慢又一往情深，观之令人心旷神怡。是男旦中之佼佼者，在徽州六邑名噪一时。战乱后避祸乡下，打鱼为生，人称“打鱼进”。1956 年，被请进徽剧团传艺，曾授《断桥》《齐天乐》《小宴 · 惊变》《昭君出塞》《宇宙锋》《百花赠剑》《回营进美采莲》《思凡》《女审包断》等数十出旦角戏。

汪仙保（约 1890 年～?），安徽屯溪人，著名徽班男旦演员，11 岁时随其兄汪梓春搭徽班庆春和，拜名动一时的武旦尼为师，后又拜朱八贵师，学《破宛城》《翠屏山》《看女》等戏。宣统元年（1909）搭凤春和班，拜文武花旦李朴心为师，学《十字坡》《演火棍》《七星庙》《红桃山》《泗州城》《打桃园》《破洪洲》。后搭二阳春班拜双寿为师，习《思凡》《一枝梅》《扈家庄》《两狼关》《虹霓关》《水斗 · 断桥》等戏。因双寿出自石牌科班，所以唱做念打都十分讲究。汪从其学艺获益匪浅，技艺大有长进，文武俱佳，跷功为甚。观众欢迎，名声大振，常有几个戏班共轮一人的局面。因其头上有疤痕，被称为“癞痢凤”。当年在徽州、婺源、淳安一带，提起“癞痢凤”无人不晓。其表演极具特色，如在《断桥》中演青蛇抓到许仙时，时而口吐舌信，时而高举右手作蛇头状，上下闪动，以表现蛇类发怒时的形态，为其他剧种之少见。后因战乱，回家务农。1956 年，被请进徽剧团，所授剧目有《断桥》《扈家庄》《二度梅》等数十出老徽戏。

方妙桂（1896 ～ ?），安徽省歙县人，著名徽班男旦演员，17 岁时进新万春班。因方的体形适度，五官匀称，扮相秀丽，小口细牙，水眼汪汪，故被名旦胡文进收为徒，习花旦。后又拜陈道元为师，陈乃安庆人，石牌徽调科班出身，擅长玩笑戏，方从师后得益较多。所学《喂药》《乌龙院》《山伯访友》《兰桥会》《荡湖船》《八盘山》《四盘山》《打樱桃》《桃花配》《打面缸》《北天门》等花旦应工戏，深得其师真传。如演《喂药》中潘金莲当面卿卿我我，柔情脉脉，背身则举止凶狠，面露杀气。演《乌龙院》中阎惜姣对宋三郎的情感，时好时坏、时晴时雨；对张三郎的情感却像霜上飞雪，层层添厚。准确地把握了人物既拘谨又放荡，既毒辣又多情的特点，最后逼得宋江不得不杀她。其表演风流妩媚，大胆泼辣，加上轻盈的跷功，故自成一派。是徽州一带著名的花旦。曾主掌过笑舞台、大舞台、新和春、庆春和等班社。1956 年，被请进徽剧团教学，所教剧目有《北天门》《乌龙院》《兰桥会》《断桥》《巧姻缘》等。

王明桂(1902 ～ ?)，安徽省歙县人，徽班著名武生演员，幼年拜柯长春班柯高荣为师习小生，学了《折柳阳关》《惊变埋玉》《贩马记》《奇双会》《凤凰山》等戏。民国八年（1919），搭新阳春班，曾向一道士学了《界牌关》《反五关》等戏。此时王明桂尚处在配角地位。民国十一年改大舞台班，跟班主张立涛学了不少戏，技艺突飞猛进。主演了《黄鹤楼》《群英会》《取南郡》《盗御马》《赵家楼》《四杰村》《天开榜》《花田错》《辕门射戟》《白楼》等戏，自此名声大振，成为皖南徽班有名的武小生。民国十四年（1925），王明桂自任班主，起班社吉庆堂，大多起用南陵、太平等地的徽戏艺人，与江北（怀宁石牌）的班社合流演出。民国十八年（1929），搭班凤舞台时，艺术有了更大的提高。其在武技方面，除刀枪耍得精彩外，还能翻下四张高台。自此以后，演戏文武各半。1956 年，被请进徽剧团授艺，曾教过《赵家楼》《七盘山》《八阵图》《闹天宫》等武戏，同时是男学员基本功教师之一。

林天赐(1909 ～ ?)，安徽屯溪人，徽班著名花脸演员。11 岁从父学艺习花脸，初学《下南唐》《渭水河》《单刀会》《水淹七军》《五子夺魁》《二进宫》等戏。14 岁丧父，15 岁拜徽班名角程秋香为师，学《黑风帕》《取荥阳》等戏。16 岁拜洪康和为师，学《采莲》《闹天宫》《单刀会》《饯》《古城会》等。1927 ～ 1950 年，先后在新阳春、二阳春、新紫舞、警钟舞台、凤舞台、柯长春、大阳春等徽班唱戏。1950 年后，在休宁群乐徽剧团唱戏。1957 年，被请进省徽剧团教学，所教剧目有《斩包勉》《乌盆记》《单刀会》《宇宙锋》《回营进美采莲》《五子夺魁》等 10 余出花脸戏。

项少轩(1916 ～ 1975)，歙县徽城人，徽剧演员。7 岁丧父，12 岁投师学艺，攻旦、青衣。曾在徽州著名的徽班彩庆班、凤舞台、新阳春师从郑四保，得其真传，技艺出众。拿手戏如《百花赠剑》《昭君和番》《乾坤镜》《宇宙锋》等，均不同凡响，素有“徽州梅兰芳”之誉，当时年俸为 360 元（银圆）。他的表演风格细腻、真实，注重人物内心动态的刻画。在《百花赠剑》中饰演江花佑，当发现其弟江六云（化名海俊）误入百花公主寝宫，有杀身之祸时，其同胞眷顾之情，惊慌失措之态，通过眼神、抖袖、台步表现得淋漓尽致。他的唱腔清脆、圆润、响亮，擅演闺门旦一类角色。表演上，还运用了徽剧固有的特技，如《失子惊疯》《活捉三郎》演出时的七孔见彩。

1951 年，他参加筹建休宁县同乐徽剧团，并在该团担任主演和教师。1954 年，参加华东区戏曲观摩演出大会，主演《凤凰山》，获得专家与同行们的好评。1956 年，安徽省第一届戏曲观摩演出大会，以《凤凰山》一剧获表演一等奖，著名戏剧家田汉与其合影留念，并题字“技艺精湛”相赠。1959 年后，在芜湖专区徽剧团任教，对徽剧艺术的继承发展卓有贡献。

穆观炎（生卒不详），安徽歙县人，徽班老鼓师。50 年代初，尚在民营安徽省休宁县群乐徽剧团司鼓。1954 年，参加华东区戏剧观摩演出大会。1956 年，参加安徽省第一届戏曲观摩演出大会，获伴奏三等奖。1957 年，被请入安徽省徽剧团，为鉴别演出伴奏。1958 年开始带徒授艺，并随团参加了 1959 ~ 1961 年赴上海、北京、杭州等地的演出。

章思涛 (1887 ~ 1967)，安徽屯溪人，徽班老琴师。17 岁时拜戴树堂为师，学文场。满师后在老阳春操琴十余年，后又在兴阳春操琴，并一度主掌大舞台班。其操琴极有特色，身正琴直琴杆对鼻梁，名曰“朝天一炷香”。并擅吹笛子和唢呐，熟悉众多老徽戏的剧目和唱腔。抗战爆发后，回乡务农。1951 年，在休宁县群乐徽剧团操琴。1957 年，被请入安徽省徽剧团，为鉴别演出伴奏，并协助新音乐工作者整理徽戏唱腔。1958 年，开始带徒授艺，并随团参加了 1959 ~ 1961 年赴上海、北京、杭州等地演出。

章雪如 (1911 ~ 1973) 安徽屯溪人，琴师。继承父业（章思涛）习操琴，是四五十年代民营安徽省休宁县群乐徽剧团班主。1954 年，在政府文化部门的组织下，他作为琴师参加了在上海举行的华东区戏剧观摩演出大会，徽剧参演剧目为《借靴》《醉打山门》《蓝关渡》。1956 年，率群乐徽剧团参加安徽省第一届戏剧观摩演出大会，参演剧目为《八达岭》《三挡》《百花赠剑》，本人获伴奏三等奖。安徽省徽剧团成立后，作为特邀琴师借调到安徽省徽剧团。随团参加了 1959 年赴上海、北京等地的演出。

章其祥 (1944 ~ ），安徽屯溪人，老生演员。1957 年，被招入安徽省徽剧团，师从程发全、章思涛、程松顺、林天赐、王正同、鲍进昌、贾长顺、安淑英等，先习小生，后习文武老生。演出过《断桥》中许仙、《出猜回书》中刘智远、《快活林》中武松、《淤泥河》中罗成、《龙虎斗》中赵匡胤、《醉卧长安》中李太白、《打棍出箱》中范仲禹、《跑城》中徐策、《单刀会》中关羽、《九件衣》中李文斌、《渡江第一船》中张海松、《红霞》中赵志刚、《沙家浜》中刁德一等数十出传统戏和现代戏。其嗓音宽厚洪亮，圆润浑厚，富有韵味，拔高时声如钟磬、激昂慷慨，行腔时委婉曲折、细腻纤巧。尤擅红生戏，扮演《水淹七军》中关羽，威严肃穆，造型优美，唱念讲究，气势磅礴。1958 年，该剧曾在合肥为毛主席演出，并受到接见。随团参加 1959 年赴上海、北京的演出。主演的《水淹七军》《淤泥河》《快活林》等戏，不仅受到侯喜瑞、李洪春等艺术大师的亲自指点，还受到周总理等中央首长的接见。中国唱片公司录制其演唱的《水淹七军》《淤泥河》《磨房会》《徐策跑城》《告御状》《九锡宫》《出猎回书》等戏的唱片。1961 年，徽剧团再赴上海、杭州等地演出，亦获得专家和各界的好评，并受到京剧大师周信芳、盖叫天等老艺术家的称赞。“文革”期间，曾在省京剧团、徽州京徽剧团任职。1987 年，以《告御状》参加省首届中年戏曲演员大奖赛，获演员一等奖。1988 年，中国艺术研究院为其录制了《水淹七军》《乌盆记》等戏，作为《中国戏曲发展史 · 徽戏部分》的资料保存。1990 年，随安徽省徽剧团赴北京参加“纪念徽班进京二百周年”演出。1992 年，参加中宣部举办的全国“天下第一团”会演，以《情义千秋》关羽一角荣获优秀演员奖。1996 年，调回安徽省徽剧团，并随团访问过日本、西班牙以及中国香港、澳门、台湾等地区。2000 年，参演第六届安徽省艺术节，以《武松杀嫂》获表演一等奖。2003 年 10 月，出席“新世纪东方风采 · 第六届全国文化艺术研讨会”，演唱徽剧《告御状》等四段唱腔，荣获金奖。从 1993 年起，享受国务院颁发政府特殊津贴。

曹尚礼（1944 ～　），安徽歙县人，老生演员。1957 年，被招入安徽省徽剧团，师从余银顺、程发全、马荣福、胡成金、安淑英等，习文武老生。演出过《秦琼逃关》中秦琼、《蓝关渡》中韩湘子、《凤凰山》中海俊、《太平桥》中石敬思、《快活林》中武松、《淤泥河》中罗成、《打金枝》中郭暧、《三打白骨精》中唐僧、《智取威虎山》中少剑波、《朝阳沟》中老支书、《血泪仇》中王仁厚等数十出传统戏和现代戏。其嗓音高亢、表演规范。随团参加 1959 年赴上海、北京以及 1961 年后赴上海、杭州、淮北、皖南等地的巡回演出。“文革”期间，入新组建的省京剧团任演员，饰演过《沙家浜》中郭建光等角色。1978 年，省徽剧团恢复建制后返团。先后饰演了《水淹七军》中的关羽、《七侠五义》卢方、《临江会》刘备、《吕布与貂蝉》王允、《七步吟》曹丕、《蔡文姬》蔡邕等传统戏角色。1984 年，任剧团副团长，1985 年兼党支部书记。1990 ～ 1998 年任团长，曾率团进京参加“纪念徽班进京二百周年”演出。1991 年，率团赴日本东京、大阪等 8 城市演出。1993 年，享受省政府特殊津贴。

李泰山（1946 ～　），歙县人，祖籍贵州贵阳。文武小生演员。1957 年，被招入安徽省徽剧团，师从余银顺、程发全、王明桂、贾长顺、安淑英、杨全奎等，演出过《一箭仇》中史文恭、《快活林》中武松、《闹天宫》和《三打白骨精》中孙悟空、《白蛇传》

中许仙、《罗成叫关》中罗成、《七侠五义》中白玉堂、《一气周瑜》中周瑜、《三岔口》中任堂惠、《出猎回书》中刘承佑、《赵家楼》中华云龙、《火烧博望坡》中赵云、《蔡家庄》中蔡礼泉、《胭脂》中吴南岱，《渡江第一船》中刘钢等数十出传统戏和现代戏。其扮相英俊，身段优美，功底扎实，文武兼备。演唱时，大小嗓音俱佳，戏路较宽。表演上，风流潇洒，富于创新。随团参加了1959年赴上海、北京，以及1961年赴上海、杭州、淮北、皖南等地的巡回演出。“文革”期间，在新组建的安徽省京剧团任演员，主演了《智取威虎山》中杨子荣、《沙家浜》中郭建光、《奇袭白虎团》中韩大年、《红灯记》中磨刀人等角色。1978年，安徽徽剧团恢复建制后返团，先后饰演了《潘金莲》中西门庆、《白蛇前传》中许仙、《杨贵妃后传》中马仙期、《吕布与貂蝉》中吕布、《七步吟》中曹植等角色。由其创作并主演的《银线丹心》曾获全省戏曲会演编、导、演一等奖。还多次在各种报纸、刊物上发表有关徽剧表演与艺术研究的文章。1986～1998年，任剧团副团长兼艺术总监，主持全团业务工作。在此期间，组织并参加了“纪念徽班进京二百周年”演出和“天下第一团”展演、“中国上海戏曲博览展演”“祝贺俞振飞先生舞台艺术七十周年”演出，以及中国第五届戏剧节等国内重大艺术活动。曾参加东渡日本的演出活动，两赴香港及澳门、台湾等地演出。1998年，调安徽省艺术研究所任副所长，任2002“全国艺术科学十五计划”课题《中国徽班》一书的主编。1993～1998年享受省政府专家特殊津贴。

李龙斌（1956～　），安徽明光人，文武老生演员。1975年安徽省艺术学校毕业后，分配到安徽省京剧团。1978年，调入恢复建制的安徽省徽剧团。在金鸿荣、安淑英、乔志良等老前辈的指导下，其表演艺术有了长足的进步。1979年，排演的第一出大戏《九件衣》，即获优秀演员奖。其扮相英俊，天资聪慧，功底扎实，戏路较宽，是一个技术全面、亦文亦武，颇具个性的青年演员。自1979年起，演出过《三打陶三春》中高怀德、《七侠五义》中白玉堂、《淤泥河》中罗成、《玉洁冰清》中铁中玉、《汉宫怨》中丙吉、《吕布与貂蝉》中吕布、《胡笳十八拍》中左贤王、《杨贵妃后传》中李隆基等传统戏角色。

1991年，赴港演出，饰演《临江会》中周瑜，被誉为“徽班活周瑜”。1992年，赴上海演出《临江会》，获白玉兰大奖。1993年，随剧团赴日本东京、大阪等8城市巡回演出《吕布与貂蝉》，获得极大成功，并受到日本皇室成员的亲切接见。1994年，获第十一届中国戏剧梅花奖。2001年，在合肥首次举办了“李龙斌徽剧艺术专场”

演出，以饱满的激情和精湛的技艺在《临江会》《马嵬情》《古城会》中，成功扮演了周瑜、李隆基、关羽三个角色，塑造了不同性格，风格迥异，各具特色，光彩照人的人物形象。1998 年，任安徽省徽剧团副团长。

罗丽萍(1968 ～)，女，安徽屯溪人，徽剧青衣演员。1982 年，考入安徽省艺术学校徽剧班。1987 年，入省徽剧团。其扮相清秀、嗓音亮丽。曾扮演《断桥》中白素贞、《小宴》中貂蝉、《刘铭传》中阿姑、《贵妃醉酒》和《马嵬情》中杨玉环等传统戏角色。1990 年，随团赴北京参加“纪念徽班进京二百周年”演出。1993 年，以《断桥》参加省小戏、折子戏调演获表演一等奖。1995 年，以《小宴》参加省小戏、折子戏调演获表演二等奖。1997 年，参加第五届中国戏剧节，所演《刘铭传》中之阿姑获优秀表演配角奖。1999 年，参加省现代戏、小戏、折子戏调演，饰《贵妃醉酒》杨玉环，获演员一等奖。2000 年，参加省第六届艺术节，演《马嵬情》中杨玉环一角获表演二等奖。随团先后赴日本、西班牙等国，以及港、澳、台等地演出。

汪育殊(1971 ～)，安徽省黟县人，文武小生演员。1982 年，考入安徽省艺术学校徽剧班。1987 年，调入安徽省徽剧团任小生。其扮相英俊，嗓音宽亮，大小嗓俱佳，文武并重，尤以翎子功、纱帽翅功见长。演出过《赵奢收赋》中赵奢、《小宴》中吕布、《拾玉镯》中傅朋、《断桥》中许仙、《罗成叫关》中罗成等传统戏角色。1999 年，以《赵奢收赋》参加安徽省现代小戏、传统小戏、折子戏大奖赛，获表演一等奖。2000 年，以《小宴》参加第六届安徽省艺术节，获表演一等奖。2003 年，以《小宴》参加全国红梅大奖赛决赛，获大金奖。

二、著名编剧、导演、戏曲理论家

刁均宁(1927 ～)，安徽省含山县人，剧作家，戏曲理论家。1949 年参加工作，1953 年任安徽省文化局创作组组长。1957 年，任安徽省徽剧团任徽剧研究室主任，主要从事徽剧挖掘、剧目整理和徽剧史研究工作。其创作改编的徽剧传统剧目有《出猎回书》《四国伐齐》《贵妃醉酒》《张飞祭马》《九锡宫》《一气周瑜》《淤泥河》《磨房会》《齐王点马》《打百弹》《醉卧长安》《太白醉酒》《打棍出箱》《水淹七军》《蔡家庄》《临江会》等。50 年代末，他根据调查研究所总结的《徽剧遗产挖掘工作的点滴经验》发表在中国戏剧家协会主办的《戏剧论丛》上，此文在徽剧艺术的发展上，具有一定的历史意义，受到戴不凡、刘乃崇等有关专家的推崇。1960 年，任省徽剧团副团长，主管业务工作。在此期间，他在《安徽戏剧丛刊》上发表了一批经过整理的徽戏剧本，并撰写了大量有关徽剧研究的文章。同时不遗余力地宣传徽剧下一代，发表了不少介绍小演员的文章，扩大了徽剧的影响。1964年，与他人联合创作的《渡江第一船》，被选为安徽省参加华东戏剧会演的重点剧目。1978年，参加安徽省徽剧团恢复建制工作，任剧团团长，发表了《徽剧和青阳腔滚调》《从〈蓝关渡〉看徽剧之变》《安徽省徽班派系之探索》等论文，探讨徽剧形成发展的轨迹，以求进一步填补中国戏曲在清代发展史研究中的某些空缺，为徽剧的研究做出了较大贡献。

陆洪非(1923～)，安徽省望江县人，剧作家、戏剧理论家。早在50年代就以创作改编黄梅戏《天仙配》《女驸马》而享誉剧坛。他撰写的《黄梅戏源流》，铢积寸累，探寻源流，披览古籍，上溯至清代乾隆五十年(1785)，解释了皖剧、徽戏、怀腔、汉剧、弥腔与黄梅戏的渊源关系，极有学术价值。并作为主要作者撰写有《皖戏概论》《青阳腔的形成与流传》《青阳腔散论》《既论四大徽班进京》《徽戏兴衰论》《中国近代戏剧大师程长庚》等有关徽剧的论文。

金全才(1927～)，笔名金芝、劲芝，安徽省无为县人，剧作家、戏剧理论家。1953年，在安徽省文化局从事戏剧创作和研究工作。50年来整理、改编、创作的剧本有40多出，其中绝大多数在省级以上刊物发表和在剧团上演，并获得各种奖项。其中，1996年创作的徽剧新编历史剧《刘铭传》，获得安徽省第五届艺术节编剧一等奖，中宣部第六届“五个一工程奖”，1997年中国曹禺戏剧文学奖、优秀剧目奖，1998年曹禺戏剧文学奖、剧本提名奖，文化部第八届文华新剧目奖。参与创作改编了《吕布与貂蝉》《情义千秋》等徽剧剧目。作为戏剧理论家，他在戏剧史探讨、戏剧理论研究上，发表了200余篇文章，取得丰硕的成果。还主编了文化部科研项目《程长庚研究文丛》，3集100余万字。1982年起，享受国务院特殊津贴。

班友书(1922～)，笔名寒星、雪磊、曲工，安徽省舒城县人，戏剧理论家，剧作家。1947年，毕业于安徽大学。半个世纪以来主要从事剧本创作、戏曲研究及古典诗歌、民间文学之探讨，著述甚丰。他先后在省级以上的刊物发表剧本20多部，较有影响的有《洪波曲》《红梅惊疯》《辞店》《推车赶会》等。从80年代开始，由剧本创作转入对青阳腔和徽剧的研究。十多年来他多次参加了在长沙、弋阳、泉州、青阳等地召开的全国性高腔、南戏学术研讨会，搜集了几乎全部明代有关青阳腔的刊本，厚积薄发，撰写了近20篇研究青阳腔的学术论文。这些文章分别发表于《戏曲研究》《戏曲艺术》《中华戏曲》《全国高腔学术论文集》《南戏论集》等书刊上。在这些文章中，他提出自己的看法，不囿于其他学者专家之见，如他从古代的诗、乐关系史上指出，滚调的产生与发展的必然性，并非源自某一剧种。在《再议青阳腔的起源及当时周边戏剧大环境》一文中，他联系《金瓶梅》《风月锦囊》论证了青阳腔与古南戏的渊源，否定了流行已久的“为徽，青阳”论，“弋阳诸腔”论，分析出青阳腔和余姚腔的传承关系。还在安徽省徽剧团资料室中意外地发现了尘封30多年的《水云亭》抄本，从抄本“开场”一折的老末诗中，判断出这是在明代就已仅存其目的民间演出本《高文举还魂记》，十分珍贵。

沈执(1924 ~ 1978),江苏省苏州市人,作曲家。1942年,考入上海国立音乐学院。1949年，入中央戏剧学院华东分院歌舞剧表演系。毕业后，分配到安徽省，先后在皖北地方戏实验剧团、省文化局音乐工作组工作。1957年，作为新音乐工作者首批调入安徽省徽剧团，开始了徽戏音乐资料的挖掘、整理工作。他与团内的剧目工作者和老艺人一起下山村、找线索、访后代（徽班老艺人子女）、记曲谱，搜集了大量的剧目、剧本和唱腔，至1958年底已记录西皮、二黄、拨子、吹腔、花腔杂调、粗细昆及吹奏、过门、锣鼓牌子等曲谱共210种，录音50种。积累了大量珍贵的徽剧音乐资料。1959年后，又与陆小秋、王锦琦合作，再度深入基层找线索、挖遗产，足迹踏遍安徽省及周边五省，查访徽戏老艺人百余名。在搜集了大量的资料后，合作整理了10册《徽剧音乐资料汇编》300余万字，为徽剧老剧目的整理和新剧目的创作打下了坚实的音乐基础。经其整理改编配曲创作（含合作）的剧目有《白蛇传》《贵妃醉酒》《磨房会》《拿虎》《烤投火店》《水淹七军》《草原英雄小姐妹》等。

陆小秋(1931 ~)，浙江省临海县人，作曲家，戏曲理论家。毕业于华东艺术专科学校音乐系，曾任台州地区文工团音乐组长、省立台州中学音乐教师，1959年调安徽省徽剧团创研组。为了掌握徽剧的第一手资料，他多次深入基层，足迹踏遍周边五省，查访百余位老艺人。记录了江苏高淳青阳腔目连戏，安徽省南陵、歙县目连戏的全部唱腔曲谱及其他老徽调。在搜集了大量的资料后，与沈执、王锦琦合作整理了10册《徽剧音乐资料汇编》300余万字。为徽剧老剧目的整理、新剧目的创作打下了坚实的音乐基础。经其整理改编配曲创作（含合作）的剧目有《贵妃醉酒》《磨房会》《出猎回书》《僧尼会》（又名双下山）等十数出，其中《贵妃醉酒》《出猎回书》《僧尼会》在60年代初即被上海唱片厂制成唱片发行。他与王锦琦合作发表的《徽剧声腔的三个发展阶段》《徽剧简史》《徽剧音乐研究》《从徽班看徽戏》《论四平腔》《梆子、梆子腔和吹腔》《论高腔》《论“徽池雅调”与“石台太平梨园”》《有关四平腔的几个问题》《论二黄腔的形成》等诸多文章，通过举例、对比及其他佐证，令人信服地阐述了徽剧的发展史、演变史、成因史，奠定了其在徽剧史研究中的领先地位。他还科学地提出一个论点：搞戏曲理论、史学研究的人，最好学一些音乐知识。因为只有懂音乐，才能找出剧种演变、发展的过程。1979 年，调回安徽省徽剧团。1980 年，任创研组长，与王锦琦合作创作新编历史剧《杨贵妃后传》的音乐，并获中国戏曲音乐第三届孔三传奖之作曲奖。2003 年，与王锦琦合作为《中国徽班》课题项目撰写“徽剧音乐”章节部分 40 万字。

王锦琦（1936 ～　），女，福建省福州人，作曲家。1957 年，以全优成绩毕业于华东艺术专科学校音乐系。毕业后，分配到安徽省，先后在安徽省歌舞团、安徽省电影制片厂任作曲工作。1959 年，入安徽省徽剧团，从事徽剧研究兼音乐创作，与沈执、陆小秋合作，整理了 10 册《徽剧音乐资料汇编》。为《白蛇传》《贵妃醉酒》《渡江第一船》等大戏和 10 余出小戏作曲。作为音乐理论家，她与陆小秋共同发表了《徽剧声腔的几个发展阶段》《论“徽池雅调”与“石台太平梨园”》《梆子、梆子腔和吹腔》《有关四平腔的几个问题》《从徽州腔到二黄腔》《戏曲现状初探》《论二黄腔的形成》等论文，单独发表《从徽剧声腔由曲牌体向板腔体演变的过程看二黄腔的形成》，在徽剧史研究中占据领先地位。1979 年，调回安徽省徽剧团。1980 年，任艺委会主任，与陆小秋合作创作了新编历史剧《杨贵妃后传》并获奖。所著《浙江乱弹腔源流初探》一文作为戏曲音乐理论研究新成果，收入中国第一部《中国音乐年鉴》。2003 年，与陆小秋合作为《中国徽班》课题项目撰写“徽剧音乐”章节部分。

严济棠（1922 ～　），安徽省屯溪人，戏曲理论家。幼年随父习医，1956 年前，曾任教师、校长，人民教育馆、文化馆、图书馆馆长。在此期间，为抢救徽文化，利用土改深入山乡之便，收集、整理古旧图书近万册，并为省图书馆、博物馆提供文物、善本 133 种。撰写论文《徽戏论述》。1954 年，经其整理的徽戏剧本《借靴》参加了华东区戏曲观摩演出大会。1956 年，调入筹建的安徽省徽剧团剧目研究室，专业从事徽戏资料的全面搜集、整理、登记工作。共登记剧目 1404 出，搜集手抄本 753 个，文物资料 91 件，为《徽剧资料汇编》提供了大量资料。发表《明清以来徽戏活动的传闻与纪实》，产生较大影响。

徐勤纳(1937 ~　)，浙江金华人，导演。1955年，考入浙江婺剧（徽戏）训练班学艺，工小生。主演《槐荫记》《合珠记》等剧目。1964年，开始从事导演工作。1989年，受中国戏剧家协会委派赴莫斯科参加国际戏剧研讨会。90年代起，先后为安徽省徽剧团执导过徽剧《白蛇前传》《情义千秋》《吕布与貂蝉》《刘铭传》《临江会》《水淹七军》《贵妃醉酒》《哭剑饮恨》《夜深沉》《打豆腐》《断桥》《拾玉镯》《借妻》《杀惜》《活捉》等大小剧目10余出。

第四章　徽剧以外的剧种

第一节　睦　剧

一、睦剧的形成

睦剧，又名“三脚戏”“三脚班”，最早诞生于浙江淳安一带，是在淳安民间歌舞“跳竹马”的基础上，吸收湖北黄梅采茶戏和江西赣东采茶戏曲调及其表演形式而形成的民间小戏，先后经历了“两脚戏竹马班”“三脚戏竹马班”“三脚戏常班”三个不同阶段。前者尚属歌舞阶段，中者为戏曲雏形，后者才是真正成熟的戏曲，简称“三脚戏”，1949年后定名为睦剧。流行于淳安、开化、常山、建德、分水、昌化一带及安徽歙县等地。睦剧成熟的时间当在民国初年前后，其重要的标志是不兼跳竹马，专演戏曲，脚色已从小旦、小丑、小生“三小”，增加正生、正旦、老生、老旦等，形成所谓“三行八脚”的行当体制，唱腔分“湖广调”“三脚调”“杂调”三大类。剧目已从小戏向大戏发展，戏班已从半职业向职业转变。

民国初至抗日战争前，是睦剧的鼎盛期，仅淳安一县就有三脚戏竹马班90多个，三脚戏常班10多个，并走出淳安，传唱至开化、常山、衢州等地，远至浙、赣、皖三省边境。著名的戏班有“大源三脚戏班”，遂安大源村人留章荣、徐樟寿创办于民国二年(1913)。徐君胜班，遂安塘坪山村人徐村胜创办于民国八年(1919)。姜雪元班，遂安板桥村人姜雪元、姜雪介兄弟创办于20世纪30年代。方仕进班，遂安泗渡州人方仕进创办于抗战前夕，名角有小生朱百祥、旦江德高、小丑方樟顺、正生邵陆家、正旦江荀荀、老生荣清等。幸福班，淳安里商石门人叶余喜创办于民国十九年(1930)。老福林班，淳安姜家区双溪口村方单贵、方双贵兄弟创办于民国二十年(1931)，兼演目连戏与徽戏。此外，还有大源班、余富之班、余岙源班、王卯寅班、卷三元班、方仁水班、方老荀班、宋成金班、新盛班、新芳班、金玉班、许家源春云班等。这一时期的演出剧目主要是72本传统剧目，其中大戏24本，有《山伯访友》《丁山祭祖》《马房逼女》《安安送米》《蓝桥会》《孟姜女》等；小戏48本，有《卖花线》《拜年》《瞎子捉奸》《补背褡》《磨豆腐》等，大多反映农村生活。此外，也吸收了金华徽班的《王婆骂鸡》《打面缸》《小牧牛》等，并开始演出大戏，有《乌盆记》等。

抗日战争爆发至 1949 年底，是睦剧的衰落期。因战事的影响，戏班解散，艺人归田。抗战结束后，睦剧又被诬为桑间戏，扣以“诲淫诲盗”“败坏伤风”的帽子，处处被禁演，艺人甚至被拘捕。艺人们改学徽戏，或用徽调演唱三脚戏剧目，艺人称之为“半班”。至 1949 年底，已无睦剧戏班存在。1950 年 12 月，淳安县文化馆将流散在四乡的知名“三脚戏”老艺人组织起来，开办“三脚戏”艺人讲习班。在此基础上，正式成立民办的青溪睦剧团（青溪为淳安古县名）。1951 年 5 月，淳安县政府对青溪睦剧团进行改组，批准成立了淳安县睦剧实验剧团，并招收了第一批睦剧男女青年演员 23 名。其时，剧团属半农半艺性质，演员们白天劳动，夜晚学戏。经过一段时间的艰苦排练，当年 7 月登台亮相，拉开了睦剧演出第一幕。首演剧目为传统小戏《小放牛》。随后，为配合中心又演出了《渔夫恨》《父子争先》《兄弟参军》等现代剧目。以后又配合县城举行物资交流大会，尝试演出了《梁山伯与祝英台》等传统大戏。接着现代戏《渔夫恨》参加了金华专区戏曲会演。1954 年 10 月，参加浙江省主要剧种交流演出，受到了省市文化界领导及专家的关注。

为了扶持这朵戏曲园地里的新苗，省文化局及时组织全省各主要剧团的编导、文艺界知名人士，以及省内各大新闻媒体，专门开了一次关于睦剧的改良和提高的专题研讨会。浙江人民广播电台把新录制的睦剧《南山种麦》在电台播出，《当代日报》及时发表了介绍淳安睦剧的文章。省文化局还在经济物资上给予了支持和帮助，这让睦剧团的全体演职员受到极大的鼓舞，也看到了睦剧振兴的希望。翌年初，省文化局派出施振眉、金孝电、洛地三位同志深入淳安山区，对睦剧做实地考察和艺术指导。经三位专家与睦剧团全体同志，特别是众多老艺人的共同努力，整理汇集了睦剧（三脚戏）有史以来第一本较为翔实的简谱音乐资料。1954 年 8 月，《南山种麦》《牧牛》《看花灯》《补背褡》四出小戏，参加了浙江省第一届戏曲观摩演出大会，演员郑百庭获二等奖，项文法、章谓贞获三等奖，老艺人方光庭、江苟苟、方樟顺获荣誉奖。是年秋，优秀剧目《南山种麦》《牧牛》又选拔到上海参加华东戏曲观摩演出大会，华东文艺界领导、专家鼓励应保持和发扬睦剧原有特色，向演家庭生活小戏和现代戏发展。是年冬，经淳安县人民政府批准，原半职业睦剧实验剧团转为职业剧团，正式定名淳安县睦剧团。

20世纪60～70年代间，睦剧团长年累月地自挑铺盖，在山区巡回演出，跑遍全县52个公社的600多个生产队和10多个厂矿，为群众演出数百场，受到群众交口称赞。被誉为“一根扁担两条腿，踏遍淳安山和水”的“扁担剧团”，在淳安人民心中留下一段佳话。

1986年10月，淳安睦剧团与淳安越剧团合并为淳安县千岛剧团，既演睦剧，又演越剧。1989年，淳安睦剧团撤销后，60多位睦剧艺人自发组织睦剧艺社，整理出版《睦剧戏曲志》《睦剧音乐志》，录制发行《睦剧精曲选》磁带。1997年12月，睦剧小戏《赤膊女婿》获文化部群星奖、优秀奖。1998年10月，《睦剧发展史》由浙江人民出版社出版发行。2011年，睦剧被列入第三批国家级非物质文化遗产名录。

二、睦剧声腔

睦剧（三脚戏），其声腔属民间歌舞类型腔系。唱腔分【湖广调】【三脚调】和【杂调】三大类，曲调共100余首。

【湖广调】多用于大戏，占20%，属雏形的板式变化体音乐结构，其源于襄阳调，有【湖广头】【湖广回龙】【湖广二六】【湖广紧板】、【湖广高紧板】【湖广哭板】【湖广煞板】等板式。

【三脚调】多用于小戏，占60%，大多专戏专用，如“种麦调”只用于《南山种麦》；有的数戏通用，如“骂鸡调”既用于《牧牛》，亦用于《访友记》等剧。唱腔可分为“大反情”“小反情”，“二凡腔”和“民歌小调”等小类。

【杂调】占20%，依其来源可分为“道释调”“客戏调”和“时调”等三小类。“道释调”来自目连戏或道士腔等宗教音乐，“客戏调”来自婺剧、徽戏等剧种，“时调”来自广泛流行的民间小调。

过去，上述三类唱腔均不分男女腔（无女伶），演员干唱，偶加后台帮腔，句读间以锣鼓作“过门”。睦剧团成立后，逐步加强了管弦伴奏，并对男女分工及角色分腔做了有益的探讨，创作出许多新调。睦剧舞台语，按当地的六声调值结合中州韵（即开化、淳安、寿昌、分水一带通行的地方语）使用。

早期乐队由三人组成，分工为：打鼓板者主檀板，爆鼓（即板鼓亦有用梆子或竹筒代替），兼敲扁鼓；一个敲苏锣兼铙钹，谓之“双龙头”；敲小锣者，兼检场。这三人，除各司其职外，还须承担帮腔和答应场外白的任务。睦剧团成立后，乐队才有了发展。管弦乐器有主胡、二胡、中胡、大胡、三弦、琵琶、板胡、横笛、节子梅先、先锋等，打击乐器增添大鼓、战鼓、开锣、大钗、狗叫锣、三角铃、碰铃等。后又增添扬琴、小提琴、大提琴等，一度还用过拉管、小号、中号、黑管参加伴奏。睦剧的文场曲牌，都是借用或融化外剧种的，建团后始有新创作；锣鼓经也只有少量是自己传统的，其余都是从京、婺等剧吸收而来。

睦剧作曲家主要有如下几位：

洛地，1930 年生，解放初系浙江省文工团成员。1954 年，受省文化部门的派遣，来淳安睦剧团帮助整理、加工睦剧音乐。先后为《南山种麦》《牧牛》《看花灯》《补背褡》《两兄弟》等戏作曲，并整理编印了睦剧第一本音乐资料集《睦剧曲调》。还和施振眉合作编写了《睦剧》剧种介绍，收入《中国戏曲剧种大辞典》。他对睦剧剧种的考查，睦剧音乐唱腔、过门的丰富和改进等，做出了重要贡献。

郑兆元，1917 年生，浙江省淳安县港口人。中学时代就爱好音乐，擅胡琴、唢呐、笛子演奏，尤爱好戏曲音乐，常求师学艺，于 1952 年入淳安越剧团任琴师，1959 年调入淳安睦剧团任作曲。他以传统睦剧曲调为基础，吸收婺剧、黄梅戏、花鼓戏、采茶戏等剧种营养，取长补短，并以基本曲调“湖广调”为主，大胆尝试，新创了睦剧新板式、新唱腔，丰富了管弦乐器伴奏，提高了睦剧音乐的表现力和感染力。他是淳安睦剧首任专职作曲，为睦剧的音乐改革积累经验，开辟了新途径。

余红兵，1948 年生，浙江省淳安县人。1974 年，由部队转业到淳安县睦剧团，担任乐队作曲，曾为《红楼夜审》《女中魁》《白蛇前传》《白蛇后传》《状元打更》等剧作曲。1986 年离团后，任县文化馆馆长、县音舞协会主席。近年，又为睦剧《女兽医》《天外来客》、《赤膊女婿》《少女喜游千岛湖》等作曲。1993 年，参与策划睦剧卡拉 OK 磁带的制作发行工作。1997 年，参与策划睦剧 MTV 的拍摄制作工作。主编了《淳安睦剧唱腔精选》。曾任杭州市音乐家协会第四、五届常务理事。

严坤炎，1937 年生，浙江省淳安县桥西人。1956 年入淳安睦剧团，担任乐队主胡，曾为《红云岗》等大戏谱曲。

吴纪元，1939 年出生，淳安县人。1958 年进团，是乐队的多面手。熟悉了解睦剧，也对睦剧有与生俱来的乡土情结。在剧团最困难之时，做了许多实际工作。在睦剧团后期，担任团长还兼职主胡。自为《三斩子》《三打陶三春》等大戏谱曲。担任千岛湖剧团团长后，克服多种困难，组织排演了睦剧《化子闹婚》越剧《明珠》等大型原创剧作，排演的剧目参加了杭州市青年戏剧节。曾率团首次赴江苏演出，开拓了睦剧新的演出市场。

胡百星，1898 年生，淳安县人，是三角戏乐队重要创始人之一。在传统曲目的整理，前奏、间奏的编创试奏，丝弦乐队与三脚戏锣鼓结合的领域中，做了许多开创性工作。

胡佐竹，1943 年生，淳安县人。1957 年考入剧团后，一直担任乐队鼓师。参与了多种剧作的音乐改革和创新，是睦剧音乐改革的参与者与见证人，也是睦剧锣鼓的改革者与传承人。

三、主要剧目

睦剧传统剧目共 12 部，其中传统小戏 7 出，传统大戏 5 部；创作剧目 14 部，其中现代戏 9 部，古装戏 2 部，新编历史剧 1 部；表演唱 2 出；移植改编剧目 2 部。

《南山种麦》 睦剧传统小戏。写青年农民刘兰德弃商还农，偕其妻王秀英去南山种麦。其中，有凉亭对唱山歌、种麦舞蹈动作等风趣情节。该剧唱腔轻快优美，舞蹈朴素活泼，表现出农村生活和夫妻之间的愉快和欢乐。施振眉执笔整理，曾参加 1954 年浙江省首届戏曲会演获优秀剧本奖。同年，又参加华东区戏曲观摩演出大会，郑百庭获演员三等奖。作为推广剧目在《华东戏曲会演剧本选》刊出。

《补背褡》 睦剧传统小戏。写船工和贫苦农民的爱情故事。孤苦伶仃的孙公金，衣破无人补，去求干妹子蒋珠美补破背褡。珠美与公金相爱两年，情投意合，这次大胆地自做媒人，给公金说亲。她叫孙到门外去相亲，说楼窗里站着的是新人。公金对着楼窗里左看右看，看见珠美所说的新人、媒人、本人，实系干妹自己一个人，恍然大悟，喜出望外，冲进屋里，背起了主动许婚的心上人。该剧语言通俗生动，表演朴实风趣，曲调活泼轻快，富有浓厚的生活气息和乡土风味。施振眉、江荀荀、郑百庭整理，施振眉执笔。曾参加 1954 年浙江省首届戏曲会演，为会演推广剧目。1955 年 1 月，该剧本由浙江人民出版社出版。1982 年入选《中国民间小戏》一书，该书由上海文艺出版社出版。

《牧牛》 睦剧传统小戏。原名《仨矮子牧牛》，为表现农村儿童生活片段的小戏。只有两人出场，暗场人物由后台答白。写牧牛娃王小荣端午节牧牛，遇到去外婆家的女娃陶金莲的一段有趣故事。该剧通过背过水、夸牛、夸鸡、讨香包等富有儿童特色的情节，塑造出一对热爱劳动、聪明淳朴、可爱的农村儿童形象。该剧表演活泼风趣，唱腔富有山歌风味，乡土气息浓厚。金孝电、施振眉、方樟顺、方光庭集体整理，金、施执笔，曾参加1954年浙江省首届戏曲会演获优秀剧本奖，并参加华东区戏曲会演，列为推广剧目入选华东会演剧本选。此后，《小戏二十出》（浙江人民出版社）、《中国民间小戏》（上海文艺出版社）均选载出版。

《落布》 睦剧传统小戏。原名《裁缝偷布》。写裁缝张师傅上门给农妇王大嫂做衣衫，贪小偷布，被王大嫂发觉后的一场有趣的戏剧冲突，生动地描绘出张裁缝尴尬狼狈的形态和王大嫂机警幽默的性格。该剧辛辣风趣，表演逼真动人，曲调粗犷简朴，是一出富有生活气息的讽刺喜剧。施振眉、余征夫根据项文法、江苟苟等老艺人的口述本执笔整理，曾参加1957年建德专区戏曲会演和浙江省第二届戏曲会演，获剧本奖。后来的演出本由王建军改编。

《看花灯》 睦剧传统小戏。描写三个儿童元宵节看花灯的有趣情节。表哥商阿志约表妹秋香、秋莲去县城看闹花灯，两个表妹因爱打扮耽搁了时间，待赶到城里，花灯已去远。扫兴之际，表哥阿志灵机一动，就以讲灯、唱灯来代替看灯。边唱边舞，有声有色。该剧表现了儿童的生活情趣，反映了当地的乡土风情，情节喜谑风趣，曲调轻松愉快，颇有特色。施振眉、宋日善根据老艺人江德高、王树奎口述本整理，曾参加1954年浙江省首届戏曲会演，为省推广剧目。1955年1月，编入《睦剧剧本选》，该书由浙江人民出版社出版。

《瞎痞钱》 睦剧传统小戏。原名《姑嫂上坟》。故事发生在清末农村，姑娘荷花和寡嫂朱氏清明节上坟回家，路遇与地保朱邋遢早已串通好的算命瞎子程半仙。程利用朱地保告诉他的情况骗得朱氏相信，善良而愚昧的朱氏想通过算命来解难消灾，程得寸进尺，鬼话连篇，使朱更加绝望。聪明泼辣而不信算命的荷花极为愤怒，打得瞎子叫救命，引出了正在偷听的朱地保。两人各怀鬼胎，在狗咬狗中真相大白。剧本以现场说法的形式，揭穿算命骗术，破除封建迷信。此剧由王建军改编。

《拣郎》 睦剧传统小戏。母亲从娘家回来，女儿对母亲说她想招郎了。女儿还只有13岁，就想招郎了，母亲听了好笑又好气，故意说，女儿去找瘌痢、瞎子、跷子、驼背、缺嘴，女儿急得慌。待母亲说给女儿找个书生郎时，女儿喜欢，急着要拜堂。母亲火了，拿起家法打女儿时，自己却跌倒在地上。该剧由睦剧老艺人江德高口述，宋日善、姜遂生执笔整理。1988年，由王建军改编后，参加杭州市首届群众戏剧山花奖大赛演出，获演唱一等奖。

《李仕卖妻》 睦剧传统大戏，又名《前花园》。秀才李清明出外打鸟，中弹的鸟落在王家花园内，李进去拣鸟遇见早已思念的王家三小姐，两人倾吐衷情，王三姐叫他要卖掉妻子才能如愿。李回家就一反往常，诬陷妻子张氏做了丑事，要卖掉她。张氏请公婆和叔姑求情，李不答应，并寻老包做媒人找买主，老包找到了死了妻子的秀才高文彪。高知张氏贤惠，愿意娶她，手续办妥，上门迎娶。张氏悲凄凄离开李门和亲生的婴儿，嫁到高家。此剧情节悲喜交错，语言通俗戏谑，人物刻画深刻，富有清末时代色彩和民间风情。此剧由郑百庭口述。

《接母看子》 睦剧传统大戏，又名《后花园》。秀才李清明卖了妻子张氏，儿高富无奶啼哭，李母何氏叫小儿春明去高家接嫂子张氏来给孩子喂奶。高文彪可怜无辜小孩，允许张回去一趟。张氏见到孩子非常痛心，责问李清明为何不管孩子，并说他再娶很难。李清明又羞又气，托老九做媒，娶来王三姐。三姐虐待高富，李怒打，三姐寻死。李母何氏见家庭不幸，气恼病亡。李在祭悼亡时，失火烧了房子，只好带着高富住在庙里。张氏去庙里拜菩萨，又把李和儿带回家中，给李安排生活，给儿子读书。剧本以善恶因果警诫人们，塑造了张氏的善良品行。该剧由郑百庭口述。《李仕卖妻》《接母看子》，曾由姜遂生改编为《花园记》。

《马房逼女》 睦剧传统大戏，又名《三女拜寿》。富翁王百万，膝下只有三女，都已出嫁，大女儿、二女儿都是富家，三女儿家境贫寒。王百万夫妻同庆60大寿，三女儿送的寿礼薄，母亲爱富嫌贫，将她连夜赶出家门。父亲叫丫鬟把三女儿请回来，住在马房过夜。母亲查马房，发现此事，就侮辱骂打，逼女儿连夜离开，三女只好在庙里宿夜。后来三女婿得中状元，王百万家连遭火灾水灾，一贫如洗，在外讨饭，讨到三女儿家。三女儿虽然数落了母亲一顿，但仍把父母留在家里，以享晚年。

《拷打红梅》 睦剧传统大戏，又名《双环记》。员外蔡中书，年近半百无后，冷冷清清，感叹不已。蔡内弟张四友与岳母劝蔡收丫鬟红梅为二房，怕姐张氏不允，设计逼张氏就范。结婚后红梅怀孕，张氏妒恨，等蔡外出收账，将红梅关在磨房里吊打。蔡忘了账本返家，见红梅受苦，怒把张氏赶出家门。蔡不放心，与红梅商量好，并分红梅耳环为记，再出门收账。红梅生下了儿子，按父意取名春宝，即到干娘家去安身。张氏得知，赶去抢回儿子，红梅发疯外出。18年后，蔡收账回家知红梅流落在外，叫儿子赴京赶考，打听亲娘下落。春宝考中状元，衣锦还乡，在路上遇见疯婆告状，验对耳环，认下亲娘，一同回家。

《金莲送茶》 睦剧传统大戏，又名《赶子图》《君子图》。前本述后母偏爱亲生子保奎，赶走前生子保同，保同亲妹送银度日。保同路遇强人，银两被抢走．走投无路，在桑园上吊寻死。后本述寡母和独生女金莲去桑园采桑，救下了保同，收为养子，供他读书。金莲已爱上了保同、母亲叫她送茶到书房，老师学友都不在，金莲主动调情，遭保同拒绝。金莲故作耍赖，告诉母亲说保同欺侮她。母亲心中有数，答应在保同高中后，让她和保同成亲。保同考中状元，两人结为夫妻。

《方百花》 新编历史剧。北宋宣和二年(1120)冬，青溪县(今淳安县)万年乡农民方腊揭竿起义，义军上攻安徽歙州(今歙县)，下攻青溪县城和睦州府(今建德梅城镇)，经桐庐、分水、新登、富阳，直逼重镇杭州城下，声势浩大，威震东南。剧本描写义军杰出女将方百花投身农民革命的一生，是方腊起义的一个缩影。方百花出身猎户，是方腊的堂妹，人称百花公主。她胆识超群，武艺高强，反抗坚决。她的娘子军屡建战功，方腊封她为主帅，把攻杭重任交给她，自己则暂去安徽支援。方百花的两员主将，一是杭州客商出身的投机分子洪载，一是睦州受迫害的太学生吕江。洪载与手下无赖方京狼狈为奸，心怀叵测，是百花心腹之患。吕江文武双全，忠心辅佐百花，两人相互爱慕，结成战地情侣。洪载妒恨，伺机投宋。方百花不顾洪载的阴谋阻挠，抓住战机，火攻宋军驻点六和塔，从水路攻进杭城涌金门，擒住宋军头目童淑。此时，方腊已回军援杭，胜利在望，百花不料被方京暗箭所害，方腊赶到，全军哀悼。剧情起伏曲折，紧张激烈，感人肺腑。由王建军编剧，曾参加浙江省首届戏剧节演出，获创作和演出奖。剧本编入《杭州剧本选》，并出版连环画。

除上述所列剧目外，睦剧另有创作、改编的剧目15部，现存其目。现代戏有《雨过天晴》《光辉的旗帜》《山谷朝阳》《新安江人》《收鸡》《密林丛中》《铁门关》《赤膊女婿》《智救红军》；古装戏有《花子闹婚》《天外来客》；表演唱有《朝阳航线》《少女喜游千岛湖》；移植改编有《乌金记》《鳞骨床》。

睦剧著名编剧、导演有如下数人：

施振眉，1954年受浙江省文化局派遣来淳安扶持睦剧，他与金孝电、洛地等人先后改编、加工的传统睦剧有《南山种麦》《牧牛》《看花灯》《补背褡》《落布》等。其中，《南山种麦》《牧牛》荣获浙江省第一届戏曲会演优秀剧本奖，列为推广剧目，并被推荐参加同年在上海举办的华东戏曲会演。1957年，他改编了睦剧大戏《乌金记》，参加建德专区戏曲会演，获剧本奖。同年，又创作了大型现代戏《雨过天晴》，参加浙江省第二届戏曲会演，荣获剧本二等奖。他对睦剧的发展、创新，以及提高睦剧艺术人才的艺术修养，做过重要贡献，始终关注睦剧的发展。

余征夫，1960年，从汾口中学调入剧团任编剧，先后创作了《海瑞斗脏》《海瑞审石头》等历史剧。1957年，与施振眉共同整理的传统小戏《落布》参加省会演，获剧本奖。

姜遂生，1933年生，浙江省淳安县贺城镇人。曾任淳安县睦剧团导演。创作大型历史剧《方腊起义》,改编传统剧目《李仕卖妻》《乌金记》《卖花线》《北京郎》等。他与汪有春合著《光辉的旗帜》，在浙江省现代戏会演中获剧本奖。

王建军，1934年生，浙江省龙游县人。1949年7月参加工作，1962年从浙江民间歌舞团调入睦剧团任作曲,先后为《春草闯堂》《海瑞训虎》《鳞骨床》《方百花》等戏谱曲。后又从事剧本创作，先后创作《山谷朝阳》《新安江人》《方百花》及小戏《密林丛中》、《铁门关》，表演唱《朝阳航线》等，并改编移植大小剧目30余种。离休后，积极完成睦剧音乐集成的编写工作，并热心睦剧业余演出的编剧、配曲工作。他对睦剧的继承和发扬做出一定的贡献。

高秋扬，1944年生，浙江省绍兴市人。1973年由部队转业到淳县睦剧团，先在乐队操二胡、主胡，后学作曲、编剧，先后为睦剧《十五贯》《秦香莲》《胭脂》《逼婚记》《江姐》《海瑞训虎》等戏谱曲。所编剧作有《化子闹婚》（与王东林合编）《赤膊女婿》等，其中，《化子闹婚》获杭州市青年戏剧节优秀创作奖、作曲奖，浙江省第三届戏剧节创作三等奖，杭州市人民政府文艺奖；《赤膊女婿》获杭州市新剧目会演创作一等奖，浙江省第八届戏曲小品邀请赛创作二等奖，全国第七届群星奖的优秀奖。曾任淳安县文化局长，戏曲协会主席，是杭州市戏剧家协会第一、二、三届理事。淳安县文联主席。

周福金，1942年生，淳安县人。1955年考入剧团，从事舞美工作。对睦剧有特别深的乡土情结。他刻苦好学、勤奋工作，在睦剧领域取得不俗成绩。在担任淳安县文化馆长、睦剧艺社社长期间，创作了《千岛湖姑娘贺联网》《少女喜游岛湖》《天外来客》《智救红军》等20余部小戏。其中，《千岛湖姑娘贺联网》在杭州电视台现场直播，《少女喜游千岛湖》曾获杭州市群众会演二等奖，《外来客》获1996年淳安县文艺精品奖。他策划并组织了《淳安睦剧民歌金曲》音乐盒带的制作，以及睦剧MTV的拍摄工作，也是《睦剧发展史》的撰稿人之一。1995年、1997年两度被评为浙江省文化系统先进工作者。淳安县政协第三、四、五届委员，杭州市戏剧家协会理事，浙江省戏剧家协会会员，中国戏剧家协会会员，中国舞美学会会员。曾任县文联三届委员，县剧协主席，睦剧艺社第一、二届社长。

苏禾，1921年生，北京市人。1950年3月参加工作。1961年从浙江群艺馆调来淳安睦剧团任导演。曾执导《山谷朝阳》《江姐》《半把剪刀》等戏，他在提高演员表演理论水平和表演艺术修养方面起了显著作用。系杭州市戏剧家协会会员。

中华人民共和国成立后，从事睦剧导演工作的还有项文法、姜遂生、汪大兴、章渭贞、何有宏等。

四、睦剧演员

睦剧，在流域戏曲中出现的时间较晚，活跃期仅百余年，参与者大多是淳安当地人，故给当代留下的记忆最清晰、情感最亲切。当笔者看到蒋中崎、周福金编著的《睦剧发展史》的首页有30幅睦剧工作者的一寸头像时，不禁被深深打动。那应是淳安人最美的面孔，也是淳安人最熟悉的面容。现将九代睦剧演员照实录入：

(一)1949年前参加睦剧演出的老艺人

姜来寿，小旦，遂安人，淳安老艺人都称其为来寿师。

斗，小生，遂安安阳人，遂安、淳安名小生。

三癞痢，小丑，遂安，为淳、遂闻名的小丑。

笔架赖子，老生兼小丑，遂安横沿笔架岭人。

蒋贵，老旦，遂安双溪口人。

余家侬，正旦，遂安东亭竹源村人。

余约洪，正旦，遂安东亭竹源村人。

徐君银，小生，淳安六都方宅人，传闻为淳安徽戏的主要传授者。

邵清明，小生，人称陆家侬，淳安南乡重山脚人。

徐清水，小生，淳安梓桐结蒙坑人。艺人称徐君银、邵清明、徐清水三人为“两把半白纸扇”，即两个半小生（徐清水只有半个）。

方者寿，小生，淳安茶园赋溪人。

徐董金，小生兼正生，淳安八都杨柳塘人。

朱百祥，小生，淳安梓桐富山人。

方德林、小生，淳安云源兰坑人。

江德高，小旦，淳安牛坑源长岭上人，为淳安著名的花旦。

方鉴连，小旦，淳安茶园赋溪人。

清苟，小旦，淳安茶园社坝上人，寿昌人称其为“小梅兰芳”。

应海潮，小旦兼正旦，淳安南乡白叶堉人。

方初大，老旦，淳安六都方宅人。

方丙荣，正旦，淳安八都人。

云银，正旦，淳安南乡猴坞人。

余山峦，正旦，淳安进贤山峦村人。

王树奎，小丑兼老生，淳安南乡毛竹窝人。

洪树奎，小丑，淳安茶园湖下人。

郑凤喜，小丑，淳安南乡南门人，为郑百庭祖父。

方光庭，浙江省淳安县人。1949 年前为“三脚班”艺人。1951 年春参加民办的青溪睦剧团，后转淳安县睦剧实验剧团，正旦和小丑，在《两兄弟》中演过主角。参加过浙江省第一届戏曲会演和华东区戏曲观摩演出大会，在整理《乌金记》等睦剧传统剧目中做出贡献。后以培养青年演员为主，并长期担任副团长，曾任县人大代表。

方樟顺，浙江省淳安县茶园人。系三脚戏老艺人，人称“的麻子”。他与傅祥财麻子、徐树春麻子、萧金堂麻子，皆为淳东乡人，人称“四麻子名丑”。他主工丑角，兼演徽剧。是 1951 年民办的青溪睦剧团成员之一，后转入淳安县睦剧团。因发掘和弘扬睦剧成绩卓著，在 1954 年浙江省第一届戏曲会演中，与方光庭、江苟苟等获荣誉奖状。

江苟苟，浙江省淳安县金峰乡人。系三脚戏老艺人，称“苟苟花旦”。工旦角，兼演徽剧。是 1951 年民办的青溪睦剧团成员之一，后转入淳安县睦剧团。因发掘和弘扬睦剧成绩卓著，在 1954 年浙江省第一届戏曲会演中，与方樟顺、方光庭等获荣誉奖状。

项文法，浙江省淳安县人。1949 年前是“三脚班”老艺人。1951 年春参加民办的青溪睦剧团，后转淳安县睦剧实验剧团，小丑。1954 年，参加浙江省第一届戏曲会演，导演《南山种麦》《牧牛》等剧目，因演《看花灯》与章渭贞同获演员三等奖。

郑百庭，1924 年生，浙江省淳安县人。1949 年前是“三脚班”老艺人。1951 年入淳安睦剧团，工小生、正生。在《两兄弟》中饰有财，《杨立贝》中饰杨立贝，《南山种麦》中饰刘兰德，《乌金记》中饰周明月，《雨过天晴》中饰周传根等，他唱做俱佳，嗓音独特，注重人物塑造。他参加表演的《南山种麦》曾获浙江省首届戏曲会演表演二等奖，华东戏曲会演表演三等奖；《乌金记》获建德专区戏曲表演表演一等奖，《雨过天晴》获浙江省第二届戏曲会演表演二等奖。他唱做自成风格，对睦剧新人成长产生较大影响。他是中国戏剧家协会会员，浙江省戏剧家协会理事，对睦剧的继承、发展做出重要贡献。

徐和灶，1922 年生，浙江省淳安县鸠坑乡人。1949 年前是“三脚班”老艺人。1952 年初，入淳安睦剧实验剧团。他多才多艺，工小生、正生、老生和小丑，又会操二胡、琵琶、笛子等多种乐器。在传统剧《落布》一戏中饰裁缝。曾荣获浙江省第二届戏曲观摩演出演员二等奖。在睦剧《海端罢官》中饰海瑞，《方腊起义》中饰方腊，《春草闯堂》中饰胡知府，《杜十娘》中饰李甲，均获得好评。他口授了传统睦剧《莲花庵》《双劝夫》《三女拜寿》《程氏偷米》《拷打红梅》《瞎子捉奸》等，为睦剧的推陈出新做出了贡献，为此受到金华地区文化部门的表彰。他是浙江省戏剧家协会及淳安县戏曲协会会员。

（二）睦剧第一代青年演员（1951年5月进团）

章渭贞、应龙珠、吴春晖、方长全、胡菊、余鸿香、余鸿柱、余堂贤、章民益、邵长连、方正荣、王睦花、王南山、郑沉香、毛顺梅、方腊梅、陆春梅、吴建生、徐高和、章志贤、吴庙家、应香清、王润隆。

章渭贞，1934 年生，浙江省淳安县人。1951 年入青溪睦剧团，后转入淳安县睦剧团，工青衣、花旦。她唱腔润厚，重人物性格塑造，在《乌金记》中饰演主角，荣获建德地区戏曲会演表演一等奖；在《南山种麦》《补背褡》等戏中饰主角，获浙江省第一届戏曲观摩演出大会演员三等奖。后入浙江省艺校进修导演，先后导演了《春草闯堂》《逼婚记》等戏。是睦剧唯一的女导演、女业务副团长，对睦剧的发展起过重要作用。系浙江省戏剧家协会，杭州市戏剧家协会会员。

应龙珠，1938 年生，浙江淳安县人。1951 年入淳安睦剧团，工旦角，扮相俊美，唱做均佳，在《两兄弟》《落布》《金莲送茶》《蔡鸣凤出店》《孟姜女》《斗诗亭》《双凤冠》《陈三娘》《洪湖赤卫队》等戏中饰主角，曾获建德地区戏曲会演表演二等奖，浙江省戏曲会演表演三等奖。

王睦花，1939 年生，原籍江西省南昌市。1951 年入淳安县睦剧团，先工旦角，在《金莲送茶》《白蛇传》《杜十娘》《斗诗亭》《红色的种子》《洪湖赤卫队》《山花烂漫》等戏中饰演主角。后改演小生，在《张羽煮海》《杜十娘》《逼婚记》《鸳鸯谱》《麟骨床》等戏中饰演男主角，在唱做方面均给观众留下良好印象。20世纪50年代，在《牧牛》《看花灯》等戏中任主角，参加过浙江省华东区戏曲观摩演出大会演出。《光辉的旗帜》参加建德专区演出获优秀表演奖。执导过小戏《友谊之花》《雪里送炭》《审石头》《一袋麦种》等。系淳安县戏曲协会，杭州市戏剧家协会会员。

王润隆，浙江省淳安县人。唱做俱佳。1957年，参加浙江省第二届戏曲会演，他与郑百庭、章渭贞演出《雨过天晴》《落布》等戏，获演员三等奖。

（三）睦剧第二代青年演员（1955年5月进团）

姜遂生、周福金、缪晔、王兆铭。

（四）睦剧第三代青年演员（1956年下半年进团）

胡佐竹、周爱菊、吕娣莲、方炳坤、严坤炎、杨金莲、方一章。

方炳坤，1939年生，浙江省淳安县宋村乡人。1956年入淳安县睦剧团，专工丑角。他表演逼真传神，风趣幽默，擅武功，跌扑翻打均能，尤以演《十五贯》中的娄阿鼠、《挡马》中的焦光普等角色为观众称赞，其“矮子三花脸”的声誉为淳安农村观众所熟悉。他曾任剧团艺委会主任，是淳安县戏曲协会和杭州市戏剧家协会会员。

周爱菊，1943年生，浙江省淳安县人。1956年6月入淳安县睦剧团，工旦角。扮相俊美，唱做俱佳，曾在《乌金记》《张羽煮海》《江姐》《胭脂》《朝阳沟》《年青一代》《斗诗亭》等戏中饰演主角，演出受到观众好评。

吕娣莲，1942年生，浙江省淳安县人。1956年入淳安县睦剧团，演花旦、老旦。先后在《人面桃花》《红灯记》《李双双》中饰主角。

（五）睦剧第四代青年演员（1958年进团）

叶尧林、何有宏、吴纪元、董光辉、叶传贵、汪有春、徐道平。

叶尧林，1940年生，浙江省淳安县人。1958年入淳安县睦剧团，拜老艺人郑百庭为师，专工老生。曾在《秦香莲》中饰王延龄、包公，《胭脂》中饰施愚山，《麟骨床》中饰张治，《红灯记》中饰李玉和，《智取威虎山》中饰杨子荣，《方百花》中饰方腊，《白蛇传》中饰法海，因唱腔粗犷洪亮，唱做并重，受观众好评。他是淳安戏曲协会会员，杭州市戏剧家协会会员。1997年，浙江省第八届戏曲小品邀请赛上，他与王建英、鲁万来等合作演出《赤膊女婿》，获表演一等奖。

何有宏，1942年生，浙江省淳安县人。1958年入淳安县睦剧团，先任演员，工正生。

曾在《胭脂》《沙家浜》《海瑞驯虎》《井尸案》《姜喜喜》等诸戏中饰演主角，表演形神兼备，唱腔厚润。后改当导演，助导过《方百花》《白蛇前传》《白蛇后传》诸戏，均有良好反响。1984 ~ 1985 年，他为编写《睦剧志》和《睦剧音乐志》，受县文化广播电视局派遣，曾去淳安、开化两县走访了 8 个镇的 24 名老艺人。

（六）睦剧第五代青年演员（1960年进团）

余塘香、方歆连、汪宪达、胡位有、方卓英、王月婷、徐永贤、邵道厚、方小川、黄小女。

方卓英，1943 年生，浙江淳安县人。1960 年入淳安睦剧团，工旦角，擅老旦。在《南山种麦》《莲花庵》《鸳鸯谱》《红灯记》《杜鹃山》《井尸案》《光荣的减产主任》《张羽煮海》等戏中饰演主要角色，表演朴实，嗓音亮厚，观众反响颇佳。她是淳安县戏曲协会会员，杭州市戏剧家协会会员。

（七）睦剧第六代青年演员（1962年进团）

余巧云、程艺芳、邵路生、王雅琴、汪晓青、叶冬梅、段修年、方美丽、王芸香、林锡春、杨桂花、何金荣、金常照、王莲娣、王素琴、钱银根、钱来顺。

王雅琴，女，1950 年生，原籍浙江省绍兴市人。1962 年淳安县睦剧团，工花旦。她扮相秀美，唱腔清晰而有韵味，表演细腻，曾在《香罗帕》《拾玉镯》《红灯记》《龙江颂》《江姐》《胭脂》《生死牌》《海岛女民兵》《红楼夜审》《白蛇传》《方百花》等 20 余部大戏中饰演主角，均受观众好评。她曾任剧团艺委会主任，淳安县一届政协委员，是县戏曲协会会员，浙江省和杭州市戏剧家协会会员。

汪晓青，1949 年生，浙江省淳安县人。1962 年入淳安县睦剧团，工花旦。她扮相秀丽，唱腔清晰而具韵味，表演朴实，在《胭脂》《逼婚记》《光荣的减产主任》《龙江颂》《江姐》《双凤冤》《生死牌》等 20 余部大戏中饰演主角，均受到观众好评。1980 年，浙江省青年演员会演，她在《春草闯堂》一戏中饰演春草，获演员二等奖。是淳安县戏曲协会会员，杭州市戏剧家协会二届理事，县一届戏协理事，第二届戏协常务理事。

程艺芳，1948 年生，浙江省淳安县人。1962 年入淳安县睦剧团，主工青衣，兼演武旦、花旦、老旦。她扮相秀丽，唱做兼备，善武功，唱腔明晰，别具甜美韵味，为观众所称赞。在《杨八姐》《秦香莲》《胭脂》《朝阳沟》《九斤姑娘》《龙江颂》《红云岗》等多部大戏中饰演主角，是被观众称道的演员。

（八）睦剧第七代青年演员(1970年进团)

刘小辉、童兵戈、方树茂、徐德明、荚基建、孙梅英、唐嵘水、刘勇健、孙勇伟、唐伟、钟炎英、程发荣、诸品山、严珠英、方明、纪德成、许文辉、吴瑞龙。

（九）睦剧第八代青年演员(1977年进团)

王建英、何仁德、姜建女、胡月芳、施桂英、何建平、应建民、方瑞成、徐凤英、方有禄、项荣生、余旭鸣、王金虎、童真玲、程樟和、黄建林、汪新贵、鲁万来、唐春阳、徐爱梅、徐素娟、鲍群棠、方会良、毛积青、主凤珍、叶建国、徐贻兰。

施桂英，1962年生，浙江省淳安县人。1977年入淳安县睦剧团，工旦角，擅武旦。练功不怠，表演认真，唱做俱佳。在《看花灯》《打瓜招亲》《状元打更》《三打陶三春》《张羽煮海》中饰演主要角色，在《白蛇前传》《白蛇后传》中饰小青，受到普遍好评，表现出较好的武艺功底。她在《女中魁》中饰周凤娘一角，在浙江省、杭州市戏剧“小百花”会演中，均荣获优秀小百花奖。是淳安县戏曲协会副主席，杭州市戏剧家协会会员，县文联委员，县二届政协委员。现在淳安县文化馆从事戏曲创作和辅导工作。

方有禄，1962年生，浙江省淳安县人。1977年入淳安县睦剧团，专工武小生。曾在《打瓜招亲》《三打陶三春》《张羽煮海》《白蛇前传》《白蛇后传》《井尸案》《状元打更》诸戏中饰主角，在与施桂英合演的《女中魁》一戏中饰演杨彦宇，在浙江省、杭州市戏剧“小百花”会演中，分别获省“小百花”奖、市优秀“小百花”奖。曾赴浙江省艺术学校进修导演。剧团撤销后，考入山东艺术学院学习舞蹈编导。近年，他执导的睦剧小戏《赤膊女婿》在浙江省八届戏剧小品邀请赛中获表演一等奖，《八戒卖肉》获市“金刚杯“电视小品表演二等奖。他系淳安县音舞协会副主席兼秘书长，县文联委员，社会舞蹈研究会会员，省剧协小品分会会员，市舞蹈家协会会员。现任淳安县文化馆党支部书记、副馆长。

胡月芳，1962年生，浙江省淳安县人。1977年入淳安县睦剧团，主工武旦。扮相好，唱做俱佳。在《打瓜招亲》《三打陶三春》《张羽煮海》《白蛇前传》《白蛇后传》《化子闹婚》等多部戏中饰演主角或重要角色。1982年，参加杭州市戏曲“小百花”会演，获“小百花”奖。系淳安县戏曲协会会员。

鲁万来，1963年生，浙江省淳安县人。1977年入淳安县睦剧团，工武丑。在多部大戏中饰演主要角色。1987年，淳安睦剧团参加浙江省第三届戏剧节，演出《化子闹婚》，他饰演阿大一角，获演员一等奖。1997年，在浙江省第八届戏剧小品邀请赛上，他与王建英、叶尧林合作演出《赤膊女婿》，获表演一等奖。

何仁德，1961 年生，浙江省淳安县人。1977 年入淳安县睦剧团，工正生，曾在多部戏中饰演主角。1987 年浙江省第三届戏剧节，淳安睦剧团参演《化子闹婚》，他在戏中饰演知县胡德一角，获演员三等奖。

王建英（现名王姝苹），1961 年生，浙江省淳安县临岐镇人。1977 年入淳安县睦剧团，工花旦。她扮相秀美，嗓音嘹亮，多部大戏中饰演主要角色。1996 年在杭州市群众文艺会演中，她主演的《少女喜游千岛湖》获表演二等奖；1997 年浙江省举行第八届戏曲小品邀请赛，由她主演的《赤膊女婿》获表演一等奖。任县戏曲协会副主席，县睦剧艺社秘书长和睦剧业余艺校教师。1993 年，参与睦剧卡拉 OK 磁带的录制发行工作，1997 年，参与睦剧 MTV 拍摄的策划工作。

（十）睦剧第九代青年演员（1985年5月进团）

郑根玉，1965 年生，浙江省开化县人。她原为开化县华埠业余越剧团头牌小生，1985 年招入淳安县睦剧团唱小生。她扮相美，嗓音明亮而具韵味，悟性好。曾在睦剧《白蛇前传》中饰许仙，《白蛇后传》中饰许梦蛟。睦剧团、越剧团合并，改名淳安县千岛湖剧团后，兼演睦剧、越剧，她在越剧《巡按斩嫂》中饰史梦鉴，亦获好评，有“唱不败的金嗓子”之美称。她还在睦剧《化子闹婚》一戏中饰赵定荣，在浙江省第三届戏剧节上获表演二等奖。

第二节　婺　剧

一、婺剧的形成

婺剧，俗称金华戏。它以金华地区为中心，衢州、建德及淳安一带为婺剧流行地区。因金华古称婺州，1950 年正式命名为婺剧。明清以来，金华一带是盐、丝入赣和漆、瓷入浙的商业贸易地区，加之这一带物产丰饶，故历来是各种戏曲争胜斗奇之地。明末的高腔、昆腔，清初的乱弹腔，清中叶的徽戏，均曾在金华及周边地区流行。

其实，婺剧并不是一个单一的剧种，而是高腔、昆腔、乱弹、徽戏、滩簧、时调六大剧种的总称。戏曲理论家严教易在《元明清戏曲论集·婺剧观感》一文中指出：

> 婺剧，如果作为一种单纯的地方戏来认识的话，实际上是不能恰当地表现它的内容和性质的。只是在某一地区范围内，几个相当久远历史的剧种，所残存下来的剧目共同应用的名词。

婺剧与周边多个剧种关系密切，其中与徽戏徽班的占比最大。清代后期，金华一带的徽班总约30个，这方面的情况已在上章“流域徽班”中介绍。

1949年前没有婺剧这个名称，只有某某班、某某舞台。大致可分为六种类型：一是徽班，二是乱弹班，三是“三合班”（唱高腔、昆腔、乱弹），四是“二合半班”（唱昆腔、乱弹和徽戏），五是昆腔班，六是高腔班。著名的班社有：唱徽戏的金华新新舞台，衢州大荣春舞台，永康缙东舞台，东阳大联升班；唱乱弹的浦江新春班，处江的吉昌班；“三合班”有东阳的老紫云班，衢州的叶文锦班，金华的包玉品班；“二合半班”有东阳的新春聚班，龙游的周春聚班；唱昆腔的有何金玉班；唱高腔的玉岩班。至1949年初，有紫云、和平、五星3个“三合班”，周春聚、五恒2个“两合半”，新春1个乱弹班，鸿福、新新第一台、民生、乐天、徐乐、红旗、拥和、大荣春8个徽班，但多数名存实亡。

1950年11月，衢州专署把周月仙所在的周春聚班，改名为衢州实验婺剧团。1951年4月，金华专署又将新新舞台改为金华专区实验婺剧团。1953年初，浙江省成立婺剧实验剧团。1955年底，成立浙江婺剧团，为全民所有制。建团后，即着手抢救、发掘婺剧传统遗产。收集、记录了800多个大小剧目和3000余首唱腔、曲牌，整理了婺剧独有的传统脸谱和服装图样，使大量珍贵传统艺术资料得到了保存。2008年，婺剧被列入第二批国家级非物质文化遗产名录。

二、婺剧声腔

婺剧的声腔比较复杂，比如高腔，应称作婺剧高腔，以区别其他高腔；昆腔，要称作婺剧昆腔，以区别苏昆、北昆。其余几个声腔的情况也是如此。下面将婺剧的六种声腔分别介绍：

（一）高腔

有侯阳、西吴、西安、松阳之分。侯阳高腔流行于东阳、义乌一带，有人认为可能是义乌腔的派生，擅演武戏。西吴高腔因在金华北乡的西吴村开设科班而得名，其唱腔较西安高腔委婉、质朴，且多滚唱，与徽池雅调有渊源关系。西安高腔流行于衢州一带，衢州古称“西安”，故名。与弋阳腔有密切关系。其曲调字多腔少，具有一泄而尽的特点。以上三种，均一人起唱，众人帮腔，锣鼓助节，音调随心入腔，不管托弦，声调高亢激越。而西吴高腔及松阳高腔却有乐队伴奏，是我国各种高腔中特有的形式。高腔曲牌很多，不同剧目有规定的“套式”，初用长短句词格。剧目丰富，如《槐荫记》《合珠记》《白兔记》等。

（二）昆曲

俗称“草昆”“金昆”，是昆腔流传在金华一带的支派。因长期流动演出于农村的草台和庙会，以农民为主要观众对象，故语言较通俗，追求情节曲折，唱腔也不拘泥于四声格腔，以演武戏、做工戏、大戏为主。在明代之后，一直被视为婺剧诸声腔中的正宗。实际上，是昆曲在衢州（今衢县一带）、金华的一个支流。在语言、曲调上，均结合当地习惯予以简化或改变，故称“草昆”。现其剧目已较少演出，部分曲调则为乱弹声腔所吸收，如乱弹曲调中含有【昆头】【小桃红】【新水令】【下山虎】等片段。

（三）乱弹

因专工乱弹的“乱弹班”多出自浦江县，故又称“浦江乱弹”。以二凡、三五七、芦花为主要唱调。其流行地区除金华、衢州、严州（今建德）外，也常在昌化、桐庐一带演出。二凡具北方戏曲唱腔的特点，有人认为源出于西秦腔，也有人认为源于安徽的吹腔和四平调。三五七具有南方戏曲唱腔的特点，属早期吹腔，有人认为其形成与皖南的徽州、四平、太平诸腔有关。芦花则源于吹腔一类，系徽戏遗响。剧目较多，如《芦花絮》《桂芝写状》《雪里梅》《珍珠衫》等。

（四）徽戏

自徽州传入，是单一剧种。清末以来，大量皖人迁往金华一带经商，徽戏随商路流入，金华、衢州两府本地徽班达30余个，仅1918年前后开设的本地科班就有10余个。婺剧徽班自成一格，以拨子、芦花、吹腔等老徽调为主，唱西皮、二黄。表演粗犷、泼辣、朴实、健康。剧目有《二进宫》《法门寺》《青龙会》等，其中《火烧子都》《水擒庞德》等的表演风格，在今皮黄剧中较少见。

（五）滩簧

相传源出苏州滩簧。乾隆、嘉庆年间，金华已有曲艺滩簧坐唱班。有人认为，滩簧系由往来于衢州、兰江的花船船娘卖艺带入，先有业余坐唱班，后由婺剧艺人衍为戏曲，成为婺剧声腔之一。有“浦江滩簧”“兰溪滩簧”“东阳滩簧”之分。剧目有《僧尼会》《断桥》《牡丹对课》等。1949 年后，整理的传统剧目《僧尼会》《断桥》，在剧本和表演上都有新的创造。

（六）时调

是明清以来时尚民间小戏的统称。有来自明清俗曲，有的属南罗，有的为油滩，有的源于地方小调。由当地民歌、歌舞演变而成，是一种演唱农村生活小戏的声腔，剧目有《走广东》《卖棉纱》《王婆骂鸡》等。

以上六种声腔，在婺剧中不是一戏混用，而是各个声腔都有一批专长剧目。最初，高腔、昆腔、乱弹等独立成班，后发展为合班，并有不同的组合。高、昆、乱兼唱的戏班，俗称“三合班”。以后，徽戏传入金华一带，有的三合班弃高腔而兼唱徽戏，有的徽班却兼唱乱弹。之后，又吸收了滩簧和时调。婺剧演出时，必须注明剧种的名称及分类。如演小戏《对课》，则要注明婺剧兰溪滩簧；《磨豆腐》婺剧松阳高腔等。

三、婺剧团

婺剧作为一个多声腔的剧种，它的成就主要体现在 1949 年后成立的几个婺剧团中，这些剧团较好地继承了清代以来地区多种古老声腔，并整理、创作了许多传统戏和新编历史剧目，得到了世人的认可。下面分别介绍几个婺剧团。[①]

（一）浙江婺剧团

1953 年初，浙江省成立婺剧实验剧团。同年 8 月中旬，赴上海演出《三姐下凡》《槐荫树》《打金枝》《三盖衣》《雪里梅》等 10 个剧目，受到上海及华东文艺界的好评。1954 年参加华东地区戏曲观摩演出，周越先、周越桂主演《槐荫分别》分别获演员一、三等奖。1955 年底，成立浙江婺剧团，为全民所有制，先后任团长的有陈平、卢笑鸿、周越先、徐东福、郑兰香等。

建团后，集中精力抓表演队伍和剧目建设，创作、改编、整理演出了《黄金印》《送米记》《九件衣》《孙膑与庞涓》《三请樊梨花》《雪里梅》《断桥》《僧尼会》《对课》等优秀剧目。1957 年参加浙江省第二届戏曲观摩演出大会，《黄金印》《送米记》《马前泼水》等获剧本一等奖、剧本奖、优秀表演奖，徐东福、徐汝英、周越桂获演员

---

① 徐宏图：《浙江戏曲史》，杭州出版社，2010年。蒋羽乾、严先来：《建德婺剧丛谈》，浙江古籍出版社，2019年。

一等奖。1959年，组织老艺人吐、授老戏，发掘、记录大量剧本、唱腔、脸谱和服饰等资料，整理成册，出版《婺剧徽戏音乐》等，使失演多年的婺剧表演与特技得以焕发光彩。1960年3月18日，毛泽东主席观看了《牡丹对课》，接见了郑兰香等演员，肯定了剧本的改编和演出。1962年10月，晋京演出《三请樊梨花》《双公主》《断桥》《牡丹对课》《米栏敲窗》及《僧尼会》，周恩来、朱德等中央领导在中南海及国务院小礼堂观看演出。周总理还称赞演员吴光煜把《僧尼会》中的小和尚"演活了"，称赞陈美娟演出的《断桥》为"天下第一桥"。"文革"期间，剧团解散。1977年，恢复建制。1979年，《僧尼会》《断桥》等拍成电视片，列入国庆三十周年汇映节目。1982年，新编历史剧《西施泪》被长春电影制片厂拍成电影，并在该厂第五届"小百花"奖评选中获最佳戏曲片奖。1982年，改编上演《白蛇前传》，受到国内外专家的一致赞誉。1999年，创作演出新编大型婺剧《昆仑女》，在第六届中国艺术节上获优秀剧目奖，2002年，获第十届文华新剧目奖。同年，创作演出的大型新编历史剧《梦断婺江》荣获2005年度国家舞台艺术精品工程"精品提名剧目"、第九届中国戏剧节优秀剧目奖。《贺家桥边》《昆仑女》《梦断婺江》等新编剧目获浙江省精神文明建设"五个一工程"奖。该团著名演员较多，将在下文婺剧名家中再介绍。

(二)金华市婺剧团

1956年秋，由原金华民生剧团改建而成，属集体所有制，团长胡吉光。1961年，《杨八姐闹幽州》连演1000场，上海唱片厂灌录了唱片。1962年，以《断桥》参加浙江省婺剧代表队赴京演出，誉满京华。1964年，参加浙江省及华东区现代戏观摩演出，《夜考》颇获好评。"文革"中，剧团被撤销。1978年，恢复原建制。1983年，参加全国徽戏学术研讨会观摩演出，《二度梅 · 重台分别》《碧桃花 · 拷打提牢》，受到了国内戏曲界的好评和瞩目。1997年以来，在拓宽演出市场上，剧团也做了大胆探索，现代戏《白魔追缉令》首次冲出省外市场，在广东、海南等南方市场演出数百场，深受观众欢迎。著名演员有朱云香、倪志萱、周跃英、周越芗、许秋峰、李永兰、高兰馨等。

(三)东阳婺剧团

原名东阳剧团，始建于1951年9月，由老紫云、王新喜两个"三合班"合并而成，仍为高、昆、乱三合班，潘池海为团长。1954年，参加浙江省首届戏曲观摩演出大会，演出《秦琼逃关》《米栏敲窗》《推车接父》《借扇》，胡方琴、潘池海、欧阳荣富三人分别获演员一、三、三等奖。1955 年，改名东阳婺剧团。1960 年，转为全民所有制。1962 年，为挖掘抢救戏曲遗产，以胡梦兰等四位老艺人为主组成吐录小组，由陈崇仁记录侯阳高腔 15 本，折子戏 7 个及部分昆、乱剧目。同年，排演了侯阳高腔《合珠记》、乱弹《双血衣》，赴杭演出，获好评。"文革"中，剧团解散。1977 年，恢复原建制，上演《三打白骨精》《十五贯》《珍珠塔》《合珠记》等大戏，以及《断桥》等折子戏。1982 年，参加浙江省第一届"小百花"会演，多人获奖。1984 年，赴京演出传统大戏《铁灵关》《断桥》，以及部分现代剧，连演 22 天，中国戏曲学院为此专门召开座谈会，《人民日报》《光明日报》等均予以报道。2004 年，重新整理演出婺剧最古老的侯阳高腔《米栏敲窗》等折子戏。近年经常下乡，为农民兄弟演出。著名演员有叶绿美、王秋姣、何碧莲、齐灵姣、陈志兴、王正洪、胡悦、王文龙、王文俊等。

（四）武义婺剧团

前身为 1952 年组建的武义县和平剧团，演员多为东阳紫云班流散艺人。1952 年吸收东阳五星剧团部分演员，定名为武义县婺剧团，集体所有制。1957 年参加浙江省第二届戏曲观摩演出，《孙膑与庞涓》获剧本一等奖。1969 年，与武义昆剧团合并，称文工团。1976 年恢复建制，改为国营剧团。1978 年，成功上演《杨门女将》。近年，以《白鲞娘》《讨饭国舅》两出大戏获得专家和观众的好评，在金华市第三届艺术节婺剧擂台赛中获优秀表演奖。著名演员有欧阳香春、傅丽芝、王淑余、顾弘唐、徐松成等。

（五）兰溪婺剧团

前身为徽班乐天舞台。1950 年改名乐天共和剧团，1955 年定为今名。1954 年，《漆匠嫁女》参加浙江省与华东区戏曲观摩演出大会，叶竹青获演员二等奖。1980 年，参加浙江省青年演员会演，黄志宏演出的《劫》获二等奖。1981 年，参加浙江省现代戏会演，《还驴》获剧本二等奖和演出奖。近年，除演出现代戏外，古装戏有《雪里梅》《三女审子》《踏八仙》《胭脂河》《狸猫换太子》等，每到一地，场场爆满。著名演员有汪金娣、许永芳、吴凤花、方友高、刘建晖、陈小华等。

（六）衢州市婺剧团

前身为浦江乱弹金龙班，1951 年更名为新春舞台，1953 年改名新春剧团。1954 年在衢州登记，易名衢州新春婺剧团。是年，排演《九锡宫》参加浙江省首届戏曲观摩演出大会，被列为全省推广剧目；王金龙获演员二等奖。1956年，转为地方国营衢县婺剧团。1964年，创作演出《飞雪迎春》参加省现代戏观摩会演，获好评。“文革”期间，剧团解散。1978年恢复建制，1981年改为今名。1983年参加浙江省首届戏剧会演，《梨花狱》获创作、演出双优奖。1991年参加省现代剧会演，《龙盘山》获剧本三等奖。1992年参加第二届省“小百花”会演，方佳、汪雪芝和马春莲分别获优秀小百花和小百花奖。1993年参加浙江省第五届戏剧节，《三请樊梨花·洞房》获优秀演出奖。1995年参加浙江省第六届戏剧节，新编历史剧《忠壮公徐徽言》获得15个奖项。1996年参加浙江省首届婺剧节，新编历史剧《钱江东去》获得22个奖项，1997年获省委宣传部“五个一工程”优秀作品奖。2004年9月参加第七届中国艺术节祝贺演出，《吕布与貂蝉》受观众高度评价。衢州市婺剧团被授予“全国百家优秀文艺团体”称号。著名演员有徐凤仙、孔凡英、吴晓玲、楼冬梅、仇广渡、朱光才、胡哲学等。

（七）江山婺剧团

前身为徐恒福班。后又改称五恒剧团、汤溪婺剧团，属汤溪县管辖。1958年划归江山县，乃改名江山婺剧团，为“二合半”班。能演乱弹18本、昆腔9本，还能演高腔、滩簧、时调等。戏路宽，剧目丰富。1954年参加浙江省首届戏曲观摩演出大会，《思凡》获奖。1957年参加第二届浙江省戏曲观摩演出大会，徽戏《九件衣》获剧本一等奖和演出奖。1959年，《松林斗虎》参加建国十周年献礼演出。1960年，为全省戏曲表演工作会议演出《三请樊梨花》，获好评。1981年参加浙江省现代戏会演，《胡子外传》获多项奖。1985年，自编、自导、自演《碧血芳魂》参加地、市会演得奖。同年，《逼上梁山》参加金华地区会演获奖。1987年，《桃花湾的娘儿们》参加省戏剧节会演获奖。1989年，《三断岳州案》参加省会演获奖。1991年，《仙桃恋》参加省会演获奖。1999年，神话剧《江郎须女》在浙江省首届婺剧大奖赛中，获12项大奖。2003年参加首届国际艺术节获好评。著名演员有徐筱娜、李有仙、姜慧华、钱洪仙、余素娟、陈更新、倪凤仙等。

（八）建德婺剧团

成立于1962年，团部设在寿昌。其前身是浙江省音乐舞蹈戏曲专科学校婺剧班，这是当时婺剧界唯一一个专业科班。1962年6月，成建制来到建德，队伍齐整。老师有胡培志（支部书记）、徐锡贵（团长）、施秀英（导演）、陈集云（音乐）、王素霞（音乐）、毛伯仙（音乐）、徐少楼（武功）、卢金祚（盔箱）、陈福根（三箱）以及胡志钱（开脸）。演员有：小生组许朝榜、郑明根、李守岳、吴炳荣、陈冠厚、王晋德，老生组有项金芳、赵荣根、宋仲贤、赵依忠、郎金坤、吴阿古、叶定龙，花脸组有严先来、傅炳清、傅根木、童佩林、黄学将、陈光荣，旦角组有汪月英、叶芸辉、徐巧萍、唐伶俐、毕仁菊、沈雪芬、徐菊英、徐素芳、高月琴、童卸珠、朱月妹。乐队人员为王学清（鼓板）、程绍荣（鼓板兼大锣）、吴可敏（鼓板兼琵琶）、蒋荣立（正吹）、胡月珍（板胡）、程汝光（琵琶兼革胡）、夏根仙（三弦兼小锣）。剧团又从浙江婺剧团等单位调入祁雪荣（编剧）、王良荣（副吹）、汪仙霞（舞台美术）、朱宗煜（灯光）、董如根（头箱）等人。剧团巡回演出时，又陆续招收了俞炳铨、崔玉琢、徐伟毛、姚二毛、夏天等学员。

建团初期所演剧目有《杨家将》《大破天门阵》《杨排风》《三关摆宴》《大破洪州》，以及《八一风暴》《雷锋》《焦裕禄》等现代戏。剧团在衢县、玉山、江山、金华、兰溪、临安、桐庐、富阳等地演出，引起强烈反响。1965年，婺剧团与建德越剧一团、三团合并为建德越剧团，精简40余人。“文革”中，剧团停演，演职员下放“五七”干校学习劳动。1970年5月，更名为毛泽东思想文艺宣传队，演出“样板戏”《智取威虎山》《红灯记》《沙家浜》《杜鹃山》等，演出质量在全省同类剧团首屈一指，赢得“县级剧团编制，省级剧团水平”的美誉。曾以浙江省军区慰问团的名义，到江西、安徽演出。

1973年，恢复婺剧团建制。20世纪80年代，古装戏解禁，剧团演出《小刀会》《秦香莲》《三请樊梨花》等剧目，在杭州市创下连超演百场的纪录。剧团还曾九下温州、苍南、台州及福建进行商业性演出，获得成功。这是剧团的第二个辉煌期。1985年创作、排演现代戏《山谷幽兰》，在杭州市新剧目调演和浙江省第二届戏剧节上，分别获创作奖、音乐奖、优秀演出奖及剧团精神文明奖等多个奖项。建德婺剧团以其阵营整齐、功夫扎实、演艺精湛及良好的团风，成为全省知名度较高的县级剧团。1985年被评为浙江省二等甲级专业艺术团体。1986年，《玉扇记》参加杭州市青年戏剧节，获优秀演出奖。许朝榜获导演奖，王少辰获作曲奖，吴阿古、金国娟、高京洪获优秀演员奖。1987年7月，折子戏《盗仙草》随杭州市文化局文化艺术代表团赴日本7城市访问演出，22分钟戏东瀛观众鼓掌14次。20世纪90年代，参加杭州市青年演员会演、第二届浙江省戏剧“小百花”会演，均获好评。1996年，婺剧团下乡演出300场，受到浙江省文化厅的特别嘉奖。2002年，进行文化体制改革，演职员身份置换，改全民所有制为主要演职员参股的民营剧团。

四、婺剧名家

一个戏曲剧种的兴盛，很大程度上取决于名角的表演。清末以来，婺剧各班社见诸记录的名伶不少，他们分别在生、旦、净、末、丑等诸行当上，各有创造，为流域戏曲积累了丰富的文化遗产。1949年后成长起来的著名演员，同样为婺剧的发展、传承做出了各自的贡献。下面分老艺人和新名角两大部分来介绍婺剧名家。

(一)老艺人

章寿松、洪波编著的《婺剧简史》记录1949年前的名伶共118人，其中旦堂31人，花脸堂47人，白脸堂40人。旦堂又分花旦、小旦、武旦、正旦、老旦，花脸堂又分大花、小花、二花、四花，白脸堂又分老生、小生、老外。下面侧重三个方面来选介：一是在婺剧艺术上有独特表现的，择其要者，以呈大貌；二是曾受聘安徽省徽剧团任教者；三是浙江省戏曲专科学校婺剧班任教者。

一是在婺剧艺术上有独特表现的艺人如下：

汤吉昌，松阳县人。1878年生，人称“婺剧梅兰芳”。14岁学戏，先搭目连班，后在处州乱弹班中演花旦，中年时带过团体舞台（又名吉昌班）。1949年后，先后在拥和剧团、缙云婺剧团教过戏。1954年，参加浙江省第一届戏曲会演，梅兰芳称赞其：“这个花旦演得好。耐人寻味。”婺剧著名花旦周越先曾受过他的指点。他一生以演处州乱弹为主，拿手好戏有《桑园会》《前后药茶》《玉蜻蜓》等。他的表演充满生活情趣和泥土气息，真切细腻，耐人寻味。1967年病故。

江和义，1876年生于兰溪，13岁入郭品玉班。31岁到兰溪包品玉班，先学小生，后改老生。1949年后入衢州实验婺剧团、浙江婺剧实验剧团、浙江婺剧团。江和义的独特贡献，是口“吐”《槐荫树》等高腔剧目。1954年，《槐荫记》剧目在浙江省首届戏曲会演，华东区戏曲观摩演出大会上获剧目奖。著名戏曲理论家赵景深说，“浙东这棵《槐荫树》已有三百多年历史了”。周恩来总理夸赞：“江和义先生把高腔的本子记下来了，真了不起，我再到浙江去时定去拜访他。”江和义曾任浙江省剧协副主席，中国戏剧家协会会员。1963年春病故。

李宝剑，演《僧尼会》中的小尼姑，扮相俊俏妩媚，天真可爱，唱腔声情并茂。在表演和唱腔上敢于创新突破。当他感到小尼姑的激奋心情已无法用滩簧曲调来表演，就和乐师汪海水商量，创造性地以徽入滩。《僧尼会》中的这段唱腔至今仍在采用。他还擅长婺剧徽戏“移步坐车”特技。拿手戏有《僧尼会》《二度梅》《碧桃花》等。

姚艳姣，原名汤素梅，1921 年生于兰溪。她是婺剧徽班第一代女演员，和姚艳妃、姚艳秋合称为“三艳”。10 岁入科班学戏。拿手好戏有《对课》《采药》《茶馆开弓》《貂蝉拜月》等 20 余本。姚艳秋，原名程美云，1922 年生于金华。14 岁在民生科班学作旦、花旦。出科后加入胡鸿福班，新新舞台。师承张学文，演《二度梅》尤为出色，“移步坐车”“攀藤”特技应用自如。擅演《三堂会审》《对课》《下南唐》等。姚艳妃，原名经金莲，1922 年生于金华。14 岁入民生科班，先学小包头，后改花旦。出科后先后在民生舞台，乐天舞台，徐乐舞台演戏。1949 年后，在江西玉山婺剧团，义乌婺剧团。擅演《僧尼会》《卖草囤》《卖脂胭》《卖棉纱》《走广东》等婺剧滩簧、时调小戏。1954 年，获江西省戏曲会演演员二等奖。

叶阿苟，1897 年生，龙游人。12 岁入徽戏科班学戏，1922 年，到东阳二合半班陈春聚中唱老生，1925 年，加入周春聚班，后又到新春聚班。1949 年后一直在江山婺剧团。演徽戏《九件衣》中县官李文斌，县官升堂办案，两人相继碰死公堂，李县官始知有冤，突然从县衙大堂椅子上惊起，“穿桌扑虎”落地。此特技叶氏表演最佳。1957 年 7 月参加浙江省第二届戏曲会演，据此获演员一等奖。拿手好戏有《九件衣》《太白醉酒》《斩薛猛》《打登州》等。1977 年病故。

冯进流，1886 年生，义乌人。先后在张恭大班、胡新春、大阳春、金华舞台、大鸿福等班社演小花。他演《僧尼会》中的小和尚，能将挂在颈上的佛珠飞转数圈，甩入半空，瞬间又落在颈项上。这一“空中甩珠”特技即由他创造。他的“飘若纸人”在《活捉三郎》中也运用得出神入化。由于他演技高超，当年的金华知府曾赏他一盏大红灯，被誉为“盖八县小花”，声名鹊起。

陈明钱，1878 年生，义乌人。12 岁即上台演戏，后在胡春聚、叶联玉、徐春聚、傅金玉、何金玉等班演小花。昆剧《十五贯》有《访鼠》一场，当况钟乔装测字先生为娄阿鼠算命，两人在长凳上各怀心思，况钟一语道破天机，娄阿鼠从长凳上仰跌下去，身穿凳底而过，复归原位。这个“原座穿凳”的特技，就是陈明钱创造的。他花甲之年，仍能熟练地表演，每演至此，观众拍手叫绝。拿手好戏有《十五贯》《拾金》《扫秦》《刺梁》《茶访》等。

范寿棋，1903 年生，兰溪人。17 岁入郭荣春班学戏，工小生。相貌堂堂，一表人才，功力颇深。先后在胡新春、大阳春等舞台演戏。他在婺剧滩簧《断桥》中扮演许仙，当被白娘子和小青追赶时，落荒而逃，将鞋跌落。他在表演时能将脚上的平靴踢到头顶上，而四处抓摸，一无所获；后将头一耸，鞋子又准确无误套入脚尖，自动穿上。范氏运用“踢鞋穿鞋”特技，把许仙胆怯心慌的心情表演得出神入化。30 岁病故。此技现已失传。

傅阿虎，1914 年生，义乌人。17 岁入乐天科班学大花，出科后主要在乐天舞台演戏。练就一副好嗓子，被誉为“天雷嗓”。观众谐趣说：“阿虎花面在金华城里一声吼，白龙桥都要抖三抖！”拿手好戏有《三结义》《还魂带》《前后冠》等。他曾师承有海，擅长“开脸”（脸谱）的功夫。

二是曾受聘安徽省徽剧团任教者如下：

婺剧与徽戏有血缘关系。徽戏演变为京剧后，京剧回流，稀释了许多地方徽戏，而婺剧流行地区较少受到影响，仍然保留着老徽戏的传统。1959 年，安徽省徽剧团上北京演出《水淹七军》等戏，受到京剧大师梅兰芳的赞扬。梅先生说：“京剧的前身是徽戏。京剧要寻自己的祖宗，看来还要到婺剧中去找。”不久，安徽省文化局就到浙江聘请了婺剧徽班的方永林（大花)、王阿饭（花旦)、管光荣（老外〉、胡耀章（老生)、胡耀昆（四花)、胡成金（武旦)、姜成福（正吹)、方涌清（鼓板)、应韩松（大锣）等 9 位老艺人到安徽省徽剧团任教。下面根据《婺剧简史》介绍五人，另四人资料不详。

胡成金，1895 年生，永康人。开始在永康徽班唱戏，后来加入金华徽班。1959 年，到安徽省徽剧团教戏。1971 年病故。拿手戏有《狐狸对刀》，刀花舞得极好，能“五指过关”“独指滚花”。学生有叶茶花等人。

王阿饭，1895 年生，金华人。11 岁开始学戏。曾是张恭小班的主要花旦之一，后来又在徽戏班民乐舞台和金华小班当过老师。1959 年 7 月，到安徽省徽剧团教戏。1974 年病故。他嗓音清脆，吐字明快，表演真切自然。

方永林，1899 年生，金华人。20 岁入兰溪石宕金科学戏，先学大花，后改老生。先后经过方新春、金春台、庆福、大鸿福、徐恒福、徐春福、胡庆福、大联陞、胡福春、大荣春等班。曾在乐天舞台、小文化舞台任教。1949 年后到义乌婺剧团，1959 ~ 1965 年在安徽省徽剧团任教。他功底扎实，博闻强记，先后“吐”了 106 本徽戏和十几折声腔。大家尊称他为总纲先生和“本子包”。拿手戏有《翠花宫》《九件衣》《阳河摘印》《六部大审》等。

胡耀章，1920 年生，永康人。13 岁入超然舞台，学过小花、四花。出科后曾到新亚、永康、宏广、缙东、浙东、大品玉等永康徽班，1945 年后搭入金华新新、方鸿福、胡鸿福等班演老生，1949 年后又到过钱春福、徐乐、浙江婺剧实验剧团、金华县婺剧团。1959 年 7 月，受聘到安徽省徽剧团任教。拿手戏有《祭风台》《龙凤阁》《宫门挂带》等。

胡耀昆，1923 年生，永康人。10 岁与兄胡耀章同入永康超然舞台学戏，出科后曾在新亚、永康、宏广、缙东等永康徽班演四花。1945 年后，入金华徽班新新、胡鸿福等舞台。1949 年后，在徐乐、浙江婺剧实验剧团、金华县婺剧团演戏。1959 年，到安徽省徽剧团任教。1972 年病故。他的看家戏有《白门楼》《玉麒麟》《老君堂》《投店杀僧》等。

三是浙江省戏曲专科学校婺剧班任教者如下：

徐东福，祖籍仙居，1901 年生于龙游。1917 年 5 月，进龙游北乡新庆福科班，专工小花。后在叶庆福、大鸿福、大庆云、贡春和、蔡庆福等衢州徽班演戏。被誉为“龙游金小花”。1940 年后，搭入金华徽班，胡鸿福、李荣春、方荣春、方荣福、前锋等班社。1949 年后，先在大荣春共和班，后转入浙江婺剧实验剧团，浙江婺剧团。1959 年，到浙江省戏校婺剧班任教。1962 年 6 月，回浙江婺剧团。徐东福擅长袍带戏，如《僧尼会》《叶包写状》《李大打更》《兰香阁》《打金枝》《湘子渡妻》《走广东》等。他的表演善于以眼传神，诙谐冷峻，洒脱飘逸。1954 年浙江省首届戏曲会演，获演员一等奖。同年 9 月，华东区戏曲观摩演出大会上，获得奖状。1957 年 7 月，浙江省第二届戏曲会演，获演员一等奖。他为创建浙江婺剧团，培养婺剧事业接班人方面做出了贡献。

徐锡贵，金华人，1899 年生于戏曲之家。18 岁入胡新春班学老生，后到过新新、金华、胡鸿福、徐恒福、大荣春等班演戏。他在婺剧老艺人中文化水平最高（相当初中毕业），是婺剧改革的先驱者。1951 年，他筹建金华专区实验婺剧团。1958 年 10 月，到省戏校协助筹办婺剧班，任老生教师，1962 年 6 月，又参与创建建德婺剧。1977 年病故。拿手好戏有《伯牙抚琴》《寿阳关》《白帝城》《宫门挂带》《青石岭》《孔明拜斗》等。撰写有《清末民国婺剧大事记》《婺剧掌故》等婺剧史资料。

施秀英，1927 年生于金华。10 岁入文化科班，先习小花，后学武旦、花旦。在科班时就很出色，出科后搭入男班新新舞台，胡鸿福班，金华舞台等。她文武双全，武旦戏有《武松打店》《过江杀相》《金莲戏叔》《进香救驾》《接旨打擂》等，花旦戏有《银桃记》《大破洪州》《辕门斩子》等。1949 年后，曾任浙江省戏校婺剧班教师，是建德婺剧团的创始人之一。

张学文，1901 年生，天台人。12 岁学戏，先后在东阳大联陞徽班、金华新新舞台、胡鸿福等班演花旦。1949 年后，曾任金华市婺剧团副团长。1954 年 8 月，获浙江省首届戏曲观摩演出奖。1959 年后，任浙江省戏曲学校婺剧班教师。他个子修长，扮相漂亮，嗓音圆润，中气充沛，做功细腻，敢于创新。他在《二度梅》中表演陈杏元的“移步坐车”“攀藤”“跳崖游水”等特技，与李宝剑相比，可谓“青出于蓝胜于蓝”。徽戏中的花旦戏，他演得性格各异，都能应付裕如。他教过许多学生，名旦程美云就是其中之一。

胡志钱，1888 年生，义乌人。1960 年，在浙江省戏曲学校婺剧班任教。拿手戏有《罗成上堂》《斩包勉》《水擒庞德》《打金銮》等。

（二）1949年后的新名角

1949 年后，婺剧界名角大量涌现，新秀辈出。他们不俗的艺术表现代表了一个时期婺剧的最高成就。1962 年 11 月，田汉先生为浙江婺剧团题诗曰：“璞玉浑金尚可求，英雄儿女入燕州，浙东何止山川美，又有新声说婺州。”下面分两块来介绍。

一是浙江婺剧团的几位演员及其表演：

周越先，又名周老弟。龙游人。1928 年生，8 岁到周春生开办的越剧小科班学戏，先后加入越剧剡溪舞台、叶秋莲舞台。1946 年秋入周春聚班（二合半班），改学昆腔、乱弹、徽戏。次年，周越先已崭露头角。1949 年后，她是婺剧戏改的第一代。1950 年任衢州实验婺剧团团长，后又在省文工团婺剧组工作。1953 年，任浙江婺剧实验剧团团长，1956 年，任浙江婺剧团副团长兼导演。1959 年 4 月参加文化部举办的第二届民间音乐舞蹈会演，获得好评。1954 年 8 月参加浙江省第一届戏曲会演，获演员－等奖。同年 9 月，在华东区戏曲观摩演出大会上，获演员一等奖。1957 年 7 月浙江省第二届戏曲会演，她和鲁桂春等导演的《黄金印》获导演二等奖，《孙膑与庞涓》获导演一等奖。1957 年秋，到上海华东戏曲讲习班学习，在名师梅兰芳和周信芳、陈虞荪、张庚的传教下，艺术表演日臻成熟。她系统地总结了《雪里梅》的表演经验，发表于 1958 年的《戏曲研究》。她善于继承婺剧优秀传统，其翎子功、“一身两人”等特技，在全国戏曲表演中十分罕见。1953 年 4 月，婺剧《雪里梅》参加第一届全国民间音乐舞蹈会演，引起强烈反响。剧中只有哑巴老父和风瘫少女两个人物，且由一人表演，周越先成功运用《哑背疯》即婺剧“一身两人”特技，赢得苏联专家——错以为是两人的两束鲜花，惊称“中国婺剧的演技是独特的”。她培养了不少人才，如郑兰香、王惠芬、徐筱娜、韩建英、张小英等。是中国戏剧家协会会员，浙江省剧协理事，浙江省艺术学校顾问。

陈美娟，1934 年生，温州人。9 岁进胜福连班学戏。1954 年浙江省首届戏曲会演，获演员二等奖。同年 9 月，华东区戏曲观摩演出大会，获演员一等奖。陈美娟扮相漂亮，咬字清晰，行腔婉转，表演细腻，善于运用传统特技蛇步、蛇眼等，敢于创新。1954 年 9 月，陈美娟表演的《断桥》参加华东区戏曲观摩演出大会，获演员一等奖。梅兰芳曾赞扬她说：“你演的《断桥》比我演得好，这（蛇）步子我不会走。”此后，婺剧《断桥》被誉为“天下第一桥”。陈美娟在浙江婺剧团虽然只有几年，但对婺剧做出了贡献。

徐汝英，1930 年生，衢州人。14 岁从徽班老艺人胡荣华学艺，16 岁又拜婺剧艺人叶文荣为师。1949 年前，先后在蔡庆福、陈春福、大荣春（衢州）、胡鸿福、徐乐、前锋等戏班演花旦、作旦。她扮相俊俏，身段优美，唱腔圆润明亮，婉转流畅，富有韵味。1957 年参加浙江省第二届戏曲会演，获演员一等奖。拿手戏《米栏敲窗》，曾于 1962 年底赴北京演出。她演《断桥》，是继陈美娟之后的第二代“白娘子”，表演细腻，感情沉挚朴实。1961 年，任浙江婺剧团副团长。1962 年秋，婺剧《僧尼会》《断桥》《对课》《米栏敲窗》四折小戏进京演出，北京戏曲专家们称道：“这真是精品！”徐汝英在这次演出中扮演《米栏敲窗》女主角王金贞，获好评。是中国戏剧家协会会员，浙江省剧协理事。曾任金华地区婺训班主任，积极培养新生力量。1982 年 9 月，在浙江省戏曲小百花会演中，荣获“优秀园丁”称号。

郑兰香，1937 年生，温州人。1955 年考入省婺剧训练班，师承周越先、徐汝英，学艺一年多就能演《打金枝》《三姐下凡》《槐荫分别》《秦香莲》《杨八姐游春》等戏。1957 年浙江省第二届戏曲会演，获演员二等奖。1957 年，在上海华东戏曲学习班学习，观摩了京剧、越剧和昆曲界著名演员的表演，开阔了艺术视野。1959 年开始排演《牡丹对课》，向国庆十周年献演。又拜昆剧名旦姚传芗为师，艺术上更上一层楼。后又相继排练了《僧尼会》《双阳公主》等戏。1960 年 4 月，毛泽东主席在杭州观看了郑兰香主演的《对课》，给予肯定，赞赏该剧的推陈出新。之后，《对课》成为婺剧脍炙人口、久演不衰的剧目。1962年秋赴京演出，受到中央首长和戏曲专家的好评。党的十一届三中全会以来，她又重新演出《对课》《僧尼会》等剧，浙江电视台录像，上海唱片社和浙江人民广播电台还灌了唱片和磁带。1979年，她主演《西施泪》，由长春电影制片厂搬上银幕，在全国产生较大影响。郑兰香学艺刻苦，博采众长，身段优美，表演细腻，唱腔清亮圆润，淳朴甜美，戏路宽广。能演活泼天真的少女，善良贤惠的少妇，英姿飒爽的巾帼英雄，足智多谋的美女等各种性格不同的角色。是中国戏剧家协会理事，浙江剧协副主席，浙江婺剧团团长。

吴光煜，1934年生，义乌人，自幼嗜戏成癖。1955年考入浙江婺剧训练班，工花脸，师承徐东福、王传淞等，逐渐形成自己独特的风格。他的表演诙谐风趣，身段灵活自如，表情千变万化，成名戏为《僧尼会》。他在剧中成功地塑造了一个反对封建神权的小和尚艺术形象。1962年秋，浙江婺剧团进京在国务院小礼堂演出，得到周恩来总理等中央领导好评。总理夸奖吴光煜"小和尚是演活了"。总理充分肯定了婺剧戏改的成果，并在剧团离京前邀请18位演职员到他中南海的住处座谈。吴光煜学艺刻苦，师古而不泥古，勇于创新路。他戏路很广，拿手好戏还有《磨豆腐》《杨八游春》《借妻》等，曾在戏曲影片《西施泪》中饰伯嚭。是中国戏剧家协会会员。

周越桂，又名周梅桂，1931年生，龙游人。6岁进龙游西殿山的越剧科班。后随其姐周越先在月仙舞台演小生。1946年进入周春聚班，1950年11月入衢州实验婺剧团，后调省文工团婺剧组。1953年进浙江婺剧实验剧团，1956年在浙江婺剧团演小生，1979年调到金华婺训班任教。她扮相俊秀，气度不凡，唱腔高亢激越，韵味醇厚，表演细腻，文武兼备，善于精雕细刻人物性格，是婺剧女小生的优秀代表，擅演《悔姻缘》《牛头山》《挂玉带》《合珠记》《三请梨花》等戏。1954年浙江省首届戏曲会演，获三等奖。同年9月，在华东戏曲观摩演出大会上获三等奖。1957年浙江省第二届戏曲会演，获一等奖。

二是建德婺剧团"黄龙洞"科班的几位新秀：

项金芳，1939年生，永康人。1954年入民间婺剧团，学小生、花旦。1958年考入浙江戏曲学校，师承徐锡贵，工老生。主演《辕门斩子》杨延昭、《三关排宴》杨延辉、《打金枝》唐王、《秦香莲》王延龄、《杨家将》杨继业、《九件衣》李文斌、《红灯记》李玉和、《智取威虎山》少剑波、《焦裕禄》焦裕禄、《八一风暴》方大来、

《年青一代》林坚、《雷锋》指导员等主要角色，曾长期担任建德婺剧团党支部书记、团长。项金芳文武兼备，勇于创新，多年来对婺剧的唱腔孜孜以求，唱腔有很深的造诣。他在继承徐锡贵唱腔的同时，吸收叶阿苟的高亢苍劲和李朝梭婉转流利的唱法，结合自己音域宽阔的条件加以兼收并蓄，使之融合，形成自己的唱腔风格。他还吸收昆曲周传瑛、京剧周信芳的身段、形体动作来丰富完美老生的表演，深受广大观众的青睐。

汪月英，1943 年生，江山人。1958 年入浙江省戏曲学校，师承施秀英，专工花旦。擅演《东吴招亲》《秦香莲》《断桥》《二度梅》等戏，曾扮演穆桂英、白娘子、李慧娘和现代戏《沙家浜》中的阿庆嫂、《红灯记》中李铁梅等女主角。曾任浙江省戏剧家协会会员，建德婺剧团团长。她嗓音宽亮甜润，唱腔委婉动听，变化自如，戏路宽广，扮演细腻，在观众中有较高声誉。

郑明根，1943 年生，义乌人。1957 年考入汤溪婺剧团，1958 年又入省戏曲学校，工小生。擅演《断桥》《桂枝写状》《秦香莲》《辕门斩子》《玉蜻蜓》《碧玉簪》《十五贯》等戏，在现代戏《青年一代》《雷锋》《朝阳沟》中担任男主角。扮相俊美，文武兼备，善于博采众长，戏路宽广。曾任建德婺剧团副团长，是杭州市戏剧家协会会员。

许朝榜，1944 年生，东阳人。1958 年考入东阳婺剧团，后转入武义婺剧团。同年 11 月，入省戏曲学校，学文武小生。擅演《武松打店》《狮子楼》《火烧子都》《烤火投店》《拾芦柴》等戏。1982 年去上海戏剧学院导演班进修，后专门从事导演工作。曾任剧团副团长，浙江省戏剧家协会理事。

严先来，1944 年生，兰溪人。1958 年，考入浙江省戏曲学校，师承胡志钱、陈乌老、李亨攀和昆曲前辈沈传琨，专工大花。擅演《马武夺魁》《水擒庞德》《夜战马超》《秦香莲》《辕门斩子》等戏。在多年对花脸艺术探索中，借鉴吸收昆剧、京剧特长，形成功架精美，神情逼真，别具一格的艺术风格，对继承和发展婺剧花脸艺术有一定贡献。曾任建德婺剧团团长，是浙江省戏剧家协会会员。与蒋羽乾合作编著有《建德婺剧丛谈》。

徐素芳，1946 年生，金华人。婺剧名家徐锡贵之女。1956 年入金华专区实验婺剧团，1958 年考入浙江省戏曲学校婺剧班。1962 年入建德婺剧团，师承施秀英。她戏路宽广，青衣、武旦、花旦，甚至彩旦等多个行当均能胜任，擅演角色有《武松打店》孙二娘、《装疯骂殿》赵艳蓉、《打郎屠》鲍七婆、《宏碧缘》花碧莲等。曾在剧团 70 级、

82 级、99 级婺剧艺训班任教。

五、“戏改”举例

我国的戏曲改革工作 20 世纪 50 年代初即已开始。1951 年 1 月 10 ～ 16 日，浙江省文教厅就召开了全省第一次戏曲改革工作会议。会后，各市、县开始设专职戏改工作干部，金华、衢县等地相继成立了地区婺剧实验剧团。5 月 5 日，中央人民政府政务院颁发了《关于戏曲改革工作的指示》，各地纷纷举办艺人学习班，抢救濒危剧种、剧目。婺剧西安高腔、西吴高腔老艺人 1949 年后去世殆尽，仅存江和义一人，文化部门将他请回剧团，吐录两种高腔传统剧目各 18 本。并组织一批中青年婺剧演员进行培训，排演了《槐荫树》《合珠记》等，使婺剧从剧目到音乐、表演等均得到继承与保存。

为使剧目面貌发生根本性变化，文化部门成立了剧目组，配备由新文艺工作者为主的专职戏曲创作人员，对一批传统剧目进行改革。1953 年 8 月，浙江婺剧实验剧团为参加上海交流演出，排演了多个经过“戏改”的传统剧目，有《三姐下凡》（乱弹）、《槐荫树》（西安高腔）、《雪里梅》（西安高腔）、《水擒庞德》（徽调）、《僧尼会》（金华滩簧）、《借扇》（金华昆曲）、《打金枝》（徽剧）、《山伯访友》（乱弹）、《太白回表》（徽剧）等，取得很好成绩。

1962 年，婺剧《对课》《断桥》《米栏敲窗》《僧尼会》《三请樊梨花》等是“戏改”后呈现出的精品，下面依次介绍。

《对课》 王驯根据婺剧《牡丹对课》、赣剧《吕洞宾三戏白牡丹》改编。原来是一个不堪入目的淫戏，吕洞宾以买药为名，将少女的生理特征都化作暗喻，戏弄白牡丹；白牡丹以其人之道还治其人之身。改编后，去掉淫词秽语，换上清新生动的比喻，增强健康的趣味性。如吕洞宾要“游子思亲一钱七，举目无亲七钱一。夫妻相亲做药引，儿无娘亲二三厘”这付怪药的时候，牡丹稍加思索，回答道“游子思亲当回（茴）乡（香），举目无亲在生地。夫妻相亲甜如蜜，儿无娘亲黄连味。”整个戏几乎全由这样的猜谜似的对唱组成。吕洞宾从自以为极有把握，再想办法，想尽办法以至于想不出办法来取下招牌；白牡丹从惊诧怀疑，到觑破对方“无事生非”，从容应对，最终保住了“万药俱全”的招牌。“我只道凡间皆俗子，又谁知神仙不如小姑娘！”吕洞宾“斗”不过白牡丹，观众自然而然得出这个结论。一个坏戏，就这样改成了一个内容健康的好戏。这里，吕洞宾还是“戏”，但不是“调戏”，而是“戏弄”。演员郑兰香（饰白牡丹）和张荷（饰吕洞宾）通过美妙的歌喉和生动的表情身段，演出人物的真实感情。

《断桥》 谭伟根据温州和剧《断桥》改编。台白、唱词都做了加工润色，使之通俗易懂，雅俗共赏。在主题上，着力突出“对敌狠，对己和”的思想。婺剧兰溪滩簧《断桥》，妙在“演法不同”：

一是特技“蛇步蛇行”的运用。白素贞和小青不是人间妇女，而是亦人亦蛇。白蛇和青蛇的台步轻捷细碎，以S形前行，犹如蛇行水面，飘飘欲仙，加上优美的舞姿，使人感到有浓厚的神话色彩。小青在追赶许仙时，杀气腾腾，一旦停住，就来个“三窜头”，即把头突然窜抖三下，好似水蛇觅食时凶悍而敏捷的形态。这是婺剧独有的特技，当年梅兰芳也说陈美娟那个蛇步我不会走。倪志萱和朱珠凤表演的“蛇步蛇形”，传承了陈美娟和陈娟弟、徐汝英和金凤茶、刘玉莲和江淑英等前辈的婺剧特色。

二是相比昆腔等其他剧种的，滩簧《断桥》有更多的优美舞蹈和生活气息。像戏里的白蛇青蛇初次上场，唱到“一片深情付东流”的时候，倪志宣、朱珠凤的表情和身段就能使观众形象地感觉到“深情”是落在“东流”水中。李永兰演许仙上场独唱的一段，“想当年清明节西湖游春”的时候，不仅能使人看出许仙沉浸在过去的幸福回忆中，那轻轻摇晃的身躯，更使观众感受到他在回忆西湖风雨同舟的时刻。

三是性格冲突的刻画，生动强烈。当白蛇初上场边唱边作地叙述金山寺的经过后，怒气不息的小青说“决不轻饶于他”时，她是立刻蹦起双脚，挥舞拳头的。每次拔剑欲刺许仙的大幅度形体动作及与许、白各不相同的组合亮相，放大了冲突。许仙“又忽见小青儿圆眼睁睁”，立刻浑身发抖，匆忙逃避，以至于掉了鞋子，以至于审视着手中的鞋子竟忘了这是鞋子而表演了跪步、屁股坐子、吊毛这一系列紧张吸引人的动作，形象再现了小青和许仙的紧张冲突。再看此刻白娘子的左右为难。在青儿闪电般的剑影下，白蛇双手迅速撩起宽大的衣裙直至头顶（只露出脸来），显示她用全身之力来掩护许仙；而许仙则从她胸侧探出头来战兢不已。将白娘子虽怨恨许仙，又不愿割断恩情而竭力掩护他；虽理解青儿却又在竭力劝阻她，提防她无情双剑伤及许仙的复杂心情，非常鲜明饱满地表达了出来。改编后的《断桥》仍不失为“天下第一桥”。

《米栏敲窗》 陈平根据侯阳高腔《合珠记》改编。写的是高文举被迫入赘温相府，其妻王金贞上京寻夫，在相府被温女所拘，沦为奴仆，不能与高相见。一日，金贞以扫窗为由，闯至高的书房，夫妻相认。最后高文举帮助王金贞越墙逃出，投开封府包公处告状。原先剧本写两女争夫，最后两女和解。经过改编后，突出表现了封建社会相府权势的无情和残酷，以及王金贞与高文举之间忠贞不渝的爱情。1957 年参加浙江省第二届戏曲观摩演出，获剧本一等奖。

对婺剧遗产所采取细致而慎重的态度，是《米栏敲窗》改编的成功之处。它不仅保留了原来的精彩描写（从剧本到表演），而且还丰富了原本，把原有的风格改编得更鲜明。如最后高文举决心陪王金贞去告状时，在疾风暴雨般的伴奏中，一顿足之际，纱帽飞离头顶，这个“怒发冲冠”，就充分表现了人物情绪和剧情的转折。这一表演动作原本是没有的，这种新的丰富，更加符合婺剧强烈粗犷的表演风格。

《僧尼会》 陈平根据婺剧滩簧《僧尼会》和昆腔《孽海记》改编。原先这出小戏极力渲染一对私逃的僧尼，在途中调情戏谑的情景，以迎合观众的低级趣味。经过整理，去芜存菁，表现了反封建的主题。《僧尼会》是婺剧盛演不衰的看家戏，演员吴光煜把小和尚演活了。

《三请梨花》 方元根据婺剧昆腔《金棋盘》等戏改编。剧本写唐朝初期，寒江关等地被西番侵占，程咬金挂帅出征。镇守寒江关的番将樊洪原系唐臣，程咬金劝他献关归唐。樊洪之女樊梨花，听程老之劝，说服父亲，回归大唐，并答允与唐将薛丁山结为夫妇。不料，丁山和梨花在洞房之夜发生争执，梨花不服丁山的大男子主义，负气回转寒江关。丁山之父薛仁贵闻知大怒，将丁山削职，囚于军牢。番将杨凡发兵来犯，程咬金责令丁山三请梨花，终于使他俩重归于好，边疆安定。原先的昆腔本子中掺杂大量迷信的东西。改编后去除糟粕，着力塑造一个具有大义灭亲、献关归唐的巾帼英雄的形象，表现了爱国主义主题。1983 年，由河南电影制片厂摄制电影。

《三请樊梨花》 是婺剧的骨子老戏，众所周知，老本中把樊梨花这位家喻户晓的女英雄，描写成为弑父、杀兄、劈夫、强夺有妇之夫，不择手段的爱情至上主义者。改编本把她和薛丁山交战归来改写为杀兄归唐。其兄樊虎贪图番邦富贵，欲杀梨花，以致误杀其父，于是梨花不得不杀兄归唐。这样一改，既凸显樊梨花大义凛然，形象完整可爱，而且也较好地保存了梨花归唐这一基本情节。同时，改本把薛丁山塑造成为一个自负武艺高强，又有男尊女卑观念的人物。在洞房夜听“沙场落马”时，觉得女方“不把我丈夫放在眼里”，由怀疑、恼火而发展到和梨花决裂，结果气走樊梨花。这样，在番兵来犯的紧急关头，才出现薛丁山“三请樊梨花”的喜剧场面。这样改没有损害传说中的英雄人物，只是觉得他身上有自负和夫权思想，是个有缺点的正面人物罢了。剧中“交阵”“洞房”“三请”三折最为精彩，演员叶竹青、余素娟、傅慧娟和老艺人李朝桉等的表演引人入胜，剧场中笑声不断，也说明了观众对戏曲改革的认可。

第三节　越　剧

一、越剧的形成

越剧，诞生于绍兴嵊县，始称“小歌班”“的笃班”，后称“绍兴文戏”。民国二十六年 (1937) 后，取绍兴曾为古越国都城之意，改称越剧。历史仅百年左右，但发展速度迅猛，至民国末，已成为江、浙、沪一带影响最大的剧种，以至登上了曲坛盟主的宝座。越剧最早孕育于清代嵊县农村一种叫“沿门唱书”的曲艺。半农半书的说唱艺人，肩背钱褡和干粮，手执长烟管，沿门卖唱糊口。初时并无任何伴奏乐器，唯以长烟管敲击门槛为节，用宣卷、道情或莲花落等俗曲小调，唱上一段风趣的故事，如《蚕姑娘》《绣荷包》等。俗称“唱馍糍”，正名为“嵊书”。嵊书艺人经过沿门卖唱，见多识广，便产生改革的愿望。咸丰年间，艺人金其炳等首先创造了一种叫【四工合】的曲调，因句尾都带有【四工合上尺】(63512) 的衬音拖腔而得名。接着又创造了【哀哀调】及【吟哦调】。这时，伴奏已去掉长烟管，而采用尺板、笃鼓、三跳板等乐器，还创造了“过门”。演唱形式也改单人独唱为双档、三档至多档，并从沿门走唱，发展成厅堂、茶楼唱书，人们习称为“落地唱书”。

清光绪三十二年（1906）新年，嵊县桃源乡东王村和黄郎地村的南派唱书艺人李世泉、钱景松等 7 人结伴从桐庐沿分水江而上，来到於潜乐平乡外伍村唱书，村人夸他们唱得跟做戏一样。其间，有人提议，何不放下手中的三跳板，把台桌搬走，像演戏一样演一演。第二天唱书艺人们便在村人临时搭起的戏台上，第一次将落地唱书改为分脚色表演。头一天演了《十件头》《倪凤扇茶》两出小戏，第二天又演了《绣荷包》《卖青炭》《赖婚记》，深受村民欢迎。这便是越剧戏班的首场演出。因其不托管弦，只有一单皮鼓，一檀木绰板，发音“的笃的笃”，乡亲们便称之“的笃班”。所唱的【吟哦调】与山歌小调相似，故又称“小歌唱书班”，简称“小歌班”，以区别流行于当地的乱弹班、调腔班、鹦哥班等。由于都是男性演员，故又名“男小歌班”，这是越剧最早的称谓。其剧目均为对子戏，或三小戏。后模仿余姚鹦哥戏的表演，内容多为家庭伦理道德和男女情爱，因屡遭官府禁演，只得转辗于山区邻村演出，又被称为“沿山班”。后从传书唱本及民间故事中移植改编《箍桶记》《乌金记》《蜜蜂记》《黄糠记》《獾猎记》等戏目，并请倪生标担任派场师傅，借鉴余姚滩簧、绍兴大班的表演程式，并借用其服饰与道具，以提高自己的演出水平。次年，该班进入县城药王庙戏馆演出后成为职业性戏班。宣统二年(1910)，此班首次进入杭州，在拱宸桥茶楼等处演出。

“男小歌”班发展很快，据统计，至1907年底，仅嵊县一县已有13个戏班。语言用嵊县方言，演员均为男性，所演多为小戏，粗犷朴实，富有乡土气息。以梅朵阿顺班较有名，该班组建于光绪三十三年(1907)，以旦角卫梅朵、丑角马阿顺为首，观众即其二人之名称其班。所演全为“路头戏”，常演剧目有《十件头》《卖草囤》《倪凤扇茶》等小戏，以及《双金花》《双珠凤》《龙凤锁》《珍珠塔》等大戏。因表演生动、富有谐趣，有“不笑不要钱”之称。宣统元年(1909)，进县城隍庙与火神庙开馆演出，观众为之倾倒，票价高达银洋两角。流动于新昌、东阳、上虞、诸暨、绍兴等地茶馆或草台，所演大戏有《玉连环》《十美图》《三仙炉》《仁义缘》《沉香扇》《二度梅》等。1908年，小歌班分三路闯荡外地：一路经新昌、余姚到宁波，一路经东阳、诸暨到金华，一路经上虞、绍兴到杭州。从1917年3月开始，小歌班多次进演上海茶楼，并和“绍兴大班”(绍剧前身)搭班演出，终因演出简陋而立不住脚。后经不断改进，如废除帮腔，加丝竹伴奏，板式有了快慢之分，并加丝弦过门，称“丝弦正调”，以丰富音乐；脚色在“三小”的基础上，增加老生、大面等行当；改演大戏为主，排演了《碧玉簪》《琵琶记》《双蝴蝶》等古装大戏；为与绍兴大班相区别，又改称为“绍兴文戏”，演出于上海大世界。通过这些改进，终于赢得观众的喝彩，从此站稳脚跟。

绍兴文戏比之小歌班，越剧又前进了一步。一个重要变化是，男班越剧开始出现女演员及男女演员同台混演的形式。据说这是在一个偶然的机会出现的。有一次，戏班正在嘉兴演出，一位演员突然病倒，救戏如救火，无奈只好让一位随班的家属上台替代。不料她戏路谙熟，扮相端丽，嗓音尤其甜润，演出意外得成功。从此，绍兴文戏出现男女混演的局面。具有代表性的女演员是小白玉梅，原名朱巧凤，她继承父业，13 岁登台，与著名须生童正初合演《武家坡》而一鸣惊人。次年，14 岁即挂了头牌，享誉伶界。

男女混演使人们发现女子演唱越剧具有诸多优越先天条件。其时正值京剧髦儿班（女子童班）等云集上海之时，越剧受其影响，亦欲试建女班。1923 年初夏，男班艺人金荣水接受上海升平歌舞台老板王金水的委托，回嵊县施家岙举办了第一个女子科班，于同年秋领回上海，在升平歌舞台挂牌演出，时称女子绍兴文戏。不久，女子科班在嵊县一带如雨后春笋般出现，女班终于迅速取代了男班，从而使越剧开始进入女班【四工调】时期。这一时期代表性的演员有施银花、越瑞花、屠杏花、姚水娟，时称“三花一娟”，姚水娟还被推为“越剧皇后”。此外，尚有筱丹桂等。袁雪芬、傅全香等，则是后起之秀。她们大多自 1937 年开始陆续从嵊县进入上海，开始仍称女子绍兴文戏，后随着越剧男班的消亡和绍兴大班的衰落，改称越剧。

著名戏班有瑞云舞台，由赵瑞花与魏素云于民国二十一年（1932）组建于宁波；越升舞台，前身为新昌黄泽开办的女科班越新舞台，名角有姚水娟、竺素娥、商芳臣、范瑞娟、尹桂芳、竺水招等，民国二十八年（1939）改名为芳华越剧团；素凤舞台，民国二十一年(1932)由竺素娥与孙妙凤合作组班，名角有马樟花、梅艳秋等；第一舞台，民国二十五年(1936)9 月由施银花、屠杏花等在绍兴组建，民国三十一年(1942)改名为春光越剧团；天然舞台，林启华于民国三十年(1941)组建于宁波，名角有施银花、徐玉兰、赵瑞花、毛佩卿、叶彩金、沈艳红、陈兰春等。

自 1942 年袁雪芬倡导“越剧改革”之后，至 1949 年，是越剧飞速发展并日趋成熟的时期。1943 年 10 月，袁雪芬在排演《香妃》时，在琴师周宝才的配合下，在【四工调】的基础上首创【尺调】，其特点是节奏舒展，旋律优美，风格委婉，适合表现复杂的内心活动和深沉缠绵的情绪。继而于 1945 年，范瑞娟在演出《梁祝哀史》时，与琴师周宝才合作，在传统的【六字调】基础上，吸收京剧【反二黄】旋律元素，首创【弦下调】，其特点是曲调缠绵悱恻，适合表现人物痛苦、哀怨的情绪，如《山伯临终》《黛玉焚稿》等。从此【尺调】【弦下调】，以及原先的【四工调】，成为越剧的基本曲调，标志着越剧趋于成熟。1946 年，袁雪芬、范瑞娟主演的《祥林嫂》

的成功，标志着这次越剧改革进入高潮。这一时期的代表性演员有袁雪芬、尹桂芳、范瑞娟、傅全香、徐玉兰、张桂凤、徐天红、筱丹桂、竺水招、吴筱楼，合称“越剧十姐妹”。1947 年 1 月，为筹办越剧学校和实验剧场，以造就更多的新越剧人才，“越剧十姐妹”共同发起联合义演《山河恋》的倡议书。至此，越剧步入它的鼎盛期，在当时的浙江，乃至上海一带的剧坛上确立了盟主地位。中华人民共和国成立后，迅速走向鼎盛，成为全国大剧种。2005 年，被列入首批国家级非物质文化遗产名录。

越剧的声腔并不复杂，但越剧流派异彩纷呈，越剧的所有流派都是在【尺调腔】【弦下腔】的基础上发展并丰富起来的。后来这两种曲调成为越剧的主腔，并在此基础上，逐渐形成了各自的流派唱腔。公认的越剧流派有 13 个，分别是袁（雪芬）派、范（瑞娟）派、尹（桂芳）派、傅（全香）派、徐（玉兰）派、戚（雅仙）派、王（文娟）派、陆（锦花）派、毕（春芳）派、张（云霞）派、吕（瑞英）派、金（采风）派、张（桂凤）派。

二、越剧入杭

1923 年夏秋之交，越剧第一个女子科班施家岙女班，首次来到杭州仁和路大世界游艺场演出。由于女孩太年幼，又刚刚出科，演唱多用男腔，演出一个多月，业绩平平。1924 年秋天，施家岙女班顺着“落地唱书”艺人开辟的演出线路，沿着钱塘江，从富阳、桐庐、到建德等地，开始长距离、长时间的流动演出。1925 年春，她们再次进入杭州大世界游艺场，引起社会各界的关注。1927 年 7 月，施家岙女班在上海演出后，已从科班转为戏班，再次来到杭州演出，受到了杭州观众的欢迎。

20 世纪 30 年代，女子越剧科班如雨后春笋般地在各地建立起来。众多的女子文戏戏班为了寻求出路，纷纷从农村进入城市演出。杭州成为众多女子越剧戏班进入都市登台亮相的第一站，霎时间女子越剧荟萃杭城，兹列举如下：

西湖商场娱园的越剧演出　从现存的杭州有关报刊广告获知，1929 年 4 月 25 日至 4 月 30 日、6 月 4 日至 7 月 31 日、12 月 3 日至 12 月 20 日，西湖商场娱园共和厅楼上，每天日夜场均有绍兴女子文戏班演出。82 天里共演出越剧 164 场，上演剧目除重复之外，共演出 68 个剧目。这些剧目，有的分前后本演出，有分头本、二本、三本，甚至五本、六本演出，具体上演剧目有《仁义缘》《孟丽君》《七美图》《双狮图》《沉香扇》《玉堂春》《失落黄金印》《玉连环》《梁山伯》《白蛇传》《双珠凤》《赵五娘》《珍珠塔》《秦雪梅》《玉蜻蜓》《四香缘》《双合桃》等。

1930 年 4 月 13 日至 5 月 31 日，广告刊登绍兴女子文戏班演出，在西湖商场娱园共和厅楼上，日夜演出 49 天，共演出 98 场，上演剧目基本与上述相同。新剧目有《刘秀女》《玉夔龙》《三笑缘》《白鹤图》等。据考，1929 ~ 1930 年间，来杭演出的这个戏班很可能是施银花、屠杏花领衔的嵊县施家岙女班。

西湖大世界的越剧演出 1932 年 10 月 5 ~ 30 日、11 月 3 日～12 月 3 日，西湖大世界共和厅楼上每天晚上均有绍兴女子文戏班演出，共演出 89 天，计演出 178 场，上演剧目有《二度梅》《蜜蜂记》《落绣鞋》《双珠凤》《牙痕记》《白玉带》《双贵图》《武香球》《龙凤锁》《梁山伯》《玉堂春》《琵琶记》《宝莲灯》《三官堂》《节孝堂》《碧玉簪》《包公案》《香蝴蝶》《飞熊剑》《七星剑》等 60 多个。

素凤舞台 1932 年 3 月，由竺素娥与孙妙凤等人组织的素凤舞台，在羊坝头振兴国货商场剧场，演出《投军别寨》《武松与潘金莲》《杨柳怨》《剖腹验花》《盗仙草》《蛟龙扇》《红须剑侠》《白罗衫》《泗州城》等剧目，卖座甚好，场场爆满。据当时观戏的一些老观众回忆，竺素娥演出很有气派，特别是一些武功戏，如脚踢腰带，干净利落，“云里翻”可翻三张桌子，赢得满堂彩。《投军别寨》是竺素娥的拿手戏。竺饰演的武松，不仅显出武功底子雄厚，并把武松的正直、仗义、英武的英雄气概也表现了出来。由此，竺素娥声誉鹊起。之后，还被人誉为“越剧界的盖叫天”“越坛活武松”。

大华舞台 女子绍兴文戏在杭州赢得了观众，站稳了脚跟。杭州对嵊县女子绍兴文戏班更具有向心力、吸引力。1933 年，开办于嵊县华堂的“大华舞台”到达杭州，先后在国货商场演出。小生尹桂芳、毛佩卿，花旦尹喜芳等登台，崭露头角。他们所演的剧目是从绍兴大班中搬来的，如《叫花子抢亲》《盗仙草》《双金定》等。由于观众对这些戏的情节较为熟悉，加上演员唱做俱佳，剧场效果同样看好。

越升舞台 20 世纪 30 年代中叶，在杭州演出时间最长的越剧演员，要数姚水娟。1936 年，姚水娟所在的“越升舞台”二进杭州大世界游艺场演出，观众同样爆满。此时，姚水娟挂头牌，姚月明挂二牌。同时演出的还有李艳芳、陈闻秀、钱水云等。他们先后演出《倪凤扇茶》《碧玉簪》《盘夫索夫》等剧。一次，姚水娟扮演《碧玉簪》中的李秀英一角，当演到“三盖衣”时，由于声情并茂，表演逼真，台下竟有观众喊道：“三花不及一娟！”后经报刊报道，就很快地传开了。姚水娟在杭州连续演出两年，深受观众喜爱。据 1937 年 5 月 21 日至 7 月 23 日《浙江商报》刊登的演出广告，64 天中日夜演出 128 场，演出剧目 41 个之多。这些剧目绝大多数分前后本演出，也有分五本、十本演出的，如五本《十美图》、九本《卓文君》、十本《孟丽君》等，很受观众欢迎。

四季春班 1936 年春，袁雪芬所在的四季春班结束了在萧山火神庙的演出，渡过钱塘江，来到杭州羊坝头的老国货商场演出。四季春班当时挂头牌的是著名旦角演员王杏花，王演出了自己的拿手戏《叶香盗印》《秦雪梅吊孝》《火烧百花台》等。这给袁雪芬提供了一个很好的学习机会，王在前台演戏，袁就在后台学戏，用心把王的唱腔、演技、表情都记住。此次四季春班到杭州，不料王杏花因母亲病重突然返乡，头牌的重担便落在袁雪芬的肩上。14 岁的袁雪芬在杭州第一次挂头牌，扮演《玉蜻蜓》中的王志贞。在杭演出期间，观众觉得袁雪芬的台风、戏路极像王杏花，就称她为“小王杏花”，由此，四季春班的名声大振，连续在杭州演出了两个多月，四五百人的剧场，场场座无虚席。

20 世纪 30 ~ 40 年代，杭州演出越剧的场所，除西湖大世界、三元坊振兴国货商场、城站影戏院以外，还有清泰商场、东清巷庆春商场、众安桥复兴游艺场、忠清街市东商场、王马巷日新商场、龙舌嘴新兴娱乐场、明光戏院、西湖大光明戏院等 10 多处。这些剧场坐落于杭城的大街小巷，为人们看戏带来极大的便利。

1949 年 10 月，浙江省越剧队在杭州成立。1951 年改为浙江省越剧实验剧团，主要演员有屠笑飞、金宝花、吴剑芳、王爱勤、应菊芬、鑫培、裘大官等。不久，姚水娟复出，并增加花旦张茵，编导陈静，乐师贺仁忠、沈荣根及昆剧老艺人姚传芗、沈传锟等，上演《新梁祝哀史》等传统戏与《秀鸾》等现代戏。1952 年，改为省文工团歌剧队。1953 年 9 月，正式定名为浙江越剧团，吕家振任团长。下分两个演出队，一队为女子越剧，以演传统剧目为主，先后聘请演员陈佩卿、薛莺、谢素云，编导徐为，舞美裘云飞，作曲卢炳容、周大风、陈献玉等入队。二队实验男女合演，名角有姚水娟、吴剑芳等，以演现代戏为主。1954 年参加华东区首届戏曲观摩演出大会，一队的《庵堂认母》获剧本改编二等奖，金宝花、薛莺获演员二等奖；《盘夫》获演出奖，姚水娟、陈卿分别获演员一、二等奖，贺仁忠获乐师奖。二队的《志愿军的未婚妻》获奖。后又有杭州越剧团、杭州越剧院小百花演出团等，均取得可喜成绩。

三、新安越剧

20 世纪 30 年代，女子科班兴起，在杭州郊县同样激起了强烈的反响。各地竞相仿效，纷纷创办绍兴文戏科班。1932 年，富阳礼源乡汪村农民汪善祥，在本地招收一批十五六岁的小姑娘，到新安江畔的建德芝厦开办女子科班，取名新星舞台。

在富阳县新登碧照寺，骆国英于 1933 年 5 月创建一个女子科班，取名东安剧社。艺徒学艺半年后，即“串红台”。次年 5 月，到桐庐、萧山、上泗转塘及新登南乡一带演出。1935 年底，进入上海。东安剧社创办十二年中，培养了 30 年代名噪一时的花旦杨柳青、徐玉兰等著名演员。

受新登徐玉兰所在东安剧社的影响，1933 年冬，杭县上泗乡村民张金龙、郑长法在村中创办绍兴文戏男子科班，取名回龙剧社。招收青年 20 余人，在浮山头宅里祠堂学艺，以戏带功，排演了《合同纸》《文武香球》《沉香扇》《蝴蝶杯》等戏，3 个月后即登台表演。先在当地后到对岸的萧山临浦等地演出，两年后，进入上海演出达四年之久。抗战爆发后，散班。

1938 年春，嵊县越剧艺人陈阿早流寓建德大同长林口村，村人李芝凤慕其技艺，求拜为师。是年，李凤芝夫妇倾家产办班，起名新春舞台，俗称“芝凤班”。招收男女青年 27 人学唱越剧，农历十月离乡演出，一年后人员增至 45 人。他们的足迹遍及建德、淳安，以及金华、衢州等地。

中华人民共和国成立初，建德、遂安、淳安等地先后组建起越剧团，主要在新安江流域城乡演出，受到山区、库区群众的欢迎。

1950 年 8 月，芝风剧团经遂安县政府认可，登记为民间职业剧团，定名为遂安县胜利越剧团。当时经理为邵樟其，团长为王尧森。1951 年前后，遂安县胜利越剧团演出剧目有《信陵公子》《黄泥岗》《快活林》《东平府》《仇似海》《嫁衣恨》《李闯王》《黄巢起义》《逼上梁山》《木兰从军》《白毛女》《抗美援朝》《人民救星》《认清敌人》等 24 本。并为抗美援朝义演一天，所得全部捐给国家买飞机大炮。

这一时期，淳安亦有云笙、红星两个越剧团，在淳城、港口、茶园、威坪演出《白蛇传》《孟丽君》《包公集》等数十本传统戏，新编戏《方腊》，改编戏《信陵君》《闯王进京》《仇深似海》《武松与潘金莲》等。1953 年，建德民声越剧团在安徽屯溪演出失火遭灾，吴鸿根、戴文英、徐雨珍、鲍梅桂、倪廉正等由建德文化馆介绍加入淳安越剧团。接着韩桂英、叶秋莲、杨桂花等越剧艺人分别从杭州、上海等地抵淳，应邀加入淳安越剧团。此时该团演职人员有 40 多人，吴鸿根为团长，韩桂英为副团长。后任团长、副团长分别为杨桂花、鲍梅桂。

1957年，遂安越剧团由郑菊兰任团长，王能任副团长。因当时人员多，生活艰苦，而淳安又无专业越剧团。于是，汪全贵夫妇和沈叶根夫妇脱离该团，到淳安办起淳安越剧团（又称新安越剧团）。1958年前，淳安新安越剧团常年在新安江工地西铜官、朱家埠、江家、沧滩（即现在的建德市委所在地，也叫白沙）轮番演出，当时工人三班倒，剧团就演早、中、晚三场，大受欢迎，取得了不俗的业绩。从1958年10月起，剧团收入分配从工分制改为月薪制。当时都以为剧团能留在新安江，故取名新安越剧团。1959年，因新安江水电站建设，淳安、遂安两县合并，淳安新安越剧团更名为淳安越剧一团，遂安胜利越剧团更名为淳安越剧二团。1960年，两团合并为集体所有制的淳安县越剧团。

1968年，越剧团、县睦剧团合并成文工团。1979年县越剧团恢复重建，由乔琴心、戴文英负责剧团筹建工作，部分老演职员回团，并在本县招收一批随团学员。至1981年，剧团有演职员40多人，并相继建立团委会、艺委会、党支部等组织。程荣任团长，戴文英、高秋扬任副团长。1985年2月，县政府批准从全省招收23名演职人员，并送省艺校培训后充实剧团。1986年9月，县睦剧团与县越剧团合并，成立全民所有制的淳安县千岛湖剧团。

20世纪60～80年代，县越剧团自创剧目有大型古装历史剧《靖海曲》，余征夫编导；现代戏《雷锋》，王三奎编导；现代戏《海滩足影》，姜铮编导；大型古装喜剧《叫花子抢亲》，高秋扬、戴文英编导；大型古装伦理剧《巡按斩嫂》，大型古装宫闱剧《太子劫》，大型古装传奇剧《明珠》，均为高秋扬、戴文英编导。其中，《巡按斩嫂》曾上演200余场。《明珠》演出80余场，并获杭州市青年戏剧节优秀剧目奖，高秋扬获创作奖，张雪琴、萧如璋获优秀演员奖，周惠芬、徐秀丽获演员奖。全剧被浙江电视台拍成电视播放，中国戏剧出版社出版年画在全国发行。

1985年9月至1986年6月，剧团首次出省巡演，从安徽歙县出发，经屯溪、休宁、黟县、绩溪、旌德、宣城、芜湖、宁国，从歙县回来。时间长达9个多月，创下了该团巡回演出时间最长纪录。

建德越剧团，1979年恢复建制，性质为集体所有制，核定编制50人，财政拨款6万元作为筹办经费。5月开始筹建，人员以原建德越剧一团、三团演职员为主，第一台戏《三看御妹》9月3日在白沙影剧院与观众见面，深受欢迎。该剧在杭州新中国剧院连演50天，共120场。剧团常演剧目主要有《三看御妹》《泪洒相思地》

《雪里小梅香》《半把剪刀》《何文秀》《盘夫索夫》《金钗记》等传统剧目和现代戏《筱丹桂之死》，主要演员有屠桂飞、尉少秋、丹青、杨桃秀、刘玉珍等。20世纪80年代中期，戏剧演出市场每况愈下，自负盈亏难以为继，剧团于1985年解散。

祁门越剧团，1952年，宁国县民间协力越剧团来祁门县演出，根据文化部文件精神，就地登记，成为祁门县自负盈亏的民间职业剧团，演员多为浙江籍。1958年，易名祁门县越剧团，改为集体性质。1961年元旦转为地方国营，编制64人。主要演员有高兰芳、林玉文、倪雅玲、郑滨、金雅花、曹小妹、谢玉琴、王涵素、钱玲、裘天红等。1970年改为文工团，招收学员25人，演出京剧、越剧、歌剧、黄梅戏，主要剧目有《红灯记》《沙家浜》《龙江颂》《江姐》《于无声处》《园丁之歌》《半篮花生》等。1979年复改文工团为越剧团，部分老艺人归队，招收嵊县学员5人。1985年，编制44人。该团保留剧目有《梁山伯与祝英台》《孟丽君》《豆腐郎》《恩与仇》《玉蜻蜓》《贩马记》《金钗记》《碧玉簪》《三看御妹》《状元与乞丐》等。是安徽省唯一的县级越剧团。

第四节 黄梅戏

一、黄梅戏的形成

黄梅戏，又称黄梅调，也曾叫采茶戏、花鼓戏、茶篮戏、二高腔等，流行于安庆及其周围的怀宁、桐城、潜山、太湖、望江、宿松、岳西、霍山、东流、至德、贵池、青阳、祁门等县。在流传中，受方言影响，各县腔调略有差异，叫法也有所不同，如太湖县称弥腔，望江县称龙腔，安庆称府调，怀宁称怀腔等。黄梅戏的渊源流变，前人无详细记载。早些时候曾有两说：一是艺人相传，说黄梅调因地得名，原是湖北花鼓戏，由黄梅县人逃水灾带至皖西扎根；二是传说清乾隆末叶，黄梅人俞文鳌作《流民歌》，写庐、凤（庐州、凤阳）灾民在黄梅地方的情景，所谓“夜则路宿日乞粮，成群数百逃灾荒，……问渠来自何处所？庐凤一带连淮楚”。他们将淮北、皖中的花鼓灯、踩地盘等有关灯会的歌舞，带至长江中下游。因此，黄梅调中的凤阳歌、新八折、彩腔、踩腔等都与庐、凤的花鼓踩地盘灯曲有密切关系。

黄梅戏源于花鼓戏，但它是属于采茶花鼓戏系统中打锣腔腔系流行在皖、鄂、赣三角地带的一支，与黄梅采茶戏、英山采茶戏、阳新采茶戏、武宁采茶戏、浙江睦剧等为近亲。

清道光间，黄梅戏传至皖西，且已风行，当时仍称采茶花鼓戏。《宿松县志》记载："十月立冬后，农功寝息，报赛渐兴，吹豳击鼓，近或杂以新声，溺情惑志，号曰采茶。"又咸丰七年(1857)，张际和《仙田纪事》记述冬至日，清军多隆阿、鲍超在宿松城内"为剧楼，演花鼓戏，邀各营队长洎众文吏聚观"。此时，它已传入石牌地方，石牌是个"徽戏窝"，花鼓戏在此得以改造，主要有两方面：一是改用怀宁地方通俗易懂的语言；二是声腔方面，由原来采茶戏的羽调式、商调式逐步改为徽调式，如打猪草调。吸收、借鉴徽班的锣鼓和行当唱腔等，逐步摆脱了自唱自娱的灯会形式，从而出现职业性的班社。

清光绪五年(1879)，黄梅戏在安徽省会安庆北关外演唱，未能进入城区。上海《申报》(第2319号)记载其情况："一班有二十余人，少年子弟及乡僻妇女皆喜之"。于是，各地班社相继建立，如光绪二十八年(1902)，宿松县艺人，方玉珍收徒王子林、王国府、朱破生等30余人，组班沿江演出。民国八年(1919)，琚光华组双喜班。民国十年，望江县陈季生组合意班。民国十四年(1925)，怀宁张光友组全福堂、白云茅班和砻双印班。此外，还有潜山的长春班，良友班等，职业班崛起，艺术质量得以提高，先后涌现一批演员，被观众和同行赞为"好佬"，如丁永泉、郑绍周、蔡天赐、潘孝慈、叶炳池、胡玉庭、胡遐龄、龙昆玉、郝季球、潘犹之、查文艳等。还涌现了一些女演员，如桂月娥、阮银枝、孙满枝、丁翠霞、张胜英等。由于黄梅戏演员崛起，开始在乡镇县城演出，又于民国十五年，进入省城安庆，在市中的吴樾街剧场登台演唱，惜其立足未稳，即受到街痞流氓敲诈勒索，随之受到官禁，如此几度被迫退出市区。最后于民国十九年(1930)，才由丁老六(永泉)、蔡天赐、程积善、桂春柏等，分别在安庆新舞台和爱仁戏院演出。其时阵容日益扩大，逐渐扎下根来。从此确定了以安庆话为演唱的标准语言，使唱腔渐渐趋于统一、柔和。

民国二十三年(1934)，安庆所属各县，连年大旱，以丁永泉、琚光华、查文艳、方志贤为首的部分黄梅戏演员，迫于生计只好离开安庆，到外地巡回演出。至民国二十五年始到上海，先后在老北门的六亩地、月华楼等茶楼演出。其时观摩了在上海演出的蹦蹦戏(评剧)、滩簧(沪剧)、的笃班(越剧)，受到诸多艺术的熏陶，开始添置私房行头，学演幕表戏，如《王清合同记》等。

中华人民共和国成立后，一些流落各地的黄梅戏演员，如严凤英、丁永泉、潘泽海、丁聚霞、丁紫臣、潘璟琍、桂月娥、陈华轩、邹胜奎、张云风、吴来宝等，相继荟萃于安庆，一些在京徽合演时对黄梅戏产生了情感的京剧演员，如王少舫、王少梅、王奎印、乔志良、陈炳炎、吴寒梅等，也相继从事黄梅戏表、导演工作。同时，有志于黄梅戏剧目、音乐的新文艺作者，也先后与演员合作，对音乐、剧目等作了系统的收集和整理。

1952年冬，安徽省文化事业管理局，组织民众、胜利两剧场之民间职业班社演员，成立赴华东观摩演出团，在上海演出了《打猪草》《夫妻观灯》《路遇》《柳树井》《新事新办》等剧，上海报刊发表文章多篇，评论其主演者严凤英、王少舫等人的表演艺术。同时，电台播放黄梅戏的音乐，唱片厂灌成唱片发行。甚至有些部队及地方文艺表演团体，分批至安庆地方学习黄梅戏，从此黄梅戏广为流传。

1953年，安徽省黄梅戏剧团成立于合肥。安庆地区十三县也先后成立专业剧团。1954年，黄梅戏参加华东区戏曲观摩演出大会，演出了《天仙配》等剧目。《天仙配》于1955年，由上海海燕电影制片厂拍成电影，主演者仍为严凤英、王少舫等人。不久，香港、台湾的电影厂家，也竞相拍摄黄梅戏影片，如邵氏公司就拍了10多部。1956年，黄梅戏参加了安徽首届戏曲观摩演出大会。1958年，黄梅戏参加安徽省第二届戏曲观摩演出大会，演出《双救主》等剧目。以后又创作、整理改编了《女驸马》《砂子岗》《孝子冤》《火烧紫云阁》《洪波曲》《赵桂英》《罗帕记》等一批上演剧目。同时涌现了一批主要演员，如张云风、潘璟琍，以及许自友、王毓琴、田玉莲、董文霞、麻彩楼、王鲁明等。这一时期，黄梅戏影响了省外。在本省有六安、徽州、滁县、巢朔、铜陵、马鞍山等市、县，相继成立黄梅戏剧团；外省有江西、湖北、江苏、山西、吉林、西藏、浙江、福建等，也各自成立了黄梅戏剧团。因此，黄梅戏在艺术上也有了新的发展，如建立专业剧本创作组织，以及音乐、舞台美术创作队伍，设立了导演制度；在音乐伴奏上，改变了旧有的“三打七唱”的面貌，建立了民族乐器为主，西洋乐器为辅的乐队。唱腔在传统的基础上发展新腔，借鉴和运用了和声、变调、配器等手法。为了培养人才，于1956和1958年，先后成立安徽省艺术学校黄梅戏班、安庆市黄梅戏学校。

“文革”中，黄梅戏受到严重摧残。大多剧团改为文艺宣传队，少数剧团改名为红梅剧团等。演职人员下放农村、工厂，著名演员凤英、丁永泉被迫害致死。党的十一届三中全会以后，各地黄梅戏剧团恢复了建制，同时恢复了《天仙配》《女驸马》等剧的演出，严凤英、丁永泉等人得以平反昭雪。此后，又创作、整理了《李离伏剑》《慈母泪》等一批新的上演剧目。安徽省艺术学校恢复了黄梅戏班，安徽省黄梅戏学校恢复了建制，两校培养出一批青年演员。1981年，安庆市创办了综合性的理论刊物《黄梅戏艺术》。黄梅戏与京剧、越剧、评剧、豫剧并称“中国五大戏曲剧种”。2006年5月20日，经国务院批准，黄梅戏被列入第一批国家级非物质文化遗产名录。

二、黄梅戏声腔

黄梅戏初为采茶调，后渐与安徽的民歌、说唱融合，并受徽调、青阳腔等声腔影响。黄梅戏唱腔包括主调、三腔、花腔三个部分。

主调 又称正板或正腔，即黄梅戏传统上所称正本戏中的主要唱腔，以区别于专曲专用的花腔小戏中的唱腔。有时也用于小戏、折子戏或某些片段的唱腔中。主调的形成晚于花腔，戏剧性较强，属板腔体，唱腔计有【平词】【八板】（也叫火攻）【二行】【三行】等板式。主调的几种不同唱腔，演唱时男女分调分腔，联用时形成同主音不同宫的转调，为黄梅戏唱腔的一大特色。

平词 又名平板，一板三眼。风格严肃庄重，长于叙述。速度分慢板和快板两种。平词的基本曲体由四句不等长的唱腔构成起板句、下句、上句、落板句。演唱较长的唱词时，则用上、下句结构反复。既可演唱说唱体的七字句、十字句，也可演唱不规则的长短句，是黄梅戏中使用最多的唱腔。【平词】除基本唱腔外，还有迈腔、哭板、散板、行腔、切板（即截板）等辅助唱腔。迈腔，多为人物有“看”“走”戏剧动作，或思路转移等而设置的一种专用唱腔，也可作转接其他板式的引入句，或代替起板句。落音一般在调式的不稳定音级。迈腔使用频繁。哭板，又名“哭介”。是把感叹词与称谓词升华为旋律，用于人物悲痛、哭泣时。分“单哭介”与“双哭介”两种。“单哭介”较短，可单独使用，为散唱形式；“双哭介”相对较长，有一定的节拍。哭板用途较广，常穿插在其他腔体中，有过渡、缓冲的作用。散板，传统的黄梅戏唱腔中没有完整的散板，由哭介与平词迈腔糅合而成，为上句的变形散唱。散板用在唱腔的开头可作导板，用在唱腔中间，可表现激动、悲伤或愤怒的情绪。行腔，又称“要腔”，是平词下句的变形，以增强伤感、悲愤的气氛。切板，又叫“截板”，类似平词中落板的作用，作为唱腔段落结束的一句唱腔。平词的结束往往落板多于切板。

八板　又名火攻。基本结构是两个等长的上、下句，配以等长的锣鼓过门。每句唱腔与锣鼓过门均为八拍（下句锣鼓后渐改为七拍），故称八板。传统习惯上，唱得慢些的，叫八板，适于表现苦闷、失望、焦愁等情绪；唱得快些的，叫火攻，适于表现惊慌、愤怒、训斥、恼恨等情绪。八板的使用率仅次于平词。

二行　曲调由上下对称结构的双句组成，节拍为一眼板。多与平词、火攻连用，并越唱越快。常用于回忆往事和感情激动时的诉说。

三行　是二行的压缩与变体，但不是单纯上下句结构的双句，经发展演变后的三行也有四句结构。节拍为有板无眼，是黄梅戏唱腔中速度最快的一种。

三腔　含【彩腔】【仙腔】【阴司腔】，均为具有板腔因素的曲牌体。三腔曾归属主调，或正本戏唱腔。彩腔亦曾归属花腔。三腔的几种唱腔在音乐功能及使用上都有较强的独立性，三者关系密切，辅助唱腔和迈腔、哭板等相同，风格相近，共同形成了一组不同情趣的姊妹腔。

彩腔　又名四平或四平调，为早年演出向观众"打彩"的曲调，俗称"打彩调"。原是花腔小戏的主要唱腔，曲体结构为四句一回头的曲牌体。后逐渐用于整本戏，派生出一些辅助板式和附加唱腔（如哭介、迈腔等），向板腔体发展，自成一体。彩腔节拍为一板一眼，唱词以七字句和十字句为主。唱腔多变，情趣多样。

仙腔又名道腔、道情，传统戏中多用于神仙登场时演唱。曲调优美，在调式结构及旋律诸方面，与彩腔、阴司腔关系密切。一板一眼，多七字句。

阴司腔又名还魂腔、清江引。传统戏中多用于灵魂出场，或当人物处在病重垂危、情绪绝望时演唱。曲调哀怨、悲凉，是黄梅戏唱腔中唯一带拖腔的腔体。

三腔中的三个唱腔亦有与主调相应的不同辅助腔，如迈腔、哭板、数板（对板）等。

花腔　当年黄梅采茶戏所用的主要曲调之一叫花鼓腔，简称花腔。花腔即为黄梅戏"花腔小红"（二小戏、三小戏）唱腔的总称。属曲牌体，多在民歌基础上形成，每个传统小戏都有数目不等的专用曲调，计百余首，如【对花调】【龙船调】【汲水调】【五更调】等。风格多样，故又称杂调。花腔在串戏与正本戏中也有运用。曲调健康朴实，优美欢快，具有浓厚的生活气息和民歌小调色彩，多用衬词，如"呼舍""喂却"之类，如《打猪草》《夫妻观灯》《蓝桥会》等，是最具黄梅戏特色的一种声腔。

对板　不是独立的板式，不同的对板依附不同的腔调，如平词对板、彩腔对板等。

对板由相对对称的上下句组成，旋律稳定，抒情流畅，是黄梅戏唱腔中比较突出的腔体。如《天仙配》中七仙女与董永的《树上的鸟儿成双对》。

在音乐伴奏上，早期黄梅戏由三人演奏堂鼓、钹、小锣、大锣等打击乐器，同时参加帮腔，号称“三打七唱”。1945 年以后，定高胡为黄梅戏伴奏的主奏乐器。黄梅戏语言以安庆地方语言为基础，属江淮方言。小戏则用安庆地方的乡音土语。

三、“梅开三度”

黄梅戏的全方位发展是在中华人民共和国成立之后，半个世纪以来，经过几代黄梅戏艺术工作者的不懈努力，形成了三次发展高潮，后人言之为“梅开三度”。

黄梅戏梅开一度在解放初期。代表人物是严凤英、王少舫。代表性剧目有《天仙配》《女驸马》《牛郎织女》及小戏《夫妻观灯》《打猪草》等。

严凤英祖籍桐城县罗岭，1930 年农历三月十五日生于安庆市，取名红六。12 岁学唱黄梅戏，15 岁搭班参加演出。1952 年赴上海演出，主演《柳树井》《蓝桥会》等小戏，显示出卓越的才能。1953 年 4 月，调入安徽省黄梅剧团。1954 年她在华东区戏曲观摩演出大会上，扮演《天仙配》《打猪草》《砂子岗》三剧中的女主角，荣获演员一等奖。从 1953 ~ 1966 年在省黄梅戏剧团的 13 年间，严凤英先后主演了近 50 个大小剧目，塑造了众多性格鲜明、受人喜爱的艺术形象，成为黄梅戏的艺术珍品。严凤英的表演细腻生动，真实感人，寓艺术光彩于质朴自然之中。她重视角色的创造，善于从人物的性格出发，从生活的感受出发，在表演中力求全身心的投入，做到气质神态，肖若其人。如演《天仙配》后，每每浸沉在剧中人生离死别的情绪之中，至卸妆时泪痕犹存。严凤英的嗓音亮丽沙甜，韵味浓烈。其唱腔魅力不仅源于天赋，也源于她师承传统唱法，博采众多老艺人之长，融汇提炼，自成一家。她一生谦恭好学，广结众多剧种的前辈表演艺术家、著名演员，潜心问艺，转益多师，曾吸收京、昆的表演技艺，变化运用，得心应手；学唱评剧、越剧、京剧、评弹等声腔，用于借鉴和丰富自己的演唱技巧。1959 年起，先后当选全国政协委员、全国妇联委员、中国文联委员、中国戏剧家协会理事。还被评为全国三八红旗手。1960 年加入中国共产党，曾任安徽省黄戏剧团副团长。“文革”中惨遭迫害，1968 年 4 月 8 日含冤离世，年仅 38 岁。

王少舫，江苏南京人，祖籍是河北武清。1920 年出生于梨园世家，8 岁随母学唱京剧。1950 年，应丁永泉的邀请改唱黄梅戏，在黄梅戏的表演和唱腔上做了很大贡献。王少舫声音宽厚洪亮，吐字清晰，行腔流畅，韵味浓郁。扮演的人物栩栩如生，令人难忘。他曾获华东区戏曲观摩演出大会一等奖和文化部颁发的金质奖，两次获省戏曲一等奖。1986 年，在合肥因病去世。

1953 年 5 月，陆洪非根据胡玉庭口述本改编《天仙配》全剧。删去董永拜傅员外为干父，进宝得官、董娶傅小姐为妻等情节；删去董父等 10 余人物；新写唱词。计《卖身》《鹊桥》《路遇》《上工》《织绢》《满工》《分别》7 场。《分别》一场丰富了借物寓情、谐音示意等手法，淋漓尽致地表达七仙女别董前，欲告难言、依依不舍的悲苦情感。1953 年 9 月，由安徽省黄梅戏剧团排练，在安庆首演。1954 年 9 月，参加华东区戏曲观摩演出大会演出。导演李力平、乔志良，舞台美术设计王士英。陈月环、严凤英先后饰七仙女，查瑞和、王少舫先后饰董永。获演出、剧本、导演、乐师及演员奖。1955 年，上海电影制片厂，根据陆本，由桑弧改编，拍摄影片。严凤英、王少舫主演，文化部颁发之 1949 ～ 1955 年优秀影片奖。这一时期，安徽省黄梅剧团除《天仙配》外，还相继推出了《女驸马》《牛郎织女》等一批黄梅戏艺术精品。在舞台、广播、电影等许多艺术实践中，全方位地取得了较大的成绩，在全国达到了家喻户晓的程度，并在海外赢得广大观众。

党的十一届三中全会以后，黄梅戏迎来了她的第二春天，这就是梅开二度。1980 年，马兰、吴琼、吴亚玲、杨俊、袁玫这黄梅戏“五朵金花”和蒋建国、陈小成等五位男演员从省艺术学校黄梅班一同进入安徽省黄梅戏剧院。马兰，安徽太湖人，她和黄新德的合作真可谓是珠联璧合。她的声音自然、纯朴，清脆，扮相俊美。担当《龙女》《无事生非》《风尘女画家》《红楼梦》等黄梅戏主角，2000 年，她和黄新德、韩再芬一起被评为表演艺术家。吴琼，安徽繁昌县人，1980 年毕业于安徽省艺术学校黄梅班，在安徽黄梅戏剧院分别主演过《天仙配》《女驸马》《孟姜女》等多部大戏，曾被评为黄梅戏全国“十佳演员之一”。1992 年，调入中国广播艺术团。吴亚玲，安徽省芜湖人，她的嗓音淳厚圆润，行腔娓娓动人，所塑造的人物形象既端庄又温柔娇娜，在舞台上一颦一笑，或静或动，都恰到好处，深受观众欢迎。杨俊，安徽当涂县人，1963 年出生，1980 年参加工作，国家一级演员，享受国务院政府特殊津贴的青年专家。现任湖北省黄梅戏剧院副院长，黄冈市政协副主席。黄新德，原籍怀宁，少年时唱过黄梅戏。“文革”期间，在省艺术学校学唱京剧，戏曲基本功扎实。曾拜王少舫为师，获黄梅戏十佳演员，是黄梅戏舞台上不可多得的男演员之一。蒋建国，祖籍亳州，1962 年生。国家一级演员，安徽省黄梅剧院院长。是黄梅戏的当家小生。2007 年，凭借黄梅戏舞台剧《雷雨》中周萍一角，获得第 23 届中国戏剧梅花奖。

一般认为，黄梅戏“梅开二度”以马兰的表演和黄梅戏《红楼梦》为最高成就。1984 年，马兰在黄梅戏《风尘女画家》中成功塑造了张玉良的形象。1987 年，因主演莎士比亚的《无事生非》获得第四届中国戏剧梅花奖。《风尘女画家》中的张玉良和《无事生非》中的李碧翠，是此前黄梅戏舞台上不曾出现过的艺术形象，没有现成的经验可借鉴，属于马兰的独创。1988 年，凭借电视剧《严凤英》，马兰获得第六届中国电视金鹰奖最佳女演员、第八届中国电视剧飞天奖最佳女主角。虽然这不是一部黄梅戏，但剧中的严凤英正是马兰心中追仰的一代黄梅戏表演艺术家，剧中也不乏严凤英舞台生活的展现。马兰的出色表演，不仅将严凤英与马兰的名字紧连在一起，更让新时期的观众认识了黄梅戏。1991 年，在黄梅戏舞台剧《红楼梦》中扮演贾宝玉，在合肥及南京、北京、上海、武汉、长沙、广州、深圳等地巡回演出中，为黄梅戏赢得新的声誉。

世纪之交，黄梅戏进入“梅开三度”时期。代表人物有韩再芬、孙鹃、李文、余顺等。1997 年，安徽省提出“打好徽字牌，唱响黄梅戏，建设文化强省”的文化工作思路，艺术家们又相继推出了《风雨丽人行》《木瓜上市》《斛擂》《柳暗花明》《乾隆辩画》《秋千架》《徽州女人》等七台大戏，并先后晋京汇报演出，一时轰动了京城。由此拉开了黄梅戏迈向新世纪，铸造新辉煌的序幕。

黄梅戏三度梅中，韩再芬与她主演的《徽州女人》无疑是最芬芳的一枝。韩再芬，1968 年生于安庆市潜山。1984 年，因主演黄梅戏电视连续剧《郑小姣》，一举成名。国家一级演员，黄梅戏表演艺术家，是安庆再芬黄梅艺术剧院院长，国家级非物质文化遗产项目代表性传承人。

1989 年，韩再芬在艺术上实现一次大飞跃，那就是《徽州女人》的表演。《徽州女人》讲述的是一个并不曲折的故事：女人高高兴兴地出嫁了，可丈夫却不满于这桩婚姻离家出走了。女人守着丈夫留下的辫子等候着他的归来，忍受着孤独的煎熬。三十五年后，丈夫回来了，却带回了在外面娶的妻子。这是一部具有象征主义意味的作品，全剧由嫁、盼、吟、归四场组成。韩再芬紧紧把握女人内心世界的痛苦和外在表现的平静这两个层面，把一个受封建社会毒害和压抑的女性表现得极具立体感，深度刻画了这一“徽州女人”丰厚的文化内涵。虽然评论界对《徽州女人》一剧存有争议，但对韩再芬出色表演都给予了高度评价。她也因此获得了中国戏剧演员的最高荣誉“梅花奖”。《徽州女人》不仅将黄梅戏与徽州文化紧密地结合在一起，将美术（版画）与戏剧融为一体，而且创造出了更符合现代人审美和具有时代特点黄梅戏新作。

黄梅戏注重时代文化走向、善于融入新媒介，是黄梅戏走向兴盛不能忽略的品质。

四、黄梅传新安

新安江流域是黄梅戏的流行区域。原本品鉴昆曲、出产徽调的徽州，中华人民共和国成立后，在1960年前后，各县相继改建或成立黄梅剧团。祁门县虽落户为越剧团，但民间黄梅戏的演唱尤为炽热。

歙县原有徽剧团、京剧团和民间越剧的演唱。1960年以后，黄梅戏剧团为全县唯一专业剧团，演出传统戏、现代戏、折子戏及舞歌。1970～1974年，演现代京剧样板戏及京剧。1975年以后，恢复演黄梅戏。1982年9月，现代剧《幽兰吐芳》被选调北京，参加庆祝中国共产党十二大召开文艺献演。1987年，演员程凤、张昌濂获全国中青年演员大奖赛二等奖。1989年10月，排演大型新编古装《徽骆驼》，参加安徽省第二届艺术节，获演出、作曲等四个奖项。1995年，改编《鱼网会母·夜会》参加安徽省小戏调演，姚洁、张剑两人获金奖。1997年、2002年，新编小戏《客来笑》、《一串鞋》分别参加安徽省第五届艺术节和安徽省现代小戏、传统小戏、折子戏调演，获演出、导演、编剧、作曲五项奖。

休宁县原先有徽剧团、评剧团。1978年，县文工团改为县黄梅戏剧团。1984年，创作排练《不遗罪孽在人间》参加全省届戏剧节演出，并为全国农工民主党会议、全国石油会议做专场演出。除演出传统戏外，剧团还创作一批新作品，其中不少剧目在全市会演时获奖。1989年，县黄梅戏剧团解散。

20世纪60年代初，省黄梅戏剧团来休宁剧场连演三天《天仙配》，主演王少舫等一行人住县城西街白岳旅社，一时成为万众瞩目的热点人物。2009年5月22日，黄梅戏表演艺术家韩再芬率再芬黄梅艺术剧团来休宁海阳大戏楼进行专场演出，观众如潮，掌声不断。

黟县黄梅戏剧团，1958年筹建。当年12月，部分演员因祁门、黟县两县合并而并入祁门县文工团，留下26人，组建黟城文工团。1962年2月，以黟城公社文工团为基础，成立黟县黄梅戏剧团，经费由县财政支出，体制未作明确的决定。至1972年，定为县级公办文化事业单位。1985年，有演、职员35人，其中男员12人，女演员9人。历年来，由安徽省艺术学校分配的黄梅戏班、舞台美术班学生共11人，选送省艺术学校黄梅戏班培训3人，安徽省戏剧家协会会员2人。黟县黄梅戏剧团自成立后，面向基层，经常深入山区演出。1975年，受到安徽省文化局的表彰。同年7月，《安徽日报》报道了黟县黄梅戏剧团上山下乡为群众演出的事迹。到1985年，共演出传统剧目60多个，其中有《天仙配》《女驸马》《打金枝》《双玉蝉》《哑女告状》《皮秀英四告》《犟地保》《杨立贝》《荞麦记》《恩仇记》《王老虎抢亲》等。演出现代剧目61个,其中有本县创作的剧本16个,如《高山红医》《母老虎上轿》等。1972～1973年，曾两次由徽州地区文化局，选拔参加安徽省现代戏剧创作剧目调演和会演。1974年，在涡阳县召开全省剧团工作会议上，由省文化局选调到会演出。1985年，由余治淮创作的《母老虎上轿》参加安徽省第一届戏剧节，获创作一等奖和文明演出奖，1986年，由长春电影制片厂拍成同名黄梅戏电影。

徽州地区黄梅戏剧团，以黄梅戏为主，兼演歌剧、话剧，全民所有制。原为安徽省支援西藏的西藏黄梅戏剧团，建于1959年，团址拉萨。1964年，回安徽，改名徽州地区黄梅剧团，团址屯溪。1969年，撤销。全团约50人，先后担任领导职务的有叶禹、石俊、高冰等，编剧廖承祖，导演张璞、周海鸫，作曲王良，舞台美术吴永云，主要演员韩云、汪琪、陈月环、李枝平、赵荫湘、褚衍宪、刘庭飞、陈斯梅、迟秉宽等。该团经常上演的传统剧目有《天仙配》《女驸马》《打金枝》等20多出，现代戏有《党的女儿》《社长的女儿》等近10出，创作和改编的剧目有《引水之前》等近10出，还上演了歌剧《江姐》、话剧《槐树庄》等。创作演出的现代戏《路》《赶鸡》分别参加了1964年、1965年安徽省现代戏调演。

第五章　流域戏曲遗存

南宋以来，从杭州到徽州，伴随着不同的演艺形式，各种戏曲演出场所相继出现，又随着时代的变化而改变、消弭。从宋杂剧的瓦舍勾栏到万年台，从寺庙戏台、祠堂戏台到近代剧院，伴随着人们不同的观剧体验，一曲曲悲欢离合的故事在这些建构中得以演绎；一种种声腔曲调从这些时空中生发，并成为人们代代相传的记忆。

在当下戏曲不景气的情势下，关注、梳理流域戏曲遗存，并从中搜寻过往戏曲的辉煌或蛛丝马迹，不失为一个新的研究方式。通过田野调查和参考相关资料，现将新安江流域的戏曲遗存分为遗迹和遗物两个方面来介绍，以期呈现一些以前不太被关注的戏曲文化存在。

第一节　戏曲遗迹

一、建筑

(一)祠庙

建德梅城祠庙　旧时，新安江畔的严州府建德梅城有许多祠庙，祠庙里多建有戏台。庙里每年要组织多次唱戏活动，娱神亦娱人，形成了“人神同乐”的欢乐景象。据戴不凡先生《家乡戏剧活动漫忆》考证，梅城城郊三里内有戏台的祠庙至少有 11 座，分别是严州府城隍庙、东岳庙、天尊庙、上尊庙、县城隍庙、赵朗庙、七郎庙、祖师庙、乌龙庙、岳郎庙和王公祠等，一个人口约 30000 的县城及城郊就有近 20 个戏台。这些戏台都是坐北朝南的，从南进大门就是戏台，台口正对着大殿，大殿里都供有菩萨。凡“菩萨生日”，有戏台的祠庙，“每隔一两年、两三年、三五年，总是要做一回戏的；自已没有戏台的中等祠庙，每隔几年也总得借台做一回戏。总之，一年中，城中至少有半年以上是做戏锣鼓日夜不断的”。但是，从 20 世纪 30 年代初起，这些祠庙也和会馆一样，做的戏越来越少了。以庙产最多的乌龙庙来说，它每年至少做一两回十日十夜，或七日七夜的戏，看年成丰歉而定，这是不能打破的规矩。可是，1933 年它就赖戏了。第二年，即 1934 年，也没有戏；第三年，元宵只出了十八节龙灯，城郊舆论大哗，几个庙头只得在这年（阳历）4 月（1935 年）初，请了烂班子来做了五日五夜戏，但仍平不了民愤。1935 年 2 月，徽州会馆请了个唱大京班的烂班子，做了三日三夜以后，就没再正式为菩萨做戏了。原因是徽州人都穷了，会馆也随之而穷了。

杭州吴山东岳庙 杭州吴山上旧时有城隍庙、岳庙、关帝庙、药王庙等多座庙宇，原都各建有戏台，现唯一尚存的只有吴山东岳庙戏台了。吴山东岳庙初建于北宋大观元年(1107)，元毁，明景泰间重建，清道光间又经修葺。东岳庙共三进，占地 2470 平方米。第一进为山门古戏台，第二、三进为主体建筑庙堂。吴山东岳庙虽历经岁月的风雨，如今仍完好地屹立在吴山上。东岳庙戏台坐东朝西，背靠钱塘江，面朝东岳大帝塑像；戏台离地高 2.10 米，舞台宽 5 米，进深 6 米，其中后深 1 米，左右两面为副台；台面离顶棚高 6 米，顶棚中心有圆形的鸡笼顶装饰，歇山单檐；台周三面装有雕花矮木栏杆，间有镂雕小石狮子；矮木栏杆镶嵌在石柱上，舞台背部板壁上绘有麒麟；台下天井可容立两千余观众。

此庙宇戏台原属道教，道主在此举行祈祷求雨等宗教活动。杭州藩、道、府台等地方官员到此捻香均要演戏，百姓求签还愿要捐戏，每逢各大节日也要演戏酬神，一般为初一、十五、五月十七、六月初一至初六、七月十七、九月初一至初六、九月十三日，尤以三月二十八东岳大帝生日配合盛大庆典演出最为热闹。明清以降，应邀到吴山东岳庙演出的多为徽班、京班、昆班、宣卷，也有杭嘉湖的水陆班子。演出剧目一般都是吉庆、酬神戏。清顺治年间，戏剧家李渔曾带家班在此演出《玉搔头》《怜香伴》《风筝误》《意中缘》等传奇。康熙四十二年(1703)，戏剧家洪昇友人孙凤仪曾组班在此演出《长生殿》，盛况空前。20 世纪末，杭州市政府对东岳庙及古戏台进行了重新修葺，基本恢复了原貌。戏台两侧石方柱上补写了一副楹联：物阜民康好看古今戏曲，风和日丽重温儿女情缘。节日期间，民间戏班多到这里演出，娱乐观众。

太平五福石庙 坐落在原太平县（今黄山市黄山区）永丰村后的必吉岭上。必吉岭与泾县和青阳县接壤，是古时该村的交通要道。岭头有一座五福庙，又称五猖庙。

相传明代始建，初为砖木结构，后因岭高风急，容易损坏，后人遂将其改为全石结构，石墙、石柱、石梁、石瓦，没有一根木头和瓦片。每年仲秋时节，当地苏姓村民都要举行热闹非凡的庙会，名为五福神会，并有一系列的演剧活动。

每年八月十二日这一天，苏姓村民派人为五福神像“下位”，将神像放在预先制好的木架上，抬着神像轮流到苏姓各大小祠堂享受祭祀。仪仗队用 6 面直径 3 尺的铜锣开道，其后是马戏队伍，马戏队伍有骡、马数十匹，以十五六岁的童男童女装扮成戏剧人物，骑在骡马背上招摇过市。各祠堂以整猪整羊做供品，五福神像摆放在祠堂内，族人顶礼膜拜。祠堂内香烟缭绕，人头攒动。祭毕，转运至下一个祠堂再享受同样的祭祀，需要 5 天的时间才能走完苏姓所有的大小祠堂。期间，各祠堂内商贩云集，兜售各类商品，还有经营饮食业、出售锡箔、香烛纸马等。戏班子上演傩戏、目连戏等地方戏剧娱神。今石庙保存完好。

（二）会馆

自明代起，随着商品经济的发展，都市开始出现会馆，一般会馆都建有戏楼。会馆是旧时沿江两岸一道独特的人文景观，是由同省、府、县籍，以及相邻乡籍或同业的人在京城、省城，或主要城市，或大商埠，设立的房屋，供同乡、同业聚会或寄寓。会馆多由商人出资营建。从清代大量的会馆遗存看，早期会馆建制大多受庙宇影响，建筑多坐北朝南，布局上类似于庙宇，建有照壁、山门、大殿、左右配殿、厢房、戏楼等。据严州、杭州两地的会馆看，大多会馆都建有戏楼。出门在外的游子，在会馆里看戏如同在家乡神庙里一样。逢年过节，会馆请上戏班子唱上几天戏，求得神灵的保护。据戴不凡《浙江家乡戏剧活动漫忆》一文载，旧时严州府梅城县城里就有徽州会馆、绍兴会馆、江西会馆、福建会馆等。会馆里都供有菩萨，每年菩萨生日，凡同乡的每家都可以去一人吃一顿。另外，会馆中一些人会公凑一笔钱请戏班来做戏给大家看，一般多则做十日十夜，少则做三日三夜。徽州会馆是当时建德会馆中最有钱的，每年定期做戏最守信，戏台是大红油漆的也最好看。

清道光、同治年间，杭州城在中河边建有安徽会馆，柳翠井巷衣业会馆（轩辕宫），这些会馆都建有戏台，可供演戏。

（三）戏台

绩溪大石门明代戏台 坐落在绩溪县大石门东南村头。同佛殿、越国公汪华庙、社庙及和尚庙毗连成一体。坐北朝南，与佛殿方向相反。戏台台口宽 12 米，高 8 米，深 9．8 米，离地面高 6 米；台前落檐下有精美木雕装饰，额枋三块，中间一块刻有人物，左右两块雕有麟凤图案，有一通天横梁支顶；台前两侧是翘角结构；前台呈八字形，隔扇有“出将”“入相”两门，砖木结构。据 92 岁的周桂海和 72 岁的程正安老戏迷回忆，古戏台与佛殿、汪华庙同建于明嘉靖年间，代代修理。佛殿正梁书有“皇清乾隆肆拾陆年时在辛丑年巧月榖旦……裔孙竖梁”字样。清同治年间和民国七年（1918），为菩萨开光又修过。中华人民共和国成立后，政府曾拨款重修。1985 年，因戏台倾斜，用钢筋牵扯，其后又曾两次修整，目前保存完整。大石门一带，有六七年举办一次的十赛会，十二年举办一次的观音会（农历六月十九日）和汪华生日会（九月十二日）。凡有赛会，必请徽班演戏。长春班（班主曹正荣）和凤春和班（班主高云，绩溪岭北人），两班曾同台并演。长春班演出剧目有《长坂坡》《四郎探母》《铡美案》等，凤春和班演出剧目有《鱼藏剑》《伍子胥过昭关》《九锡宫》《打金枝》等。直至现在，当地业余京剧团，还在此演出。

婺源阳春明代戏台 位于婺源县镇头乡阳春村中央，建于明代嘉靖年间，整个建筑由若干部分组成：门前半月池，古柏广场（现被一民房占据），五凤楼大门即戏台，中院广场，中进门厅，天井，享堂，寝室（设在享堂“百世其昌”后壁二层）。戏台

婺源阳春方氏宗祠戏台

阳春台八门

即是方氏宗祠的大门，正反两面双层歇山顶，16个反翘式飞檐戗角和两边各四叠马头墙，凌空对称，蔚为壮观。打开中进门厅大门，戏台上唱戏可沿中院石板中轴线直接与享堂后壁的祖宗对话。戏台面阔10米，进深7米，高8米，占地面70平方米，中院广场可容纳观众近千人。戏台由8根圆柱、26根方柱支撑。台上设有8个装饰门，除正台"出将""入相"两门外，两侧副台亦各有两门，以及"上场门""下场门"各一门。戏台正立面雕刻丰富，多为后世修缮填补。台口上方对外伸出左右两个狮头，为旧时挂灯笼照明专用。正台上方设有"百鸟朝凤"圆形藻井，左右副台各有长方形藻井，层层重叠，形式美观。原后台墙壁上有旧时戏班题壁，惜后世维修时粉白不见。

祁门县古戏台群 位于安徽省祁门县西乡的皖赣交界处，共11座，为明清时期宗祠内设戏台。分布在新安乡、闪里镇境内的汪家河、文闪河流域，其中闪里镇3座，新安乡8座。2006年，祁门古戏台被国务院批准为全国第六批重点文物保护单位，它们是会源堂古戏台、敦典堂古戏台、馀庆堂古戏台、嘉会堂古戏台、敦化堂古戏台、和顺堂古戏台、聚福堂古戏台、大本堂古戏台、新安古戏台、顺本堂古戏台、叙伦堂古戏台。

1. 会源堂古戏台。位于祁门县闪里镇坑口村。坑口，古名竹溪，又名竹源。会源堂位于村东，坐北朝南，背山面水，文闪河汇上游诸水，于祠前成一泓清潭。竹

坑口会源堂戏台

源陈氏由此分迁他乡及外州邑者，均溯此为源，故名会源。会源堂乃竹源陈氏宗祠，始建于明万历十五年（1587 年），后由陈枝山兄弟重建。会源堂由戏台、享堂、寝堂三部分组成，总面积 600 平方米，戏台坐南朝北，面积 97.44 平方米，观戏楼及天井 206.56 平方米。祁门古戏台分固定式和活动式两种，会源堂古戏台属固定式，台前基础以砖石砌成，台沿设石栏板；台面以木桩支撑，上铺台板。戏台后壁即祠堂南墙，不设大门，是该祠一大特色。前台明间为演出区，两侧各有厢房，为乐队伴奏处。两侧有楼梯与观戏楼相连。戏台正中央顶部设穹形藻井。戏台墙壁上各时期戏班信手题壁仍依稀可辨，上自咸丰三年（1853 年），下至 1962 年。皖赣两省的彩庆班、和春班、四喜班、同乐班、景德镇采茶剧团、怀宁县黄梅剧团等，曾来此演出。现抄录如下：

咸丰三年四月二十二日，德庆班《大辞店》，二十八日《送姑娘看灯》《二堂罚戏》、《莲子卖身》《会兄》《三家店》。

同治十二年彩庆班到此。

同治十二年九月十九日，祁栗里班到此一乐也。

光绪二年闰五月初八日鄱邑老双红班，至此乐也。进门，《天仙配》《罗裙记》《打莲蓬》《战马超》《劝细姑》《蓝桥会》《卖长女》《父子会》《□□□》、《□□□》《两□□》《孝义坊》《会□》《辞店》《装疯》《别妻》。

光绪五年五月十二日，四喜班进门，《汾河雁》，潜邑，宋桂珍。

光绪五年九月初二长春班到此一乐。开台，《天河配》《战马超》《寻□□》。

光绪六年九日彩广班到此。

老汉口新同春班。光绪廿五年九月十九日。老权邱永庭、谢焕、邱正保。

丙辰年二月二十一日，春一班。

四日《罗裙记》《西厢记》。

辛丑三年五月二十三日鄱邑，□□《天仙配》《李广摧员》《空城计》《三司大审》《太白风》《□□□》《逼主》，二十四日《罗裙记》《起舞》，二十五日《文王上□》《太白登仙》《大战长沙》《鲁纲夺母》《莫台登坟》《白玉带》《藏相王》《火棍》《打棍片箱》，二十六日《梦里□□》《花园得子》《和谷跑楼》《九龙骨》《李七管庆》《辕门射戟》。

乙丑年杏月朔日，江西同乐班到此一乐，主人江少宾。

江西景德镇市采茶剧团特约到此演出，1962年10月10日。

2013年12月29日凌晨，会源堂古戏台遇火灾被焚。次年，在村中易地重建。

2. 敦典堂古戏台。位于祁门县闪里镇坑口村磻村组下首，坐北朝南，为村中陈氏宗祠。整体建筑由门楼、戏台、廊庑、享堂、寝楼组成，总建筑面积340平方米。敦典堂正门设棂星门，有旗杆鼓、抱

磻村敦典堂古戏台

鼓石等。戏台为可拆卸活动式，如遇重大庆典，可拆卸戏台中部台板，与祠堂大门形成互通。戏台、天井及廊庑面积170平方米，原两侧观戏楼被毁，民国间复建为简易廊庑。戏台明间额枋上刻有“五福捧寿”等雕刻，柱头、斜撑、雀替等亦有装饰，正台顶部有穹形藻井。整个戏台布局紧凑，朴素简洁。

3. 嘉会堂古戏台。与敦典堂同村，坐北朝南，三进三开间，现存前进戏台与后进寝堂部分，中进享堂仅存柱础、石板等。戏台部分通面阔10.3米，进深7.63米，总体建筑面积为505.05平方米。为可拆卸活动式戏台，小巧玲珑。2012年，嘉会堂古戏台经修缮，现状保存较好。潘村一村保存两座古戏台，实为罕见。由此亦可知，这一带旧时“搭台观戏”之一斑。

4. 馀庆堂古戏台。位于祁门县新安乡珠林村，珠林赵氏，远祖为甘肃天水郡，赵友善为珠林始迁祖。清咸丰初年，赵友善第八代孙赵昌阳、赵五保二人牵头建造宗祠，承“积善之家，必有余庆”之意，定祠名为馀庆堂。馀庆堂古戏台坐落在赵氏宗祠内。祠堂建筑面积504平方米，戏台和观戏楼占地面积136.72平方米。戏台背朝祠堂大门，与祠堂寝堂相对，寓意唱戏与祖宗分享。戏台分前后台，前台有正台及两厢，正台为表演区，两厢为乐队、锣鼓伴奏所用；后台为化妆、更衣间。

珠林馀庆堂古戏台

戏台正立面制作工艺讲究，斗拱、内外额枋、斜撑、月梁等雕刻着各种精巧的人物、戏文、花鸟等图案，是祁门古戏台中装饰最为繁复的。正台上部设为圆形藻井式天花，使台上声音形成共鸣。祠堂天井两侧为连接戏台的楼座看台，雕刻与彩绘亦很精美，看台上部为活动棂窗，下部有24幅彩绘，栩栩如生。整个戏台富有艺术感。馀庆堂古戏台属固定式，进出祠堂平时多走侧门，祠堂大门一般不开，戏台台下留有与大门衔接的通道。

1995年，笔者陪同安徽省文物局的专家考察馀庆堂古戏台，在后台的墙壁、木枋间第一次发现了多处旧时戏班留下的题壁，细心抄录、梳理，仿佛洞见了这座戏台的百余年时光：

光绪十年十月二十日进门乐也，新同广理。

光绪十五年。

光绪二十五年九月初三日□□也。黄邑同光班，□□松箱，夜丑□本《赶子图》。

光绪二十六年栗里复兴班又二十二日到此乐也。目连肆彩班□合旺新同兴班。

光绪二十九年□望月，进门，《天泉配》。

合义班民国七年。

秋浦郑同福班，民国十六年小阳月，进门，《解宝》《逼生》《看女》《十八扯》，夜《芦口河》《黄鹤楼》《长河打刀》，十一日《乾坤带》，二十六日《跑城》《走广》，夜《青官册》《章台》《三司》《开店》。

5.聚福堂古戏台。位于祁门县新安乡新安村叶源组，坐北朝东南，建于清早期，系王氏宗祠。三进三开间，由过街庭院、前进门厅、古戏台、边廊、前天井、享堂、后天井、寝堂构成。通面阔10.14米，通进深33.01米，占地面积332平方米。天井东西两侧耳门外与巷道及民居相通，前厅有大门和左边门可通戏台。戏台为可拆卸活动式。过街庭院、前进门厅由鹅卵石砌成的地面图案，极富特色。祠堂前厅上方悬挂清光绪“孝子”长形油漆木匾，祠堂内有“聚福堂”老匾额和“勒石永禁”石碑。石碑内容为保护林木，禁止赌博、家猪散放，防失火烧山等，多处有“罚戏一部”的惩戒。落款处隐约可见“乾隆五十一年”和“皇清嘉庆拾捌年夏月”字样。

叶源聚福堂古戏台

6. 敦化堂古戏台。位于祁门县新安乡新安村洪家村洪氏宗祠内，建于清道光年间，民国元年（1912），洪荣生主持重修。祠堂坐东南朝西北，三进三开间，通面阔 9.45 米，通进深 19.77 米，占地面积 187 平方米，建筑面积为 240 平方米，整个建筑由门厅、边廊、戏台、前天井、享堂、后天井、寝堂等组成。戏台与寝堂相对，为可拆卸活动式，无观戏楼。整体而言，敦化堂古戏台较为简朴。

据陈琪、章望南等调查，该村民国期间曾组建有戏班，堂名为雍睦堂，演员 40 多人，角色行当俱全，以唱弋阳腔和采茶戏为主。每年农闲时外出演戏，一般在四

敦化堂前门

雍睦堂戏班堂名木雕

个月左右，主要活动于县内及江西邻近的村子，演出剧目有《罗裙记》《和尚跑楼》《三家店》等。笔者在敦化堂拍摄时，见戏台上镶嵌有“雍睦堂”字样的镂空木雕槅扇12片，不失精美。木雕当为民国间物件，与村人演剧史吻合互应。

敦化堂古戏台有题壁如下：

> 建邑乐善堂，民国二十年十月初五日到此一乐也。汪加士箱主扎脚，陈荣章正生，常玉璋小生，汪焰宽□□，毕成桃小丑，江月明正旦，汪加文花旦，范五台闺门，祝四美□□，汪小老管账，檀得安皱板，小胡管衣箱。初五，日川戏一本，夜《告京臣》上下本；初六，日《双合镜》一部，夜《白扇》上下本；初七，日《□□□》全本，《大辞店》，夜川戏一本，《闹花灯》《□□□》；初八，日川戏一本，夜《血□□》全本。

7. 和顺堂古戏台。位于祁门县新安乡星林村长滩组内，原为赵氏宗祠，建于清同治年间。坐南朝北，共三进三开间，通面阔11.63米，通进深32.57米，占地面积379平方米，建筑面积455平方米。整个建筑由祠前广场、戏台、边廊、前天井、享堂、后天井、寝堂、楼上堂、神龛、耳门、耳房等组成，戏台较为简朴，无装饰。

和顺堂古戏台

8. 顺本堂古戏台。位于祁门县新安乡星林村良禾仓组，建于清末，坐西南朝东北，原系赵氏宗祠。三进三开间，通面阔11.32米，通进深26.81米，占地面积304平方米，建筑面积

顺本堂古戏台

396 平方米。整个建筑由门厅、戏台、边廊楼上包厢、前天井、享堂、后天井、寝堂等组成，前进天井有耳门通向两边巷道及民居。现享堂正枋悬挂有“顺本堂”匾额，享堂无正壁，戏台与寝堂正通。

新安村古戏台

大本堂古戏台

叙伦堂古戏台

9. 新安村古戏台。位于祁门县新安乡新安村东头，坐西北朝东南，原系祠宇，建于清光绪年间。现存前进古戏台及前天井卵石地坪，后享堂部分为后世改建，已无寝堂。戏台部分通面阔 9.46 米，深约 8 米，整个建筑总进深 32.38 米，占地面积约 306 平方米。该戏台最大特点为骑路建造，戏台下层为通街大道和水渠。戏台路口置有“禁恶丐滋事”青石碑，落款为“清道光拾五年闰六月初二日”。

10. 大本堂古戏台。位于祁门县新安乡新安村李坑组，原系陈氏宗祠，建于清同治十三年（1874），坐北朝南，三进三开间，通面阔 10.42 米，通进深 32.8 米，占地面积 341.8 平方米。整个建筑由祠前广场、仪门厅、戏台、边廊、前天井、享堂、后天井、耳门、寝堂等组成，前天井东西两侧耳门外靠巷道，与民居相通。该祠用料规整，结构严谨。仪门内设可拆卸活动戏台，在演戏时搭设，祭祀等大型活动时拆除中部，即为大门通道。

11. 叙伦堂古戏台位于祁门县

新安乡上汪村，坐北朝东南，系汪氏宗祠，建于民国十六年（1927）。三进三开间，面阔14米，进深22米，占地面积约为291平方米。整个建筑由祠前巷、门厅、戏台、边廊观戏楼、前天井、享堂、后天井、寝殿（已毁）组成。据调查，祠堂内原有“叙伦堂”“贡元”“四世同堂”“春萱并茂”等匾额，说明汪姓这一支曾是有过功名的。地面除天井外，以鹅卵石铺设，富有特色。戏台属可拆卸活动式，结构紧凑，用料硕大，长梁、斜撑及边线施以装饰，似未经油漆。2012年修缮，是一座较齐整、美观的戏台。

歙县堨田吴氏宅院戏台 建于清光绪年间(1875～1908)。家主吴筱晴，举人出身，弟吴介眉、吴三爷，均为地方绅士。建园时，亲题匾额名曰凹凸山房。戏园分戏台、庭院、观戏楼三部分。戏台呈“凸”字形，台宽10．95米，进深4.4米，脊高9.6米，台面距地高2米，砖木结构。当中是正台，两边是副台。台前墙壁上有寓示吉庆的壁画。戏台前的空院，100余平方米，可容纳二三百观众。戏台的正对面是别致的观戏楼，呈“凹”字形，方格花窗；回廊曲折，宽9.9米，深4.2米。戏楼分三层，上为雅座，两边伸出的厢房是闺阁小姐看戏的包厢，楼下是一般人看戏的地方。观戏楼侧，有一条花窗长廊，圆形门洞，演戏的艺人在观戏楼下化好妆，可由此直达舞台。当年逢新春佳节，或婚嫁喜庆，吴家都要邀请著名徽班来此演出，吴家的亲朋好友，官府衙门同宗的村民都涌来看戏。现戏园已衰败，年久失修，破烂不堪。

休宁县海阳镇程氏宅院戏台 建于清光绪元年(1875)，为单坡重檐亭阁式建筑，坐落在休宁县海阳镇萝宁街霞屏巷3号，占地面积32．8平方米。戏台建筑高约7米，深2米，宽4米，戏台底部约1米为白麻石砌成；整个立面均有木雕人物图，屋顶有鳌鱼吻。戏台两侧有石阶五级，供演员上下场；戏台左侧有一较大廊房，供乐伴奏用。戏台背靠山墙，面朝花园，台前院内有假山、鱼池。戏台右面与正面围台建有一条宽一米，长七八米的回廊，面积200多平方米，可容百余人观剧。戏台自建成后，主要供昆腔会及“灯棚”小戏班演出一些折子戏。戏台的主人程某（名字不详）原是昆曲爱好者，经常约好友在家饮酒、赏花、唱戏。民国十年(1921)，程家与吴家联婚，程氏姑娘嫁给吴家，程氏将戏台及大厅，作为嫁妆陪嫁于吴家。中华人民共和国成立后，戏台为公家租赁，目前有居民居住。

歙县璜田戏台 位于歙县璜田村中，坐南朝北，前有广场，建于清康熙间。民国八年(1919)重修，开间15米，深进10米，脊高约10米，檐高约8米，台高1.7

米，台基前部竖以料石。台口呈八字形，八字墙外壁做成假门，门柱、门楣饰以细腻木雕。左右副台的壶门、隔扇，上部均有细腻雕作。檐口大梁正中悬一“和声鸣盛”横匾，金碧辉煌。后台通间做化妆室和演员寝室。戏台后墙上存有戏班出演的戏名百余个。至今沿用。

黟县万年台 位于县城东门城墙外一块宽阔的空地上，后为灯光球场。建于清代道光年间，是黟县清末至民国年间唯一一座适宜演出大戏的戏台。戏台为木质二楼结构，台面由近百根一米多长的木桩支撑，戏台楼由数十根长柱构成框架，搭成二层戏台，台面约 100 平方米。一、二层中间台面为演出主台，二楼主台一般只在演出《目连救母》时才派上用场。两旁为衬台。戏台有 6 个出入口，有的如月宫式门户，有的如花瓶式门户。一、二楼主台均挂有名人书画点缀，二楼台顶挂有四只大灯笼，据当地老人回忆是做目连挂灯的道具；另挂有彩帘数幅。两旁各有两个角楼，飞檐翘角，雕栏朱楹；角楼内还挂有五颜六色的外国旗。正台上下檐底和阳裙也挂有彩帘，二楼阳裙正中悬挂“气爽秋高”牌匾，台内挂有清道光举人、大学问家俞正燮书写的对联：“云想衣裳花想容，想见大罗天上；水如玳瑁月如镜，如从方壶中来。”纵观整个戏楼，大有古越之风，既气势宏伟，又俏丽典雅，令人叹为观止。

据黟县几位 80 多岁的老人回忆，从前每逢佳节、庙会和金秋时节，这里是好戏连台，热闹非凡。每当外地班社来黟演出，万年台前侧两旁还各搭一子台，如设雅座。登子台的观众，有茶水供应，可一面品茶，一面观戏，不用买戏票，只交茶水钱。其他观众则自搬凳子坐在台前，或站着看戏。演《目连救母》时，一、二楼主台皆为表演区，右侧衬台为文武场座席。到《阎罗传旨》《花园捉魂》等折，饰演阎罗、鬼卒的演员要从二楼中台翻筋斗，或跳至一楼台面；演到《过望乡台》《过黑松林》《过升天门》等情节，演员以爬杆度索的特技，从一楼又移至二楼表演。技艺高超，动作惊险，令观众眼花缭乱。由于《目连戏》有阴森恐怖的场面，家长们不让小孩前往观看，以防受到惊吓。

万年台当时有专人管理，管理人员占有土地数亩，三季向农人出租息。所得收入，供邀请外地班社来万年台作场费用。约在民国三十年，为防日机轰炸被拆毁，未再重建。

淳安屏门乡祠堂戏台 屏门乡位杭州市淳安县西北部，距县城 29 公里。自清末民初始，睦剧三脚戏就在屏门各村流行，迄今已有上百年历史。全乡现共有祠堂古戏台 18 个。2017 年，被杭州市戏曲家协会评为“中国睦剧之乡”。2020 年 5 月，笔者实地考察了屏门村王氏宗祠、项家村项氏宗祠和上中村章氏宗祠，三祠均为清代建筑，三进三开间，各有戏台朝向寝堂。

屏门村王氏三槐堂面积 486.6 平方米，木构用料硕壮，明间多设高浮雕。中进享堂祖容像，村族史展陈有序。戏台设在祠堂大门内向，面阔约为 15 米，两侧不设廊庑，由长梁挑空，戏台、天井显得格外开阔。戏台近年有油漆翻新，红栏台沿，湖蓝挂落，煞是好看。在乡文化站的安排下，村里睦剧爱好者随即在台上演唱了睦剧《南山种麦》，戏台与今人生活仍保持联系。

淳安三槐堂戏台

项家村项氏宗祠戏台 项氏天叙堂位于村中，面积 492.41 平方米。祠堂门楼高踞，为双层歇山五凤楼。门前有广场空地，近年新建有休闲长廊，村民与祠堂朝夕相处。天叙堂大门极少开启，多由侧门进出，保持了戏台的相对稳定。祠堂大门及享堂坊间留有民国年间绘制的戏曲三国故事彩绘，栩栩如生。戏台最考究处是顶部装饰，顶部中央置有直径 2.1 米的大藻井，藻井由前后两个长方形、中间两层八

项家村项氏宗祠戏台

角形构成；正中雕刻木质狮头，内层八角形为白鸟朝凤木质圆形，外层八角及长方形均施以花卉图案；藻井外天花亦施以飞天彩绘，极其华丽。享堂明间置有固定演出照明灯具，戏台至今仍在使用。

上中村章氏宗祠戏台 章氏大光堂面积 590.53 平方米，前门设有小院，东西向开有侧门。祠堂门楼为双层歇山五凤楼，古朴凝重，气宇轩昂。享堂上方高挂“登科”“文魁”等匾额，彰显章氏族人科举仕进儒学气质。戏台为活动式，中间让出

章氏宗祠

“登科”“文魁”等匾额

章氏宗祠戏台

大门通道，戏台两侧装有厢房，戏台居中部两柱间，面积相对较小。戏台天井两侧有廊庑，可以观戏。

淳安威坪古戏台 在威坪镇横塘上村，戏台为独立建筑。一处在源头村张氏宗祠外。虽然威坪的古戏台不建在祠堂内，但仍与宗族祠堂关系密切。

横塘上村，原为王姓居住地，为徽州婺源迁入，后接纳肖、程二姓。肖姓居村头，程姓住村脚，王姓居村中，人口高峰期时有1200居民。王姓在村中建有宗祠明德堂，戏台与宗祠同向坐落在一条中轴线上，旁有“戏台上弄”相连。戏台前为看戏广场。戏台坐北朝南，面阔约15米，高约9米，进深约8米。台口高约1.8米，系大块青石板封面，简洁大气。台口呈八字形，八字墙饰有砖雕和戏曲人物及花卉墙画。戏台内部木结构间木雕雅致，顶部有拱形穹顶以聚、扩音。戏台平时由14块木格栅门关锁，唱戏时拆卸。2014年，威坪镇政府出资修缮。

源头村戏台 在张氏宗祠前，戏台台口与祠堂大门两相对，成为村人重要的聚集地。祠堂高，戏台低，唱戏时，祠堂门口的八级长石台阶亦可作为观戏的看台。源头戏台与横塘戏台形制大体相同，但体量相对略小。戏台内部彩绘，虽有剥落，不失华丽。张氏宗祠大梁上有“中华民国拾九年……建造大吉”字样，说明祠堂为民国间建造，但从源头戏台的成色看，似应在此之前。

威坪镇横塘上村戏台

淳安源头村戏台

淳安方氏宗祠戏台 位于瑶山乡琅坑源村中，该建筑始建年代无考，现存建筑于清同治十年(1871)重修。坐北朝南，为传统木结构加围护墙结构；前厅照壁呈八字形；牛腿、大梁等上部构件彩绘部分保存较好；单层硬山顶，小青瓦屋面，前厅局部为重檐，面阔三间，两进，中间有一井，天井为条石铺设。内外墙面为白色粉刷，绘有角线。该宗祠格局规整，保存较好，用材粗大，做工考究，特别是牛腿、额枋的雕刻精美绝伦。方氏宗祠前后两进，左右设厢房，第一进面宽三开间 15.4. 米，明间后檐设戏台，戏台四柱，施藻井悬山顶。

建德新叶村祠堂戏台 建德新叶村祠堂数量多、戏台多，堪称新安江流域之最。现存的《玉华叶氏宗谱》专门记录的祠堂有 6 座，而在《玉华叶氏谱 · 里居图》中所标识的大小祠堂有 13 座，即西山祠堂、雍睦堂、有序堂、崇仁堂、荣寿堂、旋庆堂、永锡堂、存心堂、启祜堂、山义堂、石六堂、常竹堂、瑞芝堂。实际上，在玉华叶氏的历史上存在过的祠堂数量比图中标明的还要多，如崇字行十一个支派建造的五座分支祠堂，图中标识的只有一座。全村目前还有祠堂 12 座，保存完好的是有序堂、崇仁堂、永锡堂、荣寿堂和存心堂，其中有戏台四座，即有序堂、旋庆堂、荣寿堂、崇仁堂。新叶村的祠堂戏台均设在门屋明间，面向寝堂。凡祠堂大门开在正中的，戏台台板中央部分可以拆卸，以便仪典时出入。

1. 有序堂戏台。见宗谱《有序堂记》，有序堂是叶克诚于元代主持建造的，它位于村子北端，坐南朝北，是村落的布局结构枢纽，对村落的规划起决定作用。叶克诚初建的有序堂很小，只前后各三间。至清嘉庆年间扩建成现有规模，并在前端建戏台。有序堂总进深 41.9 米，总面阔 12.7 米，总面积 532 平方米。

有序堂的大门开在左侧墙前端，戏台便不设可拆卸台板，为固定式戏台。戏台太师壁上方有“可以观”匾额，为民国首任浙江省长夏超在民国十二年（1923）所题。其下绘“唐明皇游月宫”图。唐明皇是梨园之祖，戏台多绘此画。但在新叶村这幅画又多一层意思，因为与唐明皇最接近并在画中任导游者的道士叶法善，被认为是叶氏先祖之一。戏台“出将入相”口上分别置“迎来”“送往”匾额，其意暗合“迎来江山近，送往宇宙宽”。台上有楹联四副，分别是：

曲是曲也，曲尽人情，愈曲愈明；
戏是戏也，戏推物理，越戏越真。

文中有戏，戏中有文，识文者看文，不识文者看戏；
音里藏调，调里藏音，懂调者听调，不懂调者听音。

演以往若正若邪宜认真也，
看将来受福受祸毋视戏焉。

凤舞龙飞，苞符协应升太平；
珠联璧合，人同物游熙皓天。

有序堂戏台

2. 旋庆堂戏台。明代以来，旋庆堂派一直没有自己的祠堂，每年三月三迎神、设祭、演戏活动时，都缺乏本厅堂族人的聚集场所。到清代初年，十五世祖丰二十公年事已高，十分着急建祠之事，便与族众商议，愿倾其所有，建造本房派的祠堂。相传在建祠奠基时，挖得一地窖，获得银锭十八箩筐。族人认为是天遂大愿，是祖宗显灵。清顺治十八年(1661)，一座三进二明堂的祠堂落成。《玉华叶氏宗谱》载："堂既成，以旋庆为名。旋者还也，庆者贺也，旋庆者还其吉庆也。又曰：循环而转为旋。

旋庆者，子孙后代喜庆之事循环不息而至。”果然，苍天不负人愿。自隆十四公而下一脉相承，连续五代，敦诗尚礼，虽未获高官厚禄，事业均有所成。

旋庆堂为三开间，总进深约40米，内设三个天井，这在别处不多见。第一进为门厅，戏台在祠堂正门内侧，平日里撤去中间部分的台板，居中的大门可自由开合，演戏时将正门关上，盖上台板，就成了戏台，观众便从祠堂侧门出入；第二进正对大门厅，是中厅；第三进为上厅；第四进为寝室。旋庆堂地平呈“步步高”势，后壁正中祖宗像，位置最高，戏台处最低处。这样既方便娱神，也方便观戏。旋庆堂内现有“旋庆堂”“州司马”等匾额。戏台为拼装组合式。

旋庆堂活动戏台

3. 荣寿堂戏台。荣寿堂属崇智派下的一级小祠堂，明万历四十一年(1613)由仲春公为首创建。祠堂坐西朝东，面积为400平方米。始建为三开间，三进两明堂，前进有戏台，后寝室建楼阁，极为壮观。清初，叶元锡中康熙辛未(1691)科进士，为督促后代进取向上，在祠堂前增建前院，院门为独立的八字门台，上挂“进士第”大匾，故后人将荣寿堂称为“进士第”。清咸丰年间(1851～1861年)，荣寿堂被毁，同治八年己巳(1869)重建。但限于财力不足，没能恢复原有形制，只建起荣寿堂前面的两进，后堂寝室未建。

4. 崇仁堂戏台。叶氏宗谱《崇仁堂记》中载：崇仁堂派“太祖崇八公乃副使公……于前明宣德年间（1426 ~ 1435），建斯厅于道院山之下，额其堂曰崇仁，亦所以敦厥本以明仁孝之义也。”崇仁堂建在全村中央的高地上，重要性仅次于有序堂。崇仁堂是新叶村最大的祠堂，面积达 670.8 平方米。一般的祠堂都是三开间，两进或三进，崇仁堂则有四进，总进深有 51.6 米。第三、四进大厅之间有纵向过厅联系，形成一个工字形，过厅左右是日、月井。过厅和第四进均为二层楼房，但第四进的明间为两层通高，而且两侧与次间之间用砖墙封死。从始祖神橱到第三进前门，进深 27 米，纵深空间的神秘感十分强烈，这在中国建筑中很少见，有些类似欧洲的教堂。

在新叶村现存的 13 座祠堂中，有 6 座的门前有较大的水塘，分别是有序堂、崇仁堂、荣寿堂、常竹堂、存心堂和西山祠堂。崇仁堂前面的半月形池塘，弦长 21.3 米。崇仁堂里面没有戏台，每逢年节演戏时，在池塘水面上临时搭台，构件都是可以拆卸的，平时保存在祠堂内，村民称这种戏台为“雨台”。塘边到祠堂大门间有约 15 米宽的空地，是村民看戏的场所。2020 年 5 月，笔者到现场考察，崇仁堂内存放有至少四个单体等体积的小戏台，有的还刻有戏曲故事木雕。村民们在小戏台旁休闲聊天，仿佛崇仁堂“雨台”随时都有可能被唤醒。

建德紫薇第戏台 紫薇第，又称种德堂，建于明代。坐落在大慈岩镇乌石村，坐东南朝西北，砖木结构，分前、中、后三进，通面宽 14.74 米，通进深 44.42 米，门厅高 10 米；重檐歇山顶，小瓦滴水，八角外翘，直立八角斗拱建筑。人物造像装饰门面，两旁立有抱鼓石，座上雕有麒麟图纹。明间为戏台，明间与次间的梁架为抬梁式和前后单步梁结构，檩与柱用斗拱相连，斗拱上雕有人物、花鸟等图案。门厅与中厅之间有一天井，四周用石板镶砌。中厅，硬山顶，分明间与左右次间；明间宽 8.7 米，次间宽 2.7 米，进深 9.6 米；明间的梁架属抬梁式结构，月牙五步与双步梁相结合做法，次间梁架为穿斗式与抬梁式相结合做法。中厅比门厅略高。中厅与后厅之间有一过道，两旁各有一小天井。后厅为楼房，有梯可上下民国丁亥年（1947）重修，整个建筑保存较好。2005 年 5 月 19 日，紫薇第被公布为建德市文物保护单位。

二、纪念馆

徽剧博物馆 坐落在黄山市屯溪区迎宾大道 50 号，毗邻黄山市美术馆、图书馆、徽文化博物馆。徽剧博物馆占地面积约 1300 平方米，是 2018 年政府投资项目，徽

徽剧博物馆

剧振兴工程、文化惠民工程的重要实施内容。由徽剧剧史陈列和徽风徽韵小剧场两部分组成。小剧场面积 450 平方米、层高 8 米、设观众座位 180 个。徽剧博物馆充分展示了徽剧的地方文化特色，观众可以在静态陈列和动态演出的结合中体味传统艺术的魅力。徽风徽韵小剧场于 2019 年 9 月 28 日正式开演，每场演出时长约 60 分钟，由黄山市艺术剧院有限公司精心打造，演出内容包含了国家级非遗项目徽剧、黄梅戏、徽州民歌及民俗舞蹈等，以低票价向黄山市民和游客开放。

淳安屏门乡睦剧展示馆 屏门乡为中国睦剧之乡，展示馆坐落在乡综合文化站内，建筑面积 240 平方米，为原乡政府办公大楼改建，投资 320 万元。睦剧展示馆一层为屏门睦剧学校，由睦剧文化长廊、练功房（排练厅）和室外舞台组成。室外舞台面积 72 平方米，投资 60 万元，主要用于本乡的睦剧演出。二、三层为睦剧艺术陈

淳安屏门乡睦剧展示馆

列，主要有睦剧简史、睦剧国家级传承人王姝苹艺术表演剧照、淳安竹马造型展示等。屏门睦剧学校经过多年努力结出硕果，2018 年，睦剧艺校学生以睦剧表演亮相央视少儿频道。2020 年，屏门乡被浙江省授予文化强镇。

歙县街源徽剧纪念馆 在歙县璜田乡璜田古戏台后台。2016 年，在地方戏曲史家朱祝新的倡议下，由乡村两级政府出资筹建。纪念馆选址璜田古戏台本身就是一个看点。由于戏台后台空间局限，陈列基本利用靠墙立面布局，主要展出有街源徽剧史料，徽剧戏服百余件、徽剧脸谱、戏箱、道具，以及近年全国各地徽剧名家来访、央视采访研讨等图片。2016 年 9 月 8 日，正式开馆。

歙县街源徽剧纪念馆

绩溪伏岭徽剧展示馆 在伏岭村朴斋公祠，是安徽省非物质文化遗产项目。绩溪县伏岭镇早在清光绪初年就组有“伏岭徽班”。百余年来，邵氏家族上、中、下三门竞演徽剧，欢度春节，一直延续至今。伏岭村 300 多户人家，家家能唱徽剧，年长者 80 多岁，最小的只有 4 岁。为传承徽剧，伏岭中心小学还开办了徽剧“童子”班。2016 年，伏岭镇政府为了保护徽剧这项非物质文化遗产，结合“徽州味 · 道”特色小镇建设，建成了省级非遗徽剧展示馆。馆内陈列了戏服、头饰，并通过展板等方式对徽剧的历史沿革、徽剧传承人等做了详细介

绩溪伏岭徽剧展示馆

绍。值得一提的是，馆内（祠堂）至今保存着徽剧戏服十几大箱，盔头数百个。其中，现存最早的徽剧戏服为光绪二年（1876），清宣统年间的有100多件，其他皆为民国初年购置。现由邵在春、邵锦枝、邵茂凯三位老人接续保管，每年进行翻晾，默默坚持了30多年。

1983年10月，全国十八省市徽调、皮黄学术研讨会在绩溪召开，与会专家学者专程来伏岭考察，对伏岭现存大量清代、民国时期的徽剧戏服、道具、剧本、曲本大为赞赏，村中老艺人表演的《八阵图》《二进宫》《龙虎斗》《水淹七军》等徽剧传统剧目令与会专家学者们拍案叫绝。他们认为，这些剧目不仅原汁原味，且几乎包括了徽剧的全部曲牌和鼓点。伏岭业余剧团因此获文化部嘉奖，并授“老树奇花”锦旗一面。

洪雪飞戏曲艺术陈列馆　在歙县三阳洪雪飞故居内，陈列馆是由院落、主屋和边房三部分组成，面积400余平方米。陈列围绕洪雪飞的艺术经历和成就，分为“徽州女儿、初入菊坛、首次飞跃、传承创新”等版块，通过现代化的科技手段和大量

洪雪飞戏曲艺术陈列馆

洪雪飞戏曲艺术陈列馆

的实物资料，结合昆曲写意、唯美、抒情的艺术特质，将她勤学苦练、努力探索、精益求精的艺术生涯多角度全方位地展示出来。

洪雪飞，歙县三阳人，1941 年生于上海，曾在三阳老家这所徽派民居中度过她的童年时光。当时三阳戏剧演出频繁，著名的徽剧班社如三庆、四喜、大寿春等，每遇喜庆事件常受邀而来，洪雪飞耳濡目染，小小年纪也成一个资深的戏迷。老人们回忆，洪雪飞童年时期就能在舞台上表演《拾绣鞋》《扑蝴蝶》《鸭绿江》等曲目。

洪雪飞后来随母亲移居杭州。1958 年秋天，被招入北方昆曲剧院工正旦，师从韩世昌、白云生、马祥麟等前辈，后又得姚传芗、周传瑛指授。学戏不久，即以新编戏《晴雯》中的袭人一角脱颖而出，1959 年春节，登上了北京的舞台，学艺四年就成了头牌旦角李淑君的唯一接班人。1966 年，她调入北京京剧团改唱京剧，参演的现代京剧样板戏《沙家浜》，并被拍成彩色电影，她饰演的阿庆嫂从此名闻全国。1979 年，重归北方昆曲剧院，与侯少奎合演《千里送京娘》，再创惊艳的艺术形象。洪雪飞嗓音宽亮，做表洒脱；戏路较广，尤擅新戏，是一位京昆两栖的性格演员。1985 年，她凭借《长生殿》《三夫人》等曲目的演出，获第二届全国戏剧梅花奖。1991年，她回到故乡歙县，在歙县首届枇杷节上，阿庆嫂茶馆“智斗”一场，令人称赞叫绝。1994年，洪雪飞因车祸去世，享年53岁。

洪雪飞童年居住过的老屋，2010年被确定为黄山市“百村千幢”保护工程的保护对象，后又荣膺黄山市十大名人故居。该屋约建造于清末民初，是其祖伯父与父亲在杭州和上海经营茶叶经商成功后所建，现属洪雪飞的侄儿洪高远及其子洪世平。2013年，由洪世平出资辟建为洪雪飞戏曲艺术陈列馆，2015年11月21日，建成开馆。

建德新叶昆曲馆 位于新叶村昆曲巷内，为一幢老民居改建的昆曲主题茶馆。茶馆由戏曲幕帘、脸谱、剧照、戏服、道具、老戏箱等为装饰，天井墙上绘制苏州园林意向，空间播放昆曲音乐，让人追忆起清代以来新叶叶氏族人演唱昆曲的历史。

建德新叶昆曲馆

三、墓葬

郑之珍墓 明代剧作家郑之珍墓，位于祁门县渚口乡清溪村西北1.5公里处圣堂坞山坡上，郑氏夫妇合葬于此。墓地呈椭圆形，占地约142.6平方米；墓外围以碎石砌成的矮墙，高50厘米，厚60厘米，两侧开口可进入墓地。墓分墓冢、祭坛、

郑之珍墓

拜台三部分，墓冢直径 4.4 米，宽 4 米；冢后立石碑一块，阴刻碑文“明庠生高石郑公讳之珍夫妇墓”，碑高 1.47 米，宽 0.64 米；冢前为祭坛和二级拜台，并设台阶，拾级而上，皆用小石块铺砌而成。冢前祭台嵌有墓志铭一块，高 1 米，宽 1.4 米，中刻铭文 24 行，详记郑氏生于正德戊寅九月二十四日，殁于万历己未三月初四日，并述及其生平事迹。铭文为郑氏之婿河南按察司知事进秩修戟郎叶宗春撰。

第二节　戏曲遗物

一、三雕（含竹雕）

三雕，全称徽州三雕。广义上说，凡是使用砖、木（竹）、石材质呈现出的雕刻工艺都属于它的范畴。狭义上，主要指徽派建筑上的装饰雕刻，这在徽州“一府六县”及淳安、建德一带的祠堂、民居中大量存在。明代及其以前的三雕，歙县、婺源及淳安水下古城存量较多，清代的以黟县为最。三雕题材以民间吉祥图案、宗教神话人物、戏曲人物故事、山水诗意、花鸟鱼虫为多，其中戏曲人物故事，每每出现在古建筑的门楼、厅堂额枋、窗栏板、槅扇等建筑构件上，成为人们观赏的趣味点。它们的大量存世，既呈现了当时主人的精神诉求，也为后世留下了宝贵的戏曲遗产。

(一) *石雕*

街源元代墓出土南戏石刻画 1976年11月初，歙县街口区璜蔚公社天堂大队下天堂生产队（今璜田乡天堂村下天堂自然村）社员在山头村边平整土地时，挖到一个无名氏石椁，在石椁右下方，挖到“福禄寿”三角石，继而挖出墓志碑及部分浮雕装饰石，左为“得意回”，右为“初登第”。公社接到社员报告后，要求停止挖掘。11月10日，歙县文化局组织人员将坟内填土全部挖出，共出土11方祭堂碑石，其中墓志碑记1方，浮雕装饰石10方，由歙县博物馆收藏保管。这批碑石在记述墓主人信息的同时，还真实再现了元人形象风采，填补了元代徽州社会研究的一些空白。1994年，被国家文物局全国馆藏一级文物确认专家组鉴定为国家一级文物。

据文物部门研究，该墓葬为元代苏万六夫妇合葬墓，为墓主人生前（1330年）所营建。出土的四方刻有人物的浮雕装饰石分别为“初登第”“得意回”“清明”“桃花”。下面依次介绍：

初登第

1. 初登第。长69.5、宽53、高4.5厘米，质量53.2千克。两端有榫头，碑上沿剁斧。浅浮雕人马、龟鹤、建筑、树木等图案，画面右侧刻有莲花牌位“初登第”。人物14名，分两层布置：上层6人坐阁楼上，自左而右依次为执壶、执状的男仆（左1、2），贵夫妇（左3、4），托果盘和束手待唤的女婢（左5、6）等形象。其上刻题字：“此酒劝：长寿长生更长延，愿子有孙，孙有子，子孙昌盛更长延，寿酒劝长。”阁楼左右有腾空的龟、鹤。楼下为8人行旅队伍，由骑马者（左2、3、6），担货者（左1、7），书童（左4），执伞仆从（左5、8）等形象组成。底部雕刻栏杆，右侧用柳树补白。

得意回

2. 得意回。长 53、宽 41、高 4.5 厘米，质量 52.8 千克。两端有榫头，碑上沿剁斧。浅浮雕人马、仪仗、建筑等图案，右侧幡旗纵书“元统二年得意回”。画面人物 21 名，分两层布置：上层阁楼正中空白处刻有“珠帘张看”4 字，阁楼内刻画 7 名女子倚靠栏杆向下张望，有命妇（左 2 ～ 6），婢女（左 1、7）两类形象，其中左 4 怀抱婴儿。楼下为 13 人组成的跨马游街场景，由骑马者（左 1、5、8），书童（左 2），执交床仆从（左 4、6），执伞仆从（左 3），举华盖、金瓜、乌扇、斧钺和幡旗的仪卫（左 7、9 ～ 13）等形象组成。底部雕刻有栏杆。

3. 清明。长 155、宽 54、高 7 厘米，质量 98.4 千克。碑下沿剁斧。浅浮雕人、马、牛、建筑、家具等图案。画面左侧空白处莲花牌位内刻杜牧绝句：“清明时节雨纷纷，路上行人欲断魂。借问酒家何处有，牧童遥指杏花村。”人物 8 名，建筑内外各有 4 人。屋外从左至右为挑担者、骑马者、执伞者、执笠者，以及一只瘦牛。屋内置桌案一个，上面摆放着荷叶盖罐，周围 4 人，室内为虬髯双髻道童和员外形象，室外为执瓶男仆和托珍馐女婢形象。房屋外树有旗杆，上系酒帘书“酒魁”二字。

清明

4. 桃花。长 155、宽 54、高 7 厘米，质量 108 千克。碑下沿剁斧。浅浮雕人马、桃花、建筑等图案。画面共有 5 人，为一支行旅经过乌头门的情景。左侧为桃花树，树下 2 人 1 马，马前后为执伞盖者和挑担者；中间乌头门下 2 人执笔、墨，做等候状；右侧建筑内有 1 女子张望。乌头门上刻“夜来宿酒未曾酥，告密良孙意有无”和崔护绝句：“去年今日此门中，人面桃花相映红。人面不知何去处，桃花依旧笑春风。”

桃花

华盖内檐卧刻“元统二年春后”字样。

据“武功万六承事太君胡氏生茔”碑记可知，元人苏万六，世出“眉山三苏”，是当时天堂村族长一类人物，虽言以农为本，但从碑记的描述和墓葬营造看，墓主人的人生理想和文化层次并不低。尤其从四方人物装饰石上，能看到当时在南方盛行的宋元南戏的影子。石刻上的人物、服饰和勾栏的刻画就是人们印象中的南戏。即使不能确定这就是当时街源地区流行的南戏风貌，但至少可见其受到浙江南戏文化的影响。有一个细节要提及，苏墓碑记落款有“地里王常山迁建德方再通刊”字样，无论“刊”作“刊刻”，或作“堪舆”解，苏墓的选址营造和装饰文化风格，一定打上了这个浙江人的文化印记。

定潭傩戏石刻画 定潭村人藏。清代中晚期物，可能是附近庙宇中的装饰。所刻为 5 人，武扮，头盔插翎子，手持刀枪剑戟，奔跑在乡间路堤上，谓之跑五猖。跑五猖者，驱邪逐疫也，也称五猖神。新安目连戏开演前有祭五猖神、“跑五猖”表演，婺源傩戏中有多个头插翎子的人物，与该石刻五猖造型极其相似。该刻石生动呈现了流域早期戏曲“跑五猖”的形态，较为珍贵。

五猖神石刻画

“魁星点斗”石雕 在今“潜口明宅”方氏宗祠石坊上。方氏宗祠坊，明嘉靖

“魁星点斗”石雕

丁亥年（1527）建，原位于罗田村方氏宗祠门前，因皖赣铁路建设祠堂拆毁，牌坊迁至潜口民宅内保护。麻石仿木结构，四柱三间五楼，通宽 8.40 米，高 9.50 米。因白麻石易雕琢，梁枋上全部高浮雕，极其精美。龙凤榜正面雕刻“魁星点斗”，反面雕刻“蟾宫折桂”。魁星点斗、蟾宫折桂都是古代戏曲常见的元素，尤其是魁星怒目圆睁，左手持银锭，右手握毛笔的造型，在傩戏、徽剧、婺剧中经常出现。

“哪吒闹海”石雕　徽州雕刻博物馆藏。“哪吒闹海”的故事多见于戏曲表演。

“哪吒闹海”石雕

此件明代石雕构图大胆，风格古朴粗放。整个画面多被龙身、水纹占据，而闹海的哪吒只是半身闪现在龙宫大门，与海龟将里外对视，战斗一触即发，极富戏剧性。底部石料的原始凿痕与似有似无的水泡纹过渡自然，曲卷的龙身与夔龙水纹融为一体，是一件与众不同的、富有当代艺术趣味的石雕艺术品。

“弹冠相庆”抱鼓石 典故出自东汉班固《汉书·王吉传》，汉宣帝时，琅琊人王吉和贡禹是很好的朋友，贡禹多次被免职，王吉在官场也很不得志。汉元帝时，王吉被召去当谏议大夫，贡禹听到这个消息很高兴，就把自己的官帽取出，弹去多年布满的灰尘，准备戴用。果然没多久，贡禹也被任命为谏议大夫。此典带有贬义，多指坏人得势，互相庆祝。古代戏曲亦常借此意说事。徽州雕刻博物馆藏此件单片抱鼓石，雕刻生动，富有戏剧性。但与徽州抱鼓石多用青石、只雕底座的风格出入较大，疑为周边地区物。以带有讽刺意味的“弹冠相庆”入抱鼓石，可能是民间艺人对此典故的误判。

“弹冠相庆”抱鼓石

（二）砖雕

婺源晓起“连中三元”砖雕 中国古代科举有乡试、会试、殿试三种形式，其中，乡试录取者称为举人，第一名称为解元；会试录取者称为贡生，第一名称为会元；殿试录取者称为进士，第一名称为状元。一个人分别获得解元、会元、状元者，称为“连中三元”。据文献资料统计，中国科举史上，“连中三元”的人数应有19位，新安江流域仅淳安商辂获此殊荣。商辂（1414～1486），浙江淳安人，字弘载，号素庵，谥号文毅。1435年乡试第一，十年后会试第一，继而殿试第一，为明英宗正统十年（1445）乙丑科状元。婺源茶商汪允璋、汪允圭兄弟，清末在其家乡晓起村建继序堂、礼耕堂，两堂并排而立，其门罩砖雕堪称一绝。“连中三元”砖雕位于继序堂门罩中部下方，其构图为“三元”头戴金花、骑马、打太阳伞分别从三个方向走向中间的家门。当地导游说屋主人汪允璋有三个儿子，冀望三子都能高中状元，

“连中三元”砖雕

民间艺人较好地表现了屋主人的人生理想，但与科举中同一人在不同时空的“连中三元”有悖。

《回城》戏曲人物砖雕

《回城》戏曲人物砖雕 徽州雕刻博物馆藏。此件为清代中期物，构图利用城门形成高低错落，6个人物栩栩如生，动感很强。具体故事不详，暂判为《回城》，或《回朝》。雕刻风格简练大方，年久烟熏而更显古拙，为徽州建筑人物砖雕之上品。

《锦屏射雀》砖雕

《锦屏射雀》砖雕 徽州雕刻博物馆藏。《旧唐书·高祖太穆皇后窦氏传》载，北周武帝时期，窦毅觉得女儿才貌双全，又有远见，不能轻易许给平庸之辈，得嫁一个真正的贤人。于是，他在门屏上画了两只孔雀，表示谁能两箭射中两孔雀的眼睛就将女儿嫁给他。很多公子都去射箭比武，可惜都不能如愿。唐高祖李渊两箭射两目，而娶得公主。此砖雕为徽州门罩砖雕的精华部分，常与“蟾宫折桂”等人物雕刻对应入画，以图美好。后世将“锦屏人”来代指闺中女郎，汤显祖《牡丹亭》中有“锦屏人忒看得这韶光贱”句，言锦屏人杜丽娘为自己没有珍惜大好春光而感到惋惜，也因此激起了追求青春幸福的热望。

(三)木雕

傩神圆雕头像 徽州雕刻博物馆藏。据藏家称，此两件木雕来自西溪南。旧时，徽州岩寺、西溪南一带常举行傩祭活动，傩神头像可能是傩祭活动用品。

当代傩学界有傩公、傩母之说，此件疑似。

宏村承志堂戏文木雕 承志堂是宏村明清建筑群中的标志性建筑，盐商汪定贵建于咸丰五年(1855)，是徽州最奢侈的私人宅第之一。承志堂占地2100平方米，建筑面积3000余平方米，主体由门厅、正厅、后厅三进组成，偏室分隔成经堂、书房、麻将室、吸烟室及厨房、轿廊等，共66间房屋、9座天井，并有花园、水井。置身其中，仿佛走进了《牡丹亭》《西厢记》，尤其是建筑上的木雕，精美绝伦，堪称徽派建筑的巅峰之作。据说，全屋木雕由20个工匠雕刻了4年，木雕和对联描金用去黄金100两。大量的木雕装饰中，不乏戏文内容，主要有：

宏村承志堂戏文木雕

其一是正厅屏门东西两侧的“商”字门，髹金三国戏文木雕。东边上图为《董卓进京》，下图为《三英战吕布》；西边上图是《战长沙》，下图是《战皖城》。正厅两厢横梁上雕的是“甘露寺”“长坂坡”“定军山”等三国演义战争图，寓意商场如战场。

二是正厅额枋上的木雕《唐肃宗宴百官图》。在长约2米，高0.33米的木雕图案上，四张八仙桌一字摆开，众官员围着正在弹琴、下棋、看书、作画。30多个官员坐、站、行、止姿态各异，各得其乐。图上东角有一佣人正在烧茶，茶壶冒着热气，火炉边一佣人正在扇火；西角有一理发匠，正在为一官员理发挖耳朵。整个画面线条清晰，构图巧妙，形态逼真。五六厘米厚的额

“唐肃宗宴百官图”木雕

枋上雕出七八个层次，极富有立体感。唐王在大明宫紫宸殿宴请百官，始于唐玄宗的生日，肃宗效而继之。肃宗与其百官都是安史之乱的亲历者，马嵬坡兵变、情变演绎多种戏曲式样，徽剧《卸甲封王》，讲郭子仪平定安史之乱，肃宗封赏事即其一也。承志堂主人选雕是图，可能曲折表达其家族的政治诉求，但更多还应该是图富贵吉祥。紫宸殿毕竟是内廷，百官出入还是要讲礼仪的。民间艺人将煮茶、挖耳，乃至鸟禽、宠物都搬进图中，增加了烟火气、趣味性，使百官也变得其乐陶陶。

正厅对面屏门"福"字上方，嵌一幅长约 2 米的髹金木雕"百子闹元宵"。雕刻了 100 个小男孩，舞龙舞狮，敲打奏乐，猴戏抬阁，不一而足。人物千姿百态，栩栩如生，不仅把民间闹元宵的喜庆画面活灵活现地展现出来，也传递出诸多戏曲元素。

"百子闹元宵"木雕

三是后厅明间上、下额枋上的髹金高浮雕。上枋为"郭子仪上寿图"，下枋为"百忍图"。后厅太师壁左右两侧元宝墩上的戏文故事，由于不经日照，至今金碧辉煌。承志堂后厅为长辈老者居住的地方，木雕内容多描写高龄高寿，多福多寿。唐汾阳王郭子仪官居高位又多子多寿，被民间看作是"福禄寿"的象征。"郭子仪上寿图"成为民间雕刻的常用题材。戏曲《打金枝》系出于此。承志堂"郭子仪上寿图"木雕，正中廊檐下刻有"九锡宫"匾额。戏曲《九锡宫》讲唐王与程咬金故事，是徽剧传

“郭子仪上寿图”木雕

“九族共荣图”木雕

统剧目，川剧一名《百寿图》，常做祝寿演出。唐初故事与晚唐郭子仪能糅合在一起，是民间艺人的穿越吧。

下枋雕的是“九族共荣图”，又叫九世同堂图、百忍图。唐高宗对张公艺九世同堂赞叹不已，亲问张公艺持家之方，张公艺连书一百个“忍”字，后世以其为治家楷模。百忍图典故，亦有相应戏文。

木雕戏剧故事窗花板 清代，国家三级文物，徽州文化博物馆藏。一对，鬃金，品相好。地子镂空雕刻梅花纹，中间圆形开光内分别雕刻“公子赶考”“阖家欢聚”。上下方又各设置古玩 4 件，寓意四季平安。长方形四周刻寿字纹，整体风格细腻文气。2020 年，此对雕板被安徽省博物馆借展北京国家大戏院戏曲文物展。

木雕戏剧故事窗花板

《杨家将》戏剧人物窗栏 徽州文化博物馆藏。徽州建筑木雕中，窗栏板是雕刻最见功夫处，因为窗栏板最适合人的视觉观看。此窗栏板为一对，刻杨家将故事，背景树枝写意，人物动态细腻，髹金。

《杨家将》戏剧人物窗栏板

(四)竹雕

《西厢记》竹雕笔筒 徽州雕刻博物馆藏。为清早期器物，前人曾使用，有包浆。《西厢记》戏文家喻户晓，该笔筒以《西厢记》入画，雕刻深入，详略得当。庙宇、芭蕉大刀阔斧，西厢人物刻画细致，是一件难得的竹雕戏曲文物精品。

《西厢记》竹雕笔筒

二、版画（含雕版）

(一)版画

中国版画史和出版印刷史认为，明清时期全国八大雕版出版中心之一为新安，即徽州。当时徽州府辖歙县、休宁、黟县、

明环翠堂棋谱

祁门、绩溪、婺源，雕刻印刷设肆者遍及六县，经书画家、刻工高手、印刷人员、书坊主的共同努力和长期实践，形成了具有鲜明时代感和独特风格的艺术形式——徽派版画。

徽派版画多以单线为主来叙事铺陈，重视诗情画意，常与诗文、书画相结合，构图充实饱满、讲究设境立意和装饰效果。刀法流畅细腻，线条一丝不苟，以流利工致，精雅绝伦，秀丽纤巧，生动明快的格调，以及朴厚遒劲的品格和浓郁的乡土风味著称，它既有文人的书卷气，亦有民间的稚拙味，是中华民族宝贵的艺术财富。

徽州的出版商对图书的印制也十分考究。徽版图书特别注意在书中配以大量精湛美妙的插图，以增加图书的旨趣与可读性。虽然版画插图用于书籍在唐代就出现了，但当时仅限于佛经和佛事宣传方面的内容。只有到了明中叶以后，随着商品经济的发展与市民文学的兴起，戏曲、小说、讲唱之类图书大量出版，书籍插图才进入鼎盛时期。郑振铎先生称，明代万历间为中国版画史上“光芒万丈”的年代，这正是从当时流传下来的书籍插图和版画专著中得出的结论，而徽版图书插图在当时最享盛誉。郑振铎先生在《明代徽派的版画》一文中是这样描绘当时徽版图书插图的：

只要你翻开一本明刊小说或戏曲，只要那书里有插图，雕刻者是徽人的话，你准得被其细腻而匀称的线条和雅致而工整的布局所迷醉了……几乎没有一点地方是被疏忽的：栏杆、屏风和桌子的线条是那末齐整；老妇、少年以至侍女衣衫襞褶，是那末软柔；大树、盆景、假山，乃至屏风上的图画，侍女衣上的绣花，椅上的垫子的花纹，哪一点是曾被刻者所忽略过？连假山边生长的一丛百合花，也都并不曾轻心的处置着。

你一眼望去，便知那是完美之作，那是上等的艺术，那是可愉悦的。那便是所谓古典的美的作品！

徽派版画的高峰期在明万历以后，斯时徽州刻工剧增，发展迅速，无论数量还是质量，都名列全国首位。郑振铎曾称赞，徽州“黄氏刻工尤为白眉”。“白眉”典出《三国志 · 马良传》，“马良，字季常，襄阳宜城人也。兄弟五人，并有才名，乡里为之谚曰：‘马氏五常，白眉最良。’良眉中有白毛，故以称之。”后因以喻兄弟或侪辈中的杰出者。歙县虬川黄氏，自明代始，以镌刻为业，世代相传。刻工有名姓记载传世者，不下百数十人。万历以后，有“无剧不图，刻图必求歙工，歙工必推黄氏”之说。

张国标编著的《徽州版画艺术》，1996 年，由安徽美术出版社出版。书中列举了大量戏曲插图版画，名家名著，光芒耀眼。如元王实甫的《北西厢》、柯丹丘的《古本荆钗记》、高明的《琵琶记》、施惠的《幽闺记》，明高濂的《玉簪记》、郑之珍的《新编目连救母劝善戏文》、汪道昆的《大雅堂杂剧》、徐渭的《四声猿》、汤显祖的《牡丹亭》、梁辰鱼的《吴越春秋》、臧懋循编选的《元曲选》等。小说如明施耐庵的《水浒传》、兰陵笑笑生的《金瓶梅》等，一幅幅精美的戏曲人物版画，大多出自徽州刻工之手，宛若半部绘像元明戏曲史。郑振铎先生在《中国古代木刻画史略》中说：“中国木刻画发展到明的万历时代，可以说是登峰造极，是光芒万丈。”这万丈光芒中，自有戏曲人物版画在其中。

戏曲版画《争报恩三虎下山》

戏曲版画《争报恩三虎下山》 在明初杂剧选集《元曲选》中，明万历四十三年（1615）博古堂刻，据郑振铎先生，原刊初印本为徽州黄应

戏曲版画《琴诉荷池》

光、黄礼卿、黄瑞甫三人同刻。该画作构图饱满，山石树木刻绘细致，“三虎”山径争道，急于下山报恩的情境，惟妙惟肖，是难得的戏曲版画精品。

戏曲版画《琴诉荷池》 出自元代南戏类书《琵琶记》，万历二十五年（1597）新安汪氏玩虎轩刻本。郑振铎版画图录与荣宝斋复制本均从此本出。徽州黄一楷、黄一凤等镌刻。该画作水榭空间切分生动，人物、栏杆、古琴、荷花无一处疏忽。

（二）雕版

《目连救母劝善戏文》木刻版片明代郑之珍著《目连救母劝善戏文》，歙县黄铤于万历

《目连救母劝善戏文》木刻版片

十年(1582)绣梓。全书分上、中、下三卷：上卷版片50块，中有插图18块；中卷版47块，中有插图20块；下卷版片53块，有插图20块。此外，有叙文及序、跋文版片6块。每块版面分刻两页，每页约10行。插图有跨页，版面纵为20.5厘米，横为27.7厘米，约300～600字左右。其中，除掼坏11块版片外，余皆完好。此书片原藏于祁门县渚口乡清溪村，1952年由安徽省博物馆收藏。

三、碑刻

旧时，新安一带对乡村治理“度”的把握令人折服。有关禁养山林、禁挖竹笋，茶业管理、祠堂管理及禁赌等，乡村多采用“罚戏一台”，或“罚通宵戏一台”的形式予以处罚。仅祁门县就有环砂村“罚戏碑”，渚口村的“申禁茶碑”，叶源村的“勒石永禁”，桃源村、彭龙村的“禁赌碑”和滩下村的“禁碑”等，笔者在田野考察中欣喜地看到，往往“立碑告诫”的村子，山林水口大都保护较好，戏曲在这些村庄也相对繁荣。

永禁碑

祁门县环砂村“罚戏碑” 今人称为“目连故里”的历口镇环砂村祠堂外院墙上，有一块清嘉庆二年（1797）十一月刻立的“永禁碑”，碑文内容分为两部分，一是特授祁门县正堂颁布的告示，二是村民公议的条文。县正堂告示的原文：

为恳恩示禁等事，据西乡十七都民人程加㸌、之瑶、延芳、元顺等禀，环砂地方，山多田少，向赖蓄养山材，河通江右以活民生。近数年来，非惟材木少觏，则即采薪亦艰。揆厥弊端，总因燎原莫扑，本根既无绝故也。今幸合境人心，深感宪化倏然否变，演戏公议立约定规：纵火挖桩在所必禁，松杉二木在所必蓄，违者罚戏一台。但恐日后犯规不遵，硬顽难制，谨粘养山合墨呈叩，恩赏示禁，永垂警后，始振文风，继兴地利，世世被泽等情到县，据此合行示禁。为此，示仰环砂地方居民人等知悉：嗣后该山挖桩及私砍树木、纵火等情，概依合文例禁，倘敢故违，许业主等人协合地保查明赴县具禀，以凭拿究，决不故宽。该业主亦不得藉端滋讼，各宜禀遵毋违。

村民公议的具体条文如下：

纵火烧山者罚戏一台，仍要追赔木价；

挖桩脑者无问松杉杂植，罚戏一台；

采薪带取松杉二木并烧炭故毁，无问干湿，概在禁内，违禁者罚戏一台。

该石碑的主体内容是禁养山林，但立约方式和处罚形式都是唱戏。请戏班来唱戏要花一大笔钱，这对村民而言是个不小的负担。即使不慎犯了事，掏钱请全村人看戏，坏事变成好事，既惩罚了违约者，又丰富了乡村的文娱生活，客观上助推了乡村演戏习俗的养成。

祁门县新安乡叶源村祠堂“勒石永禁”碑 乾隆五十一年（1786）立约，嘉庆十八年（1813）仲夏日合源公立。上书禁约6条，其中就有4条是有关罚戏的，徽州“罚戏”之风可见一斑。

坟林水口庇木毋许砍斫，违者罚戏一部；倘风雪压，鸣众公取，或正用告众采取；境内毋许囤留赌博，违者罚钱壹仟文，伙赌者罚戏十部，拿获者给币二佰，知情不举，照窝赌罚；丑内毋许私买入，违者罚戏一部；已种苗山毋许樘斫，违者罚戏一部；合村公议演戏勒石。

勒石永禁碑

休宁板桥立山养石碑记 清康熙三十三年（1768）三月，王廷元、吴启泰二人同立。此碑原立于板桥村水口，现存板桥鱼博馆。其正文如下：

> 本村水口，当□有年。向因无知之辈窃盗几废，殊可痛恨。今集众议，演戏一台，通知申行，严禁树木柴薪。日后毋许攀枝摘叶，及风蠹折损者，并在山石头、河滩浮石，一概不得私取。非同居村内人，各宜凛遵谨守。如侵犯者罚戏一台，外□罚银一两入众。知风报者赏银□钱。倘徇庇者，罚亦如之。恃强执拗者，通众公呈理治。

四、抄本

剧目抄本 有关戏曲抄本，笔者涉猎的主要有三种：一是20世纪80年代，笔者在调查祁门目连戏时，发现的老艺人王丁发师傅的家藏。主要是栗木目连戏班使用的演出本，总共有一箱。其中，除明代郑之珍《新编目连救母劝善戏文》上、中、下刊本外，其他多为手抄本。有目连戏演出手抄本多册，内容与郑本有所不同；也有称为“平台戏”的其他剧本，如《西游记》《梁武帝》等。二是徽剧“戏窝”街源地区朱祝新统计的藏家藏本。总百余出，时间从明代至民国，剧种有徽剧、三脚戏（睦剧）、傩戏、目连戏等，形式有全本、残本、片本（只有本角色的内容）和曲本，

剧目抄本

有的还在唱词旁标有工尺谱。其中，黄山学院学者孙承平收藏40余部，其余为街源戏曲爱好者藏。朱祝新《歙县徽剧志》附有大量抄本影印件，尤为难得。三是安徽徽州文化博物馆收藏的徽剧剧本。多为徽剧抄本，装订整齐，彩纸封面，题名加印，品相好，可能是当时徽州地区某徽剧团的演出本或收藏本。

徽剧曲牌抄 抄于民国十一年(1922)杏桃月(三月)，为无为县黄龙乡政府民政助理员萧仕者收藏的祖传抄本。封面写有“牌子昆曲”，扉页写有“民国壬戌拾壹年杏桃月”。抄本前言写有：“此书非比别书，有银钱，无处买。非易所得，由难而来，乃是萧氏吉堂游创(闯)江湖，求教习学二十余年，受却无数辛苦，挑选抄录，方可成书。嘱后人切不可小视轻看。倘有后人爱此，礼(理)当秘传习学。”全书由“牌子、昆曲、邦(梆)子、皮黄，共计五部”组成。先是《蟠桃会》《麒麟阁》等注明唱腔曲牌、板眼符号的四出折子戏，继之是【家住在】【北尾煞】【石榴花】【醉太平】等22个曲牌的工尺谱；接着是【大开门】【对舞歌】【一枝梅】等8个唢呐牌子和【浪淘沙】【大补缸】【阔口梆子】【新二簧】【对眼二簧】等曲谱。萧仕者之祖辈皆为徽剧艺人。据萧本人道，全书原共五本，50年代丢失其中四本，现仅留有此一抄本，由其保存。

五、其他

乐器“三不出” 清光绪三十年(1904),徽州大阳春班遗留之乐器“三不出”(俗名号筒，古名觱篥)，有三节和二节的。今安徽省徽剧团收存的“三不出”为二节，每节长50厘米，三节长150厘米，二节长100厘米，三节和二节均可套叠缩短为一节，在吹奏时，将三或二节拉长。“三不出”一头为小扁嘴，便于吹奏人口衔吹响；另一头为号筒口，呈喇叭状圆周长43.96厘米，直径为14厘米。过去徽班开台放铳，大将登台拜帅，或刑场出斩时，必吹“三不出”。其声呜呜，悲壮高亢入云。

瓷器刀马旦大彩瓶(局部)

瓷器刀马旦大彩瓶 徽州

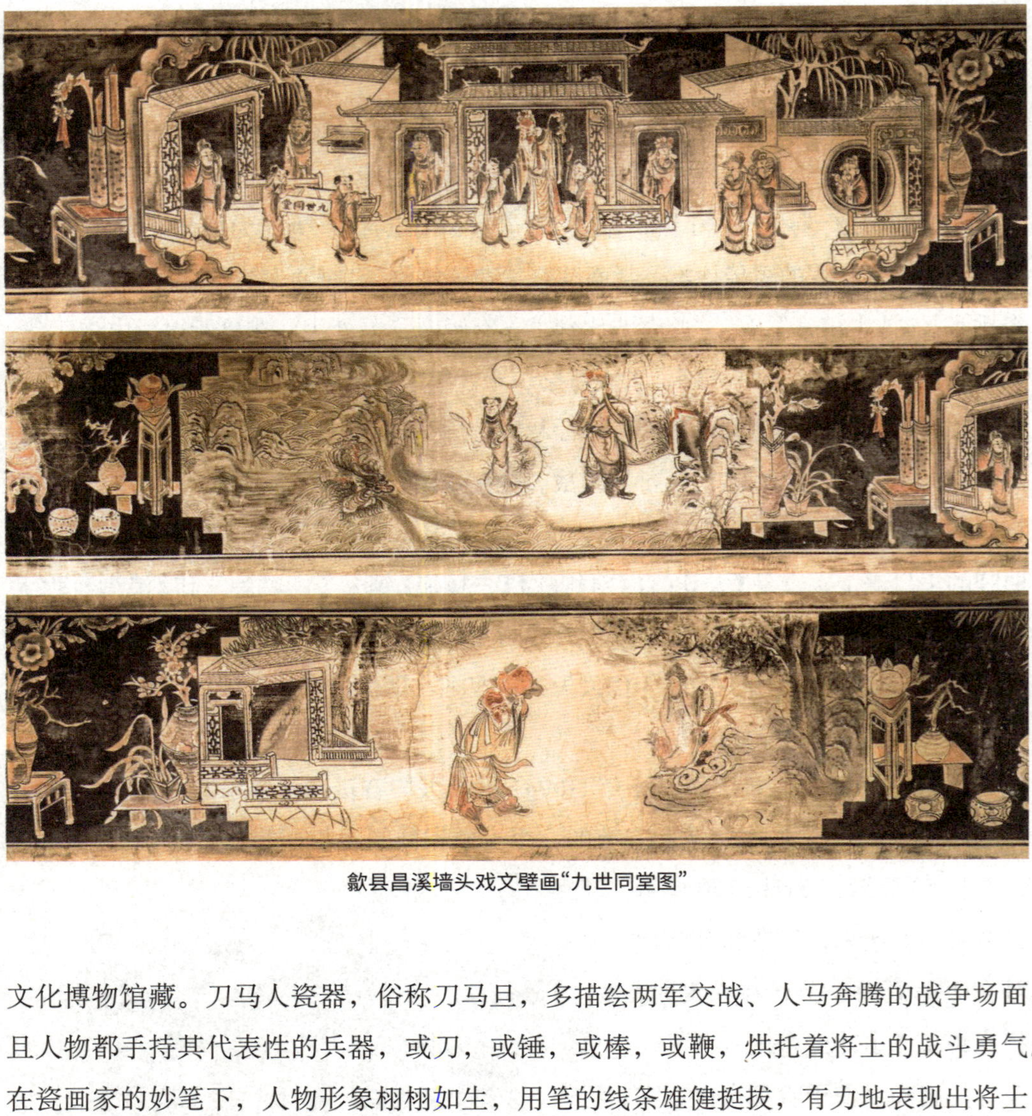

歙县昌溪墙头戏文壁画“九世同堂图”

文化博物馆藏。刀马人瓷器，俗称刀马旦，多描绘两军交战、人马奔腾的战争场面，且人物都手持其代表性的兵器，或刀，或锤，或棒，或鞭，烘托着将士的战斗勇气。在瓷画家的妙笔下，人物形象栩栩如生，用笔的线条雄健挺拔，有力地表现出将士勇猛、顽强的形象。从某种意义上讲，它明显地反映了民间制瓷艺术的一种装饰意趣。清康熙中期已广泛使用，有青花、彩绘等形式。当时瓷器绘画受到徽派版画的影响，画得很精致，尤其是场面非常宏大，笔法潇洒生动，很受欧洲消费者的欢迎。徽州文化博物馆展陈的这尊康熙五彩大瓶，色彩鲜艳，场面宏大，好似一部微型戏剧。

墙头戏文壁画 墙头画，在徽派建筑中司空见惯，已有几百年历史。主要用黑、红等简单色彩在外墙的墙头、门罩、窗户等处绘制图案、花鸟、人物。2012 年，吴叶生经过十多年的努力，实地调查了 300 多个村庄，收集、记录了 2000 余幅墙头画，撰写了《徽州墙头壁画》一书，第一次系统介绍徽州墙头壁画这种艺术形式。墙头画多出自工匠之手，也有少数文人画家之作。其中戏曲人物故事是常见的题材之一，如采自徽州区岩寺的《桃园三结义》，刘、关、张人物生动夸张，四周布景带有民间稚趣，显然为工匠所作。歙县昌溪“九世同堂图”，构图文气，用色雅致，博古意趣充盈，很可能出自画家之手。

余论

第一节　说说戏曲的外作用力

说到戏曲的外作用力，首先想到的是徽商对戏曲的参与。明代中叶前后，徽州商人即开始蓄养家班、家乐，当然他们主要是为自家娱乐，或为结交上流社会，但客观上播下了新安人听曲观戏的种子。徽商蓄养的家班多为吴音昆曲，唱昆曲当然是苏州女子为佳。但经“新安好事家”十年的努力，新安已出现改“征丽于吴”而为“征丽于徽”了，西溪南吴姓、呈坎罗姓也出了许多绝色名伶。这不是一种外作用力在起作用吗？

其次，商路即戏路，这也是一种外作用力。戏曲各地都有，哪里的人们都喜欢戏曲，为什么徽州、金华、建德、杭州、扬州的戏曲尤为兴盛呢？因为那里商业繁华，徽商出钱多，好的戏班就扎堆往这些地方走，徽州会馆的戏就总是好看些。唱戏多的地方，戏曲科班就应运而生，徽戏扎根金华一带就是因商路而形成的戏路。

再次，徽班的名气哪里来的？这要归功于徽商的扶持、推崇的外作用力。每个戏班都有名角，也都有自己的观众群。徽班进入扬州这个徽商的老巢，徽班发生了质变。给你配置最好的行头，挖来最出名的名角，甚至雇用文人写出好的剧本。你不出彩谁出彩？康熙、乾隆二帝六次南巡，其中多为徽商负责打理接驾，迎銮接驾，唱戏还能少吗？给皇帝唱戏那当然是最高规格的，徽班获此接驾献戏良机，演出水平自然大大提升。

其四，徽班徽戏由地方戏演变为“国戏”，外作用力使然。没有徽班进京，就没有后来的京剧。徽班怎么进京的，不排除戏班商业利益的追逐，但主要还是两淮盐商的运作。据中国第一历史档案馆《万寿庆典奏案》：乾隆五十五年（1790），高宗弘历八旬圣诞，“自西华门至西直门仍分为三段，令两淮、长芦、浙江商众来京自行办理点景，以遂其衢歌巷舞之忱”。三庆徽班及其他徽部大班就是在这样的背景下，千里迢迢来到北京的。如果四大徽班没有进京，自身条件再好也不可能演变为“国戏”京剧的。

其五，徽商喜著传奇剧本，形成了艺人、名公之外的第三种力量。虽然他们创作传奇有其自身的诉求，但客观上推进戏曲的繁荣。徽州商帮区别其他商帮的一个重要特点是贾而好儒。徽商中许多人家学渊源深厚，有的是先贾后儒，有的是先儒后贾，更有亦贾亦儒，这是其他地方少见的现象。商人著传奇，丰富了戏班演出的剧目，至少形成了一种有特色的戏曲文化。

其六，新安刻书，徽派版画，宛若半部绘像元明戏曲史。明、清两朝，全国八大雕版出版中心，新安为其一。徽派版画的高峰期在明万历以后，斯时有“无剧不图，刻图必求歙工”之说，还出现了黄正位尊生馆以刊刻插图戏曲小说为主的名书坊。从现在可见的新安戏曲插图版画看，名家名著，光芒耀眼。如，元王实甫的《北西厢》、柯丹丘的《古本荆钗记》、高明的《琵琶记》、明高濂的《玉簪记》、郑之珍的《新编目连救母劝善戏文》、汤显祖的《牡丹亭》等。商家刻书，精雕插图，可能有其商业或文化方面的追求，但不经意间作用于了戏曲史。

第二节　流域戏曲出路在哪里

随着时代发展，各种新的娱乐方式层出不穷，至迟在21世纪初，国家对县市级剧团进行了改革，新安江流域各县市剧团整体上风光不再，这是必须正视的。然而，流域戏曲又是一个剧种繁多的领域，徽剧、婺剧、睦剧都曾在不同时代焕发出各自的光彩，越剧、黄梅戏也拥有很大的观众群。如何在新的时代背景下，不使其丧失，是一个值得思考的问题。笔者不揣浅陋，提出如下两点意见：

一、流域剧种要下力气保护传承

首先是保护，保护要分层次：一是像建德婺剧团改制成效显著，且保持一定活力的，政府应当持续予以支持，做好成建制的保护；二是没有完整建制的，也要在演艺公司中设立某（徽）剧队等，像黄山市委托艺校培养的新徽剧人才队伍，将来可集中使用。三是博物馆式的保护。设立某剧种博物馆，展陈剧种文化，开展剧种演出。四是建立国家、省和市三级非物质文化遗产传承人队伍，通过传承人来保护。总之，要穷尽更多形式来保护流域戏曲，尤其是土生土长的徽剧、婺剧、睦剧、目连戏等，不能失传断代，要留存薪火相传。

其次是传承，一是国家、省和市级传承人的传承、传习，像淳安屏门乡睦剧学校，由睦剧国家级传承人王姝苹领衔教学，培养出一批睦剧爱好者。2018 年，睦剧艺校学生的睦剧表演还登上了央视少儿频道。组建某剧种的剧社，专业戏曲工作者与爱好者一起开展教学和演出。通过新媒体手段进行录制、传习、播放，借以扩大影响。二是爱好者及青少年的传承，开展好戏曲进校园、进社区等活动。

二、大量戏曲遗存有待开发利用

新安江流域戏曲遗存丰富，在本书第五章《新安戏曲遗存》中已有分类介绍，在此仅就古戏台和徽州“三雕”开发利用再作一点延伸。

新安古戏台是一个独特而又庞大的建筑群，它既是戏曲的一种存在方式，又与新安宗族、姓氏、迁徙等关系密切。以县为单位，古戏台存量密度最大的是祁门县，也是文物保护工作做得最好的。祁门古戏台群，2006 年被国务院批准为全国第六批重点文物保护单位，这为流域古戏台保护树立了坐标。笔者曾多次深入实地进行考察，虽然其保护状况良好，但对其进行合理的开发利用还远远不够。如果结合乡村振兴、新农村建设和全域旅游等时代话题切入，包装成古戏台戏曲文化之旅，引导民众参观古戏台，局部开展戏曲演出，或可招来人气，增加收入，盘活戏曲。亦可作为新安宗族、姓氏寻根之旅，以增进人们在“寻找来时的路”的同时激发爱国爱乡之情。

徽州“三雕”戏曲遗存，并不局限于徽州，淳安、建德一带亦很丰富。“三雕”人物故事，有其独特的视觉语言，值得深入研究。如能结合当下的动漫、二次元，甚至机器人等新形式，开发新的影视、文创产品，可能是前无古人的。如，将婺源晓起的门楼砖雕“连中三元”与淳安商辂“连中三元”真实的历史故事相嫁接，或可成为一部有意思的当代作品。

参考文献

一、史志谱牒

王国维：《宋元戏曲史》，上海古籍出版社，1998年。

中国戏曲志编辑委员会：《中国戏曲志．安徽卷》，中国ISBN中心出版，1993年。

中国戏曲音乐集成全国编辑委员会：《中国戏曲音乐集成．安徽卷》，中国ISBN中心出版，1993年。

安徽省文学艺术研究所、安徽省徽剧团：《徽剧资料汇编》，1983年。

叶长海：《中国戏剧学史稿》，中国戏剧出版社，2003年。

徐宏图：《浙江戏曲史》，杭州出版社，2010年。

章寿松、洪波：《婺剧简史》，浙江人民出版社，1985年。

蒋中崎、周福金：《睦剧发展史》，浙江人民出版社，1998年。

何警吾：《徽州地区简志》，黄山书社，2010年。

翟屯建：《黄山市志》，黄山书社，2010年。

胡武林：《歙县志》，黄山书社，2010年。

舒育玲：《黟县志》，黄山书社，2012年。

汪顺生：《休宁县志》，黄山书社，2012年。

程成贵：《祁门县志》，黄山书社，1990年。

淳安县文化志编委会：《淳安文化志》，浙江工商大学出版社，2016年。

二、论　著

岳　珂：《桯史》，中华书局，1981年。

周　密：《齐东野语》，中华书局，1983年。

吴自牧：《梦梁录》，山东友谊出版社，2000年。
周　密：《武林旧事》，山东友谊出版社，2000年。
张　岱：《陶庵梦忆》，江苏古籍出版社，2000年
汪道昆：《太函集》黄山书社，2004年。
李　斗：《扬州画舫录》，中华书局，1960年。
杨泓、李力：《美源·中国古代艺术之旅》，三联书店，2008年。
李泰山：《中国徽班》，安徽文艺出版社，2005年。
朱望曙：《徽州戏曲》，安徽人民出版社，2005年。
张海鹏、王廷元：《徽商研究》，安徽人民出版社，1995年。
王振忠：《明清徽商与淮扬社会变迁》，生活·读书·新知三联书店，1996年。
韩结根：《明代徽州文学研究》，复旦大学出版社，2006年。
中国戏曲艺术研究所、安徽省艺术研究所：《目连戏研究文集》，1988年。
严州文化研究会：《戴不凡的不凡道路》，中国文史出版社，2015年。
茆耕如：《安徽目连戏资料集》，台北施合郑基金会，1997年。
王秋桂：《民俗曲艺》，台北施合郑基金会，1992年。
朱望曙：《郑之珍卷·新编目连救母劝善戏文》，黄山书社，2005年。
倪群、陈琪：《祁门目连戏》，合肥工业大学出版社，2011年。
陈长文：《徽剧与目连戏》，中国当代艺术出版社，2015年。
高庆樵：《徽苑谱春秋》，黄山书社，1999年。
刘尚恒：《徽州刻书与藏书》，广陵书社，2003年。
长北：《江南建筑雕饰艺术·徽州卷》，东南大学出版社，2005年。
俞宏理：《中国徽州木雕》，文化艺术出版社，2000年。
陈琪、张小平、章望南：《徽州古戏台》，辽宁人民出版社，2002年。
吴叶生：《徽州墙头壁画》，中国文史出版社，2012年。
倪国华：《梦落黄山》，作家出版社，1999年。
应志良、赵小珍：《钱塘江戏曲》，杭州出版社，2013年。
高秋扬：《淳安三脚戏》，浙江摄影出版社，2015年。
蒋羽乾、严先来：《建德婺剧丛谈》，浙江古籍出版社，2019年。
李秋香、陈志华：《新叶村》，清华大学出版社，2011年。

后 记

2017 年，余退居二线，闲来无事，闻浙江淳安做《新安文化》丛书，《新安戏曲》尚无着落，余跃跃欲试。得屯建兄首肯，次年三月赴淳安签约，同行者汪大白。走访淳安、建德图书馆，严州文化研究会等，得一些资料匆匆返回屯溪。

余从事文化工作数十年，对新安戏曲并不陌生。20 世纪 80 年代，因参加编撰《中国戏曲志 · 安徽卷》《中国民族民间舞蹈集成 · 安徽卷》等，对徽州傩戏、目连戏做过一些田野调查，如对明代戏剧家、《新编目连救母劝善戏文》作者郑之珍墓葬及家谱的发现，对祁门芦溪傩的哲学梳理，均有论文刊发。2005 年前后，安徽编《徽州文化全书》，我参与编写朱万曙《徽州戏曲》最后一章"徽州民间歌舞"。为此次编著《新安戏曲》存储了一点底气。

《新安戏曲》是以新安江这条河流作为叙事依凭，视角触及新安江流域，它包括上游安徽的徽州、下游浙江的淳安、建德、杭州，以及支流兰江的衢州、金华，甚至运河上的扬州。要完成这一区域的一本戏曲专业著述，挑战是显而易见的。一是徽州戏曲并不等同于新安戏曲，徽州戏曲所占比重偏多，会不会影响新安戏曲的成色？好在浙江人站位高，他们说，徽州戏曲就是新安戏曲的一部分，无所谓孰轻孰重。二是我对下游浙江戏曲资料掌握不多，需要补课。好在浙江方面文化基础工作做得扎实，已有《睦剧发展史》《婺剧简史》《浙江戏曲史》，以及戏剧家戴不凡先生关于家乡建德戏曲的回忆等书籍出版，为《新安戏曲》的编著提供了充实、全面的史料。三是做学术书的挑战。过往我所做的多为文学散文类，严格意义的学术专著还是第一次。从编目结构到叙述文风，经过了反复调整、谋合。

为《新安戏曲》，我曾四下淳安。第一次签约；第二次学术研讨，交流论文《一条流动的戏曲之河》；第三次专程赴淳安、建德拍摄戏曲遗存照片，所见之丰，令人刮目。尤其是淳安、建德的古戏台，丝毫不比徽州逊色，仅建德新叶一村就有古戏台 4 座；第四次，参加在淳安召开的作者、编辑、出版社、印务四方出版座谈会，会上《新安戏曲》获编委会及出版社的肯定。

借鉴已有的学术成果，重新梳理地域特色，我也做了一些思考，形成自己的叙述结构：一是在新安戏曲溯源中，将早年对新安诸傩的田野调查和对目连戏的新发现置入其中，以期让读者有身临其境之感。二是用“水路即戏路”“商路即戏路”的思路，勾连起浙江南戏与新安戏曲的联系，串联起徽戏之徽州、扬州，淳安、建德，金华、衢州的流动版图，拓展流域戏曲的空间。三是重视戏曲本体研究，诸如戏班的研究，声腔的研究，表演的研究，艺人的研究等，避免以往多重视戏曲文论而忽略戏曲本体研究的不足。四是全面考察流域戏曲遗存，为流域戏曲探索未来之路。

还是要说感谢，如果没有徐宏图的《浙江戏曲史》、朱万曙的《徽州戏曲》、李泰山的《中国徽班》做底盘，我是很难完成如此这般的《新安戏曲》的；如果没有淳安方面的有容乃大，没有翟屯建先生的具体指导，也很难有今天的规范。在此表示诚挚的感谢！关于图片来源有几个方面：我现场拍摄的，《中国徽班》《歙县徽剧志》翻拍的老照片，选用摄友拍的有关戏曲的照片，淳安方面提供的图片等，未能一一署名，恕请海涵。

倪国华

2023 年 10 月于屯溪